城市轨道交通机电设备与系统调试指南

主 编 ◎ 程景栋

西南交通大学出版社
·成 都·

内容提要

本书为城市轨道交通机电设备与系统调试人员培训教材，全书立足实际操作，涵盖了调试全周期特点和内容，阐述了城市轨道交通机电设备与系统的定义、管理组织、发展现状、流程及实际调试内容等。全书共 4 篇 29 章，包括概述、单机单系统调试、接口调试、综合联调，内容覆盖了地铁机电工程所有设备及系统。

本书旨在提供适合我国城市轨道交通机电设备与系统调试的规范化标准化调试流程及内容。本书既可作为城市轨道交通机电设备与系统调试质量检查的重要依据，也可作为调试人员的参考资料。

图书在版编目（CIP）数据

城市轨道交通机电设备与系统调试指南 / 程景栋主编. —成都：西南交通大学出版社，2021.6
ISBN 978-7-5643-8108-0

Ⅰ.①城… Ⅱ.①程… Ⅲ.①城市铁路 – 轨道交通 – 机电设备 – 调试方法 – 指南 Ⅳ.①U239.5-62

中国版本图书馆 CIP 数据核字（2021）第 125771 号

Chengshi Guidao Jiaotong Jidian Shebei yu Xitong Tiaoshi Zhinan

城市轨道交通机电设备与系统调试指南

主　编 / 程景栋	责任编辑 / 张文越
	封面设计 / 何东琳设计工作室

西南交通大学出版社出版发行
（四川省成都市金牛区二环路北一段 111 号西南交通大学创新大厦 21 楼　610031）
发行部电话：028-87600564　028-87600533
网址：http://www.xnjdcbs.com
印刷：四川煤田地质制图印刷厂

成品尺寸　185 mm × 260 mm
印张　24.5　　字数　550 千
版次　2021 年 6 月第 1 版　　印次　2021 年 6 月第 1 次

书号　ISBN 978-7-5643-8108-0
定价　88.00 元

图书如有印装质量问题　本社负责退换
版权所有　盗版必究　举报电话：028-87600562

本书编委会

主　　　任	陈卫国
常务副主任	李　琦
副　主　任	唐　浩　樊涛生
委　　　员	杨庭友　程景栋　余仁国　赵阶勇　董天鸿　谢　成 方道伟　陶方清　段军朝　彭忠国　王玉恒
主　　　编	程景栋
副　主　编	余仁国　陶方清　任　伟
参　　　编	顾彧渊　贾锐奇　王　杰　田　波　王　建　余　亮 罗兴利　冉　睿　胡会杰　蒋啸天　黄河健　关文俊 单体运　喻守峰　叶明亮　李　翔　黄胜杰　赵兴云 柯松苓　王扬宇　王海波　李必应　宋祥权　汪　鹏 胡　刚　郭　宇

前言

我国大城市的交通拥挤状况日趋严重，地面交通已难以适应现有经济活动和人民生产生活日益增长的运量需求。近年来，城市化进程不断加快，优先发展以城市轨道交通为代表的绿色、环保、节能、高效、快捷的公共交通成为必然选择。在国家大力发展城市轨道交通的大背景下，如何保证线路开通的质量，保证设备的稳定性，是每一个建设以及运营管理者面临的关键问题。调试作为城市轨道交通建设向运营过渡的关键环节，不仅关系着线路开通的质量和运维成本，也关乎着线路开通的安全和稳定。

由于目前我国还没有城市轨道交通机电设备与系统调试的相关标准与规范，调试的组织与开展缺乏理论的指导，导致各城市各线路调试的效果参差不齐。因此，如何高效开展城市轨道交通机电设备与系统调试工作，如何保证调试质量，如何优化调试工作，是每一个地铁从业单位面临的重大问题。

中建三局集团有限公司（以下简称：中建三局）作为中国建筑业的排头兵，积极响应党中央国务院的号召，致力于打造世界一流企业，首次承接地铁全线工程（成都轨道交通6号线三期工程），历时7个多月，在此期间对调试工作的组织、管理和实践进行积极探索。中建三局在城市轨道交通地铁机电设备与系统调试方面取得了一些经验，同时也对不足之处进行了深入思考，并提出了一些积极的建议，在项目完成后全面梳理调试工作，并对过程中的标准化步骤进行思考与总结，形成了本指南。本书内容主要以成都轨道交通6号线三期工程机电设备与系统调试的组织管理、过程操作为主开展总结与论述，可供类似工程管理与技术人员借鉴和参考。

本书分为概述篇、单机单系统调试篇、接口调试篇、综合联调篇。概述篇主要包括调试总体流程、目标和意义以及总体方案等；单机单系统调试篇主要包括单机单系统概述、综合监控系统、火灾自动报警系统、环境与设备监控系统、门禁系统、通信系统、供电系统、低压动力与照明系统、通风与防排烟系统、空调系统、给排水与消防系统、站台门系统、人防区间隔断门系统、防淹门系统、站内客运系统、自动售检票系统、信号系统；接口调试篇主要包括接口调试概述、综合监控系统、火灾自动报警系统、环境与设备监控系统、电力监控系统、通信系统；综合联调篇主要包括综合联调概述、组织管理、联调内容、结果评价以及问题消缺。

本书从工程实际应用的角度出发，以作业标准为核心，从基础入手，力求解决实际问题。在单机单系统调试和接口调试方面，以调试步骤为重心，以技术标准为关键，对所有设备系统调试的经验和方法进行总结，系统提升。同时在概述及综合联调方面，从定义、组织形式、实施流程、科目设备、管理方法、测试内容及评价方式入手，重点分析管理方法，规范联调开展的全过程，使之具有较高的操作性和指导性，同时节约了调试成本，降低了调试风险。本书依据现有系统技术要求，结合国内大中小型城市轨道交通机电设备与系统调试情况，在现有技术和研究成果基础上，分析总结出城市轨道交通机电设备与系统调试标准化流程及操作步骤，填补了国内城市轨道交通机电设备与系统调试缺乏标准化步骤和控制要点这一空白。

本书图文并茂，既可作为现场调试的重要依据，也可用于培训、教学，利于调试作业人员规范化、标准化操作，不断提升城市轨道交通机电设备与系统的调试质量与水平。本书在编写过程中，得到了中建三局集团有限公司、中建三局总承包公司、中建三局安装工程有限公司、中建三局智能技术有限公司等单位专家、学者的大力支持与帮助，在此一并表示诚挚的感谢。由于城市轨道交通工程施工进度紧张，本书编写组水平有限，编写过程中难免出现的不妥之处，恳请广大读者批评指正。

目 录

第1篇 概 述

第1章 概 述

1.1 概 述 …………………………………………………… 001
1.2 总体流程 ………………………………………………… 004
1.3 总体目标和意义 ………………………………………… 006
1.4 总体方案 ………………………………………………… 007

第2篇 单机单系统调试

第2章 单机单系统调试总则

2.1 目 的 …………………………………………………… 010
2.2 前置条件 ………………………………………………… 010
2.3 组织架构 ………………………………………………… 011
2.4 流 程 …………………………………………………… 012

第3章 综合监控系统

3.1 系统组成及调试内容 …………………………………… 013
3.2 前置条件 ………………………………………………… 018
3.3 硬件运行状态检查 ……………………………………… 018
3.4 ISCS 软件功能调试 ……………………………………… 022
3.5 综合后备盘（IBP）盘调试 ……………………………… 029
3.6 大屏幕系统调试 ………………………………………… 033

第4章 火灾自动报警系统

4.1 系统组成及调试内容 …………………………………… 035
4.2 前置条件 ………………………………………………… 037
4.3 火灾自动报警控制器调试 ……………………………… 037

4.4　图形显示装置调试 …………………………………………… 038
4.5　现场设备调试 ………………………………………………… 039
4.6　消防设备电源调试 …………………………………………… 040
4.7　消防电话调试 ………………………………………………… 040
4.8　感温电缆调试 ………………………………………………… 041
4.9　吸气探测器调试 ……………………………………………… 041
4.10　感温光纤调试 ………………………………………………… 042

第5章　环境与设备监控系统

5.1　系统组成及调试内容 ………………………………………… 044
5.2　前置条件 ……………………………………………………… 046
5.3　控制器及局域网运行调试 …………………………………… 046
5.4　远程 I/O 及现场网络运行调试 ……………………………… 046
5.5　操作站及软件功能调试 ……………………………………… 047
5.6　传感器运行调试 ……………………………………………… 048

第6章　门禁系统

6.1　系统组成及调试内容 ………………………………………… 049
6.2　前置条件 ……………………………………………………… 051
6.3　车站控制器调试 ……………………………………………… 052
6.4　本地控制器调试 ……………………………………………… 052
6.5　读卡器调试 …………………………………………………… 052
6.6　电子锁调试 …………………………………………………… 053
6.7　紧急开门按钮调试 …………………………………………… 053
6.8　出门按钮调试 ………………………………………………… 053
6.9　门禁卡调试 …………………………………………………… 054
6.10　网络设备调试 ………………………………………………… 054
6.11　授权工作站调试 ……………………………………………… 054
6.12　系统软件调试 ………………………………………………… 055

第7章　通信系统

7.1　系统组成及调试内容 ………………………………………… 056
7.2　前置条件 ……………………………………………………… 062
7.3　专用通信系统调试 …………………………………………… 066
7.4　公安通信系统调试 …………………………………………… 084

第8章　供电系统

8.1　系统组成及调试内容 ………………………………………… 093
8.2　前置条件 ……………………………………………………… 095

  8.3 变电所调试 ·················· 096
  8.4 电力监控系统调试 ············ 116
  8.5 接触网系统调试 ·············· 121
  8.6 杂散电流防护系统调试 ········ 123

第 9 章 低压动力与照明系统

  9.1 系统组成及调试内容 ·········· 124
  9.2 前置条件 ···················· 128
  9.3 400 V 智能低压柜系统调试 ···· 130
  9.4 环控电控柜系统调试 ·········· 136
  9.5 应急照明电源系统调试 ········ 143
  9.6 智能照明系统调试 ············ 147
  9.7 消防电源监控调试 ············ 149
  9.8 电动蝶阀调试 ················ 150
  9.9 卷帘调试 ···················· 150

第 10 章 通风与防排烟系统

  10.1 系统组成及调试内容 ········· 154
  10.2 前置条件 ··················· 154
  10.3 风机调试 ··················· 155
  10.4 风阀调试 ··················· 156
  10.5 系统模式调试 ··············· 156
  10.6 风量平衡调试 ··············· 157
  10.7 下拉风速测试 ··············· 157
  10.8 噪声测试 ··················· 157

第 11 章 空调系统

  11.1 系统组成及调试内容 ········· 158
  11.2 前置条件 ··················· 160
  11.3 空调末端调试 ··············· 162
  11.4 冷源系统调试 ··············· 165
  11.5 多联机调试 ················· 170
  11.6 机房空调 ··················· 172
  11.7 全热交换器调试 ············· 172

第 12 章 给排水与消防系统

  12.1 系统组成及调试内容 ········· 174
  12.2 给水系统调试 ··············· 177
  12.3 排水系统调试 ··············· 180

12.4　污水提升系统调试 …………………………………………………181
12.5　气体灭火系统调试 …………………………………………………182

第 13 章　站台门系统

13.1　系统组成及调试内容 ………………………………………………186
13.2　前置条件 ……………………………………………………………188
13.3　通电前检测 …………………………………………………………188
13.4　障碍物测试 …………………………………………………………189
13.5　安全回路测试 ………………………………………………………190
13.6　电源调试 ……………………………………………………………190
13.7　功能测试 ……………………………………………………………191
13.8　模拟信号系统接口调试 ……………………………………………192
13.9　监控系统接口调试 …………………………………………………192
13.10　等电位测试 …………………………………………………………193
13.11　噪声测试 ……………………………………………………………193
13.12　绝缘测试 ……………………………………………………………193

第 14 章　人防区间隔断门系统

14.1　系统组成及调试内容 ………………………………………………194
14.2　前置条件 ……………………………………………………………194
14.3　人防区间隔断门系统调试 …………………………………………194

第 15 章　防淹门系统

15.1　系统组成及调试内容 ………………………………………………196
15.2　前置条件 ……………………………………………………………196
15.3　防淹门系统调试 ……………………………………………………196

第 16 章　给排水与消防系统

16.1　系统组成及调试内容 ………………………………………………199
16.2　前置条件 ……………………………………………………………200
16.3　电梯调试 ……………………………………………………………201
16.4　自动扶梯调试 ………………………………………………………206

第 17 章　自动售检票系统

17.1　系统组成及调试内容 ………………………………………………210
17.2　前置条件 ……………………………………………………………212
17.3　自动检票机（AGM）调试 …………………………………………212
17.4　自动售票机（TVM）调试 …………………………………………213
17.5　半自动售/补票机（BOM）调试 ……………………………………215

17.6 自动查询机（TCM）调试 …………………………………… 216
17.7 车站系统调试 …………………………………………………… 216

第 18 章　信号系统

18.1 系统组成及调试内容 …………………………………………… 220
18.2 信号系统静态调试 ……………………………………………… 226
18.3 信号动车调试 …………………………………………………… 229

第 3 篇　接口调试

第 19 章　接口调试概述

19.1 目　的 …………………………………………………………… 231
19.2 前置条件 ………………………………………………………… 231
19.3 接口关系 ………………………………………………………… 231
19.4 流　程 …………………………………………………………… 233

第 20 章　综合监控系统接口调试

20.1 ISCS 与 CCTV 接口调试 ……………………………………… 234
20.2 ISCS 与 PA 接口调试 ………………………………………… 236
20.3 ISCS 与 PIS 接口调试 ………………………………………… 238
20.4 ISCS 与 AFC 接口调试 ………………………………………… 240
20.5 ISCS 与 PSD 接口调试 ………………………………………… 242
20.6 ISCS 与 FDTS 接口调试 ……………………………………… 244
20.7 ISCS 与 FPS 接口调试 ………………………………………… 246
20.8 ISCS 与 EMS 接口调试 ………………………………………… 247
20.9 ISCS 与 FG 接口调试 ………………………………………… 248
20.10 ISCS 与 FAS 接口调试 ……………………………………… 250
20.11 ISCS 与 BAS 接口调试 ……………………………………… 252
20.12 ISCS 与 ACS 接口调试 ……………………………………… 255
20.13 ISCS 与 SIG 接口调试 ……………………………………… 257
20.14 ISCS 与 PSCADA 接口调试 ………………………………… 258
20.15 ISCS 与 RAD 接口调试 ……………………………………… 265
20.16 ISCS 与 CLK 接口调试 ……………………………………… 266
20.17 ISCS 与 ALM 接口调试 ……………………………………… 267

第 21 章　火灾自动报警系统接口调试

21.1 FAS 与通风系统接口调试 ……………………………………… 271
21.2 FAS 与气体灭火系统接口调试 ………………………………… 272

21.3　FAS 与动力照明系统接口调试 …………………………………… 273
21.4　FAS 与给排水系统接口调试 ……………………………………… 274
21.5　FAS 与消防电梯系统接口调试 …………………………………… 276
21.6　FAS 与售检票系统接口调试 ……………………………………… 276
21.7　FAS 与 BAS 系统接口调试 ……………………………………… 277
21.8　FAS 与门禁系统接口调试 ………………………………………… 279
21.9　FAS 与防火卷帘接口调试 ………………………………………… 279
21.10　FAS 与电气火灾系统接口调试 ………………………………… 280
21.11　FAS 与消防电源监控系统接口调试 …………………………… 281

第 22 章　环境与设备监控系统接口调试

22.1　BAS 与通风系统接口调试 ………………………………………… 283
22.2　BAS 与空调水系统接口调试 ……………………………………… 285
22.3　BAS 与给排水系统接口调试 ……………………………………… 287
22.4　BAS 与电梯系统接口调试 ………………………………………… 289
22.5　BAS 与电扶梯系统接口调试 ……………………………………… 290
22.6　BAS 与动照系统接口调试 ………………………………………… 292
22.7　BAS 与导向系统接口调试 ………………………………………… 294
22.8　BAS 与 EPS 系统接口调试 ……………………………………… 295
22.9　BAS 与人防门系统接口调试 ……………………………………… 296
22.10　BAS 与防盗卷帘接口调试 ……………………………………… 297
22.11　BAS 与区间电动蝶阀接口调试 ………………………………… 298
22.12　BAS 与一体化密闭污水泵接口调试 …………………………… 298
22.13　BAS 与区间联络通道防火门接口调试 ………………………… 300

第 23 章　电力监控系统调试方案

23.1　PSCADA 与 35kV 开关柜接口调试 ……………………………… 302
23.2　PSCADA 与 400V 开关柜接口调试 ……………………………… 303
23.3　PSCADA 与 1500V 开关柜接口调试 …………………………… 304
23.4　PSCADA 与交直流屏接口调试 …………………………………… 305
23.5　PSCADA 与轨电位接口调试 ……………………………………… 306
23.6　PSCADA 与整流器接口调试 ……………………………………… 308
23.7　PSCADA 与配电变温控器接口调试 ……………………………… 309
23.8　PSCADA 与整流变温控器接口调试 ……………………………… 310
23.9　PSCADA 与再生制动装置接口调试 ……………………………… 311
23.10　PSCADA 与再生制动回馈变压器温控器接口调试 …………… 312
23.11　PSCADA 与排流柜、单向导通装置接口调试 ………………… 313
23.12　PSCADA 与场段隔离开关接口调试 …………………………… 314

第 24 章　通信系统接口调试

24.1　传输与杂散电流接口调试 …………………………………………316
24.2　传输与 AFC 接口调试 ………………………………………………316
24.3　PIS 与车辆接口调试 …………………………………………………317
24.4　时钟与门禁接口调试 …………………………………………………318
24.5　时钟与信号接口调试 …………………………………………………319
24.6　无线与车辆接口调试 …………………………………………………319

第 4 篇　综合联调

第 25 章　综合联调概述

25.1　定义及目的 ……………………………………………………………321
25.2　前置条件 ………………………………………………………………322
25.3　《城市轨道交通试运营基本条件》对综合联调的要求 ……………324

第 26 章　综合联调组织管理

26.1　组织架构与职责划分 …………………………………………………331
26.2　组织开展流程 …………………………………………………………332
26.3　规章制度与安全管理 …………………………………………………333
26.4　综合联调方案编制 ……………………………………………………335
26.5　联调计划的编制与执行 ………………………………………………339

第 27 章　综合联调内容

27.1　非行车设备类综合联调 ………………………………………………342
27.2　行车设备类综合联调 …………………………………………………356
27.3　线间联动及线网互通联调 ……………………………………………367
27.4　系统能力验证类综合联调 ……………………………………………372

第 28 章　结果评价与问题消缺

28.1　综合联调结果评价 ……………………………………………………373
28.2　综合联调问题消缺 ……………………………………………………375

参考文献 ……………………………………………………………………377

第1篇 概述

第1章 概 述

1.1 概 述

1.1.1 地铁工程

"十三五"以来，随着城镇化进程的不断加快，传统的路面交通模式已经满足不了发达城市的运输需求，与城镇化同时存在的还有汽车普及问题，我国汽车普及水平也在逐年提高。在城镇化和汽车普及化的双重背景下，城市交通拥堵成为现实生活中无法避免而又需要迫切解决的问题。根据"十三五规划"中推动低碳循环，推进交通运输低碳发展，实行公共交通优先，加强轨道交通建设和推进能源革命，加快能源技术创新，建设清洁低碳、安全高效的现代能源体系的要求，改善城市交通紧张状况最行之有效的方法就是加快发展高层次、立体化、大运量的快速轨道交通系统，充分发挥公共交通的优势，促进城市交通与经济、社会、环境的协调发展。

城市轨道交通指以轨道运输方式为主要技术特征，城市公共客运交通系统中具有中等以上运量的轨道交通系统，主要提供城市内的公共客运服务，是一种在城市公共客运交通中起骨干作用的现代化立体交通体系。城市轨道交通包括地铁、单轨、直线电机、磁悬浮、有轨电车、轻轨、索道等类型。

地铁作为目前解决城市内交通问题的民生基础设施工程，不仅能缓解交通压力，还能优化城市优化空间布局，完善城市功能。地铁工程主要由车站、区间、停车场、车辆段以及控制中心组成。地铁站后机电装修工程是一项复杂的大工程，涉及的工种很多，涵盖的面也非常广。地铁机电工程包含了大量机电设备，这些机电设备的安装与运行推动着地铁内部的运转，是各项功能能够正常运行的关键。其中比较常见的机电设备安装包括地铁动力与照明系统、通风与空调系统、给排水与消防系统、综合监控系统、通信系统、供电系统、信号系统、车辆系统等，这些机电设备彼此独立但又相互联动，通过密切有序的科学配合推动了整个地铁的运营，为所有搭乘地铁的乘客提供更稳定、安全的乘车环境。

1.1.2 发展现状

中国城市轨道交通建设始于1965年开通的北京地铁1号线，此后中国先后出现两次城市轨道交通建设高潮，且批准建设的项目基本集中在北京、上海、广州三地。从2003年至今，中国城市轨道交通建设已经步入全面快速发展期。

截至2019年年底，我国已有40座城市208条轨道交通线路开通运营，运营线路达到6 736.2千米，其中地铁运营线路5 180.6千米，在建线路279条，在建规模6 902.5千米；共有7种制式同时运营，其中，地铁5 180.6千米，占比76.8%，轻轨217.6千米，占比3.2%，单轨98.5千米，占比1.5%，市域快轨754.6千米，占比11.2%，现代有轨电车417千米，占比6.2%，磁浮交通57.7千米，占比0.9%，APM10.2千米，占比0.2%。

2019年新增运营线路974.8千米，其中新增地铁788.5千米，占新增总规模的80.9%；新增市域快轨98.3千米，占新增总规模的10.1%；新增有轨电车88.1千米，占新增总规模的9%。2019年城市轨道交通运营线路制式结构如图1-1所示。

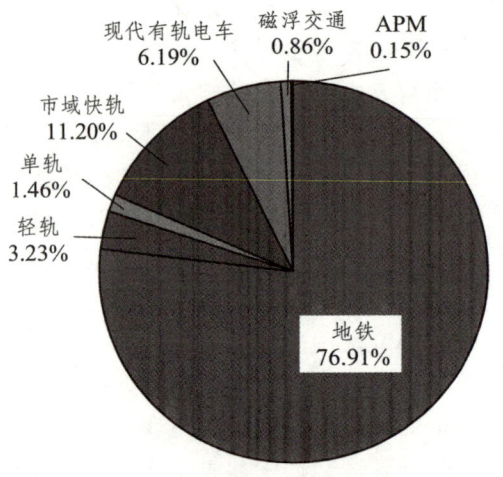

图1-1 2019年城市轨道交通运营线路制式结构

随着城市轨道交通的快速发展，城市轨道交通在便利城市居民出行，缓解城市交通拥堵方面发挥了越来越重要的作用，无论是建设管理者还是普通乘客都对城市轨道交通运营安全水平高度关注，对城市轨道交通建设的质量和可靠程度越发重视。城市轨道交通的建设可以分为建设阶段、调试阶段、试运行阶段、试运营阶段以及正式运营阶段，如图1-2所示。调试是连接城市轨道交通工程建设阶段和运营阶段的关节环节，调试中全功能测试和综合联调用于检验工程建设设施施工质量及设备运行的可靠程度，其结果直接决定了工程能否顺利按时按质完成开通运营的总目标。

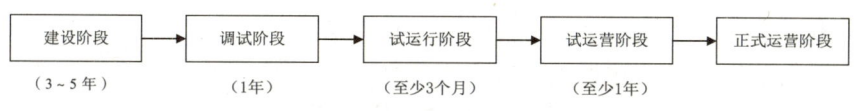

图 1-2 城市轨道交通建设运营过程

1.1.3 调试简介

城市轨道交通地铁站后工程是一个规模大、风险高、系统多、专业复杂的系统工程。城市轨道交通地铁系统包含了车辆、信号、动力照明、通风空调、给排水与消防、供电、综合监控、通信、站台门、自动售检票、人防门、防淹门、电扶梯等系统,各系统之间互相配合,共同组成了整个地铁正常工作的神经网络。

为保证各系统正常工作,确保相互之间通信等功能顺利实现,城市轨道交通地铁项目的各设备在安装完成后需经过调试这一关键步骤。调试是从系统的角度,检验设备是否正常工作,验证各设备之间的接口技术,测试各系统联动工作以及整合各设备系统,实现各设备在自身正常工作的前提下,整个系统有序可靠安全地协调运转。

城市轨道交通地铁站后工程调试主要分为单机单系统调试、接口调试、全功能测试以及综合联调。单机单系统调试主要是检验单体设备工作情况和设备间的联动情况,实现单系统功能;接口调试主要是验证各系统间的通信和联动功能;全功能测试是在单机单系统调试和接口调试完成的基础上,验证各个功能模式中的设备联动情况;综合联调是验证设备系统全功能目标的实现、验证系统设备在正常和非正常情况下的运行状态、验证设备系统是否达到设计要求、验证设备系统整体的稳定性和可靠度等。

1.1.4 调试内容

城市轨道交通地铁工程调试主要分为四个阶段,分别为单机单系统调试阶段、接口调试阶段、全功能测试阶段以及综合联调阶段。

单机单系统调试阶段的主要调试内容包含动力与照明系统、通风与空调系统、给排水与消防系统、供电系统、通信系统、综合监控系统、站台门系统、人防系统、信号系统、车辆系统、站内客运系统、自动售检票系统。单机单系统调试阶段主要包含安装检查、单机功能测试、通信测试、单系统功能测试等。

接口调试阶段的主要调试内容包含 FAS(火灾自动报警系统)与各系统间的接口测试、BAS(环境与设备控制系统)与各系统间的接口测试、ISCS(综合监控系统)与各系统间的接口测试、PSCADA(电力监控系统)与各系统间的接口测试、通信与各系统间的接口测试等。

全功能测试阶段的主要调试内容包括所有的系统功能测试以及车站消防联动测试,全功能测试是以建设单位要求为主导开展的测试。

综合联调阶段的主要调试内容包括所有系统功能测试、系统常见问题测试以及车站消防联动测试,综合联调是以运营单位需求为主导开展的测试。

1.1.5 实施必要性

科学合理地组织城市轨道交通地铁工程的调试工作,是空载运行质量和后续开通试运行的必要保证。

（1）建设工期短，建设单位与设备磨合时间不足。

目前，国内地铁项目的建设工期普遍在 4 年左右，部分城市由于交通压力巨大，一年内开通 2~3 条线路更是常态，而其中包含了招投标、征拆、土建、机电等建设阶段，筹备时间紧张，设备了解程度不足，造成安装阶段的问题极难被发现和处理。

（2）安全等级高，建设运营管理难度较大。

地铁线路封闭、空间狭小、客流量大、疏散困难，对安全的要求更高，并且建设期间用电、登高等作业频繁，对建设运营的管理带来挑战。

（3）管理难度大，地铁设备与系统组成复杂。

地铁设备繁多，系统组成复杂，设备间的正常运行以及系统间的有效联动，都关乎着地铁运行安全。在地铁建设期间，如何统筹管理所有的设备和系统，使得他们能够调试合格并投入使用，是所有地铁建设管理者面对的难题。

（4）规范要求高，新的标准和管理越来越严格。

随着地铁建设的高速发展，国家及各地均出台了越发严格的规范，保证了新线筹备和开通的质量，从长远运营的角度，保证了运营的平稳和安全，也有效减少了后期运维的成本。

1.2 总体流程

设备调试是城市轨道交通工程地铁工程建设阶段中的一个重要环节。合理组织地铁站后工程设备调试，在有限的时间和空间内综合利用线路条件、加强协调管理，完成全线各专业设备系统间的联合调试，以检验城市轨道交通系统达到的运行能力，是下一阶段开展试运行的基础，也是城市轨道交通工程项目能否获准载客试运营的关键。

1.2.1 调试层次

城市轨道交通地铁各系统安装完成后，需经过单机单系统调试、接口调试、全功能测试及综合联调阶段，各调试层次如图 1-3 所示。

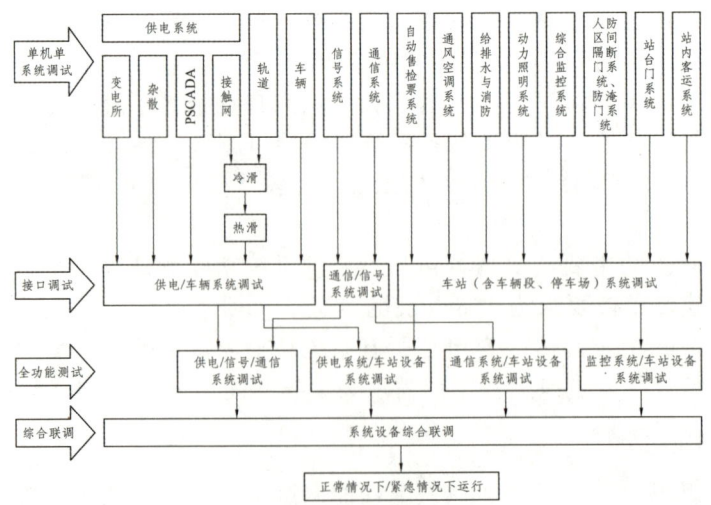

图 1-3　调试层次图

1.2.2 调试流程

城市轨道交通地铁项目调试内容主要包含编制调试方案、建立调试计划、单机单系统调试、接口调试、全功能测试及综合大联调，具体调试流程如图1-4所示。

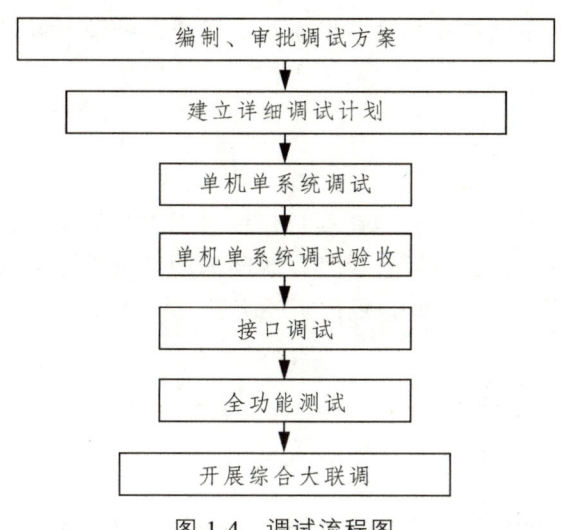

图1-4 调试流程图

1．编制、审批调试方案

在调试工作开始前，由总承包单位组织各单位、各设备供应商编制调试方案并组织相应的方案评审工作，其中综合监控系统、通风空调系统、低压动照系统、给排水及消防系统、站台门系统作为重点审查对象，并提交建设单位进行评审。评审完成后即公布调试方案并向各设备供应商及施工单位进行交底，指导后续调试工作。

2．建立详细调试计划

调试计划是根据现场施工安装完成进度进行统筹安排，保证所有参建单位在施工、调试阶段作业关系顺畅，确保施工、调试安全推进是建立调试计划的原则。建立调试计划时，需充分考虑各项因素，包括设备到货、设备安装、线缆敷设及端接等的进度及计划、工期节点、人员情况。施工保障调试，调试检验施工，调试计划应与施工计划是相辅相成、互相协调促进的关系。

3．单机单系统调试

在单机设备调试开始前，应保证本类单机设备已经全部安装并清理完毕，现场环境满足设备运转需求，现场供电质量和用电负荷满足要求，设备完成端接且接地阻值符合要求。在此基础上，由施工单位及设备供应商进行单机调试，在单机调试完成后，组织完成单系统调试。

4．单机单系统调试验收

单机单系统调试验收是对单机单系统调试阶段的调试工作进行集中检查，为下阶段的接口调试、全功能测试及综合联调做好准备。单机单系统调试以综合监控、常规机电为主要验收对象。

5．接口调试、全功能测试

接口调试、全功能测试是在车站各个系统单机单系统设备调试结束后进行的，需要整个车站设备系统各子系统供货商、施工单位、设计单位、监理单位及各相关单位之间紧密配合。

6．综合联调

综合联调是指在城市轨道交通地铁项目建设过程中，为满足试运营需要而进行的行车相关类设备、运营相关类设备等各设备系统间的调试及验证活动。综合联调也是在试运营前对整体工程质量的综合验证，包括实体质量的可靠与设备功能的实现。

1.3　总体目标和意义

1.3.1　单机单系统调试

单机调试是指设备在未安装时或安装工作结束而未与系统连接时，为确认其是否符合产品出厂标准和满足实际使用条件而进行的单机运行或单体调试工作。单机调试，往往停留在设备本体层面，主要用于测试单个设备是否合格，是否满足出厂的标准和条件。

单系统调试是指单系统设备安装完成后，为确认单个系统是否符合设计功能和满足实际使用条件而进行的单系统运转或单系统调试工作。单系统调试可以理解为系统内部的调试，不与合同范围外的接口系统发生关联。

单机单系统调试保证了设备系统的正常工作，实现了设计及要求的功能，是车站设备调试的基础。

1.3.2　接口调试

接口调试是指单机单系统调试完成后，为达到系统设计功能要求而开展的系统与系统间的测试工作。接口调试保证了中央及车站对车站设备的控制和监测，实现了系统间的通信和联动功能，是车站组织开展全功能测试的基础。

1.3.3　全功能测试

全功能测试是对车站各设备进行的综合性测试，验证车站各机电设备及系统的安全性及可靠性是否满足设计功能，测试内容涵盖所有系统以及系统间的消防联动项目。全功能测试是对车站设备的安装、功能实现以及系统联动等内容的一次验收性测试，是对车站整体调试的一个阶段性验证。

1.3.4　系统联调

系统联调是从满足运营开通使用的角度，完整、细致地测试各系统在正常及故障等情况下，采用试验或者检测等方式对城市轨道交通两个及两个以上多专业系统间的工作状态、功能和系统间接口功能匹配关系进行综合测试，是开展试运行、试运营综合演练的基础，也是城市轨道交通工程能否获准载客试运营的关键环节之一。

1.4 总体方案

地铁项目的调试主要经过六个阶段，包括调试准备阶段、单机单系统调试阶段、接口调试阶段、全功能测试阶段、综合联调阶段以及调试尾工阶段。地铁项目调试过程如图 1-5 所示。

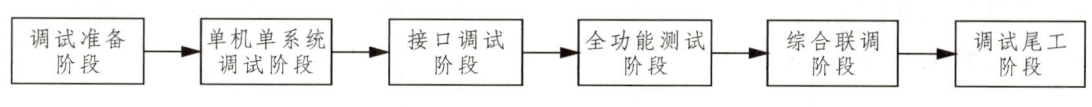

图 1-5 地铁项目调试过程

1.4.1 调试准备阶段

地铁项目调试准备阶段一般需要 1 个月，具体包括制定调试计划、编制调试方案、制定调试制度、开展调试培训、排查前置条件等内容，具体内容如图 1-6 所示。

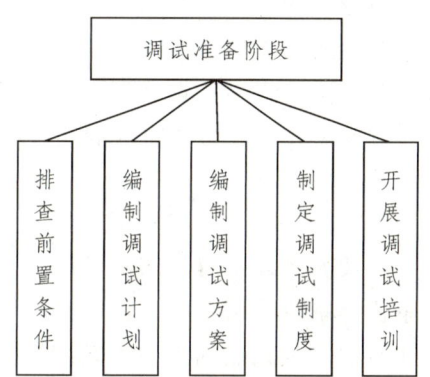

图 1-6 地铁项目调试准备阶段工作内容

1．排查前置条件

调试的前置条件是设备安装完成、端接完成以及完成送电。在调试工作开展前，应排查全线各车站的设备安装进度、线缆端接进度等情况，并梳理各系统、车站施工完成的时间节点。

2．编制调试计划

根据调试各阶段的特点及时间周期，明确各车站送电、设备安装及线缆端接、单机单系统调试、接口调试、全功能测试、综合联调、消缺 7 个阶段时间节点。调试计划需分批次交叉进行，各阶段相互配合开展，减少资源投入，提高调试效率。

3．编制调试方案

调试方案由各系统的实施方和供应商共同编写，包括组织机构、前置条件、调试工器具、系统分类、调试内容、调试记录、安全质量管理、调试报告等内容。调试方案需经过多次评审，包括编写单位内部评审、业主评审以及专家评审等。

4．制定调试制度

调试制度包含各类调试相关管理办法及要求，主要对调试过程中的进度、安全、质量、纪律等进行要求和规范，制定奖惩措施，建立评价机制，保证调试稳步推进。

5．开展调试培训

调试培训对调试的流程、内容、方案、报告要求、记录要求以及各项制度进行宣贯，规范调试工作流程，提高调试人员的素质和水平。

1.4.2　单机单系统调试阶段

一个车站完成单机单系统调试一般需 1 个月左右，单机单系统调试开始前需排查调试前置条件，包括设备安装情况、线缆端接情况、送电情况、特殊条件准备情况（如水泵测试需满足泵坑水位）、工器具以及调试方案交底等。调试开展前组织进行安全交底，尤其是用电和登高安全。调试开展过程中需根据调试方案，逐步对各系统的各测试项进行测试，将实际结果和预期结果进行对比，完成调试结果评定并经各见证方签字确认。

1.4.3　接口调试阶段

地铁项目接口调试阶段一个车站一般需要 15 天左右，接口调试是在单机单系统调试完成后进行的，主要测试系统间的通信、综合监控对各系统的监测和控制等内容。接口调试开始前，需检查系统间的接口和通信协议、系统完整性、软件与接口匹配程度、物理连接、接口程序、点表等内容。接口调试以综合监控系统为主导，各系统配合完成，接口调试内容主要包含通信测试、功能测试、优先级测试等。

1.4.4　全功能测试阶段

全功能测试是对车站功能的一个验收性测试，测试时间一般需要 1 天。全功能测试在单机单系统调试、接口调试全部完成后进行，主要测试内容包含设备的点控、系统的模式测试以及站点的消防联动测试。全功能测试是以综合监控为主的功能性验证项目，是地铁工程调试的关键环节之一，是对前期机电设备安装、单机单系统调试、接口调试的检验，同时也为后期顺利进行综合联调提供有力保障。

1.4.5　综合联调阶段

综合联调是建立在信号、车辆、环控、供电、综合监控等设备系统已完成单机单系统及接口调试基础上，并达到合同技术规格书要求后进行的系统全功能测试及验证，是从满足运营开通使用的角度对系统在正常、故障、应急及特殊工况下的工作状态、功能实现等开展的带负荷的、综合性的、动态的联合测试。综合联调涉及专业非常多，因此在综合联调阶段，首先要做好建设和运营之间的衔接，其次是把握建设工程的进度，做好工期把控。综合联调的测试内容主要分为四个部分，分别是行车设备类联调、非行车设备类联调、线网联动和互通类联调、系统能力验证。行车设备联调内容包括冷热滑、车辆型式试验、信号系统等相关行车设备的测试；非行车设备联调内容包括车站设备、通信设备、区间设备、供电设备（含停车场和车辆段）的测试；线网联动和互通类联调包括 AFC 互联互通及清分测试、线间火灾联动及列车转线测试等；系统能力验证内容包括大小交路套跑演练、接触网供电调整演练、主变电所推出运行供电演练等。

1.4.6 调试尾工阶段

调试尾工阶段自全功能测试及综合联调结束后开始，调试尾工阶段主要包含调试报告整理、调试问题消缺以及相应的调试资料整理等工作。

第 2 篇 单机单系统调试

第 2 章 单机单系统调试总则

2.1 目 的

（1）使相关设备系统能达到正常运行状态。
（2）检查机电设备系统功能、性能是否达到设计要求。
（3）发现设备系统安装期间的缺陷，并加以修正。
（4）检验各系统带负荷运行情况。
（5）验证用户需求书、维修手册及其他相关资料的完整性和可操作性。
（6）形成完整的单机单系统调试报告。

2.2 前置条件

城市轨道交通地铁项目单机单系统调试开展需满足如下前置条件：
（1）完成线缆敷设及设备系统安装，完成管、线连接并对各个末端、设备进行挂牌、标识。
（2）具备调试电源，设备系统达到受电条件。
（3）调试方案完成评审，设备系统调试资料完善。
（4）调试技术人员到位，工具及仪器仪表齐全，配备相关易耗品。
（5）调试应急物资准备到位，个人防护用品齐备。
（6）完成设备系统及环境清洁。
（7）完成调试前安全交底。

2.3 组织架构

为按期、高效、安全、有序地完成城市轨道交通地铁站后工程的调试任务，实现系统功能，通过消防验收和试运营专家条件评审，由建设单位、运营单位、总承包管理单位等组成调试项目核心团队，成立调试机构，组织完成地铁站后工程单机单系统调试工作。具体调试组织机构如图 2-1 所示。

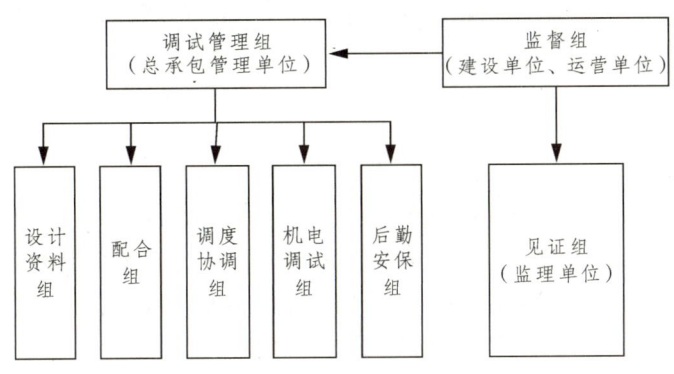

图 2-1 调试组织机构

监督组由建设单位和运营单位人员组成，建设单位主要负责监督单机单系统调试、接口调试及全功能测试期间的进度、安全及质量工作，运营单位为综合联调的总牵头单位，负责组织实施并完成综合联调任务。

见证组由机电监理及系统监理组成，主要负责调试前的安全交底及调试期间的方案和结果审查，检查并督促改进调试过程中出现的问题。

调试管理组以及下设的设计资料组、配合组、调度协调组、机电调试组、后勤安保组由总承包管理单位及部分建设公司、运营公司人员组成，主要负责调试过程中的实施及管理工作，具体职责如下：

1. 调试管理组

调试管理组主要负责调试过程中的监督管理工作，统筹全线调试进度、质量、安全等工作。

2. 设计资料组

设计资料组主要负责调试期间的技术工作，审查调试方案，确认调试结果，收集调试资料及协助解决调试期间的技术问题。

3. 配合组

配合组主要负责跟进调试过程中土建问题的协调与整改，配合完成第三方消防检测及问题库消缺工作。

4. 调度协调组

调度协调组主要负责制定调试期间的调度计划，执行调试奖罚制度并建立奖罚台账。

5．机电调试组

机电调试组负责调试过程中的具体实施工作，包括编制和落实调试总体方案、建立调试计划、组织前置条件检查、建立调试问题台账并督促整改、把控调试进度、记录调试数据等工作。

6．后勤安保组

后勤安保组主要负责调试期间的安全及后勤工作，包括调试期间的车辆调度、组织安全培训、定期开展安全巡检等工作。

2.4 流 程

单机单系统调试开始前需有各方确认现场施工安装进度及所达到的调试条件，在此基础上组织现场单机单系统调试工作并完成问题项整改，并编制单机单系统调试报告，在车站（场段）内所有系统完成单机单系统调试并全部通过后，编制站级调试报告并提交，作为接口调试的依据。单机单系统调试流程如图 2-2。

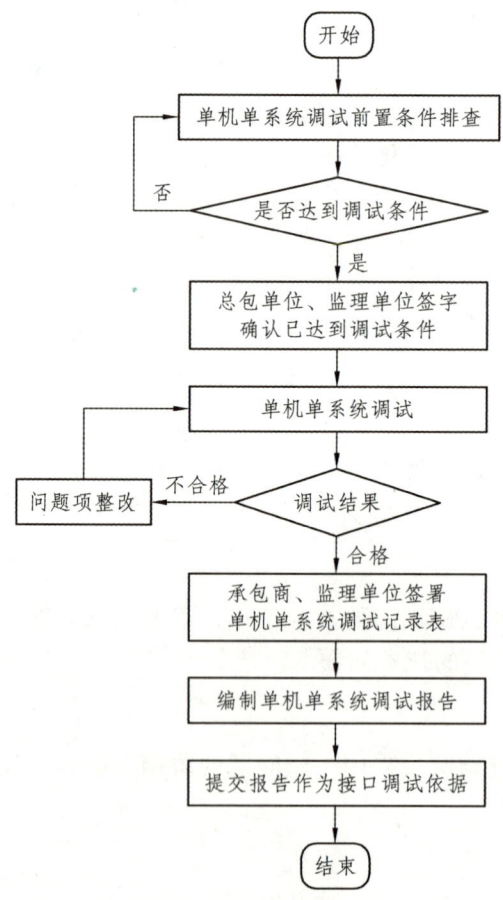

图 2-2 单机单系统调试流程图

第 3 章　综合监控系统

3.1　系统组成及调试内容

3.1.1　系统组成

综合监控系统（ISCS）由服务器、操作员工作站、网络设备、前端通信处理机（FEP）、综合后备盘（IBP）、大屏幕及综合监控系统软件组成。

整个系统采用冗余的分层、分布式结构，中央级和车站级采用基于 TCP/IP 或 UDP/IP 网络协议，并采用行之有效的故障隔离和抗干扰措施。

综合监控系统由位于运行控制中心（OCC）的中央级综合监控系统（CISCS）、位于各车站的车站综合监控系统（SISCS）、位于停车场的停车场综合监控系统（DISCS，同属于站级综合监控系统）以及连接这几部分的主干传输网络构成。

1．软件构成

综合监控系统从软件逻辑上分为三层：

（1）数据接口层：专门用于数据采集和协议转换；
（2）数据处理层：对所收集的数据进行判断和处理；
（3）人机界面层：用于工作站上显示人机界面，使运营人员完成各种监控和操作。
系统的总体构成如图 3-1 所示。

2．硬件构成

综合监控系统从硬件设备配置上分为三层：

（1）中央级综合监控系统（CISCS）；
（2）车站级综合监控系统（SISCS）；
（3）现场级控制设备（各被集成子系统部分）。

1）中央级

中央综合监控系统主要的作用是存储、处理从被控系统读取的数据，实时反映现场设备状态并生成报表。中央综合监控系统将记录这些信息，更新中央数据库。中央操作员工作站和综合显示屏可显示这些信息。中央综合监控系统（包括应急指挥中心）处理操作员的控制命令，相关的控制信息同时被传送给被控系统。中央级综合监控系统组成如图 3-2 所示。

2）车站级

车站综合监控系统存储、处理从被监控系统读取的数据，实时反映现场设备状态并生成报表。车站综合监控系统将记录这些信息，更新车站数据库。车站操作员工作站

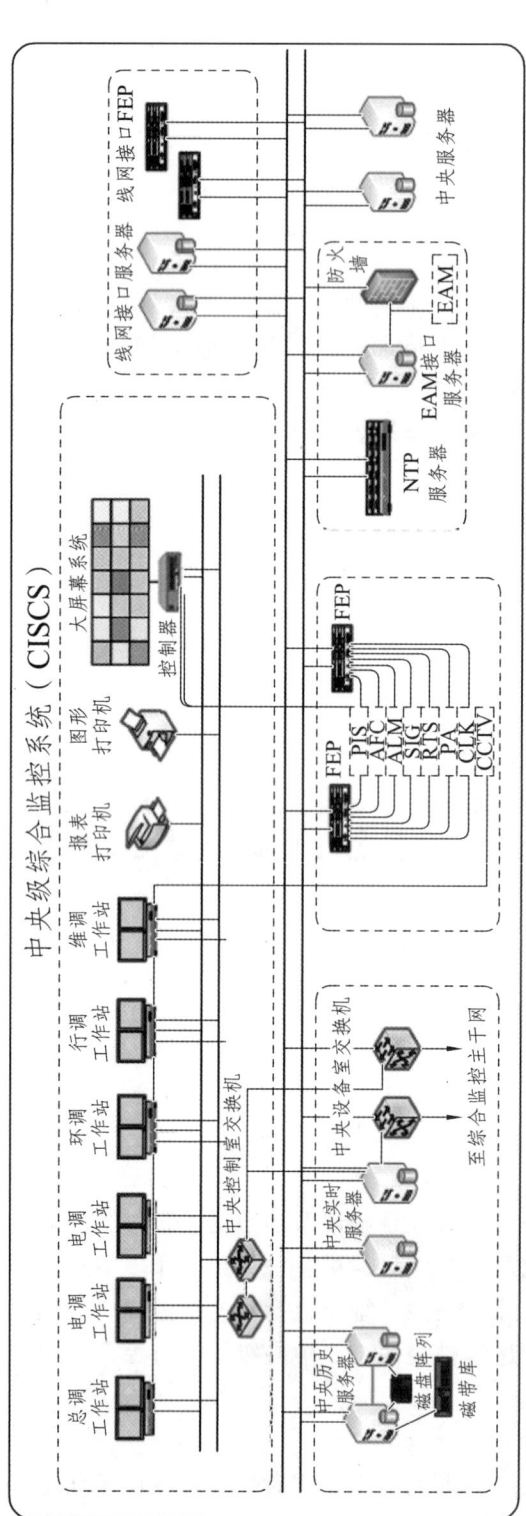
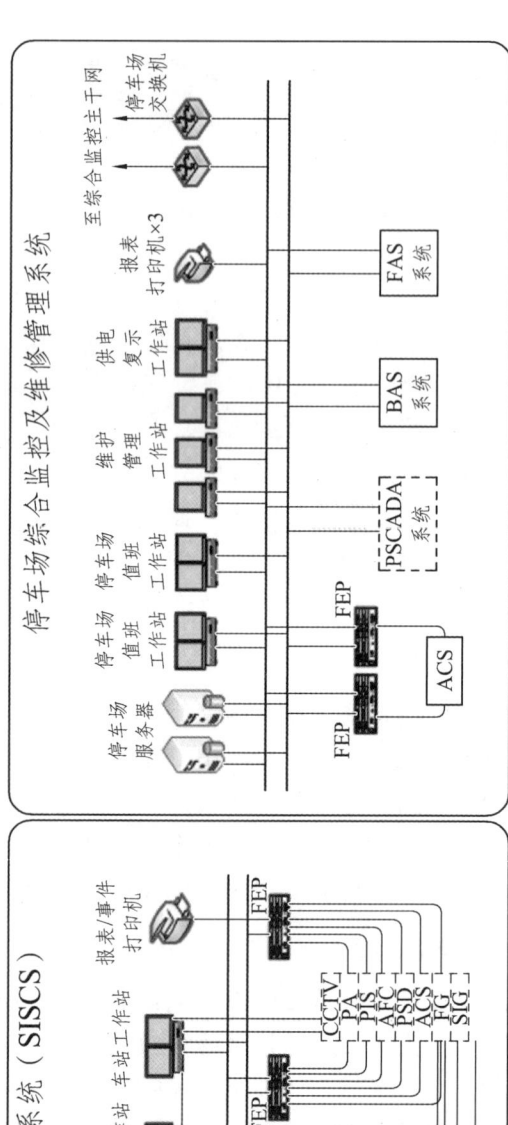

图 3-1 综合监控系统的总体构成图

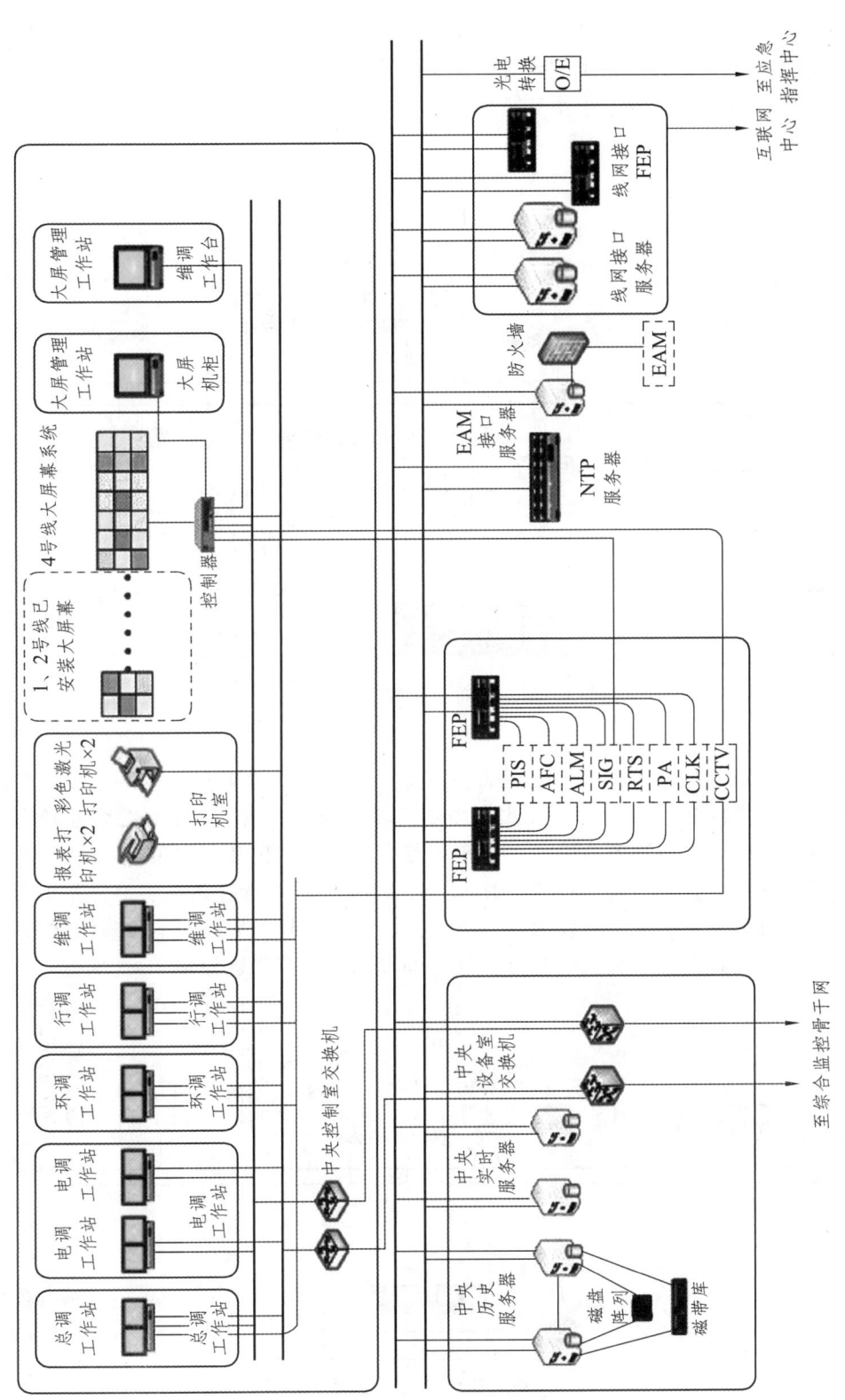

图 3-2 中央级综合监控系统组成图

可显示这些信息。车站综合监控系统处理操作员的控制命令，相关的控制信息同时传送给被控系统。车站综合监控系统配置冗余的以太网交换机。车站综合监控系统配置冗余的实时服务器，完成实时数据采集和处理工作。冗余实时服务器能自动切换。车站级综合监控系统组成如图3-3所示。

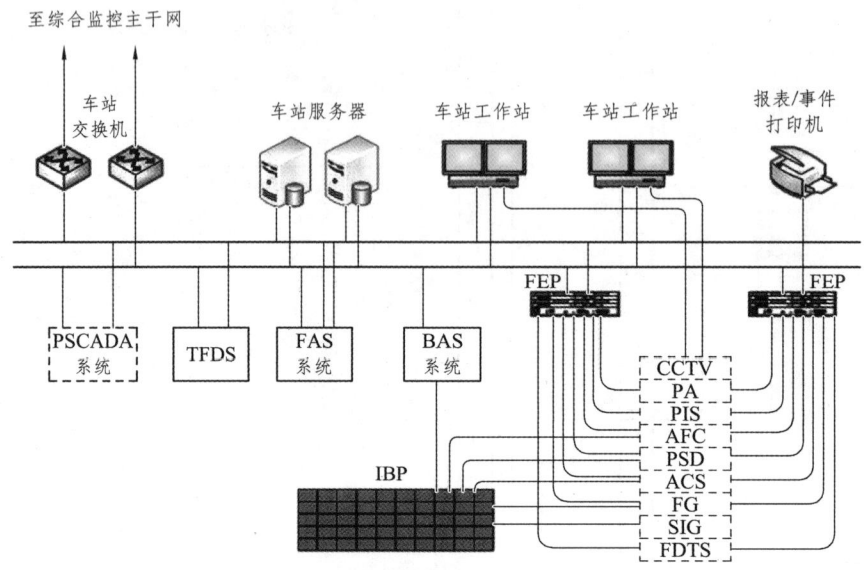

图 3-3 车站级综合监控系统组成图

3）停车场

城市轨道交通地铁工程的停车场综合监控系统和中央综合监控系统两个系统之间是完全按照松耦合系统进行设计的。故此，当停车场综合监控系统和中央综合监控系统通信中断或者中央综合监控系统故障时，停车场综合监控系统仍能正常工作。

停车场设有综合监控系统、FAS、BAS、SCADA的维修管理系统。维修基地考虑设置综合监控系统维修车间，车间设两套值班工作站，用于与中央控制室维修调度的联系，以及安排本车间的日常检修和临时抢修。停车场级综合监控系统如图3-4所示。

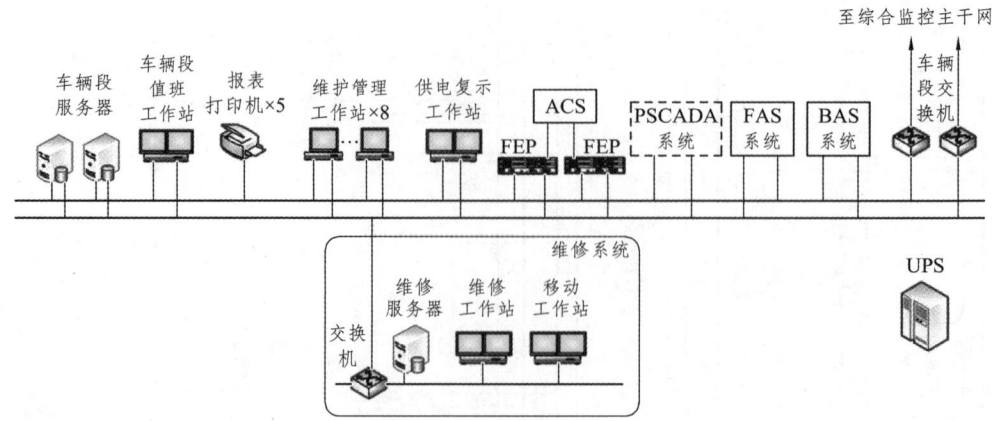

图 3-4 停车场级综合监控系统组成图

3.1.2 调试内容

综合监控系统调试内容主要包括 ISCS 硬件运行状态检查，ISCS 软件功能调试、综合后备盘（IBP）调试、大屏幕系统调试。具体调试内容如表 3-1 所示。

表 3-1 综合监控系统单机单系统调试内容

序号	调试项目	具体内容
1	ISCS 硬件运行状态检查	服务器运行状态检查
2		工作站运行状态检查
3		网络运行状态检查
4		FEP 运行状态检查
5	ISCS 软件功能调试	操作系统软件授权检查
6		数据库软件授权及配置检查
7		防病毒软件授权检查
8		综合监控系统软件授权检查
9		系统启动、登录/注销、退出
10		权限管理、用户管理、密码管理
11		系统组态、多屏幕显示功能
12		实时数据、设备状态监视
13		历史数据存储、查询
14		事件、档案管理与查询
15		报警管理与查询
16		数据统计与趋势分析
17		报表生成与查询
18	ISCS 软件功能调试	设备点动控制与单控功能
19		模式控制功能
20		程序控制
21		时间表控制
22		正常工况联动控制功能
23		火灾工况联动控制功能
24		阻塞工况联动控制功能
25		紧急工况联动控制功能
26		决策支持与在线帮助功能
27		屏幕拷贝与打印功能
28		系统时间同步功能
29		服务器数据同步与冗余切换

续表

序号	调试项目	具体内容
30	ISCS 软件功能调试	网络数据同步与冗余切换
31		FEP 数据同步与冗余切换
32		维修系统
33		系统性能
34	综合后备盘（IBP）调试	IBP 盘面试灯测试
35		信号系统站台紧急停车、扣车与放行功能
36		通风排烟系统的紧急模式控制功能
37		自动检票机释放功能
38		门禁释放功能
39		电扶梯停止控制功能
40		屏蔽门开、关门控制功能
41		防淹门报警监视与关门控制功能
42		消防专用设备控制功能
43	大屏幕系统调试	大屏系统运行状态检查
44		大屏系统功能调试
45		大屏系统显示方案检查

3.2 前置条件

（1）服务器、操作员工作站、网络设备、前端通信处理机（FEP）、综合后备盘（IBP）、大屏幕等设备安装到位并完成接线。

（2）综合监控系统局域网组建完成。

（3）所有设备及线缆已完成挂牌。

（4）所有设备具备受电条件。

（5）服务器、操作员工作站、前端通信处理机（FEP）、综合后备盘（IBP）、大屏幕等各类软件安装完成。

（6）设备资料、综合监控系统软件操作手册、系统工艺图、系统调试手册及调试记录表格等准备完成。

3.3 硬件运行状态检查

3.3.1 服务器运行状态检查

服务器运行状态检查调试内容如表 3-2 所示。

表 3-2 服务器运行状态检查调试内容

序号	调试内容	预期结果
1	服务器安装就位	服务器正常就位，导轨运动良好；服务器铭牌标识正确
2	电源线连接、机柜接地	电源线缆连接到指定位置，并且有清晰的电缆铭牌
3	网线连接	冗余网线分别接到服务器的冗余网卡上，并且有清晰的电缆铭牌
4	KVM 线路连接	KVM 有标识地从 KVM 接到服务器上
5	确认是否具备上电条件	机柜由 UPS 供电，用万用表测试服务器柜电源端子，确保与图纸一致，正确接地，柜内及周边环境良好（温度、湿度、脏度）
6	确认硬件配置（CPU、内存、硬盘、网卡、光驱）	满足或者超过技术规格书要求
7	软件配置（操作系统安装、硬盘分区、IP 地址设定、计算机命名、防病毒软件安装）	操作系统、杀毒软件符合正版验证，IP 和计算机命名符合整体规划
8	KVM 测试	能顺利实现服务器显示屏幕切换
9	应用软件、驱动、配置文件安装	应用软件版本和模块安装正确，通信驱动程序安装正确，配置文件正确
10	网络通道测试	两个网卡能 Ping 通交换机管理 IP
11	登录服务器，在系统中复制文件观察是否读写正常	服务器系统运行正常，分区读写正常
12	用系统自带的 Ping 命令，Ping 各网段网关，确定其能访问网络。	服务器的网络连接状态正常，能正常访问网络
13	长 Ping 网关，分别断开冗余链接，查看 Ping 是否正常	两个网口处于热备状态

3.3.2 工作站运行状态检查

工作站运行状态检查调试内容如表 3-3 所示。

表 3-3 工作站运行状态检查调试内容

序号	调试内容	预期结果
1	工作站显示器安装就位	工作站显示器正常就位，铭牌标识正确
2	电源线连接	电源线缆连接到指定位置，并且有清晰的电缆铭牌
3	通信线连接	工作站冗余网络接口分别连接到交换机的指定端口上，并且有清晰的电缆铭牌
4	显示器连接	工作站的双显示卡输出分别连接主备显示器
5	检查上电条件	工作站已经供电，用万用表测试电源端子，确保与图纸一致，正确接地，周边环境良好（温度、湿度、脏度）

续表

序号	调试内容	预期结果
6	打印机连接线缆	打印机电源正确连接，通信网络线连接
7	硬件配置（CPU、内存、硬盘、网卡、光驱、显卡、音响等）	满足或者超过技术规格书要求
8	软件配置（IP地址设定、计算机命名）	IP和计算机命名符合整体规划
9	应用软件、驱动、配置文件安装	应用软件版本和模块安装正确，通信驱动程序安装正确，配置文件正确
10	网络通道测试	每个网卡能Ping通对端
11	双屏切换	光标能在双屏间移动，双屏能正确输出各自内容
12	登录工作站，在系统中复制文件观察是否读写正常	工作站系统运行正常，分区能读写正常
13	用系统自带的Ping命令，Ping各网段网关，确定其能访问网络	工作站的网络连接状态正常，确定其能正常访问网络
14	长Ping网关，分别断开冗余链接，查看Ping是否正常	两个网口处于热备状态
15	打印测试页	测试打印机状态正常

3.3.3 网络运行状态检查

网络运行状态检查调试内容如表3-4所示。

表3-4 网络运行状态检查调试内容

序号	调试内容	预期结果
1	交换机安装就位	交换机正常就位，交换机铭牌标识正确
2	电源线连接、机柜接地	电源线缆连接到指定位置，并且有清晰的电缆铭牌
3	网线连接	所有网线分别接到图纸所示的主备交换机指定端口上，并且有清晰的电缆铭牌
4	检查是否具备上电条件	机柜由UPS供电，用万用表测试服务器柜电源端子，确保与图纸一致，正确接地，柜内及周边环境良好（温度、湿度、脏度）
5	检查设备上安装的模块	与设计文件相符
6	网络设备启动完毕后，查看设备各模块的指示灯	网络设备硬件运行正常
7	① 设备启动完毕后，在仿真终端上通过系统命令进行查看电源模块的运行状况；② 关闭其中一块电源模块，在仿真终端上通过系统命令进行查看电源模块和其他模块的运行状况	设备冗余电源模块正常工作，具备冗余功能
8	在仿真终端上通过命令对设备进行配置	设备按照设计书进行配置

续表

序号	调试内容	预期结果
9	① 根据设计书，测试冗余功能； ② 在冗余部分的最下层设备连接的 PC 终端上使用操作系统提供的命令 Ping 网络系统其他设备： PC1：C：>ping PC2/SW1 ③ 分别将冗余设备断电，查看 PC1 上测试信息的变化； ④ 将下电设备上电，查看 PC1 上测试信息的变化	核心设备之间具备冗余功能
10	① 根据设计书，测试冗余功能； ② 在网络设备上使用系统命令，查看网络系统路由协议运行状况是否符合设计书	设备的路由表正常
11	① 根据设计书，测试交换机冗余功能； ② 在运行 VRRP 的网络设备上使用系统命令，查看 VRRP 运行情况，并在网络设备上接入 PC 终端，设置 VRRP 的虚拟 IP 地址为缺省网关，在 PC 终端上实施测试命令： PC1：C：>PING PC2 ③ 将作为 ACTIVE ROLE 的路由器下电，在 STANDBY ROLE 的路由器上查看 VRRP 运行情况： PC1：C：>PING PC2 ④ 将下电的路由器上电，在两台设备上查看 VRRP 运行情况，并，观察 PC1 上网络测试情况： SHOW IP VRRP INTERFACE BRIEF PC1：C：>PING PC2	环网冗余正常工作
12	① 根据设计书，测试环网冗余功能； ② 将二台 PC 分别连接到网上的某二台交换机上，并在 PC1 上实施测试命令： C:>PING PC2 －t ③ 人为切断环网上任一主干链路,观察是否存在长时间丢包情况发生。并观察设置为 RM 的交换机的 RM 指示灯状态的变化情况	
13	① 根据设计书，测试 BAS 冗余功能； ② 检查在双路上联的交换机配置； ③ 将二台 PC 分别连接到上层交换机与双路上联的下层交换机上，并在连接下层交换机的 PC1 上实施测试命令： C:>PING PC2 －t ④ 人为切断主用链路，观察上述命令是否存在长时间丢包情况发生； ⑤ 将主用链路恢复后，观察上述命令的情况	BAS 交换机的双冗余上联工作正常

3.3.4　FEP 运行状态检查

FEP 运行状态检查调试内容如表 3-5 所示。

表 3-5　FEP 运行状态检查调试内容

序号	调试内容	预期结果
1	前置机安装就位	前置机正常就位，导轨运动良好；前置机铭牌标识正确
2	电源线连接、机柜接地	电源线缆连接到指定位置，并且有清晰的电缆铭牌
3	通信线连接	所有互联系统的通信线分别接到图纸所示的前置机指定端口上，并且有清晰的电缆铭牌
4	是否具备上电条件	机柜由 UPS 供电，用万用表测试服务器柜电源端子，确保与图纸一致，正确接地，柜内及周边环境良好（温度、湿度、脏度）
5	硬件配置（CPU、内存、硬盘、网卡）	满足或者超过技术规格书要求
6	软件配置（IP 地址设定、设备命名）	操作系统、杀毒软件符合正版验证，IP 和计算机命名符合整体规划
7	应用软件、驱动、配置文件安装情况	应用软件版本和模块安装正确，通信驱动程序安装正确，配置文件正确
8	网络通道测试	每个网卡能 Ping 通对端
9	RS485 通道测试	双方能收发信息

3.4　ISCS 软件功能调试

3.4.1　操作系统软件授权检查

操作系统软件授权检查调试内容如表 3-6 所示。

表 3-6　操作系统软件授权检查调试内容

序号	调试内容	预期结果
1	查看 Windows 操作系统激活情况	软件正版授权合格

3.4.2　数据库软件授权及配置检查

数据库软件授权及配置检查调试内容如表 3-7 所示。

表 3-7　数据库软件授权及配置检查调试内容

序号	调试内容	预期结果
1	查看 MYSQL 数据库的版本情况	软件正版授权合格
2	客户端访问数据库的连通性	能够正常访问

3.4.3　防病毒软件授权检查

防病毒软件授权检查调试内容如表 3-8 所示。

表 3-8　防病毒软件授权检查调试内容

序号	调试内容	预期结果
1	查看防病毒软件版本及授权	软件正版授权合格

3.4.4　综合监控系统软件授权检查

综合监控系统软件授权检查调试内容如表 3-9 所示。

表 3-9　综合监控系统软件授权检查调试内容

序号	调试内容	预期结果
1	查看综合监控软件平台 iCV_RAIL 版本及授权	软件正版授权合格

3.4.5　系统启动、登录/注销、退出

系统启动、登录/注销、退出调试内容如表 3-10 所示。

表 3-10　系统启动、登录/注销、退出调试内容

序号	调试内容	预期结果
1	启动工作站"运行客户端"	成功启动客户端
2	选择一个用户登录：输入用户名、自动选择用户组、输入用户密码进行登录	操作员输入姓名后，"用户组"将根据用户名判断出来而不由用户自己选择；登录成功后根据不同的用户组进入不同的初始界面
3	在客户端 HMI 标题栏中单击"注销"快捷按钮并确定	注销成功后会退到登录界面
4	在客户端 HMI 登录界面点击"退出系统"	退出系统成功后会退出客户端
5	输入不存在的用户名；输入超过 32 位长度的用户名	输入不存在的用户名将不会出现用户组；输入超过 32 位长度的用户名会弹出提示对话框
6	输入错误密码；输入超过 32 位长度的密码	输入错误密码将无法登录；输入超过 32 位长度的密码会弹出提示对话框

3.4.6　安全管理

安全管理调试内容如表 3-11 所示。

表 3-11　安全管理调试内容

序号	调试内容	预期结果
1	以系统管理员身份进入"配置客户端"	正常登录；仅能由系统管理员身份进入
2	以系统管理员身份增加、修改、删除权限、修改密码	能够完成添加权限、修改权限、删除权限、修改密码等操作并完成下发；登录后能够具备修改后的权限
3	以任意用户身份查看用户在线信息	各站用户登录状态与实际一致
4	以任意用户身份修改自身密码	仅能够修改登录用户自身密码；修改后能够以新密码登录

3.4.7 系统组态、双屏幕显示功能

系统组态、双屏幕显示功能调试内容如表 3-12 所示。

表 3-12 系统组态、双屏幕显示功能调试内容

序号	调试内容	预期结果
1	启动工作站"运行客户端",以浏览级用户登录情况,分别操作左右双屏,将所有二级子系统遍历一遍	所有画面均能正常打开
2	在左屏位于某一画面时,右屏打开相同画面;在右屏位于某一画面时,左屏打开相同画面	弹出"无法打开相同画面"提示框
3	查看状态栏区域各状态;查看状态栏区域各报警;并点击"静音"/"历史事件查询"/"历史报警查询"快捷按钮	状态与实际情况一致;报警与实际情况一致;"静音"能够消音,再次点击能取消消音;"历史事件查询"/"历史报警查询"能够快速跳转至对应页面

3.4.8 实时数据和设备状态监视

实时数据和设备状态监视调试内容如表 3-13 所示。

表 3-13 实时数据和设备状态监视调试内容

序号	调试内容	预期结果
1	通过各系统工艺图监视实时数据和设备状态	实时数据和设备状态与实际情况一致
2	随机选取各系统下的典型设备,查看图元状态以及属性框状态	设备的图元状态、属性框状态与实际的一致

3.4.9 历史数据存储、查询

历史数据存储、查询调试内容如表 3-14 所示。

表 3-14 历史数据存储、查询调试内容

序号	调试内容	预期结果
1	通过历史数据查询画面显示趋势、操作记录等并通过条件过滤	能够在条件下正确查询各历史数据

3.4.10 事件存储、查询

事件存储、查询调试内容如表 3-15 所示。

表 3-15 事件存储、查询调试内容

序号	调试内容	预期结果
1	通过历史事件查询画面查询单控、参数设定记录并且通过条件过滤	能够在条件下正确查询对应类型事件
2	通过历史事件查询画面查询安全记录并且通过条件过滤	能够在条件下正确查询对应类型事件
3	通过历史事件查询画面查询模式控制记录并且通过条件过滤	能够在条件下正确查询对应类型事件
4	通过历史事件查询画面查询时间表、联动记录并且通过条件过滤	能够在条件下正确查询对应类型事件
5	通过历史事件查询画面查询报警确认记录并且通过条件过滤	能够在条件下正确查询对应类型事件

3.4.11 报警管理与查询

报警管理与查询调试内容如表 3-16 所示。

表 3-16 报警管理与查询调试内容

序号	调试内容	预期结果
1	通过报警一览画面查询实时报警	实时报警显示与实际情况一致
2	观察实时报警进行排序	报警一览中的实时报警以"未确认"、"未恢复"、"产生时间"的顺序(优先级从高到低)进行默认排序
3	报警一览中,对单一报警鼠标选中,执行报警确认;执行确认所有报警	被确认的报警状态为已确认
4	报警一览中,选中单一报警(部分报警配置了报警连接功能,参见点表)执行报警连接操作	配置了报警连接的报警跳转到对应的画面;未配置的报警单击后没有反应
5	通过历史报警查询画面查询已经产生的报警并通过条件过滤	能够在条件下正确查询对应历史报警

3.4.12 数据统计与趋势分析

数据统计与趋势分析调试内容如表 3-17 所示。

表 3-17 数据统计与趋势分析调试内容

序号	调试内容	预期结果
1	在趋势画面查看实时趋势	趋势曲线与实际情况一致;能够正常增删趋势曲线,曲线最多存在 8 条
2	在趋势画面查看历史趋势	能够正常查看某曲线的历史趋势

3.4.13 报表生成与查询

报表生成与查询调试内容如表 3-18 所示。

表 3-18 报表生成与查询调试内容

序号	调试内容	预期结果
1	通过报表画面查询各类报表日表并按条件过滤	报表显示与实际情况一致
2	通过报表画面查询各类报表月表并按条件过滤	报表显示与实际情况一致
3	通过报表画面查询各类报表年表并按条件过滤	报表显示与实际情况一致
4	通过报表画面查询各类报表小时表并按条件过滤	报表显示与实际情况一致
5	打印报表	按正确格式打印报表

3.4.14 设备点动控制与单控功能

设备点动控制与单控功能调试内容如表 3-19 所示。

表 3-19 设备点动控制与单控功能调试内容

序号	调试内容	预期结果
1	随机选取各系统下可控的典型设备，做单控操作	正确选择并下发命令
2	验证操作权限	正确提示或者执行
3	验证就地/远方	正确提示或者执行
4	验证触摸屏或 IBP	正确提示或者执行
5	验证车站/中央	正确提示或者执行
6	验证各设备工艺、逻辑，如风机风阀连锁等	正确提示或者执行
7	查看操作记录	正确形成事件

3.4.15 模式控制功能

模式控制功能调试内容如表 3-20 所示。

表 3-20 模式控制功能调试内容

序号	调试内容	预期结果
1	BAS 模式控制下发	能够正常下发并且模式对照表显示与实际一致

3.4.16 程序控制功能

程序控制功能调试内容如表 3-21 所示。

表 3-21 程序控制功能调试内容

序号	调试内容	预期结果
1	PSCADA 程控命令下发	PSCADA 程序控制功能能够正常实现

3.4.17 时间表控制功能

时间表控制功能调试内容如表 3-22 所示。

表 3-22 时间表控制功能调试内容

序号	调试内容	预期结果
1	验证 PA/PIS/BAS 时间表功能	能够正确根据时间表配置自动下发命令
2	对 PA/PIS/BAS 时间表进行增、删、改、查	能够正常的增、删、改、查

3.4.18 正常工况联动控制功能

正常工况联动控制功能调试内容如表 3-23 所示。

表 3-23 正常工况联动控制功能调试内容

序号	调试内容	预期结果
1	通过联动执行画面，执行"早间启运"和"晚间停运"	执行 BAS 早间启运模式、照明全开模式、PA/PIS 早间播放，关掉 PA/PIS 早间播放；执行 BAS 晚间停运模式、照明节能模式、PA/PIS 晚间播放，关掉 PA/PIS 晚间播放

3.4.19 火灾工况联动控制功能

火灾工况联动控制功能调试内容如表 3-24 所示。

表 3-24 火灾工况联动控制功能调试内容

序号	调试内容	预期结果
1	由 FAS 模拟，平台收到 FAS 传来的火灾信息，弹出火灾提示框	收到火灾信息后，马上弹出火灾提示框，并且左屏显示 FAS 分区图，右屏显示联动监视画面
2	选择"一切正常"选项	不动作
3	选择"确认火灾"选项	确认火灾后，联动 PA/PIS/ACS/AFC/CCTV 进入火灾模式
4	联动恢复	恢复 PA/PIS/ACS/AFC 到正常模式

3.4.20 阻塞工况联动控制功能

阻塞工况联动控制功能调试内容如表 3-25 所示。

表 3-25　阻塞工况联动控制功能调试内容

序号	调试内容	预期结果
1	根据列车阻塞位置，下发相应的环控模式	正确执行命令

3.4.21　在线帮助功能

在线帮助功能调试内容如表 3-26 所示。

表 3-26　在线帮助功能调试内容

序号	调试内容	预期结果
1	在各画面下打开帮助文档	根据当前画面打开相应的帮助

3.4.22　屏幕拷贝与打印功能

屏幕拷贝与打印功能调试内容如表 3-27 所示。

表 3-27　屏幕拷贝与打印功能调试内容

序号	调试内容	预期结果
1	在各画面下执行打印	正确打印当前画面
2	使用快捷键，对应关系：CTRL+1 为左屏屏幕拷贝；CTRL+2 为右屏屏幕拷贝；CTRL+3 为属性框屏幕拷贝	能正确保存屏幕拷贝

3.4.23　系统时间同步功能

系统时间同步功能调试内容如表 3-28 所示。

表 3-28　系统时间同步功能调试内容

序号	调试内容	预期结果
1	更改 iCV 服务器时间，观察是否同步	同步到与 NTP 时间服务器一致
2	更改 iCV 工作站时间，观察是否同步	同步到与 NTP 时间服务器一致
3	更改 FEP 时间，观察是否同步	同步到与 NTP 时间服务器一致

3.4.24　服务器数据同步与冗余切换

服务器数据同步与冗余切换调试内容如表 3-29 所示。

表 3-29　服务器数据同步与冗余切换调试内容

序号	调试内容	预期结果
1	拔掉一台服务器网线，观察现象	自动切换到备用服务器，并且实时数据、历史数据、报警等数据均能同步
2	再插上该网线，观察现象	切回主服务器，并且实时数据、历史数据、报警等数据均能同步

3.4.25 FEP 冗余切换

FEP 冗余切换调试内容如表 3-30 所示。

表 3-30 FEP 冗余切换调试内容

序号	调试内容	预期结果
1	关闭主 FEP，观察现象	自动切换到备用 FEP，并且实时数据、历史数据、报警等数据均能同步
2	再开启主 FEP，观察现象	切回主作站 FEP，并且实时数据、历史数据、报警等数据均能同步
3	拔掉主 FEP 任一前端设备与 FEP 的连接线，观察现象	对应数据仍能正常刷新

3.4.26 网络管理系统

网络管理系统调试内容如表 3-31 所示。

表 3-31 网络管理系统调试内容

序号	调试内容	预期结果
1	查看车站网络状态监视画面，拔掉局域网中各节点网线，查看各节点状态	各节点状态与实际一致
2	查看车站网络状态监视画面，拔掉 FEP 前端设备连接线，查看其状态	各节点状态与实际一致
3	查看 OCC 全网通信状态监控图画面，查看各节点状态	各节点状态与实际一致

3.4.27 系统性能

系统性能调试内容如表 3-32 所示。

表 3-32 系统性能调试内容

序号	调试内容	预期结果
1	设备状态更新时间	与设计要求一致
2	现场设备控制时间	与设计要求一致
3	画面/设备选择和更新	与设计要求一致
4	设备负荷	与设计要求一致
5	网络负荷	与设计要求一致

3.5 综合后备盘（IBP）盘调试

3.5.1 IBP 盘面试灯测试

IBP 盘面试灯测试调试内容如表 3-33 所示。

表 3-33　IBP 盘面试灯测试调试内容

序号	调试内容	预期结果
1	箱柜内部电源总开关接通，其余各断路器、开关端子及熔断器断开	IBP 盘内无异常
2	接通照明和风扇电源，使门控开关动作	照明正常，风扇运行正常，转向正确（柜外排风）
3	接通 DC 24 V 电源供电断路器	DC 24 V 电源指示灯亮，测量输出电压为 DC 24 V
4	接通 IBP 盘内 PLC 电源模块	PLC 电源模块电源指示灯亮，电源模块工作正常
5	接通 IBP 盘内通信适配器、I/O 模块电源	RI/O 通信适配器状态指示灯绿灯亮，I/O 模块电源指示灯亮
6	反复（重复 3 次）按下盘面"试灯"按钮	盘面各专业状态指示灯、按钮指示灯亮

3.5.2　信号系统站台紧急停车、扣车与放行功能

信号系统站台紧急停车、扣车与放行功能调试内容如表 3-34 所示。

表 3-34　信号系统站台紧急停车、扣车与放行功能调试内容

序号	调试内容	预期结果
1	检查 IBP 盘按钮线缆到 SIG 专业柜内端子的连接状态	线缆连接无异常
2	SIG 控制器带电运行状态检查	SIG 控制器正常运行
3	通过电表测量 IBP 盘到 SIG 控制器的线路连接正确性	线路连接与设计图纸一致
4	按下"紧急停车"按钮	"紧急停车"按钮回路断开，松开按钮后产生回路
5	按下"取消紧停"按钮	"取消紧停"按钮产生回路
6	按下"扣车"按钮	"扣车"按钮产生回路
7	按下"终止扣车"按钮	"终止扣车"按钮产生回路
8	按接口协议及点表测试按钮和指示灯的功能	结果正确

3.5.3　通风排烟系统的紧急模式控制功能

通风排烟系统的紧急模式控制功能调试内容如表 3-35 所示。

表 3-35　通风排烟系统的紧急模式控制功能调试内容

序号	调试内容	预期结果
1	检查 IBP 盘按钮线缆到 PLC 输入、输出模块的连接状态	线缆连接无异常
2	PLC 控制器带电运行状态指示检查	PLC 控制器正常运行

续表

序号	调试内容	预期结果
3	各 I/O 模块带点运行状态指示检查	I/O 模块运行指示灯无异常
4	IBP 盘面"环控、隧道模式""专业单个逐一下发模式"	I/O 模块指示灯和模式按钮状态指示灯亮起
5	按接口协议及点表测试按钮和指示灯的功能	结果正确

3.5.4 自动检票机释放功能

自动检票机释放功能调试内容如表 3-36 所示。

表 3-36　自动检票机释放功能调试内容

序号	调试内容	预期结果
1	检查 IBP 盘按钮线缆到"闸机专业"柜内端子的连接状态	线缆连接无异常
2	AFC 控制器带电运行状态检查	AFC 控制器正常运行
3	通过电表测量 IBP 盘到 AFC 控制器的线路连接正确性	线路连接与设计图纸一致
4	门禁、闸机联动方式"钥匙"在联动状态，按下"紧急释放"按钮	"紧急释放"按钮不产生回路，由 FAS 专业外部反馈火灾信号后产生回路
5	门禁、闸机联动方式"钥匙"在非联动状态，按下"紧急释放"按钮	"紧急释放"按钮产生回路，"释放状态"指示灯有"无缘常开"信号，指示灯亮起
6	检测 FAS 反馈信号	反馈 FAS 信号继电器亮起，通过电表检测继电器"常开"信号到 FAS 专业端子产生回路
7	按接口协议及点表测试按钮和指示灯的功能	结果正确

3.5.5 门禁释放功能

门禁释放功能调试内容如表 3-37 所示。

表 3-37　门禁释放功能调试内容

序号	调试内容	预期结果
1	检查 IBP 盘按钮线缆到"门禁专业"柜内端子的连接状态	线缆连接无异常
2	ACS 控制器带电运行状态检查	ACS 控制器正常运行
3	通过电表测量 IBP 盘到 ACS 控制器的线路连接正确性	线路连接与设计图纸一致
4	门禁、闸机联动方式"钥匙"在联动状态，按下"紧急释放"按钮	"紧急释放"按钮不产生回路，是由 FAS 专业外部反馈火灾信号后产生回路

续表

序号	调试内容	预期结果
5	门禁、闸机联动方式"钥匙"在非联动状态,按下"紧急释放"按钮	"紧急释放"按钮产生回路,"释放状态"指示灯有"无缘常开"信号,指示灯亮起
6	检测 FAS 反馈信号	反馈 FAS 信号继电器亮起,通过电表检测继电器"常开"信号到 FAS 专业端子产生回路
7	按接口协议及点表测试按钮和指示灯的功能	结果正确

3.5.6 电扶梯停止控制功能

电扶梯停止控制功能调试内容如表 3-38 所示。

表 3-38 电扶梯停止控制功能调试内容

序号	调试内容	预期结果
1	检查 IBP 盘按钮线缆到 PLC 输入、输出模块的连接状态	线缆连接无异常
2	PLC 控制器带电运行状态指示检查	控制器正常运行
3	各输入、出模块带电运行状态指示检查	各输入、输出模块正常运行
4	ES 带电运行状态检查	ES 正常运行
5	通过电表测量 BAS 到 ES 控制器的线路连接正确性	线路连接与设计图纸一致
6	IBP 盘面"自动扶梯"专业按下"急停"按钮	对应 PLC 输出模块指示亮起,"急停"按钮指示灯反馈信号正常,指示灯亮起
7	按接口协议及点表测试按钮和指示灯的功能	结果正确

3.5.7 屏蔽门开、关门控制功能

屏蔽门开、关门控制功能调试内容如表 3-39 所示。

表 3-39 屏蔽门开、关门控制功能调试内容

序号	调试内容	预期结果
1	检查 IBP 盘按钮线缆到 PSD 专业柜内端子的连接状态	线缆连接无异常
2	PSD 控制器带电运行状态检查	PSD 控制器正常运行
3	通过电表测量 IBP 盘到 PSD 控制器的线路连接正确性	线路连接与设计图纸一致
4	对盘面操作钥匙、按钮按下测试	按钮端子产生回路
5	对盘面按钮状态指示灯到控制外部和反馈信号端子 24 V 短接	状态指示灯亮起
6	依次对 PSD 专业按钮重复上述 4~5 步骤操作	直到各个按钮回路正常、指示灯亮起

3.5.8 消防专用设备控制功能

消防专用设备控制功能调试内容如表 3-40 所示。

表 3-40 消防专用设备控制功能调试内容

序号	调试内容	预期结果
1	检查 IBP 盘按钮线缆到 FAS 专业柜内端子的连接状态	线缆连接无异常
2	FAS 控制器带电运行状态检查	FAS 控制器正常运行
3	通过电表测量 IBP 盘到 FAS 控制器的线路连接正确性	线路连接与设计图纸一致
4	对盘面操作钥匙、按钮按下测试	按钮到柜内端子产生回路
5	对盘面按钮状态指示灯到控制外部和反馈信号端子 24 V 短接	状态指示灯亮起
6	依次对 PSD 专业按钮重复上述 4 步骤操作	直到各个按钮回路正常、指示灯亮起

3.6 大屏幕系统调试

3.6.1 大屏系统运行状态检查

大屏系统运行状态检查调试内容如表 3-41 所示。

表 3-41 大屏系统运行状态检查调试内容

序号	调试内容	预期结果
1	检查大屏幕系统设备外观	组合屏的箱体、底座表面涂层平滑、均匀、色调一致
2	大屏幕系统设备安装就位	组合屏的整体拼接整齐、无变形
3	通信线连接	系统布线整齐，标识明确，无外露线缆
4	检查上电条件	机柜由 UPS 供电，用万用表测试服务器柜电源端子，确保与图纸一致，正确接地，柜内及周边环境良好（温度、湿度、脏度）
5	检查硬件配置（拼接屏、拼接控制器、线缆等）	满足或者超过技术规格书要求
6	检查软件配置（大屏幕配套软件、IP 地址设定、设备命名）	大屏幕配套软件安装完成，IP 和计算机命名符合整体规划

3.6.2 大屏系统功能调试

大屏系统功能调试内容如表 3-42 所示。

表 3-42 大屏系统功能调试内容

序号	调试内容	预期结果
1	在单机状态下进行大屏幕系统测试	系统设备单机运行正常
2	测试大屏幕系统拼接控制器	拼接控制系统功能正常
3	测试大屏幕系统的各项功能，和显示方案	本系统独立运行正常
4	与各系统联调联试，测试相应的接口功能	整个系统与各其他系统功能正常

3.6.3 大屏系统显示方案检查

大屏系统显示方案检查调试内容如表 3-43 所示。

表 3-43 大屏系统显示方案检查调试内容

序号	调试内容	预期结果
1	切换至信号系统信息显示	信号系统信息显示正常
2	切换至供电系统信息显示	供电系统信息显示正常
3	切换至通风系统信息显示	通风系统信息显示正常
4	切换至视频监视图像显示	视频监视图像显示正常
5	切换至消防系统显示	消防系统显示正常
6	显示模式切换功能检查	显示模式切换功能正常

第4章 火灾自动报警系统

4.1 系统组成及调试内容

4.1.1 系统组成

火灾自动报警系统由火灾自动报警控制器、图形显示装置、感烟探测器、感温探测器、输入模块、输出模块、消防设备电源、消防电话、感温电缆、感温光纤及系统软件组成。

1. 车站级 FAS 结构

车站级 FAS 集成在综合监控系统中，主变电所通过光纤接入就近车站监控。设备由综合监控系统负责配置，集成软件由综合监控 ISCS 专业实现，功能由综合监控系统负责实现，同时，按照清单和用户需求书的要求，FAS 在车站配置相应的扩展工作站，扩展工作站的硬件设置及软件功能由 FAS 专业实现，车站的监控对象主要包括防火阀、防火卷帘门、应急照明、切非消防、消防蝶阀、AFC 闸机、气体灭火系统、门禁、电梯等设备，典型车站 FAS 级构成如图 4-1 所示。

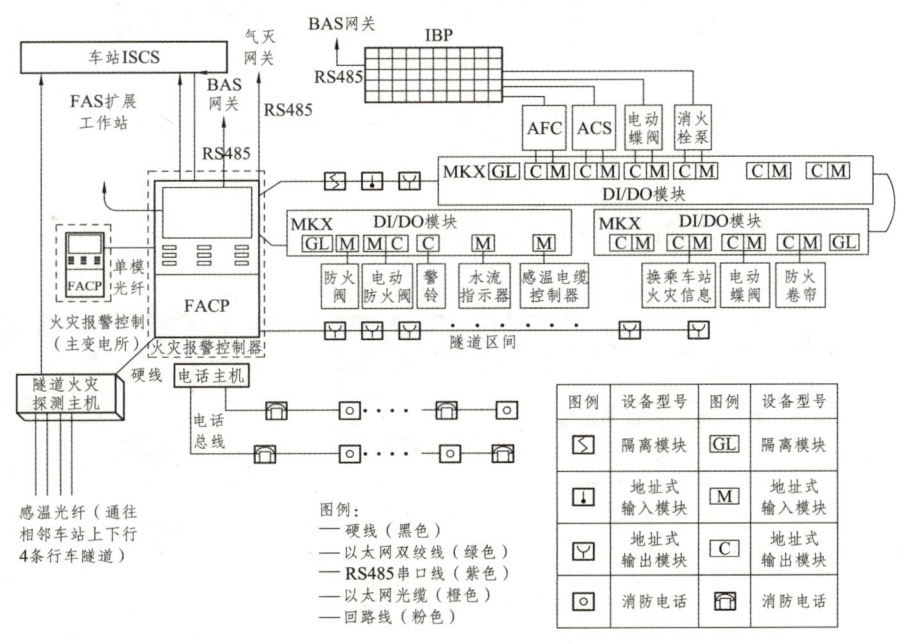

图 4-1 车站级 FAS 结构

2. 停车场 FAS 结构

停车场设置 1 台区域型 FAS 报警主机与 1 台联动型 FAS 报警主机，主机间用四芯单模光纤进行联网，用于集中监控停车场火灾信息，并在停车场消防主控制室配置消防联动控制盘，停车场的监控对象主要包括排烟风机、防火阀、非消防电源、消防水泵、起泵按钮、喷淋水泵、水流开关、信号蝶阀、湿式报警阀和气体灭火系统、门禁系统、电梯等设备。停车场 FAS 构成配置如图 4-2 所示。

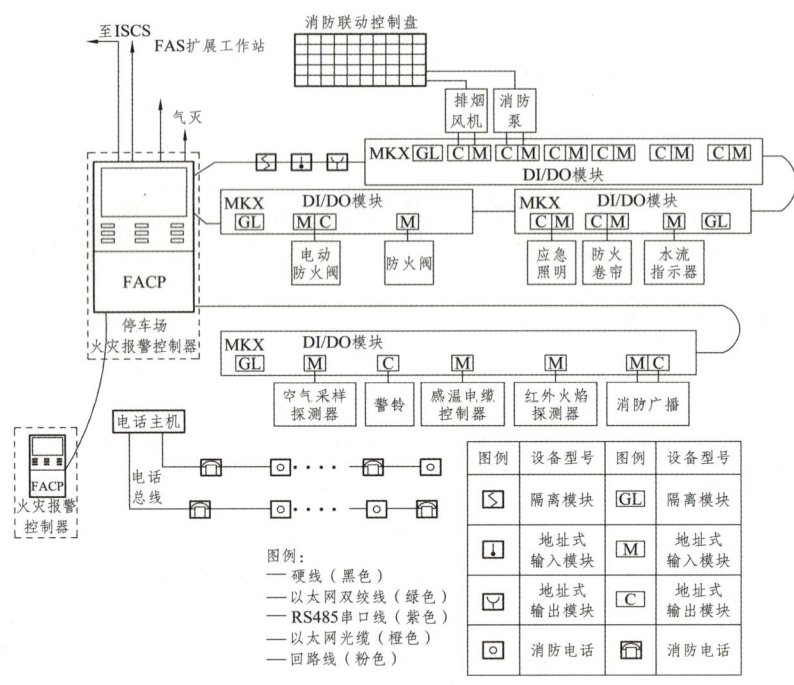

图 4-2　停车场 FAS 结构

4.1.2　调试内容

火灾自动报警系统调试内容如表 4-1 所示。

表 4-1　火灾自动报警系统调试内容

序号	调试项目	具体内容
1	火灾自动报警控制器调试	自检功能测试
2		打印机测试
3		主备电源切换测试
4	图文显示装置调试	图区检测
5		火灾报警点显示功能检测
6		设备运行状态显示功能检测
7		软件维护功能检测
8	现场设备调试	烟感、手报检测
9		输入模块、输出模块检测
10	消防设备电源调试	设备自检功能检测
11		主备电源切换功能检测

续表

序号	调试项目	具体内容
12	消防电话调试	通话功能检测
13		主机功能检测
14	感温电缆调试	火警功能检测
15		故障功能检测
16	吸气探测器	火警功能检测
17		预计功能检测
18		故障功能检测
19	感温光纤调试	实时在线测温检测
20		报警功能检查
21		参数控制功能检测
22		历史数据查询功能检测

4.2 前置条件

（1）火灾自动报警控制器、图文显示装置、模块箱、感烟探测器、感温探测器、手动报警按钮、输入模块、输出模块、警铃、消防电话等设备安装到位并完成接线。
（2）系统现场网络组建完成。
（3）所有设备及线缆已完成挂牌。
（4）所有设备已具备受电条件。
（5）火灾自动报警控制器、图文显示装置等设备软件已安装完成。
（6）设备资料、系统工艺图、系统调试手册及调试表格已准备完成。

4.3 火灾自动报警控制器调试

调试内容主要包括控火灾自动报警控制器自检功能测试、打印机测试、主备电源切换测试、通信功能测试。

4.3.1 主机自检功能检测

主机自检功能检测调试内容如表 4-2 所示。

表 4-2 主机自检功能检测调试内容

序号	调试内容	预期结果
1	面板指示灯状态检查	按下主机面板"自检"按钮；各指示灯亮
2	主机蜂鸣器状态检测	按下主机面板"自检"按钮；主机蜂鸣器响

4.3.2 打印机功能检测

打印机功能检测调试内容如表 4-3 所示。

表 4-3　打印机功能检测调试内容

序号	调试内容	预期结果
1	打印机工作状态检查	按下 SEL 键,使打印机处于在线状态;SEL 指示灯亮
2	打印机功能检查	模拟动作;打印机打印当前操作记录

4.3.3　主备电源切换功能检测

主备电源切换功能检测调试内容如表 4-4 所示。

表 4-4　主备电源切换功能检测调试内容

序号	调试内容	预期结果
1	备用电源工作状态检测	断开主电源;交流电源指示灯灭,此时主机正常运行
2	主电源工作状态检测	断开备用电源;备用电源指示灯灭,此时主机正常运行

4.3.4　历史数据查询功能检测

历史数据查询功能检测调试内容如表 4-5 所示。

表 4-5　历史数据查询功能检测调试内容

序号	调试内容	预期结果
1	历史数据查询功能检测	能够对报警记录数据、监管数据等历史数据能够根据用户的查询条件进行精确的查询,并提供浏览及打印功能

4.4　图形显示装置调试

4.4.1　图区检测

图区检测调试内容如表 4-6 所示。

表 4-6　图区检测调试内容

序号	调试内容	预期结果
1	图区检测	设备图区制作完成;设备点(探测器点、监视点、控制点)布置完成

4.4.2　火灾报警点显示功能检测

火灾报警点显示功能检测调试内容如表 4-7 所示。

表 4-7　火灾报警点显示功能检测调试内容

序号	调试内容	预期结果
1	火灾报警点显示功能检测	模拟设备火警；能够正确显示设备所在位置、火警状态、设备地址等

4.4.3　设备运行状态显示功能检测

设备运行状态显示功能检测调试内容如表 4-8 所示。

表 4-8　设备运行状态显示功能检测调试内容

序号	调试内容	预期结果
1	设备运行状态显示功能检测	能实时准确的显示设备的运行状态

4.4.4　软件维护功能检测

软件维护功能检测调试内容如表 4-9 所示。

表 4-9　软件维护功能检测调试内容

序号	调试内容	预期结果
1	数据维护功能检测	能够对图区、点位、图例进行编辑、修改、替换
2	权限管理功能检测	能够对用户、用户权限进行编写、修改
3	历史数据查询功能检测	能够对历史数据进行查询

4.5　现场设备调试

4.5.1　烟感、手报报警检测

烟感、手报报警检测调试内容如表 4-10 所示。

表 4-10　烟感、手报报警检测调试内容

序号	调试内容	预期结果
1	烟感报警功能检查	模拟动作；烟感报火警
2	手报报警功能检查	模拟动作；手报报火警

4.5.2　输入模块、输出模块检测

输入模块、输出模块检测调试内容如表 4-11 所示。

表 4-11 输入模块、输出模块检测调试内容

序号	调试内容	预期结果
1	输入模块功能检测	模拟信号输入；输入模块指示灯亮，主机接收到相应信号
2	输出模块功能检测	模拟信号输出；输出模块指示灯亮，主机发送相应命令

4.6 消防设备电源调试

4.6.1 设备自检功能检测

设备自检功能检测调试内容如表 4-12 所示。

表 4-12 设备自检功能检测调试内容

序号	调试内容	预期结果
1	设备指示灯检测	按下自检按钮；设备指示灯亮
2	设备蜂鸣器检测	按下自检按钮；设备蜂鸣器响

4.6.2 主备电源切换功能检测

主备电源切换功能检测调试内容如表 4-13 所示。

表 4-13 主备电源切换功能检测调试内容

序号	调试内容	预期结果
1	备用电源工作状态检测	断开主电源；备电工作指示灯亮，主电欠压指示灯灯亮，主机正常工作
2	主电源工作状态检测	断开备用电源；主电工作指示灯亮，备电欠压指示灯灯亮，主机正常工作

4.7 消防电话调试

4.7.1 通话功能检测

通话功能检测调试内容如表 4-14 所示。

表 4-14 通话功能检测调试内容

序号	调试内容	预期结果
1	分机呼入功能检测	摘下电话分机；主机呼入告警，显示分机地址，且正常通话
2	插孔呼入功能检测	插入手提式电话分机；主机呼入告警，显示电话地址模块地址，且正常通话
3	主机呼出功能检测	主机输入分机地址号；分机呼入告警，且正常通话

4.7.2 主机功能检测

主机功能检测调试内容如表 4-15 所示。

表 4-15 主机功能检测调试内容

序号	调试内容	预期结果
1	自检功能检测	选中"自检",再按下【确认/放音】键;指示灯亮,扬声器发出呼叫声
2	故障告警功能检测	模拟总线故障;设备故障告警
3	录音回放功能检测	选中"录音回放",再按下【确认/放音】键进入录音回放状态;能正常播放之前的通话录音
4	查询功能测试	选中"查询",再按下【确认/放音】键;查询记录和软件版本

4.8 感温电缆调试

4.8.1 火警功能检测

火警功能检测调试内容如表 4-16 所示。

表 4-16 火警功能检测调试内容

序号	调试内容	预期结果
1	火警报警检测	现场模拟火警;控制器"火警"指示灯亮,火警输出

4.8.2 故障功能检测

故障功能检测调试内容如表 4-17 所示。

表 4-17 故障功能检测调试内容

序号	调试内容	预期结果
1	故障报警检测	现场模拟故障;控制器"故障"指示灯亮,故障输出

4.9 吸气探测器调试

4.9.1 火警功能检测

火警功能检测调试内容如表 4-18 所示。

表 4-18 火警功能检测调试内容

序号	调试内容	预期结果
1	火警报警检测	现场模拟火警；控制器"火警"指示灯亮，火警输出

4.9.2 预警功能检测

预警功能检测调试内容如表 4-19 所示。

表 4-19 预警功能检测调试内容

序号	调试内容	预期结果
1	预计报警检测	现场模拟预警；控制器"预警"指示灯亮，预警输出

4.9.3 故障功能检测

故障功能检测调试内容如表 4-20 所示。

表 4-20 故障功能检测调试内容

序号	调试内容	预期结果
1	故障报警检测	现场模拟故障；控制器"故障"指示灯亮，火警输出

4.10 感温光纤调试

4.10.1 实时在线测温检测

实时在线测温检测调试内容如表 4-21 所示。

表 4-21 实时在线测温检测调试内容

序号	调试内容	预期结果
1	实时在线测温检测	模拟环境温度变化；主机能够显示当前探测点实时温度

4.10.2 报警功能检测

报警功能检测调试内容如表 4-22 所示。

表 4-22　报警功能检测调试内容

序号	调试内容	预期结果
1	自动报警检测	模拟通道火警；系统具备自动报警功能，报警窗口自动弹出，同时提供声音报警提示
2	断纤报警检测	模拟通道故障；系统具备光缆损坏定位功能，并且受损点之前的光缆仍可处于工作状态
3	报警输出检测	模拟通道火警；系统监测到的报警信息可通过继电器上传至火灾报警控制器

4.10.3　参数控制功能检测

参数控制功能检测调试内容如表 4-23 所示。

表 4-23　参数控制功能检测调试内容

序号	调试内容	预期结果
1	系统主要参数设定检测	按下测量时间与总周期按钮；能对测量时间和光纤参数进行设置
2	报警信息配置与处理检测	按下测量时间与总周期按钮；能对报警索引参数（最高温度、最低温度、温升速率）进行修改

4.10.4　历史数据查询功能检测

历史数据查询功能检测调试内容如表 4-24 所示。

表 4-24　历史数据查询功能检测调试内容

序号	调试内容	预期结果
1	历史数据查询功能检测	对报警记录数据、温度数据等历史数据，能够根据用户的查询条件进行精确的查询，并提供浏览及打印服务

第 5 章　环境与设备监控系统

5.1　系统组成及调试内容

5.1.1　系统组成

环境与设备监控系统主要由控制器、输入输出（I/O）模块、网络设备、传感器、操作站、不间断电源（UPS）及系统软件组成。BAS 由中心级监控系统、车站级监控系统和现场级设备组成。BAS 实行两级管理、三级控制的模式。在中心、车站以及现场，均可以对 BAS 现场设备进行控制。隧道区间环控系统的管理以控制中心为主，其他系统的监控管理以车站为主。

1．中央级

中央级 BAS 对各个车站的区间隧道通风设备、车站通风空调及水系统设备、给排水设备、动照系统设备及电扶梯设备进行监视或控制。

2．车站级

车站级 BAS 是对本车站所辖区间隧道及车站的通风空调大系统、小系统及其水系统、照明系统、导向指示标志、自动扶梯、电梯、给排水系统相关设备进行监控及管理，同时对相关设备用房和公共区的环境温湿度等参数进行监测。车站级环境与设备监控系统组成如图 5-1 所示。

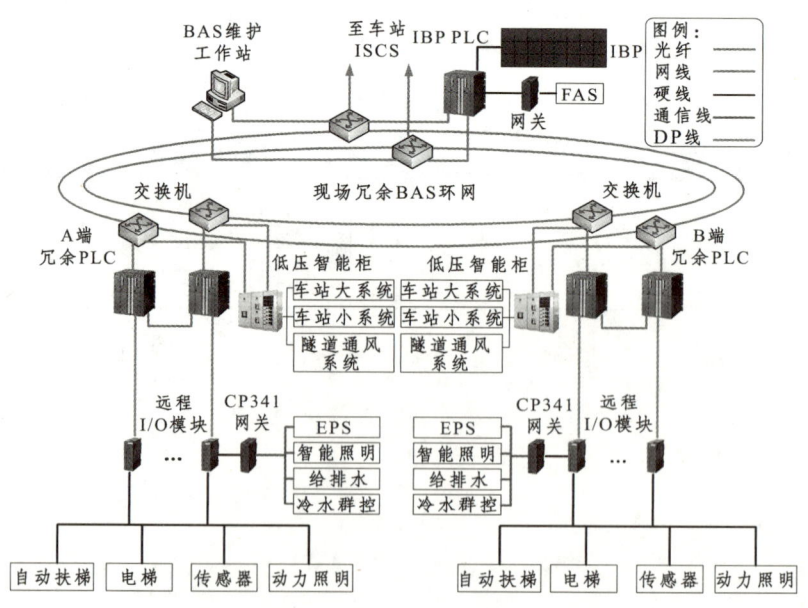

图 5-1　车站级环境与设备监控系统组成

3．停车场

停车场内设置简易 BAS，维护工作站功能配置与典型车站 BAS 维护工作站相同，但简易 BAS 主 PLC 只设置一台，且采用非冗余配置，用于实现车辆段和综合基地机电设备（主要是水泵和应急照明）的监控功能。停车场环境与设备监控系统组成如图 5-2 所示。

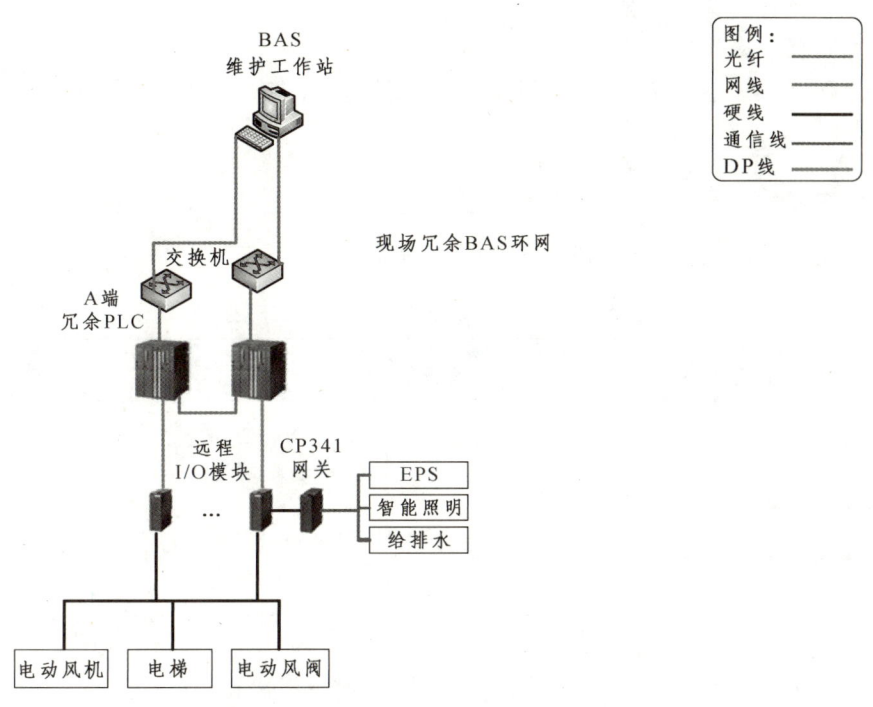

图 5-2　停车场环境与设备监控系统组成

5.1.2　调试内容

环境与设备监控系统调试内容如表 5-1 所示。

表 5-1　环境与设备监控系统调试内容

序号	调试项目	具体内容
1	控制器及局域网运行调试	CPU、网络模块、I/O 模块的运行状态检查，控制器软件功能测试及冗余切换功能测试，局域网运行调试
2	远程 I/O 及现场网络运行调试	网络模块、I/O 模块的运行状态检查，远程监控功能测试及现场网络运行测试
3	操作站及软件功能调试	操作站及软件安装检查
		操作站及软件配置检查
		操作站及软件功能检查
4	传感器调试	温度、湿度、CO_2 浓度等环境参数监视

5.2 前置条件

（1）控制器、远程 I/O 箱、传感器、操作站、不间断电源等设备安装到位并完成接线。
（2）系统局域网及现场网络组建完成。
（3）所有设备及线缆已完成挂牌。
（4）所有设备具备受电条件。
（5）控制器、操作站等设备已完成软件安装。
（6）设备资料、系统工艺图、系统调试手册及调试表格等已准备完成。

5.3 控制器及局域网运行调试

控制器及局域网运行调试内容如表 5-2 所示。

表 5-2　控制器及局域网运行调试内容

序号	调试内容	预期结果
1	检查 CPU 的工作状态	CPU 处于运行状态，状态指示灯绿色常亮，I/O 指示灯绿色闪烁
2	检查网络模块的工作状态	网络模块状态（OK）指示灯绿色常亮，或闪烁
3	车站交换机冗余控制网（A 网、B 网）通信状态检查	控制网 A 网、B 网状态正常，两个网络状态指示灯绿色常亮
4	将 PLC 程序下载到对应的 CPU 中，并使 CPU 处于运行状态	CPU 运行指示灯绿色常亮，I/O 状态指示灯绿色闪烁
5	运行网络浏览软件	能浏览到所有 PLC 设备
6	使 CPU 处于运行工作状态	CPU 运行"Run"指示灯绿色常亮
7	PLC 冗余测试	关闭任一台 PLC、拔掉任一连接到环网的网线，系统能够自动切换并设置当前正常运行 PLC 为"PRIM"，另一台为"SYNC"
8	将设备恢复原状态	PLC 设备运行，网络正常

5.4 远程 I/O 及现场网络运行调试

远程 I/O 及现场网络运行调试内容如表 5-3 所示。

表 5-3　远程 I/O 及现场网络运行调试内容

序号	调试内容	预期结果
1	检查各卡件工作状态	I/O 状态指示灯正常
2	检查网络适配器工作状态	适配器状态指示灯正常
3	检查现场交换机工作状态	交换机状态指示灯正常
4	运行网络浏览软件	能浏览到所有 PLC 设备
5	依次插拔各卡件	拔下反馈故障信号，插上反馈正常信号
6	依次插拔适配器网线	拔下反馈故障信号，插上反馈正常信号
7	依次插拔交换机跳线	拔下反馈故障信号，插上反馈正常信号
8	重复以上各步，直到完成所有 RIO 设备的调试	所有设备运行正常

5.5　操作站及软件功能调试

调试内容主要包括操作站软件授权检查、监控功能测试等。

5.5.1　操作站及软件安装检查

操作站及软件安装检查调试内容如表 5-4 所示。

表 5-4　操作站及软件安装检查调试内容

序号	调试内容	预期结果
1	检查工作站是否安装就位	工作站正常就位，铭牌标识正确
2	检查电源线连接	工作站、显示器分别接到 IBP 盘内的电源端子，PE 线接到端子上，并且有清晰的电缆铭牌
3	检查通信线连接	工作站冗余网络接口分别连接到交换机的指定端口上，并且有清晰的线缆铭牌
4	检查显示器连接	工作站的双显示卡输出分别连接主备显示器
5	检查是否具备上电条件	由 UPS 供电，用万用表测试电源端子，确保与图纸一致，正确接地，周边环境良好（温度、湿度、脏度）

5.5.2　操作站及软件配置检查

操作站及软件配置检查调试内容如表 5-5 所示。

表 5-5 操作站及软件配置检查调试内容

序号	调试内容	预期结果
1	检查硬件配置（CPU、内存、硬盘、网卡、光驱、显卡、音响等）	满足或者超过技术规格书要求
2	检查软件配置（操作系统安装、硬盘分区、IP 地址设定、计算机命名、防病毒软件安装）	操作系统、杀毒软件符合正版验证，IP 和计算机命名符合整体规划
3	检查应用软件、编程软件、驱动、配置文件安装情况	应用软件、编程软件版本和模块安装正确；通信驱动程序安装正确；配置文件正确
4	网络通道测试	每个网卡能 Ping 通对端

5.5.3 操作站及软件功能检查

操作站及软件功能检查调试内容如表 5-6 所示。

表 5-6 操作站及软件功能检查调试内容

序号	调试内容	预期结果
1	查看工作站系统是否运行正常，分区是否能读写正常	登陆工作站，在系统中复制文件观察是否读写正常
2	查看工作站的网络连接状态，确定其是否能正常访问网络	用系统自带的 Ping 命令，Ping 各网段网关，确定其能访问网络
3	两个网口是否处于热备状态	长 Ping 网关及 PLC 网络模块 IP，在 Ping 正常的情况下，拔掉一个网口，查看 Ping 是否正常，再把拔掉的网口插回原位，拔掉另一个网口，查看 Ping 是否正常
4	是否能够通过编程软件下载、上传、在线监视 PLC 程序	能 upload 和 download PLC 程序，响应速度正常
5	编程软件监视设备状态	能读取运作状态
6	编程软件控制现场设备	能远程单控、群控、模式控制、晗值控制
7	软件维护功能测试	有备份，能紧急恢复

5.6 传感器运行调试

传感器运行调试内容如表 5-7 所示。

表 5-7 传感器运行调试内容

序号	调试内容	预期结果
1	传感器运行状态检查	BAS 能正确显示反馈值
2	现场负责对传感器加温湿度等信号	反馈信号正常
3	重复以上各步，直到完成所有传感器统设备的调试	所有传感器运行正常

第 6 章 门禁系统

6.1 系统组成及调试内容

6.1.1 系统组成

ACS 由中央级和车站级系统组成。ACS 结构如图 6-1 所示。

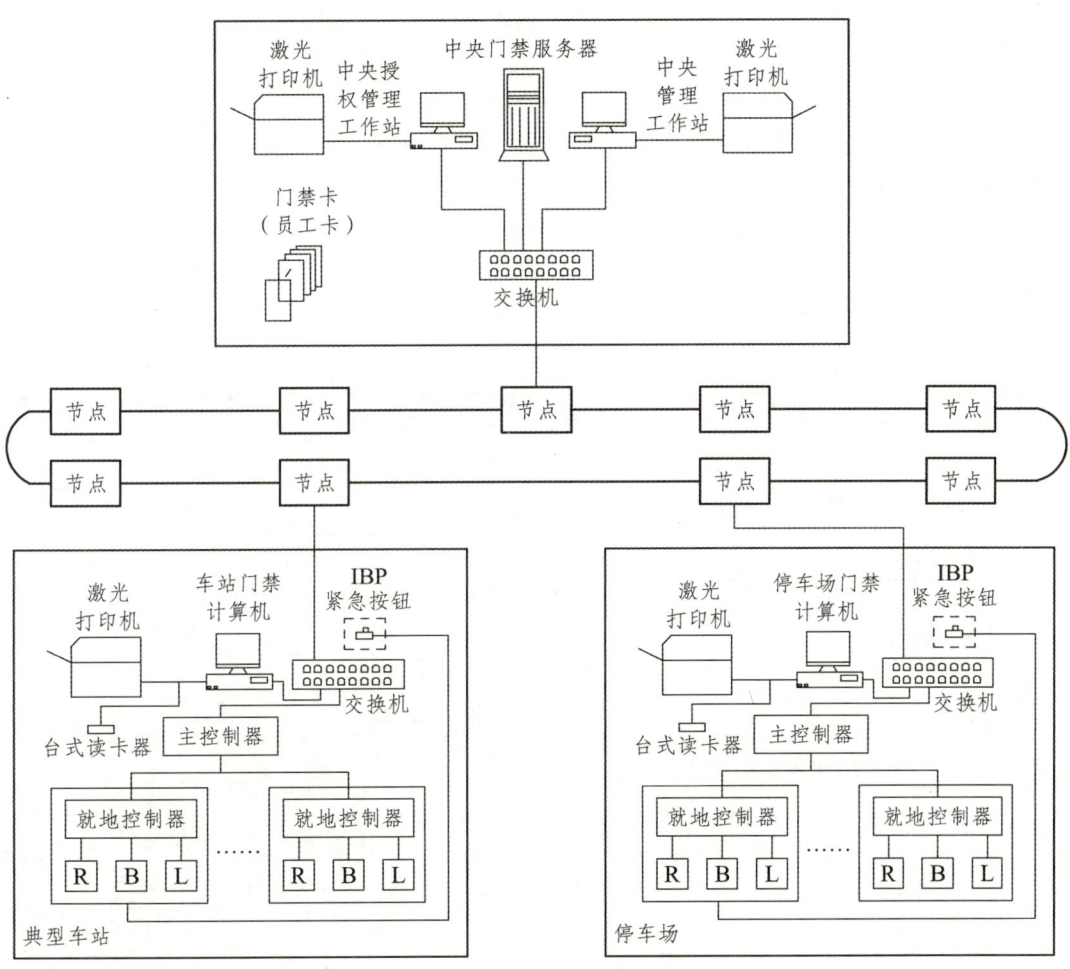

图 6-1 门禁系统结构示意图

1. 中央级

1）硬件构成

中央级门禁系统硬件设备主要有：中央服务器、中央管理工作站、中央授权工作站、台式读卡器、通信设备（即交换机、通信线缆等）、打印机等。

2）通信构成

ACS 采用 B/S+C/S 三层网络拓扑结构，以 TCP/IP 协议为通信基础，每个区域网都可以按用户需求实现自由拓扑，每个设备可以通过本地前端机的串口或者网络接入系统，并通过服务器应用层实时采集和交换数据。系统控制中心中央计算机系统、车辆段计算机系统、各车站计算机系统通过主干传输网络进行连接。

2．车站级

1）硬件构成

车站门禁系统硬件设备主要有：车站工作站、授权读卡器、打印机、网络设备、不间断电源、车站控制器、本地控制器、读卡器、锁具、开门按钮、紧急开门按钮、门禁卡、系统软件等。

2）通信构成

车站级工作站通过网络架构与主控制器设备通信连接，车站控制器与本地设备通过双回路 485 进行通信连接。

6.1.2 调试内容

门禁系统调试内容如表 6-1 所示。

表 6-1　门禁系统调试内容

序号	调试项目	具体内容
1	车站控制器调试	控制器网络通信测试
		控制器通信地址配置
		双回路通信测试
2	本地控制器调试	回路通信测试
		监测门动作
		监测读卡器事件
		监测出门按钮事件
		监测紧急出门按钮事件
		在线离线模式运行功能
		本地数据存储功能
		接受并执行上级命令功能
3	读卡器调试	指示灯状态测试
		合法卡刷卡测试
		非法刷卡测试
4	电子锁调试	指示灯状态测试
		门磁状态测试

续表

序号	调试项目	具体内容
4	电子锁调试	读卡器控制锁开门
		出门按钮控制锁开门
		紧急开门按钮控制锁开门
5	紧急开门按钮调试	玻璃击碎电锁释放
		恢复玻璃电锁吸合
6	开门按钮调试	按下按钮电锁释放
		松开按钮电锁吸合
7	门禁卡调试	合法卡测试
		非法卡测试
8	网络设备调试	交换机通信测试
		回路通信测试
9	授权工作站调试	网络通信测试
		站级门禁权限管理
10	系统软件调试	设备查询管理
		设备控制
		设备运行状态监视
		设备报警状态监视
		打印功能
		与IBP盘联动
		与FAS联动
		历史信息查询

6.2 前置条件

（1）车站工作站、授权读卡器、打印机、网络设备、不间断电源、车站控制器、本地控制器、读卡器、锁具、开门按钮、紧急开门按钮等设备安装到位并完成接线。
（2）门禁系统传输网络组建完成。
（3）所有设备及线缆已完成挂牌。
（4）门禁系统设备具备受电条件。
（5）车站控制器、工作站等设备已完成软件安装。
（6）门禁设备资料、系统调试手册及调试表格准备完成。

6.3 车站控制器调试

车站控制器调试内容如表 6-2 所示。

表 6-2 车站控制器调试内容

序号	调试内容	预期结果
1	控制器网络通信测试：上电初始化，查看网络是否连上	通信正常
2	控制器通信地址配置：开机配置 IP 地址	设置正确
3	双回路通信测试：上电初始化后连接 9 针头	通信正常

6.4 本地控制器调试

本地控制器调试内容如表 6-3 所示。

表 6-3 本地控制器调试内容

序号	调试内容	预期结果
1	回路通信测试：上电插上回路通信 485 端子	通信正常
2	监测门动作：刷卡或者远程控制开关门	显示正常
3	监测读卡器事件：刷卡在监视终端上看事件是否上传	显示正常
4	监测出门按钮事件：按开门按钮在监视终端上看事件是否上传	显示正常
5	监测紧急出门按钮事件：按紧急出门按钮在监视终端上看事件是否上传	显示正常
6	在线离线模式运行功能：分别在线和离线时刷合法卡，看门是否动作	功能正常
7	本地数据存储功能：断开中央级，用合法卡刷卡，看门禁是否动作	功能正常
8	接受并执行上级命令功能：在中央设置相应内容，查看数据是否下载到本地	操控正常

6.5 读卡器调试

读卡器调试内容如表 6-4 所示。

表 6-4　读卡器调试内容

序号	调试内容	预期结果
1	指示灯状态测试：上电初始化后黄灯闪烁，刷合法卡绿灯亮，刷非法卡红灯亮	显示正常
2	合法卡刷卡测试：刷卡门锁开门	控制正常
3	非法刷卡测试：刷非法卡门锁不动作	控制正常

6.6　电子锁调试

电子锁调试内容如表 6-5 所示。

表 6-5　电子锁调试内容

序号	调试内容	预期结果
1	指示灯状态测试：上电初始化后门锁开启为红灯，门锁闭合为绿灯	显示正常
2	门磁状态测试：上电初始化后门锁开启时监视图上显示开门图标，门锁闭合时监视图上显示闭合图标	状态正常
3	读卡器控制锁开门：在中央级或车站级授权合法卡刷卡后门开启	控制开门正常
4	出门按钮控制锁开门：上电初始化完成后按动开门按钮开门	控制开门正常
5	紧急开门按钮控制锁开门：上电初始化完成后击碎破玻按钮开门	控制开门正常

6.7　紧急开门按钮调试

紧急开门按钮调试内容如表 6-6 所示。

表 6-6　紧急开门按钮调试内容

序号	调试内容	预期结果
1	玻璃击碎电锁释放：上电初始化设备后，击碎玻璃	控制锁断电释放
2	恢复玻璃电锁吸合：上电初始化设备后，恢复玻璃	控制锁恢复正常

6.8　出门按钮调试

出门按钮调试内容如表 6-7 所示。

表6-7　出门按钮调试内容

序号	调试内容	预期结果
1	按下按钮电锁释放：上电初始化设备后，按一下按钮	控制锁断电释放
2	松开按钮电锁吸合：上电初始化设备后，松开按钮	控制锁恢复正常

6.9　门禁卡调试

门禁卡调试内容如表6-8所示。

表6-8　门禁卡调试内容

序号	调试内容	预期结果
1	合法卡测试：上电初始化后刷合法卡	控制锁断电开门
2	非法卡测试：上电初始化后刷非法卡	无法控制锁断电开门

6.10　网络设备调试

网络设备调试内容如表6-9所示。

表6-9　网络设备调试内容

序号	调试内容	预期结果
1	交换机通信测试：上电初始化后，把调试电脑和车站控制器同时连接在交换机上，在同一网段的情况下用调试电脑Ping车站控制器IP	通信正常
2	回路通信测试：上电初始化后在中央设置好相应地址，看本地控制器是否数据交换等轮流闪烁	通信正常

6.11　授权工作站调试

授权工作站调试内容如表6-10所示。

表6-10　授权工作站调试内容

序号	调试内容	预期结果
1	网络通信测试：上电初始化后，授权工作站和车站控制器同时连接交换机，处于同一网段的情况下用授权工作站Ping车站控制器IP	通信正常
2	站级门禁权限管理：在中央设置好或者删除门禁管理相应权限，查看授权工作站是否能登录	站级门禁权限授权及取消权限

6.12 系统软件调试

系统软件调试内容如表 6-11 所示。

表 6-11 系统软件调试内容

序号	调试内容	预期结果
1	设备查询管理	正常查询门禁相关信息
2	设备控制	远程正常控制
3	设备运行状态监视	正常监视门事件信息
4	设备报警状态监视	正常监视报警事件
5	打印功能	正常打印
6	与 IBP 盘联动	功能正常实现门锁断电
7	与 FAS 联动	功能正常实现门锁断电
8	历史信息查询	查询正常

第 7 章 通信系统

7.1 系统组成及调试内容

7.1.1 系统组成

通信系统作为地铁运营调度、企业管理、服务乘客、治安反恐、应急指挥的网络平台，是地铁正常运转的神经系统。它能够为地铁工作人员提供内部、外部联络用的通信手段。城市轨道交通地铁机电系统中，通信系统分为专用通信系统、公安通信系统以及民用通信系统，民用通信系统本书暂不作介绍。其中，专用通信系统能够为地铁运营调度指挥列车运行、下达调度命令、列车运营、电力供应、日常维修、票务管理等提供指挥所用的通信工具，同时也为旅客及工作人员提供通信网络。公安通信系统作为市公安通信系统的延伸，为公安警务人员提供地铁警务指挥和业务联系的语音、数据、图像等服务，也能够作为市政府相关职能部门调度联络的重要无线通信保障。通信系统的组成如图 7-1 所示。

1. 专用通信系统

专用通信系统主要包括传输、公务电话、专用电话、无线通信、广播、视频监视、乘客信息、时钟、综合电源、集中告警、办公自动化等子系统。

1）传输系统

目前，常用的专用通信传输系统采用增强型 MSTP 系统，提供 SNCP 及 MPLS-TP 环网保护，当系统检测到信号丢失、帧丢失、告警指示信号、超过门限的误码缺陷及指针丢失时，系统自动进行检测并保护倒换，倒换时间小于 50 ms。传输系统提供丰富的接口，为各个子系统提供传输通道，其中 2M 业务采用 TDM 交叉时隙实现，10/100/1000/10000M 以太网业务采用 MPLS-TP 分组交换实现。传输系统在各车站、停车场节点设置光纤数字传输设备，MSTP 节点设备组建自愈保护环，并与地铁控制中心相切，各个节点设备分别使用上、下行区间光缆中的光纤，采用隔站跳接方式连接，构成具有自愈环结构的传输系统。传输系统为城市轨道交通运行提供大容量传输通道，为各类系统的语音、数据及图像信息提供可靠的、冗余的、可重构的、灵活的信息传输及交换信道。

2）公务电话系统

公务电话系统主要用于运营、管理和维护部门之间的公务通信以及与公用电话网用户的通信联络，向地铁用户提供话音、非话及各种新业务，并能与市公用电话网联网，实现轨道交通用户之间及与公网用户间的通信。

3）专用电话系统

专用电话系统是控制中心调度员、车站（车辆段）值班员指挥列车运行和为列车运营、电力供应、日常维修、防灾救护、票务管理提供指挥的专用通信系统。

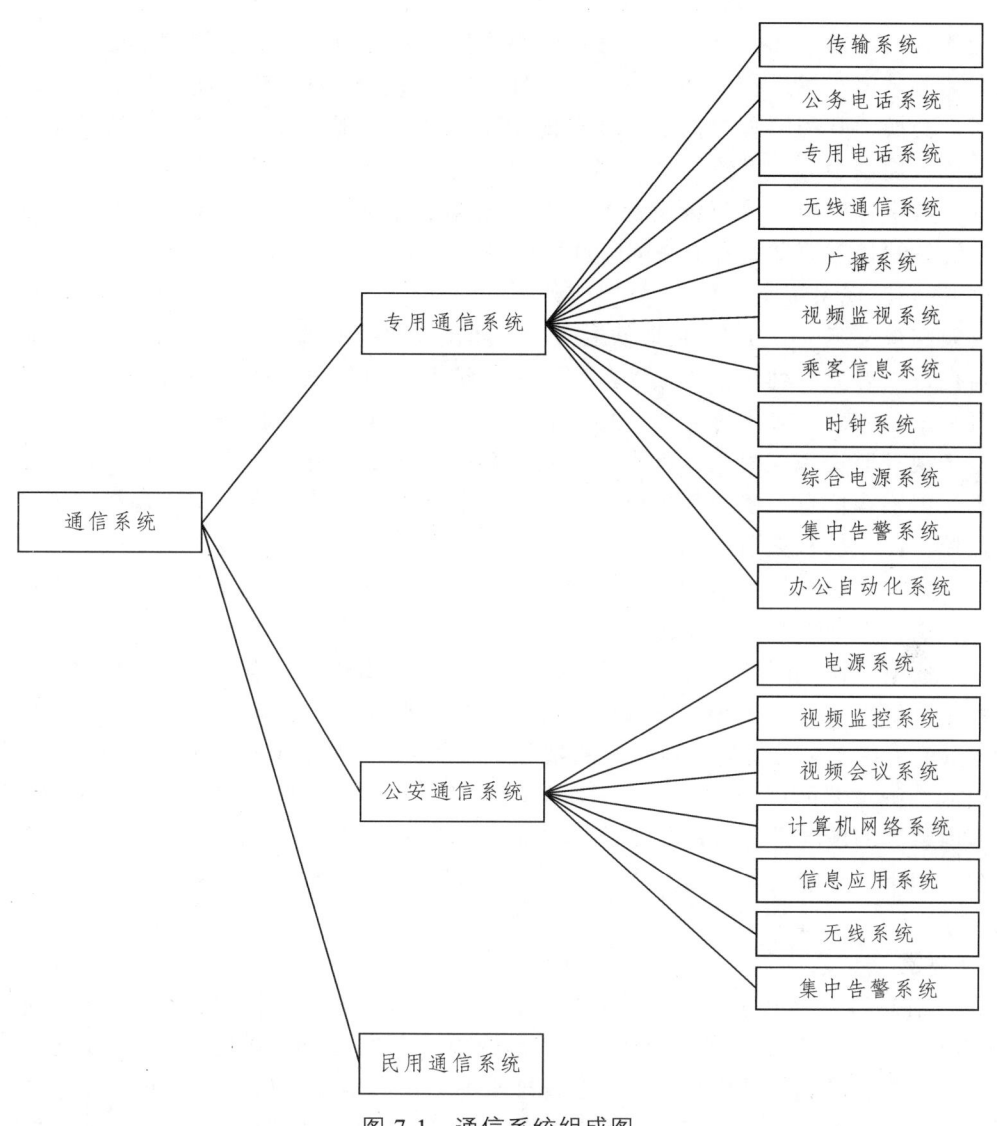

图 7-1 通信系统组成图

4）无线通信系统

无线通信系统是为了保证城市轨道交通能够安全、高密度、高效运营，而建设的一个安全、可靠、有效的通信子系统，主要用于列车运行指挥和防灾应急通信，为固定人员（调度员、值班员）与流动人员（司机、维修人员、列检人员）及流动人员相互间提供语音和数据通信服务。地铁无线通信系统为调度指挥提供安全可靠的无线通信手段，是指挥列车运行必不可少的专用通信工具。它为行车安全、提高运输效率和管理水平、改善服务质量提供了重要保证；同时，在城市轨道交通运营出现异常情况和有线通信出现故障时，亦能迅速提供防灾救援和事故处理等指挥所需要的无线通信手段。

5）广播系统

广播系统主要用于地铁运营时对乘客进行公告信息广播，发生灾害时兼作救灾广播，以及运营维护广播之用，系统由车站和中心广播子系统组成。网管终端能够对中心、车站、车辆段、停车场进行统一的监控和管理。每个站点通过传输系统提供的以太网通道进行信息交换，其中网管数据、音频数据和控制数据共用以太网通道。广播系统通过传输系统接入控制中心，系统内部所有设备也直接通过以太网连接，完全实现信号的数字化处理、数字化传输。停车场设置的广播系统为相对独立的系统，系统只接受控制中心管理，设备的状态信息纳入中心网管进行统一管理。

6）视频监视系统

视频监视系统（CCTV）是地铁运营、管理现代化的配套设备，是供运营、管理人员实时监视车站客流、列车出入站及旅客上下车情况，以加强运行组织管理，提高效率，确保安全正点地运送旅客的重要手段。系统主要由车站（含主变电所）、车载、控制中心和停车场视频监视系统组成。其中，车载视频监视系统设备由车辆专业提供，车载视频监视系统由乘客信息系统负责提供车地传输，通过接口方式实现对列车视频监视信息的调用监控。停车场视频监控系统只负责对列车作业区域（出入段线、咽喉区、运用库、检修库等区域）进行视频监视，其余区域监视由安防系统专业实施完成。主变电所视频监视系统由主变电所专业负责提供，通过接口方式实现对主变电所视频监视信息的调用监控，主变电所视频图像就近接入邻近车站/停车场。新建主变电所采用全数字高清视频监视系统，确保主变电所视频图像顺利接入，并在调度员工作站以及控制中心大屏上显示。本系统可用于车站值班员对车站的站厅、站台、出入口、电扶梯（含垂直升降电梯）、屏蔽门端头等主要区域的监视；用于列车司机对相应站台旅客上、下车等情况的监视以及列车内乘客的情况进行监视；用于车辆段/停车场的有关值班员对该段/场内的重要区域的监视；用于中心调度员提供对各车站（主变电所）、车辆段、停车场及列车相关区域的监视。

7）乘客信息系统

乘客信息系统（PIS）是地铁系统实现以人为本、提高服务质量、加快各种信息（如乘客行车、安防反恐、运营紧急救灾、地铁公益广告、天气预报、新闻、交通信息等）公告传递的重要设施，是提高地铁运营管理水平，扩大地铁对旅客服务范围的有效工具。该系统是运营信息、公共媒体信息发布兼顾的系统，在正常情况下，两者共同协调使用，在紧急情况下运营信息优先使用。PIS 由信息编播中心子系统、车站子系统、停车场子系统、车载子系统以及实现各子系统间信息传送的网络构成。信息编播中心子系统是 PIS 的中心部分，主要实现系统的编辑、播放、管理及控制等功能，由中心服务器（1+1 冗余热备）、视频服务器［含视频输入、视频直播（含延时，1+1 冗余配置）、接口服务器（1+1 冗余热备）、无线控制器/服务器（1+1 冗余热备，可根据产品特点选择配置）］、核心交换机、防火墙、切换矩阵、媒体编辑工作站、发布管理工作站、广告管理工作站、预览工作站、播出监看工作站、数字非线性编辑设备、磁盘阵列、LCD 屏、LCD 控制器、摄像机、扫描仪、系统管理设备等组成。

8）时钟系统

地铁时钟系统是轨道交通运行的重要组成部分之一，其主要作用是为地铁工作人员和乘客提供统一的标准时间，并为其他各有关系统提供统一的标准时间信号，使各系统的定时设备与时钟子系统同步，从而实现地铁全线统一的时间标准。时钟系统的设置对保证地铁运行计时准确、提高运营服务质量起到了重要的作用。通过传输系统将各车站及停车场二级母钟设备接入控制中心一级母钟形成拓扑结构。各车站、停车场配置了二级母钟，由二级母钟按标准时间信号指挥子钟统一显示标准时间，为本工程各车站、停车场的运行管理及各车站站厅等主要工作场所的工作人员提供统一标准时间信息，为广大乘客提供统一的标准时间，同时也为控制中心的子钟提供标准时间信号。

9）综合电源系统

专用通信电源供给是十分重要的，一旦通信电源发生故障而停止供电，必将造成通信中断。因此，不但要求外供交流电十分可靠，而且要求通信自备电源系统也必须非常可靠。在外供交流停电时，使用备用蓄电池为通信设备提供可靠电源，保障为系统不间断、无瞬变地供电。保证在主电源故障（中断或发生超限波动）的情况下，专用通信系统的设备在规定的时间内仍能正常工作，等待主电源恢复正常。专用通信系统综合 UPS 系统，按一级负荷中特别重要负荷和一般负荷两部分进行整合，设置相对独立的两套 UPS 系统（外供电源配电箱、UPS 交流不间断电源设备、蓄电池组、交流配电屏均独立设置，集中监控管理）。在车站、停车场，一级负荷中特别重要负荷 UPS 为专用通信、综合监控（含 FAS、BAS、门禁）、地铁应急通信系统提供电源；一级负荷中一般负荷 UPS 为 AFC、乘客信息系统提供电源供应。综合 UPS 系统由 UPS 交流不间断电源设备、智能交流配电屏、免维护胶体蓄电池及电源集中监控系统设备组成。UPS 设备主要由交流输入配电单元、整流单元、逆变单元、侦测控制电路、交流输出配电单元（含隔离变压器）、维修旁路、免维护胶体蓄电池等组成。控制中心 UPS 采用双机并联冗余方式供电，车站、车辆段、停车场 UPS 采用单机方式供电。智能交流配电屏主要由控制单元、后备电源单元、硬件侦测单元、功率侦测单元、输入配电单元、输出配电单元及工业级 PLC 分时供电控制等组成，并具有图形化的运行管理人机界面，方便用户实时了解配电系统的运行状态，完成各种参数设置。电源集中监控设备由各车站及停车场的 10M 总线式以太网传输共享通道、电源监控采集设备及监控模块等组成。

10）集中告警系统

集中告警系统就是利用计算机网络技术和计算机本身的数据处理能力，对通信系统中的各子系统进行集中管理，将各子系统的运行状态集中反映到某一管理终端设备上，使通信维护人员能及时、准确了解整个通信系统设备的运行状况和故障信息，以便于及时处理。系统能够对各子系统的主要状态信息（包括告警）进行汇总、显示、确认及报告，能进行故障定位，达到集中监视、管理的目的。集中告警系统能收集以下系统的告警信息：传输系统、无线通信系统、公务电话系统、专用电话系统、视频监视系统、时钟系统、广播系统、乘客信息系统、电源系统、自动办公系统等，通信集中告警终端将各子系统的维护管理终端故障告警信息集中收集并报告给值班员，迅速组织力量进行维修，快捷排除故障，提高城市轨道交通运行的可靠性。

11) 办公自动化系统

办公自动化系统是实现地铁公司企业信息化管理的综合自动化管理系统。

2. 公安通信系统

公安通信系统主要包括电源子系统、视频监控子系统、视频会议子系统、计算机网络子系统、信息应用子系统、无线子系统等。

1) 电源子系统

公安电源系统主要为公安通信系统设备提供高质量、可靠的电源，保证在主电源故障（中断或发生超限波动）的情况下，公安通信系统设备在规定的时间内仍能正常工作，等待主电源恢复正常。

公安电源系统主要由蓄电池、交流配电屏及电源集中监控系统设备等组成。其中UPS设备主要由交流输入配电单元、整流单元、逆变单元、侦测控制单元、交流输出配电单元、维修旁路等组成。交流配电屏主要由控制单元、电源单元、监控单元、输入输出单元等组成，具有图形化的运行管理人机界面，方便用户实时了解配电系统的运行状态，完成各种参数设置。

电源监控系统由分局中心的电源监控服务器及监控终端，连接分局中心、各车站警务室及派出所的传输通道，分局中心、各车站警务室及派出所的电源监控采集设备、各电源设备中的监控模块组成。

2) 视频监控子系统

视频监视系统（CCTV）是地铁运营、管理现代化的配套设备，是供运营、管理人员实时监视车站客流、列车出入站及旅客上下车情况，以加强运行组织管理，提高效率，确保安全正点地运送旅客的重要手段。由于视频监控图像具有很强的直观性、实时性和可逆性，使得视频监控系统在预防问题、解决问题、制止犯罪、处理治安和刑事案件，保障地铁运营安全性、高效性以及在地铁站厅、站台等公共场所出现突发事件时保障人民群众财产安全等方面有着其他防范设施难以发挥的作用。该系统对有效组织、指挥客运作业，提高轨道交通运营能力，保障运营安全和加强车站治安管理具有重要意义。

3) 视频会议子系统

视频会议系统设在分局中心，主要应用于公安系统分局会议使用。

4) 计算机网络子系统

计算机网络系统旨在实现网络信息的收集、传输。

5) 信息应用子系统

设在分局中心及派出所，是对公安乘客信息的收集、处理。

6) 无线子系统

无线系统旨在完成整个线路的无线语音通话、数据传输等功能。

7) 集中告警子系统

公安集中告警服务器运行稳定；机房电源系统能够持续供电；机房满足基本调试要求；其他系统应当具备告警上传条件。

7.1.2 调试内容

通信系统的调试内容主要包含专用通信系统调试和公安通信系统调试,具体调试内容如表 7-1 所示。

表 7-1 通信系统调试内容

序号	调试项目		具体内容
1	专用通信系统	传输系统	设备硬件测试
2			设备性能测试
3		公务电话系统	电源测试
4			时钟同步功能测试
5			基本业务功能测试
6			补充业务功能测试
7		无线通信系统	基站指标测试
8			单站集群模式测试
9		广播系统	上电及线缆检查
10			广播盒播音功能测试
11			系统辅助功能测试
12			指标测试
13			上电及界面确认
14			系统辅助功能
15			网管功能测试
16		视频监视系统	摄像机调试
17			机柜设备调试
18			控制平台单系统调试
19			网管调试
20		乘客信息系统	车站单机调试
21			控制中心单机调试
22			车站系统调试
23			控制中心单系统调试
24			车载单系统调试
25			网管测试
26		时钟系统	车站功能测试
27		综合电源系统	交流配电屏测试
28			UPS 系统测试
29			蓄电池系统

续表

序号	调试项目		具体内容
30	专用通信系统	集中告警系统	功能测试
31		办公自动化系统	车站单系统测试
32			控制中心测试
33			网管调试
34	公安通信系统	电源系统	交流配电屏测试
35			UPS系统测试
36			蓄电池系统
37		视频监控系统	硬件检测
38			摄像机调试
39			软件功能测试
40		视频会议系统	硬件调试
41			接口调试
42		计算机网络系统	交换机基本功能测试
43			系统功能测试
44			接口调试
45			警情显示系统
46		应急无线系统	功能测试
47		信息应用系统	设备硬件检测
48			接触警系统
49			警情显示系统
50		集中告警系统	功能测试

7.2 前置条件

1. 传输系统

（1）传输系统设备、配线柜已安装完毕；

（2）现场机房配有专人值守，保证机房设备的货物安全；

（3）现场机房已装修完毕，具备设备调试所需的环境；

（4）完成线缆敷设及设备系统安装；

（5）完成管、线连接；

（6）完成挂牌、标识；

（7）具备调试电源，设备系统达到受电条件；

（8）调试方案已批准；

（9）设备系统调试资料完善；

（10）调试人员到位，工具及仪器仪表齐全；

（11）调试应急物资准备到位，个人防护用品齐备；

（12）完成设备系统及环境清洁。

2．公务电话系统

（1）机房具备设备安装条件；

（2）电源已准备就绪；

（3）各站点至控制中心的传输链路已经搭建且通畅；

（4）各站点的AG通过传输链路接入7号线控制中心的SS中，进行正常配置。

3．专用电话系统

（1）车控室满足设备进场安装要求；

（2）专用电话系统设备安装完成，并符合安装规范；

（3）电源系统能为专用电话系统提供稳定可靠电源；

（4）专用电话系统编制完善的调试计划和全面的调试技术指导文件。

4．无线通信系统

（1）设备安装环境温湿度适宜，通风良好，空间充足（区间设备除外）；

（2）机柜间、设备间布敷线缆符合规范，设备接地良好，供电回路正常；

（3）各站点至控制中心的传输链路已经搭建，可保证无线系统上下业务顺畅；

（4）无线通信系统物理链路通畅，不存在链路缺失和故障点；

（5）无线通信系统设备供电稳定正常；

（6）天馈连接正确且驻波比指标合格。

5．广播系统

（1）内部线缆、外部线缆敷设完毕且已成端，扬声器、噪感器、机柜安装完毕，且回路阻抗符合要求；

（2）系统现场网络组建完成；

（3）所有设备及线缆已完成挂牌；

（4）所有设备已具备受电条件；

（5）网管软件、各模块设备软件及数据已配置完成；

（6）设备资料、系统工艺图、系统调试手册及调试表格已准备完成。

6．视频监视系统

（1）车站控制中心：系统调试前，通信机房内闭路电视机柜已经安置完毕，机柜内设备安装就位，机柜内电源线就位并能够供电，接地按照规范安装完成，机柜内其他线缆配线完毕；

（2）外部条件：设备安装完毕，能够给设备提供稳定的电源，传输通道稳定通畅；

（3）施工单位：现场设备供电电源线敷设到位，配合摄像机调试。

7．乘客信息系统

（1）车站调试前要求施工单位将 PIS 系统单机设备安装到位，如配电箱、机柜、车站服务器、车站 LCD 控制器、电源时序控制器、交换机、LCD 显示屏（含支架）；

（2）施工单位需确保车站（包括机房、站厅、站台）光电缆敷设到位，无安全隐患，并确保线路通信质量；

（3）确保 UPS 正常运行，PIS 配电回路可以正常馈电，负载满足要求；

（4）站内线路物理连接正常；

（5）列车调试要求车辆专业将 PIS 设备安装到位；

（6）车辆专业确认列车具备升弓条件，提供 DC 110 V 电源，车载设备正常工作；

（7）施工单位需确保区间设备安装到位，光电缆敷设到位，AP 箱具备通电条件；

（8）控制中心设备安装并配线到位，具备加电调试条件，传输通道稳定通畅。

8．时钟系统

（1）综合电源系统正常供电；

（2）时钟系统控制中心设备安装到位并完成接线通电；

（3）传输网络通道组建完成；

（4）车站机柜设备安装到位并完成接线通电；

（5）车站子钟安装到位并完成接线通电；

（6）调试时需要施工单位保证所有存在子钟的房间门可以打开，并有一人配合（了解现场情况）。

9．综合电源系统

（1）综合电源子系统的所有设备已按要求安装完毕，需要施工方人员配合检查。

（2）动照系统的电力已接入，并满足设计要求：

① 电力要求：380 V 交流电源，电压波动范围为 -15% ~ +10%，频率为（50±5）Hz，负载为一级；

② 接入开关的大小满足设计要求；

③ 需要动照专业人员配合电力接入。

（3）系统接地符合要求：

① 接地电阻≤1 Ω；

② 需要动照专业人员配合检查。

10．集中告警系统

（1）控制中心：

① 综合电源系统能够正常供电；

② 各子系统网管设备调试完毕。

（2）车站：

① 各有源机柜已经完成安装调试；

② 机房装修完毕，具备设备安装条件；

③ 车站至控制中心的传输通道稳定通畅。

11．办公自动化系统

（1）所有交换机安装到位；

（2）正常加电；

（3）光纤线路跳接到位；

（4）既有控制中心、停车场接入/核心交换机具备接入条件。

12．公安通信视频监控系统

车站、派出所及分局中心：电源系统能够持续供电，车站单机调试完毕，传输通道调试完成。

13．公安通信计算机网络系统

车站或分局中心：电源系统能够持续供电，传输系统单机调试完毕，传输系统能够正常使用，机柜设备到位并正常安装。

14．公安通信视频会议系统

站点及分局中心：电源系统能够持续供电，网络信息系统能够正常使用，各站点会议室内所有视频会议外设安装完毕，各站点会议室内的视频会议终端通过网络和分局中心内的MCU互通。

15．公安通信信息应用系统

设备安装完成，电源系统能够持续供电。

16．公安通信电源系统

所有设备已按要求安装完毕；动照专业的电力已接入，能够持续正常供电（非临时电源），并满足要求；系统接地符合要求；传输通道正常使用。

17．公安通信集中告警系统

集中告警服务器运行稳定；机房电源系统能够持续供电；机房满足基本调试要求；其他系统具备告警上传条件。

18．公安通信无线系统

车站及控制中心：设备安装完毕，机柜内部配线连接完成；电源系统能够持续供电；天馈系统安装与专用合路完毕；前端设备调试完毕；传输通道畅通。

7.3 专用通信系统调试

7.3.1 传输系统

传输系统单机调试内容如表 7-2 所示。

表 7-2 传输系统单机调试内容

序号	调试内容	预期效果
	设备硬件测试	
1	检查网管连接	网管能够监控
2	设备外观检测	外观完好无缺陷
3	设备内板卡外观检测	板卡完好连接正确
	设备性能测试	
4	单板性能	各单板性能正常
5	IP 配置	IP 配置正确
6	设备 ID 配置	ID 配置正确
7	网元名称配置	网元配置的网元名称和设计一致
8	设备平均发送光功率	$-10 \sim +3$ dBm
9	线路接收光功率	短距 $0 \sim -14$ dBm
10	光接口信息-灵敏度	短距 ≤ -14 dBm
11	光接口信息-过载点	短距 ≥ 0 dBm
12	网元异常告警检查	网元无异常告警

传输系统单系统调试内容如表 7-3 所示。

表 7-3 传输系统单系统调试内容

序号	调试内容	预期效果
	设备硬件测试	
1	检查网管连接	网管能够监控
2	设备外观检测	外观完好无缺陷
3	设备内板卡外观检测	板卡完好连接正确
	设备性能测试	
4	单板性能	各单板性能正常
5	IP 配置	IP 配置正确
6	设备 ID 配置	ID 配置正确
7	网元名称配置	网元配置的网元名称和设计一致

续表

序号	调试内容	预期效果
8	平均发送光功率	$-10 \sim +3$ dBm
9	线路接收光功率	短距 $0 \sim -14$ dBm
10	光接口信息-灵敏度	短距 $\leqslant -14$ dBm
11	光接口信息-过载点	短距 $\geqslant 0$ dBm
12	网元异常告警检查	网元无异常告警
13	2M 接口管理	2M 口误码测试
以太网接口管理		
14	FE 电接口管理	FE 电接口 CRC 错包计数测试（计数为 0）
15	GE 光接口管理	GE 光接口 CRC 错包计数测试（计数为 0）
16	倒换测试	热备单盘倒换测试
17	电源板保护	中断一路电源后，设备依旧供电正常，设备正常运行。主备电源板都提供 1+1 保护供电

7.3.2 公务电话系统

公务电话系统单机调试内容如表 7-4 所示。

表 7-4 公务电话系统单机调试内容

序号	调试内容	预期效果
1	设备外观检查	设备外观完好，无损坏
2	设备配线检查	设备配线齐全，走线规范
3	设备上电	各设备板卡运行指示灯正常
4	单板工作状态	工作正常
5	主控板主备保护测试	主备主控板切换成功

公务电话系统单系统调试内容如表 7-5 所示。

表 7-5 公务电话系统单系统调试内容

序号	调试内容	预期效果
电源测试		
1	电源输入	DC -48 V（$-56 \sim -46$ V）
2	掉电恢复测试	掉电后，供电恢复，设备能正常启动并工作
时钟同步功能		
3	网元时钟同步	时钟正常

续表

序号	调试内容	预期效果
基本业务功能		
4	内线呼叫	内线呼入呼出正常
5	市话呼叫	市话呼入呼出正常,且具有话费立即通知功能
6	国内、国际长途呼叫	国内、国际长途呼入呼出正常,且具有话费立即通知功能
7	特种业务呼叫	拨打"119"(火警)、"110"(匪警)、"120"(救护)特种业务呼叫,自动转移至市话局"119""110""120"等特种业务呼叫上
补充业务功能		
8	呼叫限制	无外呼权限的分机呼叫市话,被拦截
9	无条件呼叫转移	分机将所有来话转移至另外一部分机;分机将所有来电自动转移到预置的外线电话上
10	三方通话	与一方通话后,拍叉簧保持再拨另外一部分机,再拍叉簧按3,形成三方会议
11	遇忙回叫	将分机置忙,待分机空闲时,自动回叫到其他分机
12	缩位拨号	按下分机预置好的缩位号码,呼叫到对方
13	无应答转移	分机无应答时,呼叫自动转移到预置的其他分机上;分机无应答时,呼叫自动转移到预置的外线电话上
14	主叫号码显示	显示市话或其他公务分机的主叫号码
15	热线服务	用户可以把最常用的对方电话号码置成热线(只允许一个)。使用该项服务时,用户摘机后在规定时间(5秒)内不拨号,就会自动接到被置为"热线"的对方电话号码
16	恶意呼叫追查	在遇到不知名的恶意电话骚扰时,用户可以通过按键等简单的方式,便可以通过局端查询出恶意呼叫的电话号码
17	免打扰	当用户在某一段时间里不希望有来话干扰时,所有来话将由局端代答,并且不影响用户的电话呼出
18	主控板冗余功能	主控板倒换,不影响正在通话的用户,新的通话能正常建立
19	电源板冗余功能	关掉任一电源,不影响系统正常运行

7.3.3 无线通信系统

无线通信系统单机调试内容如表 7-6 所示。

表 7-6 无线通信系统单机调试内容

序号	调试项目	预期效果
基站指标测试		
1	基地台频率	与频率规划一致
2	载波频率误差	（Max±160）Hz
3	RMS 矢量误差	＜10%
4	峰值矢量误差	＜30%
5	前向功率	＞67W
6	反射功率	＜7W
7	基站内部	
8	驻波比 VSWR	＜2.4：1
9	基站发射功率	40 dBm
10	Rx1 BER	＜4.0%@－115 dBm
11	Rx1 BER	＜0.01%@－85 dBm
12	Rx1 BER	＜0.1%@－50 dBm
单站集群模式测试		
13	单站集群模式	基站正常发射信号并进入单站集群模式
14	组呼	移动台在单站集群模式下组呼正常
15	紧急呼叫	移动台在单站集群模式下紧急呼叫正常

无线通信系统单系统调试内容如表 7-7 所示。

表 7-7 无线通信系统单系统调试内容

序号	调试内容	预期效果
场强覆盖测试		
1	站台层上行首	＞－95 dBm
2	站台层上行尾	＞－95 dBm
3	站台层下行首	＞－95 dBm
4	站台层下行尾	＞－95 dBm
5	站台中央	＞－95 dBm
6	站厅中央	＞－95 dBm
7	车站控制室外	＞－95 dBm

续表

序号	调试内容	预期效果
场强覆盖测试		
8	通信设备室外	>－95 dBm
调度台测试		
9	组呼测试	调度台软件界面对应通话组图标变为发送状态； PTT 按钮变为发送状态； 守候在该通话组的电台（已开机并且已注册）能听到调度台话音
10	紧急呼叫测试	被选通话组进入紧急呼叫状态； 紧急呼叫建立后，"紧急呼叫"按钮变为"结束紧急"按钮，对应的通话组条目颜色变为告警色； 该组内的电台能听到调度台话音
11	私密呼叫测试	电台能收到调度台发起的私密呼叫，并给出振铃音； 电台应答后，调度台 PTT 按钮将变为可用状态； 电台能听到调度台话音
12	多选呼叫测试	能正常的打开、关闭多选组； 能正常的向多选组中添加、删除成员； 发起呼叫时，对应成员的图标状态变为发送状态； 各成员组中的电台（已开机并且已注册）能听到调度台话音
13	派接呼叫测试	能向派接组中添加删除成员； 发起呼叫时，对应成员的图标变为发送状态； 各成员组中的电台能听到调度台话音
14	选区呼叫测试	对应通话组图标变为发送状态； PTT 按钮变为发送状态； 该基站区内的所有电台（已开机并且已注册）能听到调度台话音
15	紧急告警消息测试	调度台接收到紧急告警消息时，界面上显示时间、通话组和电台等信息，并且有声音提示；告警处于"未确认"状态，对应的通话组显示为紧急状态；调度台确认后，告警提示音结束，告警将更新为"确认"状态；紧急告警结束后，告警将更新为"结束"状态，并且对应通话组显示为非紧急状态； 当调度台按下 PTT 并讲话时，该电台能听到调度台话音

续表

序号	调试内容	预期效果
调度台测试		
16	电台状态消息测试	调度台收到电台状态消息时，界面上显示时间、通话组、电台和状态别名等信息，并且有声音提示；此时，状态消息处于"未阅读"状态； 当双击接收到的该状态消息时，状态消息将更新为"已阅读"状态
17	短消息传输测试	如果短消息发送成功，目标电台接收到正确的文本消息，软件显示接收确认提示信息；如果发送出错，软件显示发送出错提示信息
18	调度系统状态显示测试	调度台软件状态栏能显示以下信息： 服务器状态； 数据库接口状态； SDR 接口状态； ATIA 接口状态
19	别名显示与呼叫测试	调度台软件能显示通话组别名,电台别名,调度台别名等信息； 用户能够通过别名进行呼叫
20	预定义短消息测试	调度台软件能显示预定义短消息； 能够编辑预定义短消息,编辑操作包括添、修改和删除,编辑后,预定义短消息列表对应更新
21	组呼测试	调度台软件界面对应通话组图标变为发送状态； PTT 按钮变为发送状态； 守候在该通话组的电台（已开机并且已注册）能听到调度台话音
22	紧急呼叫测试	被选通话组进入紧急呼叫状态； 紧急呼叫建立后,"紧急呼叫"按钮变为"结束紧急"按钮,对应的通话组条目颜色变为告警色； 该组内的电台能听到调度台话音
固定台测试		
23	组呼	按下固定台 PTT,固定台能够发起组呼,同组手持台均可收到
24	紧急呼叫	长按紧急按键,可发起当前组的紧急呼叫,同组手持台均可收到
25	私密呼叫	通过电台可对调度以及其他站固定台发起单私密呼叫,也可接收调度以及其站固定台发起的私密呼叫

续表

序号	调试内容	预期效果
固定台测试		
26	时钟授时	电台可周期接收服务器的授时信息,并校正本地时间
27	短消息	选择短消息选项,可以编辑并向其他电台发送短消息,同时可接收其他电台发送的短消息
28	录音回放	固定台可以记录通话录音并支持录音回放
语音车载台测试		
29	设备外观检查	语音车载台任何一个部分没物理损坏;语音车载台各个部分的安装正确
30	连接线缆确认,确保外部线缆的正确连接以及语音车载台各部件之间连线正确	语音车载台主机与列车110 V供电设备连接;语音车载台主机与车载控制盒13 V电缆以及主控电缆连接
31	语音车载台前面板加电开机、自检、注册、延时关机	语音车载台加电成功,自检成功,电台注册成功;语音车载台延时关机成功,发送关机报告成功
32	语音车载台的中文界面显示	中文界面显示正确
33	语音车载台通话组呼叫	和调度通话成功;和手持台通话成功
34	语音车载台私密呼叫	和调度通话成功;和手持台通话成功
35	语音车载台紧急呼叫操作	进入紧急模式成功,和调度进行紧急呼叫通话成功;退出紧急模式成功
36	语音车载台自动录音功能	自动录音成功,记录内容完整、准确
37	语音车载台查看录音存储空间操作	查看录音存储空间成功,录音空间大小显示准确
38	语音车载台发送归属信息	① 语音车载台发送行车调度台信息成功;② 语音车载台发送车辆段调度台信息成功
39	语音车载台发送故障报告信息	① 语音车载台发送信号故障信息成功;② 语音车载台发送机车故障信息成功
40	语音车载台发送通话请求信息	语音车载台发送通话请求信息成功
数据车载台测试		
41	运行状态	指示灯显示正常
42	数据传输	数传电台可以转发 TMS 告警信息,也可以转发 ISCS 的查询信息

续表

序号	调试内容	预期效果
网管调试记录		
43	启动测试	二次开发网管终端软件启动正常；软件启动后，弹出二次开发网管终端软件主界面
44	用户权限控制测试	普通用户权限登录时，不能对用户信息进行添加、删除、编辑操作；管理员用户权限登录时，能够对用户信息进行上述操作
45	参数设置测试	设置成功后，接口参数在软件重新启动时生效，其他参数即时生效
46	历史告警测试	软件能够查询、导出各个系统的历史告警信息
47	集群系统告警信息显示测试	能够正确分级显示集群系统告警信息
48	CAD调度系统告警信息显示测试	能够正确分级显示CAD调度系统告警信息

7.3.4 广播系统

广播系统单机调试内容如表7-8所示。

表7-8 广播系统单机调试内容

序号	调试内容		预期效果
1	上电及线缆检查	机柜内部线缆检查	线缆无破损，接头焊接良好
2		外部线缆敷设成端检查	接头焊接良好
3		各设备初始化状态检测	Power灯常亮，各模块Link灯常亮
4	广播盒播音功能	车站后备广播控制盒话筒广播功能	应能将所选信源的内容播至广播区；车站值班室有相应显示
5		车站后备广播控制盒语音合成播音功能	应能将所选信源的内容播至广播区；车站值班室有相应显示
6		车站平行广播功能	广播区可同时播放不同的广播
7		应急广播功能	按下车站后备广播控制盒上的"应急"广播按键，用话筒能对全区广播；该直通广播优先级最高，可打断其他广播
8		车站广播监听功能	车站后备广播控制盒上的监听扬声器应能听到对应广播区的广播内容
9		车站广播状态查看	广播盒可显示各广播区占用状态
10		车站预示音功能	每次广播之前应有广播预示音

续表

序号	调试内容		预期效果
11	系统辅助功能	功放状态监测功能测试	可检测功放运行状态（运行状态、软件版本号、IP地址、音量值等）
12		功放自动延时开机功能	关掉广播系统的所有功放电源，重新上电，应能按顺序延时开机
13		车站功放切换	模拟功放故障时，应能自动对备用功放与故障功放进行切换
14		扬声器回路区域检测	可检测扬声器回路信息并在功放上显示
15		插播盒广播	通过设置在现场墙上的语音插播盒，可以选择对讲及广播
16	指标测试	声压级测试	广播区的声压级>80dB

广播系统单系统调试内容如表7-9所示。

表7-9　广播系统单系统调试内容

序号	调试内容		预期效果
1		机柜内部线缆连接检查	焊接良好，外观无破损
2		外部线缆敷设成端检查	焊接良好，外观无破损
3		各设备初始化状态检测	Power灯常亮，接口模块Link灯常亮
4		中心对单一车站任一广播区语音	中心广播可以对任一车站任意广播区进行语音播放
5		中心对全部车站全开语音	中心广播可以对全部车站全部广播区进行语音播放
6		中心对单一车站任一广播区单播话筒	中心广播可以对任一车站单一广播区进行话筒播放
7		中心对全部车站全开话筒广播	中心广播可以对全部车站全部广播区进行话筒广播
8		中心广播盒音量设置	中心广播盒音量可调节
9	系统辅助功能	中心对车站平行广播功能	广播系统可实现中心与车站同时对不同区域进行平行广播
10		中心对车站优先分级功能	当高优先级广播时，能够自动打断低优先级的广播，而低优先级的广播则不能打断高优先级的广播
11		设备监测功能	中心网管终端应能够实时监测各车站级设备的运行状态
12		广播状态监测功能	在网管软件上可查看广播区播放状态
13	网管功能	参数设置功能	在网管软件上设置音量值，车站音量可相应变化
14		日志存储功能	在网管软件上可查询故障日志、广播区日志、操作日志，并导出日志
15		语音下载功能	通过网管软件对车站的语音信息进行远程下载

7.3.5 视频监视系统

视频监视系统单机调试内容如表 7-10 所示。

表 7-10 视频监视系统单机调试内容

序号	调试内容	预期效果
	摄像机调试	
1	摄像机清晰度	所有摄像机应保证在强光和弱光条件下的影像清晰
2	半球摄像机清晰度	所有摄像机应保证在强光和弱光条件下的影像清晰
3	球机清晰度	所有摄像机应保证在强光和弱光条件下的影像清晰
	机柜设备调试	
4	测试显示器监视、显示功能	能方便查看选定监控点图像,图像清晰
5	场段岔区视频监控图像功能	能够清晰查看长短插曲视频监控图像
6	车站站台两侧监视、显示功能	监视器显示站台两侧视频图像合成四画面图像清晰
7	视频监控图像实时显示功能	视频图像实时正确显示到所选定的终端上
8	交换机测试	能进行配置,划分 VLAN,电口,光口指示灯正常
9	电源输出电压	通过万用表测试电源总线输出电压应为 220 V
10	摄像机电源输出电压	通过万用表在摄像机集中电源输出端测量,输出电压应为 24 V
11	摄像机图像压缩质量设置	设置不同的码流,图像质量会随之变化
12	视频参数设置	通过视频软件管理平台设置不同的视频参数设置(码流、分辨率等),图像随之改变
13	视频编码器工作状态	通过编码器将前段摄像机图像数据压缩,通过网络稳定清晰地传输到终端设备
14	编码性能检测	通过编码器将前段摄像机图像数据压缩,通过网络稳定清晰地传输到终端设备
15	编码器视频参数设置	设置不同的码流、分辨率,观察对图像质量的影响

视频监视系统单系统调试内容如表 7-11 所示。

表 7-11 视频监视系统单系统调试内容

序号	调试内容	预期效果
控制平台单系统调试		
1	存储管理功能	支持添加、删除、修改 IP SAN，支持定制存储计划
2	控制终端正确显示调用实时和录像	通过终端软件能够调用实时及录像图像
3	摄像机调试，能够正常加入到闭路电视系统中	能够正确显示新调试完毕的摄像机信息
4	录像时间与时钟系统同步	录像时间能够与时钟系统时间同步
5	远程冗余功能	车站视频管理服务器断网之后，中心的冗余视频服务器接管视频管理业务
6	云台摄像机控制占用指示功能	能够正确显示占用信息
网管调试		
7	设置视频报警阈值（白天与夜间）	在不同的状态与阈值进行做报警试验，做到合格率达到 100%
8	时钟校正功能	中心服务器软件可以校正车站网管主机时钟
9	采集视频幅度功能	车站网管主机可以正确显示该路视频采样值
10	分时启动功能	网管上电，电源机箱输出四路电源按照预先设定启动时间间隔依次启动
11	自动开关机功能	更改机柜 4 路受控电源开关机时间，系统按照新的运行模式运行
12	时钟同步功能	网管主机液晶屏时钟正确无误

7.3.6 乘客信息系统

乘客信息系统单机调试内容如表 7-12 所示。

表 7-12 乘客信息系统单机调试内容

序号	调试内容	预期效果
车站单机调试		
1	设备外观检查	所有柜内设备外观完好，无损坏
2	服务器加电自检	设备正常上电；设备所需的系统、软件正常配置；设备驱动安装完毕
3	LCD 播放控制器加电自检	设备正常上电；设备所需的系统、软件正常配置；设备驱动安装完毕
4	车站交换机加电自检	设备正常上电；设备指示灯正常
5	电源时序控制器加电自检	设备正常上电；设备指示灯正常
6	线缆、接头检查	检查线缆无变形、外表无损伤，接头紧固无虚接

续表

序号	调试内容	预期效果
控制中心单机调试		
7	设备外观检查	所有柜内设备外观完好，无损坏
8	服务器加电自检	设备正常上电；设备指示灯正常
9	H3C 网络设备加电自检	设备正常上电；设备指示灯正常
10	编播设备加电自检	设备正常上电；设备指示灯正常
11	线缆、接头检查	检查线缆无变形、外表无损伤，接头紧固无虚接

乘客信息系统单系统调试内容如表 7-13 所示。

表 7-13 乘客信息系统单系统调试内容

序号	调试内容	预期效果
车站系统调试		
1	播放视频功能测试	LCD 控制器将自动播出预存信息和实时信息；LCD 控制器能正常输出视频信号给车站显示屏
2	模版版式显示功能	按照系统预先定义的显示区域、模板格式进行合成，并使其在相应的液晶显示屏播放
3	车站多区域平行播放测试	同一个车站站厅、上行站台、下行站台的液晶屏显示不同的播放内容
4	LCD 屏分组控制测试	通过时序控制器控制对应的 LCD 屏开关；
5	时钟同步功能测试	与中心时钟系统进行校时核对
6	日志记录功能	控制器软件能够自动记录播出日志、软件开关等日志
7	掉电自恢复功能	关闭控制器供电电源，确认控制器主机停止运行，恢复供电电源，确认控制器可以正常启动并进入运行状态
8	网络连通性测试	车站设备间能互 Ping 通，能够互相 VNC 访问
9	CPU 占用率测试	在单站业务正常运行的前提下，LCD 控制器、服务器 CPU 占用率不超过 50%

续表

序号	调试内容	预期效果
控制中心单系统调试		
10	用户管理功能	定义用户名、密码、用户拥有的操作权限；用户添加、修改、删除操作
11	信息预览功能	可对编辑的版式效果进行预览。
12	播放模版的定义和审核功能测试	模版文件的新建、修改和删除功能；经过审核确认后的模版文件能够被存储到中心服务器中，并根据应用情况被调用，未经审核通过的模板文件不能被启用
13	播放列表的制订、审核、管理和发布功能测试	实现播放列表的制订、审核、管理和发布功能
14	编播中心实时信息滚动字幕显示测试	能通过编播中心随时下发、更换滚动字幕
15	有线电视的接入、处理和发布功能测试	通过视频服务器实现有线电视信号直播播放
16	中心在播画面监看功能	在OCC调看指定的车站LCD控制器在播的当前画面
17	中心数据服务器主备倒换测试	主备倒换测试成功
18	日志查询功能	可查看系统操作日志。操作员登录及退出均记录日志。设备故障均记录告警日志
19	中心运营数据配置功能	能够完成全线首末班车配置、中心直播配置、ATS映射配置、停运时间配置等
20	网络设备网管功能	通过IMC平台可查看全线网络设备运行状态
21	网络互联通道带宽及连通性测试	中心与车站、车辆段间满足GE（千兆）链路进行网络互联，保证系统信息对带宽的需求；用Ping测试链路的连通性
车载单系统调试		
22	播放视频功能测试	LCD控制器能正常输出视频信号给车载PIDS系统
23	编播中心实时信息和滚动字幕显示测试	随时下发、更换滚动字幕
24	两端车载设备冗余功能测试	列车一端设备模拟故障，另一端设备能够自动接管单独工作
25	时钟同步功能	能够和中心进行校时
26	车辆监控视频图像实时上传通道功能测试	为列车内视频监视图像实时传递到控制中心提供车地无线传输通道
27	日志记录功能	控制器软件能够自动记录播出日志、软件开关等日志
28	掉电自恢复功能	关闭控制器供电电源，确认控制器主机停止运行，恢复供电电源，确认控制器可以正常启动并进入运行状态。

续表

序号	调试内容	预期效果
车载单系统调试		
29	网络通道性能测试	在列车时速 80 km 条件下，切换时间、丢包率等性能测试；在不同码流条件下经由无线网络传输的视频显示效果
30	车地无线网络动态传输有效带宽测试	双向传输的有效带宽应不低于 80 Mb/s(列车 80 km/h 行驶速度下)，保证所传图像顺畅清晰，不出现画面中断或者跳播等现象
网管调试		
31	设备网管功能	设备监控软件能够监视全线或本站的设备运行情况，控制设备的运行状态。对设备的故障具有实时告警功能
32	网管日志功能	网管软件能够查询告警日志等
33	设备控制功能	车站 LCD 播放控制器可以正常接收 OCC 的重启命令进行重启

7.3.7 时钟系统

时钟系统单机调试内容如表 7-14 所示。

表 7-14 时钟系统单机调试内容

序号	调试内容	预期效果
车站功能测试		
1	主/备二级母钟自动切换功能	连续试验三次应准确无误
2	手动设置二级母钟日期时间功能	连续试验三次应准确无误
3	二级母钟日期时间显示功能	二级母钟按"时：分：秒星期（中文字）"格式显示时间
4	二级母钟分路输出接口箱功能	能够输出规范要求的各种接口
5	子钟时间日期显示或指示功能	能够正确显示或指示时间日期
6	二级母钟对子钟校时功能	修改二级母钟时间，子钟时间跟随变化
7	子钟单独运行功能	子钟能够独立计时并显示

时钟系统单系统调试内容如表 7-15 所示。

表 7-15 时钟系统单系统调试内容

序号	调试内容	预期效果
1	设备配线检查	设备配线齐全，走线规范
2	设备上电	各设备上电初始化正常

续表

序号	调试内容	预期效果
3	二级母钟单独运行功能	人为切断二级母钟与中心的连接，二级母钟可独立运行
4	二级母钟校时功能	手动修改二级母钟日期时间，二级母钟可自动校时
5	中心网管测试	能够接收车站/停车场信号，实现实时通信
6	监控功能	能与一级级母钟进行通信，监控到标准时间信号的接收状态，主备母钟的工作状态、本系统子钟的工作状态
7	查询	能够进行故障显示查询和故障告警
8	子钟设置	对子钟进行设置和调整
9	集中告警系统	手动点击故障记录并导出
10	网管配置	手动设置

7.3.8 综合电源系统

综合电源系统单机调试内容如表 7-16 所示。

表 7-16 综合电源系统单机调试内容

序号	调试内容	预期效果
交流配电屏测试		
1	交流配电屏电源指示	面板上指示灯亮
2	交流配电屏报警输出试验	一般故障和紧急故障的输出报警
3	交流配电屏输出回路供电时间自动切离	接通工作电源，手动设置一个回路较短的供电切离时间，查看自动切离供电时间的响应情况，如与设定相符则自动切离试验合格
4	空开脱扣试验	试验故障的输出报警状态，需要反复测试三次
5	三相总电压显示误差率（5%）	对比屏上和测试仪显示值
6	三相总电流显示误差率（5%）	对比屏上和测试仪显示值
7	输出 1 电流显示误差率（5%）	对比屏上和测试仪显示值
8	输出 2 电流显示误差率（5%）	对比屏上和测试仪显示值
9	告警信号手动切除测试	模拟告警信号能够手动切除声音告警
10	液晶屏显示屏功能测试	显示总输入输出电压、电流、频率、每路开关的通断

续表

序号	调试内容	预期效果
	交流配电屏测试	
11	日志功能	具备查询、保存功能
	UPS 系统测试	
12	UPS 接线极性、电压检查	接线正确、UPS 输入无告警
13	UPS 系统空载输出电压稳定度：空载时，用万用表检测 UPS 输出电源	≤±1%
14	UPS 系统带载输出电压稳定度：带载时，用万用表检测 UPS 输出电源	≤±1%
15	旁路逆变转换时间	切换不断电
16	市电电池转换时间	切换不断电
17	液晶屏显示功能	显示工作状态和报警状态
18	日志功能	具备查询、保存、拷贝功能
	蓄电池系统	
19	蓄电池外观	无污渍、变形、裂纹、漏液等缺陷
20	蓄电池间的连接压降	$\Delta U \leq 10$ mV
21	蓄电池浮充电压	蓄电池组完全充电后的电池进入浮充状态 24 h 后，测量各电池之间的端电压差不大于 350 mV
22	蓄电池性能测试	蓄电池放电时各电池端电压差≤0.6 V
23	蓄电池容量核对测试	根据电池组容量标称值和带载情况计算放电时间，电池组放电到设置的终止电压时的实际放电时间与计算放电时间相当

综合电源系统单系统调试内容如表 7-17 所示。

表 7-17 综合电源系统单系统调试内容

序号	调试内容	预期效果
1	接口端子	能与 UPS、交流配电屏、蓄电池设备正常连接，对外传输采用 RJ45 的 TIC/IP 接口
2	通信状态指示	网络连接，监控单元指示灯亮，网络收发数据，TX/RX 指示灯闪亮
3	设备运行状态监控功能	能正常采集 UPS、交流配电屏、电池组设备运行状态和工作参数，以及环境温湿度和水浸告警信息
4	设备告警功能	能正常监控 UPS、交流配电屏、蓄电池设备故障告警，以及环境温湿度和水浸告警信息
5	电池组单体监控功能	PWR 电源指示灯与通电工作状态

7.3.9 集中告警系统

集中告警系统调试内容如表 7-18 所示。

表 7-18 集中告警系统调试内容

序号	调试内容	预期效果
1	启动时间	集中告警服务器启动时间小于 5 min；集中告警客户端启动时间小于 3 min
2	客户端用户登录	用户登录后才可进行相关操作，否则提示"用户没有登录，请登录后再进行相关操作"
3	用户权限管理	可以自定义权限组并进行权限分配；可在权限组内添加用户，用户权限与所属权限组权限一致
4	系统参数设置	设置系统通信参数、系统逻辑端口、逻辑设备通信参数等
5	拓扑显示	按照"子系统"—"站点"—"设备"或者"站点"—"子系统"—"设备"（根据需求选择一种）显示系统拓扑结构
6	链路故障	链路故障时，集中告警显示与该子系统网管链路故障
7	链路恢复	链路恢复时，集中告警与各子系统网管链路能自动恢复
8	告警同步	集中告警与子系统重新连接时，将会进行告警同步（需要子系统实现该功能），连接正常时，集中告警与子系统网管告警信息一致（不包括过滤的）
9	故障告警	各子系统告警产生时，网管软件能够及时准备的接收和显示该告警信息
10	故障恢复	各子系统告警恢复时，网管软件能够及时准备的接收和显示该告警恢复信息
11	当前告警查询	用户可以查询当前告警信息
12	历史告警查询	用户可以查询历史告警信息

7.3.10 办公自动化系统

办公自动化系统单机调试内容如表 7-19 所示。

表 7-19　办公自动化系统单机调试内容

序号	调试内容	预期效果
	交换机调试	
1	交换机上电测试	交换机正常上电，系统灯指示正常
2	CPU 占用率测试	CPU 占用不超过 70%
3	在连接 Console 口的调试终端中键入回车字符	回车后调试软件出现命令提示符，并可以进行配置
4	检查温度、电源、风扇、是否正常	系统自检正常

办公自动化系统单系统调试内容如表 7-20 所示。

表 7-20　办公自动化系统单系统调试内容

序号	调试内容	预期效果
	车站单系统	
1	交换机上电测试	交换机正常上电，系统灯指示正常
2	风扇状态查看	风扇运行正常
3	命令行登录	交换机正常可以登录命令行界面
4	数据连通性测试	可以 Ping 通相邻车站
5	查看设备配置	配置正确
6	光路连通性测试	光口对接正常，光口指示灯亮
	控制中心	
7	交换机上电测试	交换机正常上电，系统灯指示正常
8	风扇状态查看	风扇运行正常
9	命令行登录	交换机正常可以登录命令行界面
10	查看设备配置	配置正确
11	光路连通性测试	光口对接正常，光口指示灯亮
12	所接线路互联测试	可以 Ping 所接线路交换机
	网管调试	
13	实时告警功能	设备上产生告警后，能实时接收
14	设备性能监控	对设备进行如接口、CPU、内存等性能监控查看
15	设备自动发现	通过网段的方式自动发现并添加设备
16	设备手动添加删除	可手动添加删除设备

7.4 公安通信系统调试

7.4.1 电源系统

电源系统单机调试内容如表 7-21 所示。

表 7-21 电源系统单机调试内容

序号	调试内容	预期效果
	交流配电屏测试	
1	交流配电屏电源指示	面板上指示灯亮
2	交流配电屏报警输出试验	一般故障和紧急故障的输出报警
3	空开脱扣试验	试验故障的输出报警状态，需要反复测试三次
4	三相总电压显示误差率（5%）	对比屏上和测试仪显示值
5	三相总电流显示误差率（5%）	对比屏上和测试仪显示值
6	告警信号手动切除测试	模拟告警信号能够手动切除声音告警
7	液晶屏显示屏功能测试	显示总输入输出电压、电流、频率、每路开关的通断
8	日志功能	具备查询、保存功能
	UPS 系统测试	
9	UPS 接线极性、电压检查	接线正确、UPS 输入无告警
10	UPS 系统空载输出电压稳定度：空载时，用万用表检测 UPS 输出电源	$\leq \pm 1\%$
11	UPS 系统带载输出电压稳定度：带载时，用万用表检测 UPS 输出电源	$\leq \pm 1\%$
12	旁路逆变转换时间	切换不断电
13	市电电池转换时间	切换不断电
14	液晶屏显示功能	显示工作状态和报警状态
15	日志功能	具备查询、保存、拷贝功能
	蓄电池系统	
16	蓄电池外观	无污渍、变形、裂纹、漏液等缺陷
17	蓄电池间的连接压降	$\Delta U \leq 10$ mV
18	蓄电池浮充电压	蓄电池组完全充电后的电池进入浮充状态 24 h 后，测量各电池之间的端电压差不大于 350 mV

电源系统单系统调试内容如表 7-22 所示。

表 7-22 电源系统单系统调试内容

序号	调试内容	预期效果
1	接口端子	能与 UPS、交流配电屏设备正常连接，对外传输采用 RJ45 的 TIC/IP 接口
2	通信状态指示	网络连接，监控单元指示灯亮，网络收发数据，TX/RX 指示灯闪亮
3	设备运行状态监控功能	能正常采集 UPS、交流配电屏设备运行状态和工作参数，以及环境温湿度和水浸告警信息
4	设备告警功能	能正常监控 UPS、交流配电屏、设备故障告警，以及环境温湿度和水浸告警信息

7.4.2 视频监控系统

视频监控系统单机调试内容如表 7-23 所示。

表 7-23 视频监控系统单机调试内容

序号	调试内容	预期结果
	硬件检测	
1	设备外观检测	外观完好无缺陷
2	设备连接检测	连接正确美观
	摄像机调试	
3	摄像机的伸缩转动测试	可以伸缩转动
4	自动循环监视功能	可以实现自动循环监视
5	摄像机清晰度	满足要求
	软件功能测试	
6	测试显示器监视、显示功能	可以显示
7	视频监控图像实时显示功能	可以实现
8	视频监控操作终端云台/镜头控制功能	可以控制
9	视频存储功能	可以正常存储
10	时间校准	可以
11	光纤通道与传输连接，保证光纤链路时通的	能正连通
12	录像时间与时钟系统同步	可以同步

视频监控系统单系统调试内容如表 7-24 所示。

表 7-24 视频监控系统单系统调试内容

序号	调试内容	预期效果
	硬件测试	
1	与传输系统光纤链路链接	目测
2	控制键盘	目测，手动操作
3	摄像机外观检测	目测，完好
	软件功能测试	
4	调用车站站摄像机	目测，可通过监控终端软件显示
5	控制球机	目测，可通过监控终端软件向球机发送控制指令
6	大屏显示	目测，可通过监控终端软件将图像切换至指定屏幕显示
7	调看录像	目测，可通过监控终端软件回放指定通道录像
8	时钟校正	能够调整时间
9	测试显示器监视、显示功能	目测，可通过监控终端软件显示专用视频图像并进行录像存储
10	设备添加与注册	摄像机能正常注册，通过平台软件能够看到注册的摄像机
11	存储硬盘保护机制	车站存储磁盘故障时不影响对录像存储
12	字符叠加	通过车站操作终端 IE 登录摄像机 WEB 界面修改车站名称、摄像机安装位置描述、时间显示文字及内容

7.4.3 视频会议系统

视频会议系统单机调试内容如表 7-25 所示。

表 7-25 视频会议系统单机调试内容

序号	调试内容	预期效果
	硬件调试	
1	数据通道与传输连接，保证链路是通的	目测连通
2	各站与中心能够正常 Ping 通	目测可以 Ping 通
	系统功能调试	
3	避免单站设备 IP 冲突	目测不冲突
4	控制终端正确显示实时视频	目测正常显示
5	摄像机调试，能够正常加入到视频会议系统中	目测，可通过、管理软件显示
6	麦克风调试，能够正常加入到视频会议系统中	目测，可通过、管理软件显示

视频会议系统单系统调试内容如表 7-26 所示。

表 7-26 视频会议系统单系统调试内容

序号	调试内容	预期效果
设备硬件调试		
1	设备外观检测	外观完好无缺陷
2	设备硬件检测	设备加电正常启动，硬件安装正确完整
3	电缆安装和链接	电缆安装和链接连接正常
4	设备配置检测	检查设备可以正常配置，保存配置无异常
接口调试		
5	派出所、车站设备端口检测	测试检测端口是否正确
6	车站相邻互通检测	检测本车站与相邻车站是连接是否正常

7.4.4 计算机网络系统

计算机网络系统单机调试内容如表 7-27 所示。

表 7-27 计算机网络系统单机调试内容

序号	调试内容	预期效果
交换机基本功能测试		
1	集中告警系统功能	支持 Telnet 集中告警系统
2	VLAN 功能	支持 VLAN 划分
3	MAC 地址	在核心路由交换机、车站以太网交换机上面启用地址绑定测试并生效
系统功能测试		
4	各车站之间互通性测试	任意两车站之间网络互通，并能传输大文件
5	各车站与核心互通性测试	车站和核心设备之间互通，并能正常相互访问
6	交换机冗余配电功能	支持冗余供电
接口调试		
7	派出所、车站设备端口检测	测试检测端口是否正确
8	车站相邻互通检测	检测本车站与相邻车站是连接是否正常

计算机网络系统单系统调试内容如表 7-28 所示。

表 7-28 计算机网络系统单系统调试内容

序号	调试内容	预期效果
	设备硬件检测	
1	摄像机摄像功能检测	摄像机摄像功能正常
2	打印机扫描仪打印扫描功能检测	打印机扫描仪打印扫描功能正常
3	身份采集设备检测	身份采集设备正常
4	接处警系统	
5	有无线调度子系统	值班员可以通过电脑鼠标操作调度客户端软件,以实现集群化、快速化的语音调度
6	数字录音子系统	对警情受理到指挥调度全过程的通话进行数字化录音记录
7	CTI 通信集成平台	支持多种方式接入、多种路由策略,同时具有良好的开放性
8	接处警软件	包括系统登录控制、辅助功能模块、警情自动分级模块、接警、处警、反馈等功能模块
	警情显示系统	
9	信息接入系统	在指定终端上(大屏和/或工作站)实现警情信息显示
10	综合信息管理系统	以动态可视化图形的方式进行实时警情信息显示和统计,通过与 PGIS 系统的接口能将在指定时间段内(年或月或天)6 号线线路内所有案件(也可根据公安实际需要,选择所关心的案件、线路段)的发生地全部在 PGIS 电子地图上自动标绘出来,发生地(报警人)的定位精度为:线路、车站、站厅、上行站台、下行站台。显示方式支持点密度、色彩等不同方式,暂定以点密度来反应警情的分布情况
11	警用 GIS 电子地理信息系统	基本 GIS 功能,主要包括地图浏览、地址查询、图层控制以及其他常用的 GIS 功能;接处警辅助功能,主要包括地址搜索、报警定位、移动台位置信息、警情检索、点击通话、视频显示等功能;大屏显示,主要包括大范围地图显示、各站点警力部署显示、站点监控影像显示、GPS 警用车辆显示、警情显示等功能;辅助决策,主要包括警情标绘、警情统计、警力部署、巡控管理等功能;数据采集功能,主要完成警用数据的采集更新工作;系统管理,主要包括用户管理、数据同步、自动更新等功能
12	监控管理系统	系统管理的主要目的是提高系统的高可用性和故障解决的快速性。系统管理可提供以下功能:对各子系统硬件、操作系统,对数据库和各应用系统软件进行监控管理。系统主要功能包括:接收系统管理客户端发来的各个设备的实时关键系统性能指标;显示系统管理客户端发来的各个系统性能指标;接收系统管理客户端发送的故障信息;显示系统管理客户端发送的故障信息

7.4.5 应急无线系统

应急无线系统单机调试内容如表 7-29 所示。

表 7-29 应急无线系统单机调试内容

序号	调试内容	预期效果
1	单板定位和安装状态检查	单板是否在正确的位置，面板螺丝是否固定
2	单板连线检查	各个单板模块的连接必须符合标准
3	基站上电加载检查	所有单板模块，包括风扇
4	电源板版本加载	加载成功
5	BSC A 版本加载	加载成功
6	BSC B 版本加载	加载成功
7	BSR 版本加载	加载成功
8	基站自检调试	自检通过
9	基站运行版本检查（BSC、BSR、PSM）	版本正常
10	基站数据检查	包括 NTP 等数据
11	ICP 通信状态检查	状态正常
12	485 通信状态检查	状态正常
13	BSC 主备状态和主备切换	状态正常、功能正常
14	BSR 运行状态检查	状态正常
15	与专用无线合路的接口测试（基站回波损耗检查）	>14
16	BSR1 底噪/电平测试	<-115 dBm
17	BSR2 底噪/电平测试	<-115 dBm
18	BSR 功率测试	47 dBm（-0.3 dBm，+0.3 dBm）

应急无线系统单系统调试内容如表 7-30 所示。

表 7-30 应急无线系统单系统调试内容

序号	调试内容	预期效果
1	用户入网登记	对车站设备进行入网登记
2	组呼	将一个车站内的多个手台进行编组，用 MSA 发起一个呼叫；呼叫建立，MSB、MSC 接收到呼叫正常
3	短消息	MSA 中编辑短数据一个文本语句，如"你好，这是来自 eTRA 的问候"，选择发送的目标地址为 MSB，MSA 提示短数据发送成功；MSB 开机，MSB 接收到短消息同时 MSA 收到一条报告信息

续表

序号	调试内容	预期效果
4	紧急呼叫	MSA 的紧急呼叫的目标地址为 MSB，呼叫类型为半双工单呼； 系统在运行在正常集群模式下将基站连接交换中心的网线拔出，MSA、MSB 报告进入单站集群模式； MSA 发起紧急呼叫；MSB 使用 PTT 才能接听本呼叫（半双工单呼），MSB 提示本呼叫为紧急呼叫； MSA 释放紧急呼叫；MSA、MSB 回到空闲状态
5	迟后进入	TG1、TG2 的组呼优先级为排队优先级； MSA 按下 PTT 键，发起对 TG1 的组呼；MSB 和 MSC 进入组呼，显示发起者的 ID，通话组为 TG1，MSD 未能进入 TG1 的组呼； MSA 发送语音，MSB 和 MSC 可以接收到 MSA 的语音信息； 通过操作左右键，将 MSD 的当前组由 TG2 切换到 TG1 大约 5 s 后，MSD 进入组呼，并显示当前语音发送者 ID，呼叫类型是 TG1 组组呼，并能正常接收语音信息
6	通话方标识	MSA 按下 PTT 键，发起对 TG1 的组呼，并发送语音；MSB 和 MSC 进入组呼，显示发起者的 ID，通话组为 TG1，并可以接收到 MSA 的语音信息
7	单站集群恢复	将交换中心软件关闭或者断开交换中心到基站的网线 MSA、MSB、MSC 进入单站集群； 开启交换中心软件或者恢复交换中心到基站的网线交换中心软件运行正常，基站和交换连接恢复，MSA、MSB、MSC 恢复进入正常模式
8	与专用无线合路的接口测试	基站与交换中心联网后打开网管终端查看基站当前告警无干扰告警状态

7.4.6 信息应用系统

信息应用系统调试内容如表 7-31 所示。

表 7-31 信息应用系统调试内容

序号	调试内容	预期效果
	设备硬件检测	
1	摄像机摄像功能检测	摄像机摄像功能正常
2	打印机扫描仪打印扫描功能检测	打印机扫描仪打印扫描功能正常
3	身份采集设备检测	身份采集设备正常

续表

序号	调试内容	预期效果
接触警系统		
4	有无线调度子系统	值班员可以通过电脑鼠标操作调度客户端软件,以实现集群化、快速化的语音调度
5	数字录音子系统	对警情受理到指挥调度全过程的通话进行数字化录音记录
6	CTI通信集成平台	支持多种方式接入、多种路由策略,同时具有良好的开放性
7	接处警软件	包括系统登录控制、辅助功能模块、警情自动分级模块、接警、处警、反馈等功能模块
警情显示系统		
8	信息接入系统	在指定终端上(大屏和/或工作站)实现警情信息显示
9	综合信息管理系统	以动态可视化图形的方式进行实时警情信息显示和统计,通过与PGIS的接口能将在指定时间段内(年或月或天)10号线线路内所有案件(也可根据公安实际需要,选择所关心的案件、线路段)的发生地全部在PGIS电子地图上自动标绘出来,发生地(报警人)的定位精度为:线路、车站、站厅、上行站台、下行站台。显示方式支持点密度、色彩等不同方式,暂定以点密度来反应警情的分布情况
10	警用GIS电子地理信息系统	基本GIS功能,主要包括地图浏览、地址查询、图层控制以及其他常用的GIS功能; 接处警辅助功能,主要包括地址搜索、报警定位、移动台位置信息、警情检索、点击通话、视频显示等功能; 大屏显示,主要包括大范围地图显示、各站点警力部署显示、站点监控影像显示、GPS警用车辆显示、警情显示等功能; 辅助决策,主要包括警情标绘、警情统计、警力部署、巡控管理等功能; 数据采集功能,主要完成警用数据的采集更新工作; 系统管理,主要包括用户管理、数据同步、自动更新等功能
11	监控管理系统	系统管理的主要目的是提高系统的高可用性和故障解决的快速性。系统管理可提供以下功能:对各子系统硬件、操作系统,对数据库和各应用系统软件进行监控管理。 系统主要功能包括: 接收系统管理客户端发来的各个设备的实时关键系统性能指标; 显示系统管理客户端发来的各个系统性能指标; 接收系统管理客户端发送的故障信息; 显示系统管理客户端发送的故障信息

7.4.7 集中告警系统

集中告警系统调试内容如表 7-32 所示。

表 7-32 集中告警系统调试内容

序号	调试内容	预期效果
1	启动时间	集中告警服务器启动时间小于 5 min；集中告警客户端启动时间小于 3 min
2	客户端用户登录	用户登录后才可进行相关操作，否则提示"用户没有登录，请登录后再进行相关操作"
3	用户权限管理	可以自定义权限组并进行权限分配；可在权限组内添加用户，用户权限与所属权限组权限一致
4	系统参数设置	设置系统通信参数、系统逻辑端口、逻辑设备通信参数等
5	拓扑显示	按照"子系统"—"站点"—"设备"或者"站点"—"子系统"—"设备"（根据需求选择一种）显示系统拓扑结构
6	链路故障	链路故障时，集中告警显示与该子系统网管链路故障
7	链路恢复	链路恢复时，集中告警与各子系统网管链路能自动恢复
8	告警同步	集中告警与子系统重新连接时，将会进行告警同步（需要子系统实现该功能），连接正常时，集中告警与子系统网管告警信息一致（不包括过滤的）
9	故障告警	各子系统告警产生时，网管软件能够及时准备接收和显示该告警信息
10	故障恢复	各子系统告警恢复时，网管软件能够及时准备的接收和显示该告警恢复信息
11	当前告警查询	用户可以查询当前告警信息
12	历史告警查询	用户可以查询历史告警信息

第 8 章 供电系统

8.1 系统组成及调试内容

8.1.1 系统组成

城市轨道交通地铁供电系统一般采用 110/35 kV 两级电压集中供电方式，牵引供电系统和动力照明配电系统共用 35 kV 供电环网。供电系统主要包括变电所系统、环网电缆、杂散电流监测系统、接触网系统和变电站综合自动化系统。

1．变电所系统

变电所系统是电力系统中对电能的电压和电流进行变换、集中和分配的场所。为保证电能的质量以及设备的安全，在变电所中还需进行电压调整、电流控制以及输配电线路和主要电工设备的保护。

2．变电站综合自动化系统

变电站综合自动化系统是利用先进的计算机技术、现代电子技术、通信技术和信息处理技术等实现对变电站二次设备（包括继电保护、控制、测量、信号、故障录波、自动装置及远动装置等）功能的重新组合、优化设计，是对变电站全部设备的运行情况进行监视、测量、控制和协调的一种综合性的自动化系统。

3．接触网系统

接触网是沿轨道架设的特殊供电线路，将变电所的电能传送给车辆，主要有第三轨类接触网、架空柔性接触网和架空刚性接触网。本线路以架空刚性接触网与架空柔性接触网为主。

4．杂散电流监测系统

杂散电流监测系统由参考电极、道床收集网测试端子、隧道辅助收集网测试端子、传感器、数据转接器、通信电缆及杂散电流综合测试装置组成。杂散电流监测系统通过与各变电所综合自动化系统通信单元接口接入电力监控系统，实现车辆段供电检修车间复示系统对全线杂散电流的集中监测。

8.1.2 调试内容

供电系统调试内容如表 8-1 所示。

表 8-1 供电系统调试内容

序号	调试项目		具体内容
1	变电所	变电所设备单体	整流变压器、动力变压器试验
2			AC 35 kV 开关柜试验
3			1 500 V 直流开关柜试验
4			整流器柜试验
5			负极柜试验
6			轨电位限制装置试验
7			交直流电源装置测试
8			避雷器试验
9			隔离开关试验
10			AC 35 kV、1 500 V 电力电缆试验
11			差动保护光通道测试
12			继电保护装置调试
13			接地装置测试
14			仪表校验
15			再生制动能量回馈装置单系统调试
16		变电所内联调	变电所综合自动化系统调试
17			变电所 35 kV 母联开关自投条件检查及功能试验
18			框架保护联跳试验
19			整流机组 35 kV 断路器、直流进线断路器、负极隔离开关间联锁条件检查
20			整流机组交、直流断路器联跳及两套机组联跳试验
21			牵引降压混合所与接触网隔离开关联调
22		所间联调	所间线路差动保护联调
23			相邻牵引所间及越区时直流联跳保护及闭锁关系调试
24	电力监控系统		控制信号屏柜体调试
25			服务器运行状态检查
26			工作站运行状态检查
27			网络设备运行状态检查
28			操作系统软件授权检查
29			据库软件授权及配置检查
30			电力调度系统软件授权检查
31			UPS 检查

续表

序号	调试项目	具体内容
32	电力监控系统	变电所综合自动化系统设备上电检查
33		接触网电动隔离开关集中监控系统设备上电检查
34	接触网	接触悬挂调试
35		接触网设备调试
36		接触网短路试验
37		接触网冷滑试验
38		接触网热滑试验
39	杂散电流防护系统	排流柜设备调试
40		杂散电流监测装置

8.2 前置条件

1．进场前准备工作

试验调试人员、电力试验车到位，并对设备交接和试验人员资质审查。提前了解设备结构，熟悉设计图纸。根据调试方案编写试验实施方案并制定试验记录表格式。调试应具备的前置条件由试验调试人员提出，相关人员负责落实，技术准备充分，试验安全保障用具提前准备，调试人员与设计单位和设备厂方提前联系，确保相关人员在调试时到场调试。

2．调试现场条件评估

调试开始前，须确保现场环境良好，场地足够，与其他工种穿插作业少，温湿度满足试验条件要求以及相应的安全保障措施充足。

3．调试安全保障工作

由于供电系统所进行的调试涵纳高压线路和设备仪器、带电装置和柜体，需要尤其注意参加电气试验的试验人员的人身安全：

（1）试验区域有明显的标志标识和区域隔离用品，如安全围栏、警示带、带电标志等；

（2）参与试验人员按照要求配备足够的安全防护用品，如工作服、安全帽、绝缘鞋、绝缘手套等；

（3）对参加电气试验的试验人员进行培训，制定严格的安全管理措施。

4．设备安装及外观检查

调试前对设备安装及外观进行检查，确认设备安装情况与设计图纸对应，各厂家负责对自身设备的检查。

5．调试仪器仪表的准备

现场工作进入调试阶段前，调试负责单位需准备完整且足够的仪器设备，能够覆盖 220 kV 及以下交直流电气设备、变电所综合自动化系统、电力监控系统、杂散电流监控系统的试验。

8.3 变电所调试

8.3.1 变电所设备单体调试

1．整流变压器、动力变压器调试

整流变压器、动力变压器调试内容如表 8-2 所示。

表 8-2 整流变压器、动力变压器调试内容

序号	调试内容	预期效果
1	绝缘电阻及吸收比测试	绝缘电阻表耐压前后测试高—低及地、低—高及地、低压线圈间夹件及地、穿心螺杆与铁心及地；要求结果与出厂值比较常温下吸收比不小于 1.3（35 kV、4 000 kV·A 及以上时测）
2	绕组直流电阻测试	用感性负载速测欧姆计测试，要求结果与同温下出厂比较不应大于 2%
3	绕组接线组别检查	使用自动变比测试仪测试，要求结果与铭牌一致
4	变比误差测量	使用自动变比测试仪测试，要求结果与铭牌比无明显差别在额定分接头位置时为 ±0.5%
5	工频耐压试验	使用交流试验变压器试验，要求结果如下： 整流变压器： 高—低及地：56 kV、1 min， 低—高及地：8.5 kV、1 min； 动力变压器： 高—低及地：56 kV、1 min， 低—高及地：2.5 kV、1 min
6	额定电压下冲击合闸试验	低压侧空载，高压侧合闸 5 次，要求进行 5 次，第一次合闸后持续 5 min，以后每次间隔 2 min，无异常现象，中性点必须接地
7	检查相位	用相序表检查，要求与电网相位一致
8	检查所有分接头的变压比	使用自动变比测试仪测试，要求与厂家要求一致
9	温控器调试	测试输出信号、及风机启动

2．AC 35 kV 开关柜调试

AC 35 kV 开关柜调试内容如表 8-3 所示。

表 8-3　AC 35 kV 开关柜调试内容

序号	调试内容		预期效果
1	外观及结构检查：		所有元器件符合图纸要求； 开关柜排列符合图纸要求； 接地母线安装完好； 主回路相序标识正确； 所有铭牌张贴整齐、牢固、参数正确； 开关柜吊环、终端盖板已正确安装； 低压室网络板上元器件整齐、正确； 各门板安装平整、密封性好，油漆完好无损伤； 开关柜门锁牢固、能可靠锁紧； 开关柜各间隔内清洁无杂物
2	电流互感器试验 （角、比差用互感器校验仪法；绝缘电阻表交流试验变压器仅做保护线圈用 2 500 V 兆欧表 1 min 代替交流耐压）	变比误差	与铭牌相符
		极性	减极性
		励磁特性曲线	与同型式的电流互感器特性相互比较，应没有明显差别
		绝缘电阻	与厂家值比较
		工频耐压	二次 2 000 V/min
3	电压/电流传感器和带电显示装置试验 （使用兆欧表交流试验变压器，分别采用升流器和高压试验变压器从主回路加入电流和电压进行测试）	绝缘电阻	与厂家值比较
		工频耐压	二次 2 000 V 1 min 耐压
		显示误差	符合厂家技术要求
4	主回路、断路器断口间、隔离断口间绝缘电阻和工频耐压： ① 分别测量相间及对地绝缘电阻； ② 将高压分别加入主回路每一相，其余两相接地； ③ 升压至 72 kV 试验电压后持续 1 min； ④ 试验后再测量相间及对地绝缘电阻		用兆欧表做交流试验变压器依次施加到主回路各相导体上，测试结果要求绝缘电阻与厂家值比较大于 200 MΩ，主回路、断路器断口间工频耐压值：72 kV/min
5	辅助与控制回路绝缘电阻、工频耐压试验： ① 回路中的元器件和表计如已按各自标准通过试验，则情况可以免试； ② 测量各待测回路对地绝缘电阻； ③ 分别对各回路进行 2 000 V/min 耐压试验； ④ 耐压试验后测试各回路对地绝缘电阻，分、合闸线圈及合闸接触器线圈的绝缘电阻和直流电阻		使用兆欧表做交流试验变压器，要求绝缘电阻与厂家值比较大于 1 MΩ。 DC＞60 V 耐压值： 2 000 V/min； DC≤60 V 耐压值： 500 V/min

续表

序号	调试内容	预期效果
6	主回路电阻测量,包括接地隔开	从进线开关柜构成回路,用接触电阻测试仪加入 100 A 电流测试,每相应接地测试一次,接地法测试值仅作参考
7	① 断路器机械分、合闸操作及机械联锁试验; ② 在规定的操作条件下,对断路器机械特性进行检查,应符合技术条件的规定; ③ 对断路器机械操作进行试验,应承受空载操作 5 次; ④ 对接地开关及隔离开关机械操作进行试验,应承受空载操作 5 次; ⑤ 对断路器与接地开关及隔离开关的闭锁关系进行试验,应符合要求	机械操作,不得拒动、运动自如、无卡阻、无任何机械故障
8	断路器电气分、合闸操作及电气联锁试验: ① 当断路器储能弹簧未储能时,断路器不能合闸; ② 当隔离开关处于分闸位置时,断路器不能合闸; ③ 当断路器处于分闸状态时,隔离开关可以分闸,反之不能分闸; ④ 当合闸命令及分闸命令同时作用于主开关时,机械、电气均无法合闸	电气操作,测试结果要求符合厂家技术要求
9	断路器合闸、分闸线圈最低动作电压试验: ① 直流操作电压在($85\% \sim 110\%$)U_n 范围内时,断路器应可靠合闸; ② 直流操作电压大于 $65\%U_n$ 时,断路器应可靠分闸,小于 $30\%U_n$ 时,不应分闸;	使用继电保护测试仪进行测试,测试结果应符合厂家技术要求
10	断路器合、分闸时间测定,同期性,弹跳时间的测定: ① 对断路器进行合闸操作; ② 对断路器进行分闸操作	用高压开关测试仪进行测试,测试结果应符合厂家技术要求,进行三相同时测试需专用电缆试验插头三个
11	继电保护装置试验及继电器界面测试: ① 对继电保护装置进行调试和整定,对继电器界面进行测试; ② 用继电保护测试仪从端子排加入电压、电流,检查保护、测量回路的正确性,并对各指示仪表误差进行检验; ③ 对控制、信号回路进行检查	用继电保护测试仪进行测试,要求继电保护装置动作正常、电气性能满足厂家技术要求,继电器界面完好、操作正常

续表

序号	调试内容	预期效果
12	① 各回路接线正确性检查； ② 用万用表检查加热器阻值，加热回路是否正确； ③ 用继电保护测试仪从端子排加入电压、电流，检查保护、测量回路的正确性，并对各指示仪表误差进行检验； ④ 对控制、信号回路进行检查； ⑤ 对开关柜单体进行整组联动试验	用万用表、继电保护测试仪进行检查、测试，加入20%、50%、100%额定电压或电流时指示仪表、计量回路指示值与实际值相符； 二次升流模拟保护跳闸，动作正常，动作信号、位置信号显示正确，各种报警正常。要求结果与设计图纸相符，误差满足要求
13	模拟各种保护动作时，断路器能可靠地进行分合闸	用增加"短接"或加量的方法，实现各种保护功能要求，要求结果与设计要求相符，误差满足要求
14	35 kV开关柜气密封检查： ① 通过对开关柜上所配备的每个气压表读数进行观察，48 h或者72 h后读数无降低的变化； ② 对于气压有降低的气室直接使用检漏仪对气箱焊缝、绝缘件和气箱连接部位进行检漏，从而查找出漏气点； ③ 对于轻微的漏气现象无法使用检漏仪直接检出漏点的，使用塑料布对气箱各个密封部位分别进行包裹，静置48 h或者72 h后在通过检测每个塑料布中是否有气体来查找漏气部位	观察、检查气密性符合厂家技术要求
15	气压检；查 气体含水量测试	用压力表检测气体压力，分析仪检查气体含水量，要求结果符合设计要求和厂家技术参数；含水量标准为≤250 μL/L

3. 1 500 V直流开关柜调试

1 500 V直流开关柜调试内容如表8-4所示。

表8-4　1 500 V直流开关柜调试内容

序号	调试内容	预期效果
1	① 外观及结构检查； ② 所有元器件符合图纸要求； ③ 开关柜排列符合图纸要求； ④ 接地母线安装完好； ⑤ 主回路标识正确； ⑥ 所有铭牌张贴整齐、牢固、参数正确； ⑦ 开关柜吊环、终端盖板已正确安装； ⑧ 低压室网络板上元器件整齐、正确； ⑨ 各门板安装平整、密封性好，油漆完整无损伤； ⑩ 开关柜门锁牢固、能可靠锁紧； ⑪ 开关柜各间隔内清洁无杂物	观察外观符合设计图纸要求

续表

序号	调试内容	预期效果
2	主回路绝缘电阻和工频耐压	使用兆欧表测试交流试验变压器（依次施加到主回路导体上）： 绝缘电阻与厂家值比较大于 1 MΩ（1 kV）； 主回路工频耐压值：8.3 kV/min （耐压前后均应测绝缘电阻）
3	辅助与控制回路绝缘电阻、工频耐压试验： ① 回路中的元器件和表计如已按各自标准通过试验，则可免试； ② 测量各待测回路对地绝缘电阻； ③ 分别对各回路进行 2 000 V/1min 耐压试验； ④ 耐压试验后测试各回路对地绝缘电阻，辅助电路分流器	使用兆欧表进行交流试验变压器，要求测试结果绝缘电阻与厂家值比较，当回路绝缘电阻值在 10 MΩ 以上时，可用兆欧表代替工频耐压
4	断路器接触电阻测量	使用接触电阻测试仪加入 100 A 电流测试，要求测试结果满足厂家技术要求（小于 60 μΩ）
5	断路器机械分、合闸操作及机械联锁试验： ① 在规定的操作条件下，对断路器机械特性进行检查，应符合技术条件的规定； ② 对断路器、隔离开关机械操作进行试验，应承受空载操作 5 次； ③ 对断路器与隔离开关的闭锁关系进行试验，应符合要求	机械操作，不得拒动、运动自如、无卡阻、无任何机械故障
6	断路器电气分、合闸操作及电气联锁试验： ① 当断路器储能有跳闸闭锁信号时，断路器不能合闸； ② 当隔离开关处于分闸位置时，断路器不能合闸； ③ 当断路器处于分闸状态时，隔离开关可以分闸，反之不能分闸； ④ 当合闸命令及分闸命令同时作用于主开关时，机械、电气均无法合闸	电气操作，要求测试结果断路器分合正确，闭锁关系正确
7	断路器合、分闸时间测定： ① 对断路器进行合闸操作； ② 对断路器进行分闸操作	用高压开关测试仪进行测试，要求测试结果符合厂家技术要求
8	① 保护继电器调试和整定（馈线柜）； ② 框架保护监控单元（负极柜）； ③ 逆流保护调试与整定（进线柜）； ④ 线路检测与自动重合闸装置调试（馈线柜）； ⑤ 联跳装置调试（馈线柜）； ⑥ 故障显示装置检查与调试	用继电保护测试仪进行测试，要求测试结果继电保护装置动作正常、电气性能满足厂家技术要求，按设计提供定值整定

续表

序号	调试内容	预期效果
9	断路器操动机构的试验、操作电压的70%~125%时操动机构应能正常合闸；大于额定操作电压的70%时操动机构时都应可靠地分闸；当小于额定操作电压的30%时，断路器操动机构不应分闸（闭锁分闸）	使用继电保护测试仪进行测试，要求测试结果符合厂家技术要求
10	各回路接线正确性检查及整组联动试验： ① 测量、保护、控制、信号等回路接线正确性检查； 分流器及电流变换器误差校验； ② 分压器及电压变换器误差校验； ③ 指示仪表误差校验； ④ 对开关柜单体进行整组联动试验	用万用表、继电保护测试仪进行检查、测试，加入20%、50%、100%额定电压或电流时指示仪表、计量回路指示值与实际值相符，二次升流模拟保护跳闸，动作正常，动作信号、位置信号显示正确，各种报警正常，测试结果与设计图纸相符，误差满足要求
11	柜体绝缘电阻测试，分、合闸线圈及合闸接触器线圈的绝缘电阻和直流电阻	用兆欧表等仪器测试，要求测试结果与设计要求相符
12	直流开关的大电流脱扣保护定值调整试验	在直流开关柜内按大电流脱扣按钮，要求测试结果与设计要求相符（模拟跳开）
13	直流开关柜的各种保护模拟动作时，直流开关能可靠地进行分合闸、重合闸；联调试验时应符合设计的逻辑关系及闭锁关系	用增加"短接"或加量的方法，实现各种保护功能要求，要求测试结果与设计要求相符，误差满足要求

4．整流器柜调试

整流器柜调试内容如表8-5所示。

表8-5　整流器柜调试内容

序号	调试内容	预期效果
1	主回路及辅助回路绝缘电阻和工频耐压试验	使用兆欧表测试交流试验变压器主回路：5 kV/1 min； 辅助回路：二次1 000 V/1 min耐压，耐压前后均应测绝缘电阻
2	轻载试验	整流变压器高压侧加交流电源，直流侧短路电流100 A时用钳形表抽查二极管不小于10%的电流，要求回路正确，二极管合格
3	保护装置检查	使用继电保护测试仪测试，对保护装置的检查、调试应符合厂家技术要求
4	二次回路接线正确性检查： ① 测量、保护、信号等回路接线正确性检查； ② 测量装置、指示仪表误差校验	用万用表、继电保护测试仪进行检查、测试，加入20%、50%、100%额定电压或电流时指示仪表、计量回路指示值与实际值相符，要求测试结果与设计图纸相符，误差满足要求
5	保护协调性检查	进行模拟操作，要求检查结果与设计图纸相符，误差满足要求（可在所内联调时一同检查）
6	柜体绝缘电阻测试	用兆欧表测试，要求测试结果与设计要求相符

5. 负极柜调试

负极柜调试内容如表 8-6 所示。

表 8-6 负极柜调试内容

序号	调试内容	预期效果
1	主回路及辅助回路绝缘电阻和工频耐压试验	绝缘电阻测试仪,要求测试结果与出厂试验报告相比无明显差别 用交流试验变压器,要求: ① 主回路:6.8 kV/1 min; ② 辅助回路:二次 1 000 V/1 min 耐压(耐压前后均应测绝缘电阻)
2	隔离开关的操作机构	实际操作隔离开关能可靠分合闸
3	隔离开关机械,电气操作和联锁试验	实际操作闭锁条件符合设计要求
4	表计检查	加入电流或电压时指示仪表、计量回路指示值与实际值相符,误差满足要求
5	框架保护装置试验: ① 保护装置整定; ② 保护协调性检查; ③ 闭锁功能检查; ④ 报警功能检查	模拟框架保护动作:电压和电流元件动作,电流继电器动作联跳邻所,电压继电器动作不联跳邻所。要求框架保护动作后,符合设计要求,动作后跳本所整流机组两个 35 kV 断路器、全部直流断路器及相邻所有关断路器;动作后闭锁跳开的断路器至故障消失、保护复归;电压元件达到报警整定值时发出报警信号

6. 轨电位限制装置调试

轨电位限制装置调试内容如表 8-7 所示。

表 8-7 轨电位限制装置调试内容

序号	调试内容		预期效果
1	外观检查		观察外观符合设计图纸及厂家技术说明书
2	主回路绝缘电阻测试		使用绝缘测试仪,测试结果与出厂试验报告相比无明显差别
3	保护装置检查 (使用继电保护测试仪测试)	电压三段保护	(150 V,0 ms),(120 V,600 ms),(60 V,0 ms);
		电流四段保护	1 000 A、100 A、50 A、15 A,t 大于 30 min
4	接触器试验: ① 交流耐压试验; ② 固有动作时间测试		高压试验变压器继电保护测试仪试验结果符合出厂报告,动作时间≤100 ms
5	各种表计校验		加入电流或电压时指示仪表、计量回路指示值与实际值相符;精度满足要求
6	① 回路正确性检查; ② 接线检查; ③ 闭锁开关检查; ④ 各种信号检查; ⑤ 模拟动作检查; ⑥ 功能检查		实际或模拟操作,结果符合工程图纸及厂家技术说明书

7．交直流电源装置调试

交直流电源装置调试内容如表 8-8 所示。

表 8-8　交直流电源装置调试内容

序号	调试内容		预期效果
1	交流柜检查及试验	绝缘电阻测试和交流耐压试验	① 使用绝缘电阻测试仪，要求柜内汇流排和小母线大于等于 10 MΩ，柜内二次回路绝缘电阻大于等于 2 MΩ；② 使用工频耐压试验：1 000 V/1 min，测试结果应无异状
		相序检查	相序表馈线间的相位一致
		交流电源联锁试验	现场操作，2 台进线开关和联络开关在只能合上任意两个开关
		自动投入保护试验	模拟一路交流故障，能自投，要求符合设计要求
		指示功能	实际操作，要求各指示灯应能正确指示装置状态
		各类报警保护功能检查	模拟操作，要求显示故障并声光报警；监控器数据不应丢失
2	充电柜检查及试验	各类报警保护功能检查	模拟操作，要求显示故障并声光报警；监控器数据不应丢失
3	馈线柜检查及试验	绝缘监察试验：① 母线监察试验；② 馈线监察试验	① 用 10 kΩ 电阻，一端接母线（正或者负），一端接地，观察监控模块报警信息，要求绝缘监测仪应能检测出母线绝缘状况和相应的接地电阻值，并报警；② 用 10 kΩ 电阻，一端接一馈线（正或者负），一端接地，观察监控模块报警信息，要求绝缘监测仪应能检测出支路绝缘状况和相应的接地电阻值，并报警
4	电池柜检查及试验	外观及结构检查	外观观察，符合要求
5	测量表计校验		加入电流或电压时指示仪表、计量回路指示值与实际值相符；仪表精度符合设计要求

8．避雷器调试

避雷器调试内容如表 8-9 所示。

表 8-9 避雷器调试内容

序号	调试内容	预期效果
1	绝缘电阻测量	绝缘电阻测试仪： ① 35 kV 及以下电压：用 2 500 V 兆欧表，绝缘电阻不小于 1 000 MΩ； ② 低压（1 kV 以下）：用 500 V 兆欧表，绝缘电阻不小于 2 MΩ （基座绝缘电阻不低于 5 MΩ）
2	直流参考电压和 0.75 倍直流参考电压下的泄漏电流	直流耐压测试仪实测值与制造厂规定值比较，变化不应大于 ±5%；0.75 倍直流参考电压下的泄漏电流值不应大于 50 μA，或符合产品技术条件的规定

9．隔离开关调试

隔离开关调试内容如表 8-18 所示。

表 8-10 隔离开关调试内容

序号	调试内容	预期效果
1	测量绝缘电阻	隔离开关有机材料传动杆的绝缘电阻值在常温下不应低于如下规定： ① 额定电压为 3~15 kV 时，绝缘电阻值为 1 200 MΩ； ② 额定电压为 20~35 kV 时，绝缘电阻值为 3 000 MΩ；
2	交流耐压试验	试验仪器为交流高压试验器，试验电压应符合如下规定： ① 额定电压为 3 kV 时，1 min 工频耐压（kV）试验电压有效值为 25； ② 额定电压为 6 kV 时，1 min 工频耐压（kV）试验电压有效值为 32； ③ 额定电压为 10 kV 时，1 min 工频耐压（kV）试验电压有效值为 42； ④ 额定电压为 35 kV 时，1 min 工频耐压（kV）试验电压有效值为 100
3	导电回路直流电阻测试	试验仪器为回路电阻测试仪，导电回路直流电阻应符合制造厂的规定
4	检查操作机构线圈的最低动作电压	试验仪器为继电保护测试仪，检查操作机构线圈的最低动作电压应符合制造厂的规定
5	操作机构的试验	隔离开关的机械或电气闭锁装置应准确可靠

10．AC 35 kV、1 500 V 电力电缆调试

AC 35 kV、1 500 V 电力电缆调试内容如表 8-11 所示。

表 8-11　AC 35 kV、1 500 V 电力电缆调试内容

序号	调试内容	预期效果
1	耐压试验前后绝缘电阻	① AC 35 kV 使用绝缘电阻测试仪（2 500 V），要求 AC 35 kV：20 ℃ 每千米不小于 3 000 MΩ； ② DC 1 500 V 使用绝缘电阻测试仪（2 500 V），要求 DC 1 500 V：20 ℃ 每千米不小于 40 MΩ
2	耐压与泄漏电流	使用交流串联谐振测试 AC 35 kV：52 kV，60 min； 使用直流泄漏测试仪 DC 1 500 V：6 kV，15 min （每根分别测，要求结果无异状）
3	相位或接线检查	万用表测试，要求两端所接设备相位与电网一致或接线正确

11．差动保护光通道调试

差动保护光通道调试内容如表 8-12 所示。

表 8-12　差动保护光通道调试内容

序号	调试内容	预期效果
1	光线路测试	① 测试仪器采用光时域反射仪（OTDR）、光衰耗器及假纤； ② 将假纤一端连在 OTDR 测试口上，另一端连在测试的尾纤连接头上； ③ 根据线路长度，将 OTDR 测试范围调节到一定范围，直到便于观测； ④ 使用二点测试法，分别测量 λ 为 1 310 nm 和 1 350 nm 光线路衰耗，并测试光缆长度； ⑤ 将测试资料与有关标准进行比较，应达到产品技术条件以及相关标准的要求
2	光中继段测试	① 在测量线路的一端，将光源连接到测试光纤上，发送光信号；在测量线路的另一端将光功率计连在对应的光纤连接头上接收光信号； ② 分别使用 λ 为 1 310 nm 和 1 550 nm 光源对应测量光中继段衰耗； ③ 将测试资料与有关标准进行比较，应达到产品技术条件以及相关标准的要求
3	光数字段全程测试	① 在 a 站将光源接到光线路终端设备（光收发器）的发送端口，选用波长 1 310 nm，发送信号，在 b 站将光功率计接到接收端口接收信号，测出光数字段的全程衰耗； ② 在 a 站将光衰耗器接到光源和发送端口之间，在 b 站先将误码测试仪接到光接收端口，在 a 站逐渐增加光衰耗，直到 b 站检测到误码，然后用光功率计在 b 站测试，即测得光线路终端设备的光接收灵敏度（最低光接收电平）； ③ 测试资料与有关标准进行比较，应达到产品技术条件以及相关标准的要求

12. 继电保护装置调试

继电保护装置调试内容如表 8-13 所示。

表 8-13　继电保护装置调试内容

序号	调试内容	预期效果
1	结构及外观检查	被试装置符合设计图纸、厂家技术说明文件及出厂试验报告
2	基本性能试验	使用继电保护测试仪对保护功能、监查功能、故障录波、脉冲计数等检查，要求合设计图纸、厂家技术说明文件及出厂试验报告
3	电源影响检验	直流电压在 80%～110% 变化时，检验装置保护测量功能，要求保护可靠动作，电压、电流测量变差小于 0.2%
4	测量元件准确度检验	用继电保护测试仪在装置输入测加电流、电压，要求测量精度满足设计要求
5	触点性能试验	在保护二次侧施加模拟量，检查保护装置触点动作情况，要求装置触点可靠
6	保护定值校验	用继电保护测试仪整定 35 kV 保护、直流保护及框架保护，要求动作值满足误差要求

13. 接地装置调试

接地装置调试内容如表 8-14 所示。

表 8-14　接地装置调试内容

序号	调试内容	预期效果
1	接地装置测试	① 试验方法通常采用 5D/0.5 法、28° 夹角法以及 0.618 法： 采用 5D/0.5 法测量接地装置的接地电阻时，从接地网中心起，至电流探针的距离为 5 倍接地网对角线长度，至电位探针的距离为电流探针的一半，测量时将电位探针沿电流探针方向移动三次，每次移动距离约为至电流探针距离的 5%，如三次测得值相近，即认为电位探针的位置选择是合适的； 采用 28° 夹角法，电位探针与电流探针的夹角为 28°，被测地网中心、电位探针与电流探针三点按等腰三角形布置，从电位探针至被测地网中心长度≥2 倍接地网对角线长度开始，逐步加长测量引线长度，直到测得稳定值为止； 采用 0.618 法，电位探针与电流探针至被测地网中心的长度比为 0.618，从电流探针至被测地网中心的长度≥2 倍接地网对角线长度开始，逐步加长测量引线长度，直到测得稳定值为止。 ② 应根据现场实际情况选择测试方法。 ③ 电气设备和防雷设施的接地装置的试验项目和标准，应符合设计规定

14．仪表校验

仪表校验内容如表 8-15 所示。

表 8-15　仪表校验内容

序号	调试内容	预期效果
1	外部检查	① 仪表应有必要的标志和符号； ② 仪表外部、内部应无脱落的零部件； ③ 指针与刻度位置应平直、正确
2	检验可动部分的平衡	检验时将仪表自规定的正常工作位置向任一方向倾斜规定的角度，其指针对刻度零位的位移不应超过规定值
3	通电检查和预热检查	将仪表通电，平稳地增加被测量值，使指针从零位偏转至测量上限，然后缓慢而平稳地减少被测量值至零，此过程中应观察仪表的可动部分是否转动灵活，当平稳地减少被测量值至零时，指针是否回零位
4	绝缘电阻的测量	试验仪器采用绝缘电阻测试仪； 绝缘电阻值应符合相关规定
5	仪表基本误差的测定	由零平稳地增加被测电气量，在被试表各刻度点，读取标准表的指示值； 由上限平稳地减少被测电气量，在被试表各刻度点，读取标准表的指示值； 取两次读数中标准表与被试表指示值之差中较大的一个为该刻度点的基本误差，误差不应超出仪表的精度

15．再生制动能量回馈装置单系统调试

再生制动能量回馈装置单系统调试内容如表 8-16 所示。

表 8-16　再生制动能量回馈装置单系统调试内容

序号	调试内容	预期效果
	外观、绝缘及配电检查	
1	外观及结构检查	检查一下内容是否满足设计图纸及厂家技术说明书规范要求： 查看四个柜体是否牢固安装于基座之上； 查看绝缘支架和绝缘板有无破损； 查看并柜安装的平齐情况； 检查柜体紧固螺栓； 查看设备内外结构的掉漆、损坏情况； 查看柜内元器件在运输、安装过程中有无松动、跌落； 查看设备内部器件在运输过程中有无损坏； 查看所有螺丝是否有松动现象； 查看功率模块安装是否符合要求； 查看所有柜门开关过程有无卡阻现象； 查看柜门面板各按钮指示灯有无损坏； 查看触摸屏有无挤压变形； 查看变压器本体有无损坏； 查看温控箱有无挤压变形； 查看所有门楣等标示有无脱落； 查看三块铭牌有无挤压变形或脱落

续表

序号	调试内容	预期效果
2	绝缘测试	① 逆变柜 A、B、充电开关柜对地绝缘检查,利用欧姆表测试的结果需 ≥2 500 V/2 MΩ; ② 隔离变压器线圈对地绝缘检查,测试结果需满足 ≥2 500 V/2 MΩ; ③ 隔离变压器机壳对地绝缘检查,测试结果满足 ≥2 500 V/0 MΩ
3	配电检查	① DC 220 V 电源,电压及极性正确; ② AC 380 V 电源,电压及相位正确; ③ 变压器控制回路供电,电压、极性及相位正确
内部逻辑检查		
4	直流输入过压	直流接触网端 U_{dc1} 电压高于 1 900 V 时报警
5	直流输入欠压	直流接触网端 U_{dc1} 电压低于 900 V 时报警
6	模块直流过压	功率模块支撑电压 U_{dc1} 电压高于 1 900 V 时报警
7	直流输入过流	直流电流大于 1.05 倍额定电流时报警
8	交流输出过压	交流电压高于额定电压的 1.05 倍时报警
9	交流输出欠压	交流电压低于预设值时报警
10	模块交流过流	模块交流电流大于额定电流的 1.05 倍时报警
11	A 相模块故障	包括 A 相上下桥臂 IGBT 驱动板的欠压故障和短路故障
12	B 相模块故障	包括 B 相上下桥臂 IGBT 驱动板的欠压故障和短路故障
13	C 相模块故障	包括 C 相上下桥臂 IGBT 驱动板的欠压故障和短路故障
14	主接触器 KM1 合闸故障	开关拒合时报警
15	主接触器 KM1 分闸故障	开关拒分时报警
16	预充电接触器 KM2 合闸故障	开关拒合时报警
17	预充电接触器 KM2 分闸故障	开关拒分时报警
18	主断路器 QF1 合闸故障	开关拒合时报警
19	主断路器 QF1 分闸故障	开关拒分时报警
20	功率模块风机 KM5 合闸故障	开关拒合时报警
21	功率模块风机 KM5 分闸故障	开关拒分时报警
22	电抗器风机 KM6 合闸故障	开关拒合时报警

续表

序号	调试内容	预期效果
23	静态联动试验故障	静态联动测试过程中有开关未正常动作时报警
24	脱扣故障	包括 PLC 传送的所有信号
25	低压交流断路器脱扣故障	故障时无动作
26	A 相模块高温告警（>90 ℃）	告警
27	A 相模块超温跳闸（>110 ℃）	跳闸
28	B 相模块高温告警（>90 ℃）	告警
29	B 相模块超温跳闸（>110 ℃）	跳闸
30	C 相模块高温告警（>90 ℃）	告警
31	C 相模块超温跳闸（>110 ℃）	跳闸
32	直流电抗器高温告警（>130 ℃）	告警
33	直流电抗器超温跳闸（>150 ℃）	跳闸
34	交流电抗器高温告警（>130 ℃）	告警
35	交流电抗器超温跳闸（>150 ℃）	跳闸
36	电抗器风机超温跳闸	>150 ℃ 动作，130 ℃ 恢复
37	率模块风机超温跳闸	>150 ℃ 动作，130 ℃ 恢复
38	抗器风机断路器脱扣故障	未脱扣时报警
39	率模块风机断路器脱扣故障	未脱扣时报警
40	流低压断路器脱扣故障	未脱扣时报警
41	直流熔断器故障	熔断时报警
42	A 相熔断器故障	熔断时报警
43	B 相熔断器故障	熔断时报警
44	C 相熔断器故障	熔断时报警
45	A 相滤波熔断器故障	熔断时报警
46	B 相滤波熔断器故障	熔断时报警
47	C 相滤波熔断器故障	熔断时报警
48	逆变柜前门打开告警	告警
49	逆变柜后门打开告警	告警
50	本地启动信号	显示"本地启动"
51	本地停止信号	显示"本地停止"
52	低压断路器分闸状态	显示分闸
53	低压断路器合闸状态	显示合闸
54	本地选择信号	显示"本地"

续表

序号	调试内容	预期效果
55	隔离开关状态	显示"隔离开关合闸"或者"隔离开关分闸"
56	主接触器状态	显示"主接触器吸合"或者"主接触器分断"
57	充电接触器状态	显示"充电接触器吸合"或者"充电接触器分断"
58	功率模块风机接触器状态	显示"功率模块风机启动"
59	电抗器风机接触器状态	显示"电抗器风机启动"
60	DC 1 500 V 馈线断路器状态	显示"DC 1 500 V 馈线断路器吸合"或者"DC 1 500 V 馈线断路器分断"
61	35 kV 馈线断路器状态	显示"35 kV 馈线断路器吸合"或者"35 kV 馈线断路器分断"
62	远程选择信号	显示"远程"
63	紧急停止状态	紧急停止
64	框架电压告警（>95 V）	告警
65	框架电压保护（>150 V）	保护动作
66	框架电流正向保护	保护动作
67	框架电流反向保护	保护动作
68	隔离变压器柜门打开	柜门打开时报警
69	隔离变压器超温报警	超温时报警（模拟变压器温度>90 ℃）
70	隔离变压器超温跳闸1	超温时跳闸（模拟变压器温度>110 ℃）
71	隔离变压器超温跳闸2	超温时跳闸（模拟变压器温度>130 ℃）
72	隔离变压器温控箱显示	显示室温正常
73	隔离变压器电磁锁	电磁锁状态符合要求
逆变柜 A/B 静态联动检查		
74	逆变柜 A 静态联动检查	① 确认外部没有一次回路供电，DC 1 500 V/AC 35 kV 断路器分断； ② 在"就地"模式下手动闭合隔离开关，闭合正常； ③ 在充电开关柜触摸屏上操作完成。触摸屏由 DC 24 V 开关电源供电，24 V 电源正常后触摸屏启动进入主界面，操作正常； ④ 在主界面中按 A 主界面按钮进入 A 柜监控系统主界面，操作正常； ⑤ 按静态联动按钮，弹出权限登录窗口，操作正常； ⑥ 输入用户名和登录密码后，按确认进入静态联动操作界面，操作正常； ⑦ 在静态联动界面下，按 ON 开关；充电接触器、主接触器、低压断路器、风机等间隔3 s依次合上，同时对应的指示灯亮。停止3 s后，按相反的次序断开，同时对应指示灯灭。 ⑧ 在静态联动界面下，按 OFF 开关，静态联动停止

续表

序号	调试内容	预期效果
75	逆变柜 B 静态联动检查	① 确认外部没有一次回路供电，DC 1 500 V/AC 35 kV 断路器分断； ② 在"就地"模式下手动闭合隔离开关，闭合正常； ③ 在充电开关柜触摸屏上操作完成。触摸屏由 DC 24 V 开关电源供电，24 V 电源正常后触摸屏启动进入主界面，操作正常； ④ 在主界面中按 A 主界面按钮进入 A 柜监控系统主界面，操作正常； ⑤ 按静态联动按钮，弹出权限登录窗口，操作正常； ⑥ 输入用户名和登录密码后，按确认进入静态联动操作界面，操作正常； ⑦ 在静态联动界面下，按 ON 开关；充电接触器、主接触器、低压断路器、风机等间隔 3 s 依次合上，同时对应的指示灯亮。停止 3 s 后，按相反的次序断开，同时对应指示灯灭； ⑧ 在静态联动界面下，按 OFF 开关，静态联动停止

8.3.2 变电所内联调

1．变电所综合自动化系统调试

变电所综合自动化系统调试内容如表 8-17 所示。

表 8-17 变电所综合自动化系统调试内容

序号	调试内容	预期效果
1	遥测调试	对测量范围内所有内容进行检查：使用继电保护测试仪从二次回路加入电流、电压等电量，在变电所综合自动化调试和变电所与综合控制联调中分别通过控制信号盘上当地维护计算机和综合监控笔记本电脑观察显示值与实际值是否相符（回路是否正确，误差在标准规范范围内）
2	遥控调试	对控制范围内所有内容进行检查：对控制范围内所有开关进行操作，分、合正常，闭锁关系正确。（在综合自动化调试没有问题的前提下进行联调，同样分别通过控制信号盘上当地维护计算机和综合监控笔记本电脑进行观察
3	遥信调试	对监视范围内所有内容进行检查：使用继电保护测试仪从二次回路加入电流、电压等电量模拟各种保护跳闸，开关可靠动作，动作值正确，同时通过当地维护计算机或液晶显示器观察事故信号显示正确、音响正常。模拟各种预告信号动作，当地维护计算机或液晶显示器上预告信号显示正确、音响正常。在对开关进行分、合闸操作的同时通过当地维护计算机/综合监控笔记本观察开关位置信号显示正确

2. 变电所 35 kV 母联开关自投条件检查及功能调试

变电所 35 kV 母联开关自投条件检查及功能调试内容如表 8-18 所示。

表 8-18　变电所 35 kV 母联开关自投条件检查及功能调试内容

序号	调试内容	预期效果
1	35 kV 开关柜逻辑关系调试	① 把母联柜隔离开关闭合，母联处在热备用投入状态，模拟 I 段母线无压，II 段母线有压；模拟 I 段进线断路器跳闸，母联断路器自投，II 段母线通过母联，使 I 段母线带电。检查确认各指示灯及音响信号正确，并查看控制信号盘显示屏显示内容及音响信号正确然后复位。 ② 把母联柜隔离开关闭合，母联处在热备用投入状态，模拟 II 段母线无压，I 段母线有压；模拟 II 段进线断路器跳闸，母联断路器自投，I 段母线通过母联，使 II 段母线带电。检查确认各指示灯及音响信号正确，并查看控制信号盘显示屏显示内容及音响信号正确然后复位
2	35 kV 母联开关自投条件检查	根据施工设计图纸和流程图以及生产厂家技术说明书，对进线断路器与母联断路器的闭锁关系，以及自投的设置条件，动作条件进行检查，并进行自投功能的试验，结果应满足要求
3	模拟 I 段母线有压，II 段母线无压	① 模拟 I 段母线有压；模拟 II 段母线无压。 ② 模拟 101 差动保护跳闸，母联断路器应不自投；复位保护动作信号，开关位置恢复至准备状态
4	模拟 I 段母线有压，II 段母线有压	① 模拟 I 段母线有压：1#进线 PT 空气开关出线端加入三相电压；模拟 II 段母线有压：2#进线 PT 空气开关出线端加入三相电压。 ② 模拟 101 差动保护跳闸，母联断路器应不自投；复位保护动作信号，开关位置恢复至准备状态
5	对比	观察在上述 4 种模拟条件下，101 差动保护跳闸与否，母联断路器 110 自投与否，进柜 H11 的保护装置 P521、P143 及母联开关柜 H00 中的保护装置 P992 当地信号显示、控制信号盘液晶显示器和维护计算机信号显示是否正确。记录测试结果

3. 框架保护联跳调试

框架保护联跳调试内容如表 8-19 所示。

表 8-19　框架保护联跳调试内容

序号	调试内容	预期效果
1	模拟框架电流保护动作，测试断路器	断开框架保护电流元件二次输入接线，用电池盒在二次输入端加入毫伏电压，模拟框架电流保护动作，35 kV 整流变断路器（121/123）、直流进线断路器（201/202）、馈线断路器（211/213/212/214）均应跳闸。复位框架保护，恢复各断路器至准备状态
2	断路器跳闸临界值测试	断开框架保护电压元件一次输入接线，合上电压监视投入开关，在其一次输入端加入直流电压。电压值升至 90 V，电压元件应报警但断路器不跳闸；电压值升至 100 V，框架电压保护动作，35 kV 整流变断路器（121/123）、直流进线断路器（201/202）、馈线断路器（211/213/212/214）均应跳闸
3	信号显示	观察两组整流机组断路器及直流进线、馈线断路器的动作情况，负极柜保护装置 S7-300、两组整流机组 35 kV 开关柜及直流 1 500 V 进线开关柜保护装置、馈线开关柜 SEPCOS 的当地信号显示及控制信号盘液晶显示器、维护计算机上的信号显示是否正确，记录测试结果

4．整流机组 35 kV 断路器、直流进线断路器、负极隔离开关间联锁条件调试

整流机组 35 kV 断路器、直流进线断路器、负极隔离开关间联锁条件调试内容如表 8-20 所示。

表 8-20　整流机组 35 kV 断路器、直流进线断路器、负极隔离开关间联锁条件调试内容

序号	调试内容	预期效果
1	负极隔离开关的操作联锁条件检查	① 35 kV 开关柜断路器 121、直流进线断路器 201 均在分位，操作负极隔离开关 2012 分、合闸，应能正常操作；35kV 开关柜断路器 121、直流进线断路器 201 任意合上一个，操作负极隔离开关 2012，应均不能操作合、分闸。 ② 35 kV 开关柜断路器 123、直流进线断路器 202 均在分位，操作负极隔离开关 2022 分、合闸，应能正常操作；35 kV 开关柜断路器 123、直流进线断路器 202 任意合上一个，操作负极隔离开关 2022，应均不能操作合、分闸。 ③ 观察负极隔离开关的操作情况，负极柜当地位置指示灯，控制信号盘液晶显示器、维护计算机隔离开关位置信号显示，记录测试结果

续表

序号	调试内容	预期效果
2	直流 1 500 V 进线断路器的操作联锁条件检查	① 整流机组 35 kV 开关柜断路器 121、负极隔离开关 2012 均处于合位,操作直流进线断路器 201 合、分闸,应能正常操作;整流机组 35 kV 开关柜断路器 121、负极隔离开关 2012 任意分一个,操作直流进线断路器 201 合、分闸,应均不能操作合、分闸。 ② 整流机组 35 kV 开关柜断路器 123、负极隔离开关 2022 均处于合位,操作直流进线断路器 202 合、分闸,应能正常操作;整流机组 35 kV 开关柜断路器 123、负极隔离开关 2022 任意分一个,操作直流进线断路器 202 合、分闸,应均不能操作合、分闸。 ③ 观察直流进线断路器(201/202)的操作情况、直流进线开关柜当地位置指示灯、控制信号盘上液晶显示器、维护计算机上的隔离开关位置信号显示。记录测试结果

5. 整流机组交、直流断路器联跳及两套机组联跳调试

整流机组交、直流断路器联跳及两套机组联跳调试内容如表 8-21 所示。

表 8-21　整流机组交、直流断路器联跳及两套机组联跳调试内容

序号	调试内容	预期效果
1	整流机组 35 kV 断路器联跳直流进线断路器及对侧整流机组 35 kV 断路器,对侧整流机组 35 kV 断路器联跳对应直流进线断路器,两套整流机组 4 台断路器全部跳闸	① 在整流器 RT1 模拟二极管跳闸,两台 35 kV 整流断路器(121/123)、直流进线断路器(201/202)均应跳闸。 ② 复位保护动作信号,复位各开关至准备状态。观察两组整流机组 35 kV 断路器及直流进线断路器的动作情况、两组整流机组 35 kV 开关柜及直流 1 500 V 进线开关柜保护装置的当地信号显示及控制信号盘液晶显示器、维护计算机上的信号显示。记录测试结果
2	直流进线断路器联跳整流机组 35 kV 断路器及对侧直流进线断路器,整流机组 35 kV 断路器联跳对侧整流机组 35 kV 断路器,两套整流机组 4 台断路器全部跳闸	① 断开直流进线断路器 201 的电流变送器二次输入回路,反向加入毫伏电压量,模拟逆流保护动作,35 kV 整流断路器(121/123)、直流进线断路器(201/202)均应跳闸; ② 恢复被断开端子,复位保护动作信号,开关位置恢复至准备状态; ③ 断开直流进线断路器 202 的电流变送器二次输入回路,反向加入毫伏电压量,模拟逆流保护动作,35 kV 整流断路器(121/123)、直流进线断路器(201/202)均应跳闸; ④ 恢复被断开端子,复位保护动作信号; ⑤ 观察两组整流机组 35 kV 开关柜及直流 1 500 V 进线开关柜保护装置的当地信号显示及控制信号盘液晶显示器、维护计算机上的信号显示,记录测试结果

6．牵引降压混合所与接触网隔离开关联调

牵引降压混合所与接触网隔离开关联调内容如表 8-22 所示。

表 8-22 牵引降压混合所与接触网隔离开关联调内容

序号	调试内容	预期效果
1	分、合闸操作信号显示测试	从控制信号盘分别通过按钮和当地维护计算机对隔离开关进行分、合闸操作，结果正常，同时位置信号显示正确
2	锁闭关系关系检查	根据设计原理图纸，通过实际操作对馈线断路器、馈线隔离开关、越区隔离开关之间的锁闭关系进行检查，应符合设计要求

8.3.3 所间联调

1．所间线路差动保护联调

所间线路差动保护联调内容如表 8-23 所示。

表 8-23 所间线路差动保护联调内容

序号	调试内容	预期效果
1	流互极性校核	利用一便携式直流电源（15 V）和指针式万用表对流互极性进行校核，注意应从流互一次侧检查到端子排，标注好同极性端，并从端子排检查到差动保护装置后面接线端子，做好记录，确保正常运行时流进差动保护装置的电流为差电流（注：此项工作可在流互单体试验时进行）
2	核对差动保护装置参数设置	核对差动保护装置参数设置，确保与设计提供的整定通知单一致。特别注意取消不需要的保护出口
3	通信通道检查	在两端保护装置通信正常，且两端为正常运行模式的情况下，断开任意端光纤发射端，两侧保护装置均发"通信通道故障"信号；两端的任意端整定为试验模式时，同时闭锁两端的差动保护出口，通信正常，逻辑正确
4	测试差动电流和制动电流值	在各项加电流相，从本端保护装置中读出的各相电流值
5	差动保护动作检查	合上对应的进线、出线断路器，两端保护装置均在运行模式下，断开试验连片，从端子排加入电流，当一端加电流至动作值时，两端差动保护均出口跳开对应断路器，同时信号显示正确、音响正常。同时检查两端保护装置 A、B、C 三相差动动作相别正确，动作电流正确

2. 相邻牵引所间及越区时直流联跳保护及闭锁关系调试

相邻牵引所间及越区时直流联跳保护及闭锁关系调试内容如表 8-24 所示。

表 8-24 相邻牵引所间及越区时直流联跳保护及闭锁关系调试内容

序号	调试内容	预期效果
1	相邻牵引所间及越区时直流联跳关系调试	在不越区和越区两种情况下合上相关开关,分别模拟框架保护和过流、di/dt、过流保护,观察本所和相邻所有关开关动作情况,结果应符合设计要求
2	相邻牵引所间及越区时开关闭锁关系调试	在不越区和越区两种情况下,通过实际操作,对本所和相邻所馈线断路器、馈线隔离开关、越区隔离开关闭锁关系进行检查,结果应符合设计要求

8.4 电力监控系统调试

8.4.1 控制信号屏柜体

控制信号屏柜体调试内容如表 8-25 所示。

表 8-25 控制信号屏柜体调试内容

序号	调试内容	预期效果
1	用万用表分别测量空气开关上下接点的短路及接地情况;无短路和接地情况方可给空气开关上口供电,并用万用表测量供电电压是否正常	设备通、断电安全、可靠;连接正确,电压正常
2	开启通信处理单元电源;检查通信处理单元上电运行情况,检查各指示灯显示情况	设备上电后工作正常;各指示灯状态显示正常
3	开启通信处理单元电源;综合测控装置上电运行情况,检查各指示灯显示情况	设备上电后工作正常;各指示灯状态显示正常
4	开启后台监控一体机电源;检测后台一体机电脑上电运行情况,检查各指示灯显示情况	设备上电后工作正常;系统能否正常启动
5	开启交换机电源开关;检查交换机上电运行情况,检查各指示灯显示情况	设备上电后工作正常;各指示灯状态显示正常
6	开启事故音响回路电源;按盘柜上实验按钮检测事故音响是否报警	设备上电后工作正常;电铃电笛能够正常启动报警
7	开启光电转换器电源;检查光电转换器上电运行情况,检查各指示灯显示情况	设备上电后工作正常;各指示灯状态显示正常
8	通信管理机上电后运行正常;查看通信管理机程序是否符合本项目,如有最新程序则需更新并记录版本号。观察软件以及各指示灯状态,保证程序下载正常	程序下载正常、可靠

8.4.2 服务器运行状态检查

服务器运行状态检查调试内容如表 8-26 所示。

表 8-26　服务器运行状态检查调试内容

序号	调试内容	预期效果
1	服务器安装就位	服务器正常就位，导轨运动良好。服务器铭牌标识正确
2	电源线连接	电源线缆连接到指定位置，并且有清晰的电缆铭牌
3	设备、机柜的接地	接地电阻满足设计要求
4	网线连接	冗余网线分别接到服务器的冗余网卡上，并且有清晰的电缆铭牌
5	KVM 线路连接	KVM 到服务器的线缆连线正确，标识清楚
6	确认是否具备上电条件	机柜由 UPS 供电，用万用表测试服务器柜 PDU 电源是否正确，柜内及周边环境良好（温度、湿度、脏度）
7	① 设备启动完毕后，在仿真终端上通过系统命令进行查看电源模块的运行状况；② 关闭其中一块电源模块，在仿真终端上通过系统命令进行查看电源模块和其他模块的运行状况	设备冗余电源模块正常工作，具备冗余功能
8	确认硬件配置（CPU、内存、硬盘、网卡、光驱）	满足或者超过技术规格书要求
9	软件配置（操作系统安装、硬盘分区、IP 地址设定、计算机命名）	操作系统符合正版验证，IP 和计算机命名符合整体规划
10	KVM 测试	能顺利实现服务器显示屏幕切换
11	应用软件、驱动、配置文件安装	应用软件版本和模块安装正确，通信驱动程序安装正确，配置文件正确
12	局域网络通道测试	两个网卡能 Ping 通交换机管理 IP 且各服务器能相互 Ping 通
13	登录服务器，在系统中复制文件观察是否读写正常	服务器系统运行正常，分区读写正常
14	远动通道测试	用系统自带的 Ping 命令，Ping 各网段网关，确定其能访问远动通信设备
15	网卡冗余测试	长 Ping 网关，分别断开冗余链接，查看 Ping 是否正常

8.4.3 工作站运行状态检查

工作站运行状态检查调试内容如表 8-27 所示。

表 8-27　工作站运行状态检查调试内容

序号	调试内容	预期效果
1	工作站、显示器安装就位	工作站、显示器正常就位，铭牌标识正确
2	电源线连接	电源线缆连接到指定位置，并且有清晰的电缆铭牌
3	网线连接	工作站冗余网络接口分别连接到交换机的指定端口上，并且清晰的电缆铭牌
4	显示器连接	工作站的双显示卡输出分别连接主备显示器
5	检查上电条件	工作站已经供电，用万用表测试供电电源是否正常，周边环境是否良好（温度、湿度、脏度）
6	打印机连接线缆	打印机电源正确连接，通信网络线连接
7	硬件配置（CPU、内存、硬盘、网卡、光驱、显卡、音响等）	满足或者超过技术规格书要求
8	软件配置（IP 地址设定、计算机命名）	IP 和计算机命名符合整体规划
9	应用软件、驱动、配置文件安装	应用软件版本和模块安装正确，通信驱动程序安装正确，配置文件正确
10	网络通道测试	每个网卡能 Ping 通对端和服务器
11	双屏切换	光标能在双屏间移动，双屏能正确输出各自内容
12	登录工作站，在系统中复制文件观察是否读写正常	工作站系统运行正常，分区能读写正常
13	网卡冗余测试	长 Ping 网关，分别断开冗余链接，查看 Ping 是否正常
14	打印测试页	测试打印机状态正常

8.4.4　网络设备运行状态检查

网络设备运行状态检查调试内容如表 8-28 所示。

表 8-28　网络设备运行状态检查调试内容

序号	调试内容	预期效果
1	交换机、防火墙安装就位	交换机、防火墙正常就位，铭牌标识正确
2	电源线连接	源线缆连接到指定位置，并且有清晰的电缆铭牌
3	设备接地	接地电阻满足设计要求
4	网线连接	有网线分别接到图纸所示的主备交换机指定端口上，并且有清晰的电缆铭牌
5	检查是否具备上电条件	柜由 UPS 供电，用万用表测试供电电源是否正常，柜内及周边环境良好（温度、湿度、脏度）
6	检查设备上安装的模块	设计书相符

续表

序号	调试内容	预期效果
7	网络设备启动完毕后，查看设备各模块的指示灯.	网络设备硬件运行正常
8	① 设备启动完毕后，在仿真终端上通过系统命令进行查看电源模块的运行状况； ② 关闭其中一块电源模块，在仿真终端上通过系统命令进行查看电源模块和其他模块的运行状况	备冗余电源模块正常工作，具备冗余功能
9	在仿真终端上通过命令对设备进行配置	设备按照设计书进行配置
10	① 根据设计文件，测试冗余功能； ② 在冗余部分的最下层设备连接的 PC 终端上使用操作系统提供的命令 Ping 网络系统其他设备： PC1：C：>ping PC2/SW1 ③ 分别将冗余设备断电，查看 PC1 上测试信息的变化； ④ 将下电设备上电，查看 PC1 上测试信息的变化	核心设备之间具备冗余功能
11	① 根据设计文件，测试冗余功能； ② 在网络设备上使用系统命令,查看网络系统路由协议运行状况是否符合设计文件	设备的路由表正常
12	动通道测试	系统自带的 Ping 命令，Ping 各网段网关，确定其能访问远动通信设备

8.4.5 操作系统软件授权检查

操作系统软件授权检查调试内容如表 8-29 所示。

表 8-29 操作系统软件授权检查调试内容

序号	调试内容	预期效果
1	查看 WINDOWS 操作系统激活情况	软件正版授权合格

8.4.6 数据库软件授权及配置检查

数据库软件授权及配置检查调试内容如表 8-30 所示。

表 8-30 数据库软件授权及配置检查调试内容

序号	调试内容	预期效果
1	查看数据库的版本情况	软件正版授权合格
2	客户端访问数据库的连通性	能够正常访问

8.4.7 UPS 检查

UPS 检查调试内容如表 8-31 所示。

表 8-31 UPS 检查调试内容

序号	调试内容	预期效果
1	UPS 外观检查	UPS 柜内无异常
2	电池外观检查	电池外观完好，无鼓包，发烫现象
3	电源线连接	电源线缆连接到指定位置，并且有清晰的电缆铭牌
4	设备、机柜的接地	接地电阻满足设计要求
5	UPS 输入输出电压，相序检测	输入输出电压在正常范围之内，相序正确
6	电池测量	每节电池电压正常
7	断开电源进线，检测 UPS 运行状态	断开电源进线，UPS 能在规定的时间内切换，并正常供电

8.4.8 变电所综合自动化系统设备上电检查

变电所综合自动化系统设备上电检查调试内容如表 8-32 所示。

表 8-32 变电所综合自动化系统设备上电检查调试内容

序号	调试内容	预期效果
1	电源线连接	电源线缆连接到指定位置。并且有清晰的电缆铭牌
2	设备、机柜的接地	接地电阻满足设计要求
3	确认是否具备上电条件	机柜电源线已连接，用万用表测试机柜电源端子与图纸一致，柜内及周边环境良好（温度、湿度、脏度）
4	柜内设备上电检查	无错误报警，指示灯正常

8.4.9 接触网电动隔离开关集中监控系统设备上电检查

接触网电动隔离开关集中监控系统设备上电检查调试内容如表 8-33 所示。

表 8-33 接触网电动隔离开关集中监控系统设备上电检查调试内容

序号	调试内容	预期效果
1	电源线连接	电源线缆连接到指定位置，并且有清晰的电缆铭牌
2	设备、机柜的接地	接地电阻满足设计要求
3	确认是否具备上电条件	机柜电源线已连接，用万用表测试机柜电源端子与图纸一致，柜内及周边环境良好（温度、湿度、脏度）
4	柜内设备上电检查	无错误报警，指示灯正常

8.5 接触网系统调试

8.5.1 接触悬挂调试

接触悬挂调试内容如表 8-34 所示。

表 8-34 接触悬挂调试内容

序号	调试内容	预期效果
1	最小空气绝缘距离	静态＞150 mm；动态＞100 mm，困难情况下静态≥100 mm，动态≥60 mm
2	设备限界	不得侵入限界
3	拉出值	误差不应大于±10 mm，拉出值不超过±280 mm
4	接触导线高度	允许误差为±5 mm，相邻的悬挂点相对高差一般不得超过所在跨距值的 0.5‰，设计变坡段不应超过 1‰

8.5.2 接触网设备调试

接触网设备调试内容如表 8-35 所示。

表 8-35 接触网设备调试内容

序号	调试内容	预期效果
1	调整开关和机构位置	开关和机构安装后，不要紧固。首先将万向接头与开关的齿轮输出轴连接，再将传动轴与万向接头连接，然后调整开关与机构的相对位置，使传动轴铅垂与机构输出轴同心，再紧固安装螺栓。此时，如果传动轴与机构箱的法兰盘安装孔出现偏差，用手动摇把转动机构箱输出轴位置，使安装孔对正，然后固定连接螺栓
2	隔离开关分合	开关、传动轴、机构安装完毕后，手动操作调整开关，使隔离开关分合到位。在调整过程中，当隔离开关分合到位时均能听到辅助开关"咔嗒"的切换声。如果隔离开关分合未到位即听到辅助开关切换声（即辅助开关提前切换），或隔离开关分合已到位但还未听到辅助开关切换声（即辅助开关延后切换），此时要调整辅助开关与减速箱之间的联接器使其切换到位，实现隔离开关分合到位

续表

序号	调试内容	预期效果
3	开关与机构同步分合	在电动操作前应使机构处于分闸或合闸位置。再按分、合按钮检查电动机构，带动隔离开关旋转至终点位置。若不能，则调整电动机构箱内辅助开关与减速箱之间的连接器，使开关与机构分、合同步
4	多次试验	连续电动操作分、合次数不小于10次，必须保证隔离开关和电动机构动作正常，二次回路电气联锁信号正确无误，导电板接触可靠，各有关连接部位不应出现松动现象，机械传动部分传动平稳，无异常情况，至此调整工作才结束
5	分段绝缘器	分段绝缘器各连接部件牢固可靠，与接触线接头处应平滑，分段绝缘器与受电弓接触部分与轨面连线平行，承力索上的绝缘子应在分段绝缘器的绝缘件正上方。不满足以上条件必须进行调整

8.5.3 冷滑试验

冷滑试验内容如表8-36所示。

表8-36 冷滑试验内容

序号	调试内容	预期效果
1	限界检查	无任何侵限问题
2	受电弓准备	将安装在冷滑平板车上的受电弓进行检查，确认空压机及受电弓正常工作，受电弓升弓
3	冷滑现场条件	线路巡视，确认线路正常、道岔正常，非冷滑人员清理出轨行区
4	冷滑试验	① 冷滑试验正线行车速度为0~10 km/h，轨道车在上下行双向滑行检测弓网关系； ② 冷滑试验正线行车速度为30~60 km/h，轨道车在上下行双向滑行检测弓网关系； ③ 冷滑试验正线行车速度为60~100 km/h，轨道车在上下行双向滑行检测弓网关系； ④ 冷滑试验渡线行车速度为5 km/h，轨道车双向滑行检测弓网关系

8.5.4 热滑试验

热滑试验内容如表8-37所示。

表 8-37 热滑试验调试内容

序号	调试内容	预期效果
1	热滑现场条件	线路巡视确认线路正常、道岔正常、无非热滑人员进入
2	双向低速热滑	热滑速度≤10 km/人
3	双向中低速热滑	热滑速度≤30 km/人
4	双向中速热滑	热滑速度≤60 km/人
5	双向高速热滑	热滑速度≤100 km/人

8.6 杂散电流防护系统调试

8.6.1 排流柜设备调试

排流柜设备调试内容如表 8-38 所示。

表 8-38 排流柜设备调试内容

序号	调试内容	预期效果
1	送电	可送电无跳闸
2	负荷开关操作	可就地电动分合
3	故障指示信号	模拟故障信号，故障指示灯正常亮起
4	主回路绝缘及工频耐压试验	① 排流柜主回路耐压：工频 5 kV，1 min； ② 排流柜辅助回路耐压：工频 2 kV，1 min
5	监测装置查看排流柜讯息	监测装置界面有监测排流柜实时信息
6	IGBT 电阻设定	可通过监测装置设定 IGBT 斩波电阻值

8.6.2 杂散电流监测装置

杂散电流监测装置调试内容如表 8-39 所示。

表 8-39 杂散电流监测装置调试内容

序号	调试内容	预期效果
1	送电	可正常送电无跳闸情况
2	故障信号	模拟传感器故障信号，监测装置监测界面可报警提示
3	与传感器通信	观察监测装置界面，传感器通信正常
4	与测流传感器通信	观察监测装置界面与测流传感器通信正常

第 9 章 低压动力与照明系统

9.1 系统组成及调试内容

9.1.1 系统组成

城市轨道交通工程中的低压动力与照明系统（以下简称动照系统）负责向车站及区间内的各用电设备进行电能的测量、分配、保护与控制。地铁动照系统主要涵盖了 400 V 智能低压柜系统、环控电控柜系统、应急照明电源系统、智能照明系统、消防电源监控系统、电动蝶阀、卷帘。

1. 400 V 智能低压柜系统

400 V 智能低压柜系统通过 PLC 采集所有断路器的状态、所有计量表的电参量，与 PSCADA 系统进行后台通信。PLC 执行备自投功能，保证线路供电可靠；此外，通过安装在柜内的多功能电计量表、配电保护单元、电气火灾监控系统、能源管理系统，实现数据信号采集、配电控制、电能质量与能耗分析等功能，并与控制中心进行远程通信。400 V 智能低压柜系统组成如图 9-1 所示。

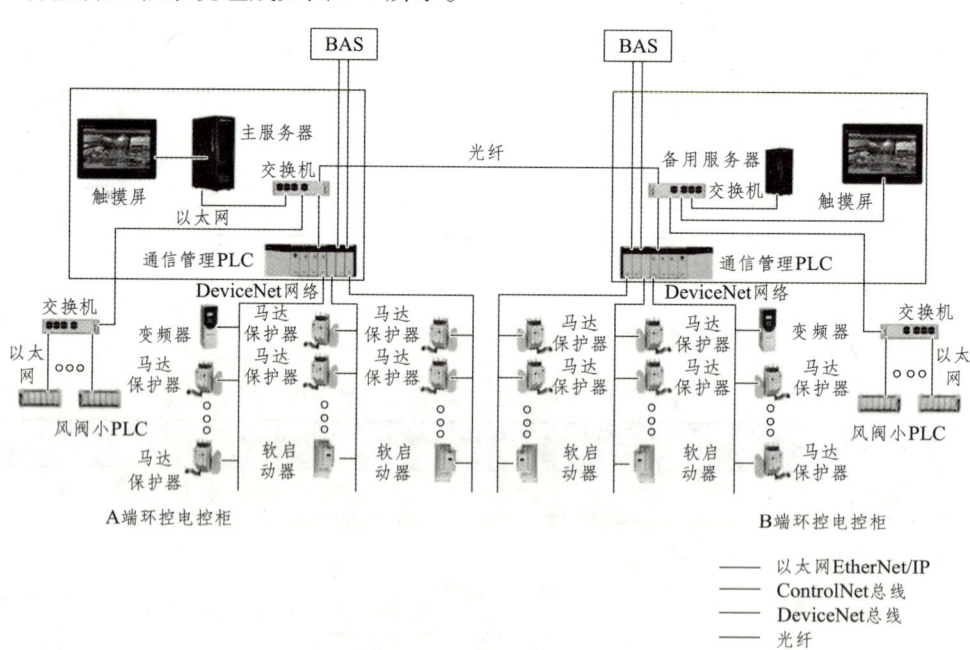

图 9-1　400 V 智能低压柜系统组成图

2. 环控电控柜系统

环控电控柜负责对车站环控设备进行配电与控制。配电进线从 400 V 引出，分两路：

一用一备。环控柜可使每个环控设备（电动风阀、各类风机）实现就地启停控制、就地远方转换、PLC模式自动控制与监控等功能。同时，PLC控制器还与BAS控制柜进行通信，进而与控制室监控平台通信，实现控制室对环控设备的控制功能。环控柜单机调试是通风系统单机调试的前提，安排调试工期时应与通风专业统筹考虑。环控电控柜如图9-2所示。

图9-2 环控电控柜

3．应急照明电源系统

应急照明电源系统（EPS系统）负责向站内及区间应急疏散指示照明、重要设备房应急照明、疏散通道应急照明及其他应急照明设施供电，保证在400 V市电失电时或者发生火灾、区间堵塞时，提供必要的应急疏散照明及疏散指示照明电源。地铁工程中一般在车站两端各设置一个应急照明电源室，负责各自半边车站及区间的应急照明供电。应急照明灯具由EPS电源装置直接馈出，不设置下级配电箱；疏散指示灯、出口标识灯不设插座连接，电线直接连入灯具。应急照明灯具的配电箱采用单独线管敷设，并外刷两遍防火涂料。

在正常工况下，应急照明灯具由市电供电，EPS电源处于充电（或浮充）状态。在两路电源都失电的情况下，蓄电池通过逆变模块提供交流电源，供电时间不小于90 min。EPS装置应急照明电源装置与BAS和FAS专业设置有接口，BAS专业监控该装置电池状态、故障等，FAS专业在火灾模式下强启EPS电源。应急照明电源系统机柜如图9-3所示。

图9-3 应急照明电源系统机柜

4. 智能照明系统

智能照明系统一般涵盖了除应急照明和疏散指示照明（由 EPS 系统负责）的其他所有照明，包括公共区照明、设备区照明、导向标识照明、广告灯箱照明、安全低压照明等。地下车站的站厅站台层公共区照明一般属于一级负荷，地上车站的站厅站台层公共区照明一般属于二级负荷。根据不同的场景要求，智能照明系统可以远程手动、定时调节运行模式，从而达到节能减耗的目标。智能照明系统可通过就地端、车控端（BAS 专业）进行控制，或者设置定时控制模式。火灾模式下，公共区及设备区照明由 FAS 专业强启。地下车站一般在站厅和站台的两个端头各设一个照明配电室，负责站厅或站台各自半边的照明配电控制。公共区照明由两端配电室交叉配电，灯具原则上按 ABC 三相轮流配电。各区域照度应达到设计要求，并在调试时进行专项测试，形成照度测试报告。

5. 消防电源监控系统

消防电源监控系统采用分层式布置，由现场信号传感器层、网络通信层、车站级控制层组成。现场信号传感器（电流/电压传感器）实时监控消防电源的电流、电压信号，通过通信总线将信号传输至车站监控主机，并显示故障类型、位置、时间，使监控主机与综合监控系统进行远程通信。监控主机可显示监控缺相、错相、主备电断电、过压、欠压等故障，现场传感器可以声响报警，并通过指示灯指示故障相线。

在地铁车站中，属于消防电源的一般有：车控室电源双切箱、气体灭火电源双切箱、公共区自动扶梯电源双切箱、出入口电源双切箱、消防泵电源双切箱、EPS 电源双切箱、环控一级负荷进线电源。消防电源监控主机如图 9-4 所示。

图 9-4　消防电源监控主机

6．电动蝶阀

电动蝶阀控制系统主要采用就地控制、自动（BAS/FAS/IBP）控制方式对电动蝶阀的开阀、关阀进行控制。本系统需要综合监控提供有源 DC 24 V 脉冲信号对电动蝶阀控制箱控制以达到对电动蝶阀的开启、关闭进行控制；电动蝶阀控制箱反馈无源开启、关闭到位信号至综合监控以达到监视功能。

7．卷　帘

城市轨道交通地铁工程卷帘主要有防盗卷帘及防火卷帘。防盗卷帘门的安装可以有效防止非运营时间无关人员进入站内，保证地铁车站财产安全；防火卷帘门是安装在较大洞口处的防火、隔热设施，主要安装于防火隔断区，起火时将其放下展开，能有效地阻止火势蔓延，保障生命财产安全，是地铁建设中不可缺少的防火设施。防盗卷帘（左）和防火卷帘（右）如图 9-5 所示。

图 9-5　防盗卷帘（左）和防火卷帘（右）

9.1.2　调试内容

低压动力与照明系统调试内容如表 9-1 所示。

表 9-1　低压动力与照明系统调试内容

序号	调试项目	具体内容
1	400 V 智能低压柜系统	通电前后基本测试
2		硬线逻辑联锁测试
3		正常逻辑动作测试
4		故障逻辑动作测试
5		消防切非测试
6		电气火灾监控系统测试
7		能源管理系统测试
8		有源滤波柜调试
9		低压配电箱测试

续表

序号	调试项目	具体内容
10	环控电控柜系统	一、二次回路元器件检查，控制电源检查
11		自动化设备检测
12		单设备手动控制
13		通信测试
14		控制 I/O 点测试
15		权限测试
16		自动单设备测试
17		自动单柜测试
18		自动模式测试
19		报警功能测试
20	应急照明电源系统	通电实验
21		性能测试
22	智能照明系统	智能照明
23		导向标识
24	消防电源监控	主机功能检测
25		信号传感器功能检测
26	电动蝶阀	优先级及功能测试
27	卷帘	防盗卷帘
28		防火卷帘

9.2 前置条件

1．400 V 智能低压柜系统

（1）柜体拼装完毕；

（2）柜顶水平母线铜排安装完毕；

（3）共箱母线桥安装完毕（两段母线贯通）；

（4）柜间联锁二次线桥架安装完；

（5）柜间联锁二次线连接完毕；

（6）通信线连接完毕；

（7）调试用电源已经接好；

（8）柜顶小母线接线完毕；

（9）电气火灾完成安装及与火灾监控主机的通信线连接完毕。

2．环控电控柜系统

（1）外观完整性、元器件安装牢固性、一二次回路连接可靠性检查；

（2）补充运输、安装过程中损坏或遗失的元器件；

（3）柜间联锁线、贯通线的连接完成；

（4）环控柜至末端设备接线完成；

（5）完成设备中元件设定值的检查。

3．应急照明电源系统

（1）柜体安装完成，交流进线（AC 380 V）接入柜内进线端子；

（2）蓄电池安装完成，柜间连线完成，监控模块安装完成。

4．智能照明系统

（1）所有设备均已安装到位，且均已经受电。

（2）设备单体调试前所有控制负载线路（照明等）均依照设计图纸要求正确接线，确认配电箱内回路编号与平面图一致。

（3）受控灯具等设备已安装完毕，并已经过通电测试。

（4）负载灯具的光源类型与智能驱动设备的接入负载类型相匹配；总线线路已敷设到位；所有的传感器设备（智能面板等）都已安装完毕并正确的接线；总线电源供应器必需持续供电，以保证调试工作的持续进行。

（5）在系统整体测试时，控制室已完成装修工作，中控主机或总控制箱已就位。

（6）调试过程中照明负荷需要频繁开关，要求协调好现场施工与其他专业调试，确保不相互影响。

5．消防电源监控

（1）所需监测的双电源供电回路均依照安装要求正确接线，且配电箱均已受电，并已经过通电测试；

（2）系统的通信总线和 DC 24 V 供电线路已敷设到位，所有信号传感器和电流采集器都已安装完毕并正确的接线；总线电源供应必需持续供电，以保证调试工作的持续进行；

（3）在系统整体测试时，控制室已完成装修工作，主机已就位，并有可工作电源 AC 220 V，系统的通信总线和 DC 24 V 供电线路已与主机连接。

6．电动蝶阀

（1）所有设备（电动蝶阀控制箱、电动蝶阀阀体）均已安装到位，且均已经受电；

（2）设备单体调试前电动蝶阀均依照设计图纸及说明书要求正确接线，确认配电箱内回路编号与平面图安装位置一致；

（3）受控电动蝶阀等设备已安装完毕，并已经经过通电测试；

（4）电动蝶阀控制箱与电动蝶阀阀体端子之间的接线必须完成并且正确。电动蝶阀控制箱 AC 220 V 电源接入，保证持续供电，以保证调试工作的持续进行。在电动蝶阀控制系统整体测试时，控制室已完成装修工作，综控主机已就位。

7．卷　帘

（1）卷帘安装完毕。

（2）外接电源与启闭机的电机额定电压相符。

（3）接地可靠，相序连接正确。

9.3　400 V 智能低压柜系统调试

9.3.1　通电前后基本调试

通电前后基本测试调试内容如表 9-2 所示。

表 9-2　通电前后基本测试调试内容

序号	调试内容	预期效果
1	确认现场满足调试要求	现场具备调试条件
2	断开所有断路器	所有断路器正常分断
3	分合闸每一个断路器	每一个断路器的机械操作机构动作可靠、正常且机构完好
4	使用绝缘摇表验证相与相之间，相与地之间的绝缘满足要求	绝缘均大于 2 MΩ
5	相序检查	进线断路器上端和母联断路器上、下端相序相符并一致
6	合闸 401 断路器、合闸 402 断路器、确认 403 在分开位置	过欠压继电器显示正常
		进线电压正常
7	合闸二次回路电源微型断路器和控制小母线微型断路器	每个电表均亮屏
		每个回路指示灯显示正常
8	合闸二次回路 TC 电源微型断路器和直流小母线微型断路器	PLC 显示正常
9	合闸 PSCADA 电源	PSCADA 显示正常
10	分合闸每一个回路的断路器	分闸状态绿色指示灯亮，合闸状态红色指示灯亮
11	核对电表参数	每个回路的多功能表分闸时无电压显示，合闸时线电压为 400 V（+7%，-10%），相电压为 220 V（+7%，-10%）

9.3.2　硬线逻辑联锁调试

硬线逻辑联锁调试内容如表 9-3 所示。

表 9-3　硬线逻辑联锁测试调试内容

序号	调试内容	预期效果
1	"就地/远方"转换开关置于就地状态，进线1、进线2、母联断路器处于分闸状态；此时通过面板电气合闸按钮手动合闸进线1、进线2断路器，进线1、进线2断路器均应合闸，手动合闸按钮合闸母联断路器，母联断路器应合不上闸，处于分闸状态	手动去合母联断路器应合不上
2	"就地/远方"转换开关置于就地状态，进线1、进线2、母联断路器处于分闸状态；此时通过面板电气合闸按钮手动合闸进线1、母联断路器，进线1、母联断路器均应合闸，手动合闸按钮合闸进线2断路器，进线2断路器应合不上闸，处于分闸状态	手动去合进线2断路器应合不上
3	"就地/远方"转换开关置于就地状态，进线1、进线2、母联断路器处于分闸状态；此时通过面板电气合闸按钮手动合闸进线2、母联断路器，进线2、母联断路器均应合闸，手动合闸按钮合闸进线1断路器，进线1断路器应合不上闸，处于分闸状态	手动去合进线1断路器应合不上
4	"就地/远方"转换开关置于远方状态，进线1、进线2、母联断路器处于分闸状态；此时通过上位机或现场模拟远方遥控合闸进线1、进线2断路器，进线1、进线2断路器均应合闸，模拟远方遥控合闸母联断路器，母联断路器应合不上闸，处于分闸状态	远方遥控合母联断路器应合不上
5	"就地/远方"转换开关置于远方状态，进线1、进线2、母联断路器处于分闸状态；此时通过上位机或现场模拟远方遥控合闸进线1、母联断路器，进线1、母联断路器均应合闸，模拟远方遥控合闸进线2断路器，进线2断路器应合不上闸，处于分闸状态	远方遥控合进线2断路器应合不上
6	"就地/远方"转换开关置于远方状态，进线1、进线2、母联断路器处于分闸状态；此时通过上位机或现场模拟远方遥控合闸进线2、母联断路器，进线2、母联断路器均应合闸，模拟远方遥控合闸进线1断路器，进线1断路器应合不上闸，处于分闸状态	远方遥控合进线1断路器应合不上

9.3.3　正常逻辑动作调试

正常逻辑动作调试内容如表 9-4 所示。

表 9-4 正常逻辑动作调试内容

序号	调试内容	预期效果
1	401 进线转换开关转到自动工作状态，断开 401 进线断路器的电源	当 401 进线电压低于低电压整定值时，延时 0.5 s 切除本段和彼段母线的三级负荷总开关，再延时 3 s 切除 401 进线断路器，再延时 1 s 合 403 母联断路器
2	401 进线转换开关转到自动工作状态，接通 401 进线断路器的电源	401 进线断路器进线端电压恢复至低电压整定值以上后，延时 2 s 切除 403 母联断路器，再延时 1 s 合 401 进线断路器，三级负荷由手动进行恢复
3	401 进线转换开关转到自动工作状态，断开 402 进线断路器的电源	当 402 进线电压低于低电压整定值时，延时 0.5 s 切除本段和彼段母线的三级负荷总开关，再延时 3 s 切除 402 进线断路器，再延时 1 s 合 403 母联断路器
4	401 进线转换开关转到自动工作状态，接通 402 进线断路器的电源	402 进线断路器进线端电压恢复至低电压整定值以上后，延时 2 s 切除 403 母联断路器，再延时 1 s 合 402 进线断路器，三级负荷由手动进行恢复

9.3.4 故障逻辑动作调试

故障逻辑动作调试内容如表 9-5 所示。

表 9-5 故障逻辑动作调试内容

序号	调试内容	预期效果
1	401 进线转换开关转到自动工作状态，模拟 401 进线断路器故障	当 401 进线断路器故障，401 进线断路器跳闸
2	401 进线转换开关转到就地工作状态，再转到自动工作状态，恢复 401 进线断路器正常状态	401 进线断路器恢复正常状态，401 进线断路器合闸
3	401 进线转换开关转到自动工作状态，模拟 402 进线断路器故障	当 402 进线断路器故障，402 进线断路器跳闸
4	401 进线转换开关转到就地工作状态，再转到自动工作状态，恢复 402 进线断路器正常状态	402 进线断路器恢复正常状态，402 进线断路器合闸

9.3.5 消防切非调试

1．车站消防切非调试

车站消防切非调试内容如表 9-6 所示。

表 9-6　车站消防切非测试调试内容

序号	调试内容	预期效果
1	火灾时无须继续工作且切断后不会带来损失的非消防电源（如三级负荷总开关、馈出至多联机室外机总配电箱回路、馈出至多联机室内机配电箱回路、银行、维修电源箱、设备房插座、污水泵等）合闸。模拟给出消防切非信号	相应回路断路器全部分闸，收到切非反馈
2	火灾时不应立即切断，但消防救援时有可能会产生二次灾害的非消防电源（如公共区工作照明、设备区工作照明、非消防扶梯、环控二级负荷等）合闸，模拟给出消防切非信号	相应回路断路器全部分闸，收到切非反馈

2．车辆段消防切非调试

车辆段消防切非调试内容如表 9-7 所示。

表 9-7　车辆段消防切非调试内容

序号	调试内容	预期效果
1	火灾时无须继续工作且切断后不会带来损失的非消防电源（如三级负荷总开关、馈出至多联机室外机总配电箱回路、馈出至多联机室内机配电箱回路、银行、维修电源箱、设备房插座、污水泵等）合闸。模拟给出消防切非信号	相应回路断路器全部分闸，收到切非反馈
2	办公楼发生火灾切非模式下所有开关合闸；模拟给出办公楼发生火灾切非信号	相应回路断路器全部分闸，收到切非反馈
3	公寓发生火灾切非模式下所有开关合闸；模拟给出公寓发生火灾切非信号	相应回路断路器全部分闸，收到切非反馈
4	食堂发生火灾切非模式下所有开关合闸；模拟给出食堂发生火灾切非信号	相应回路断路器全部分闸，收到切非反馈
5	预留切非回路开关合闸；模拟给出火灾切非信号	相应回路断路器全部分闸，收到切非反馈

9.3.6　电气火灾监控系统调试

电气火灾监控系统调试内容如表 9-8 所示。

表 9-8 电气火灾监控系统调试内容

序号	调试内容	预期效果
1	电气火灾监控设备（主机）运行调试	主机通电、运行 EFMS 软件，点击系统自检、查看系统各功能模块是否正常，切掉主电查看备电能否自动投送，CAN 通信口检测、两串口对发数据、查看数据能否接收
2	测温式电气火灾探测器、剩余式电气火灾探测器调试	① 探测器逐一通电，查看探测器的电源灯、报警灯、信号灯是否正常，用笔记本连接现场的探测器采用测试软件对探测器逐一呼叫、看温度/剩余电流数据能否接收到； ② 设置 60 ℃ 为温度报警值，加温测试能否报警； ③ 信号源输出报警设定值的 105%，40 s 内发出报警信号； ④ 设置 500 mA 为剩余电流报警值，升流测试能否报警； ⑤ 信号源输出报警设定值的 105%，30 s 内发出报警信号
3	系统组网调试	① 把对应的 RS485 总线连接到主机，运行 EMFS 软件编制好软件数据、通信参数，查看温度/剩余电流数据能否接收到； ② 系统模拟报警功能试验，把探测器的报警值设置低于当前值，看主机能否发出声光报警、报警对话框的报警地址跟实际地址是否一致； ③ 温度/剩余电流数据值检验，用数字温度计、剩余电流钳表测量现场设备的数据与主机接收的数据进行对比，并做好相关记录

9.3.7 能源管理系统调试

能源管理系统调试内容如表 9-9 所示。

表 9-9 能源管理系统调试内容

序号	调试内容	预期效果
1	进线、三级负荷总开关、母联	测试 A/B/C 相电压、电流，测试有功功率、无功功率、功率因素、有功电能、无功电能、电压总谐波含有率，测试 A/B/C 相电压谐波含有率（3 次/5 次/7 次），分别满足要求
2	馈线柜	测试 A/B/C 相电流，测试有功功率、无功功率、功率因素、有功电能、无功电能，分别满足要求

9.3.8 有源滤波柜调试

有源滤波柜调试内容如表 9-10 所示。

表 9-10 有源滤波柜调试内容

序号	调试内容	预期效果
1	补偿模式设为无功优先	设备运行后可同时进行无功补偿、谐波滤除
2	目标功率因数设定为 0.95，可根据现场负载运行情况或要求手动更改	设备补偿无功的目标功率因数是 0.95
3	检测方式设定为负载检测	满足检测要求
4	接线方式设设为三相四线	现场主进线配线为三相四线
5	电网频率设设为 50 Hz	现场供电电压频率为 50 Hz
6	根据通信管理方要求一段地址设为 1，二段地址设为 2	一段地址为 1，二段地址为 2
7	根据通信管理方要求传输速率（bits/s）设为 19 200	传输速率（bits/s）为 19 200
8	根据通信管理方要求设为无校验	效验为无校验
9	根据通信管理方要求停止位设为 1	停止位设为 1

9.3.9 低压配电箱调试

低压配电箱调试内容如表 9-11 所示。

表 9-11 低压配电箱调试内容

序号	调试内容	预期效果
1	安全检测	配电箱出线侧与所有用电负载断开
2	目视检测	设备安装正确，规格负荷要求，通信线正确连接，接地符合要求
3	水平母排联接	搭接面平整、光洁、自然吻合
4	二次线联接	整齐美观
5	耐压检查	符合相关要求，送电前由机电安装、生产企业、监理共同完成。（带电部件与壳体；各相之间；辅助电路对地；绝缘操作手柄与带电部件之间）
6	上电基本显示确认	线电压约 400 V，相电压约 220 V
7	上电相序确认	进线开关上端和出线开关上、下两端相序相符并一致

续表

序号	调试内容	预期效果
8	仪表检查	智能仪表装置、传输系统中间设备安装部位和数量，应与设计图纸、设计变更和安装记录无误，安装外观、工艺应符合规范；上电后检查智能电表显示是否正常，是否有黑屏、花屏现象
9	断路器整定值设置	断路器电流整定值检查，按照设计图纸设定电流整定范围为（XXX）
10	双电源检查	检查双电源手/自动状态下是否能够分合
11	控制回路检查	控制回路控制手/自动启停，信号输出是否正常
12	漏电开关检查	按下开关上面的试验脱扣按钮，开关是否跳至试验位

9.4 环控电控柜系统调试

9.4.1 一、二次回路元器件检查，控制电源检查

一、二次回路元器件检查，控制电源检查调试内容如表 9-12 所示。

表 9-12 一、二次回路元器件检查，控制电源检查调试内容

序号	调试内容	预期效果
1	短路检查	检查设备电源回路有无短路现象，环控电控柜接地是否良好
2	回路接地	检查各端盘柜 DC 24 V、I/O 回路是否有接地现象
3	开关位置	检查开关电源选择开关（220 V/110 V）的位置
4	PLC 容量	检查 PLC 电源回路保险管应是合适的容量
5	电压相序	检查外部电源的电压等级是否正确，三相电源相序正确，交流火、零线和直流正、负线有否颠倒
6	电压等级	220 V 回路上电前建议先拉下 PLC 电源回路保险座，检查电压等级无问题后再合闸
7	元件型号	检查各设备元件型号正确，数量、位置
8	柜间连线	按原理图连接柜间连线，确认无误
9	对地测试检查	输入/输出端子对地无短路
10	相间测试检查	输入/输出回路相间无短路
11	通电测试检查	工作情况良好
12	双电源切换测试检查	投入两路 AC 电源，合上所有开关，分别断开 AC1、AC2 电源，检查所有设备工作正常无中断现象

9.4.2 自动化设备检测

自动化设备检测调试内容如表 9-13 所示。

表 9-13 自动化设备检测调试内容

序号	调试内容	预期效果
1	PLC 模块检测	CPU 模件检测正常
2		PLC 电源模块检测正常
3		开关量输入模块检测正常
4		开关量输出模块检测正常
5		模拟量输入模块检测正常
6		D 网通信连接头检测正常
7	变频器功能检测	通电之后,无报错,状态显示正常
8		通过 I/O 端子可以正常启动,给定频率
9		与 PLC 进行通信可以正常启动,给定频率
10	触摸屏功能检测	触摸屏采集本端 PLC 中数据正常
11		触摸屏采集其他端 PLC 中数据正常
12	软启动器检测	通电之后,无报错,状态显示正常
13		通过 I/O 端子可以正常启动
14	智能马达控制保护器	通电之后,无报错,状态显示正常
15		通过 I/O 端子和通信可以正常启动
16	网络交换机	网络交换机通电可以正常启动

9.4.3 单设备手动控制

单设备手动控制调试内容如表 9-14 所示。

表 9-14 单设备手动控制调试内容

序号	调试内容	预期效果
1		打开风阀时,相应联锁风机应是停止状态;关闭风阀时,相应联锁风机也应是停止状态
2		启动风机时,相应联锁风阀应是全开状态;关闭风机时,相应的联锁风阀应是全开状态
3	风机风阀	启动消防风机时,相应的防火阀应该是全开状态;关闭消防风机时,相应的防火阀应该是全开状态
4		风机和空调机测试出启动电流和实际运行电流,并调整好启动参数和保护参数
5		根据上述 4 条得出的参数值,对相应设备(马达保护器、变频器、软启动器)进行参数设置,同时检查通信地址是否与设计的通信地址相符

9.4.4 通信测试

通信测试调试内容如表 9-15 所示。

表 9-15　通信测试调试内容

序号	调试内容	预期效果
1	调试前检查	各端 D 网总线已经从 PLC 的通信口与所有总线设备依次连接好
2		Modbus-TCPIP 连接,各端 PLC 与交换机,HMI 与交换机是否已进行连接
3		两端 Modbus TCP/IP 光纤已经缚设好并在终端盒与尾纤熔接好
4	设备通信检查	马达上通信灯是否正常显示
5		变频器上通信灯是否正常显示
6		软件启动器上通信灯是否正常显示
7		触摸屏上显示的网络状态图是否与现场设备符合
8		PLC 是否通信正常
9		触摸屏是否通信正常
10		网络交换机是否通信正常(与 PLC、HMI、另一端网络交换机)

9.4.5 控制 I/O 点测试

控制 I/O 点测试调试内容如表 9-16 所示。

表 9-16　控制 I/O 点测试调试内容

序号	调试内容	预期效果
1	DI 量检查(具体检查内容参考各站设备点表)	根据测点定义,依次在每一开入点电缆对侧设备实际动作以检测信号的准确性;无法模拟的,以短接/开路的方式产生信号变位,检查 HMI 的显示应正确
2	AI 量检查(具体检查内容参考各站设备点表)	根据测点定义,对所有模拟量输入点,在相应传感器的输入端加模拟信号,检查 HMI 的显示应正确
3	变频器通信量检查(具体检查内容参考各站设备点表)	根据总线配置地址,检查 PLC 程序中相应变量读取的状态字和速度值应正确;在安装单位人员许可下,对变频器强制开出控制命令字和给定速度值验证动作正确
4	马达保护控制器通信量检查(具体检查内容参考各站设备点表)	根据总线配置地址,检查 PLC 程序中相应变量读取的状态字应正确;在安装单位人员许可下,对马达控制保护器强制开出控制命令字验证动作正确

续表

序号	调试内容	预期效果
5	软启动器通信量检查（具体检查内容参考各站设备点表）	根据总线配置地址，检查 PLC 程序中相应变量读取的状态字应正确；在安装单位人员许可下，对软启动器强制开出控制命令验证动作正确
6		由安装单位人员负责在对象侧将馈出电缆断开或将对象操作电源切除
7	DO 量检查（具体检查内容参考各站设备点表）	在电厂或安装单位人员许可下，逐点动作开关量输出，从对象侧用万用表（或对线灯）检查开出回路，应与测点定义表一致
8		在条件许可的情况下，由电厂或安装单位人员主持下在保证安全的前提下，可对现场设备实际控制操作，验证开出回路及信号输入回路、HMI 的状态显示应正确

9.4.6 权限测试

权限测试内容如表 9-17 所示。

表 9-17 权限测试内容

序号	调试内容	预期效果
1		设备处于现场控制状态时，触摸屏上能否对设备下发命令
2	触摸屏	一端触摸屏取得控制权限进行操作时，其他端闭锁不能取得操作控制权限
3		在模式控制状态下，无法进行单设备的操作，只有退出模式控制后，才能对单设备进行点动

9.4.7 自动单设备调试

自动单设备调试内容如表 9-18 所示。

表 9-18 自动单设备调试内容

序号	调试内容	预期效果
1	触摸屏与风阀配合	在触摸屏上对设备下发命令，现场设备能成功执行
2		设备执行成功后，触摸屏上显示的设备状态要与现场设备实际状态符合

续表

序号	调试内容	预期效果
3		操作有联锁关系的设备时，触摸屏上要做相应的操作提示
4		另端下发设备命令时，现场设备能成功执行
5		另端显示的设备状态要与现场设备实际状态符合
6	触摸屏与风阀配合	普通风阀用行程时间来控制开关的，实测此风阀全关到全开及全关到全开的行程时间并记录输入到 HMI 上的系统参数设置里保存，供模式下发命令时风阀半开状态时使用
7		调节风阀测试，HMI 上下发风阀全开全关信号，观察风阀开关到何时，全开和全关信号能返回到 HMI 上，并下发关开状态，比如开到 30%、50%、70%，关到 30%、50%、70% 等，看风阀是否能走到相应的位置

9.4.8　自动单柜调试

自动单柜调试内容如表 9-19 所示。

表 9-19　自动单柜调试内容

序号	调试内容	预期效果
1	控制柜（首先断开 PLC 电源回路）	触摸屏带电运行情况
		电源（PLC 模块控制电源）主、备用切换情况
		开关量输入接线是否正常
		检修插座带电情况
2	双电源柜	根据双电源功能要求确认：1#市电优先模式；2#市电优先模式、手动操作模式、指示灯测试
		检修、照明电源切换情况
		开关量输入、输出接线是否正常
		智能指示仪表指示情况检查
3	带旁路的变频器回路（此类回路有：排热风机回路、组合式空调机组、回/排风机等）	就地手动变频和旁路启动，远控（PLC）变频和旁路启动运行情况检查，火灾模式运行情况（如果有）

续表

序号	调试内容	预期效果
3	带旁路的变频器回路（此类回路有：排热风机回路、组合式空调机组、回/排风机等）	各种运行情况下指示灯指示情况
		开关量输入、输出接线是否正常
		联锁启动运行情况（如果有）
		电机绕组和轴温检测是否正常（如果有）
		智能指示仪表指示情况检查
4	软启动+旁路+正反转的回路（此类回路有：排烟风机、射流风机、隧道TVF风机等）	就地手动正反转软启动和软停止、就地手动正反转旁路起动和停止运行情况检查
		远控（PLC）正转和反转软启动和软停止、远控（PLC）正转和反转旁路起动和停止运行情况检查。火灾模式运行情况（如果有）
		联锁启动运行情况（如果有）
		各种运行情况下指示灯指示情况
		开关量输入、输出接线是否正常
		电机绕组和轴温检测是否正常（如果有）
		智能指示仪表指示情况检查
5	软启动+旁路的回路（此类回路有：排烟风机等）	就地手动软启动和软停止、就地手动旁路起动和停止运行情况检查
		远控（PLC）软启动和软停止、远控（PLC）旁路起动和停止运行情况检查。火灾模式运行情况（如果有）
		联锁启动运行情况（如果有）
		各种运行情况下指示灯指示情况
		开关量输入、输出接线是否正常
		智能指示仪表指示情况检查
6	双速风机回路（此类回路有：送风机、排风机、排风（烟）风机等）	就地高速、低速运行情况，远控（PLC）高速、低速运行情况
		火灾模式高速运行时过载不跳闸是否满足要求
		各种运行情况下指示灯指示情况
		开关量输入、输出接线是否正常
		联锁启动运行情况（如果有）
		智能指示仪表指示情况检查
7	普通MCC回路（带马达保护器）（此类回路有补风机、排风机、柜式空调机组等）	就地启动和停止运行情况
		远控（PLC）启动和停止运行情况

续表

序号	调试内容	预期效果
7	普通 MCC 回路（带马达保护器）（此类回路有补风机、排风机、柜式空调机组等）	火灾模式运行情况（如果有）
		各种运行情况下指示灯指示情况
		开关量输入、输出接线是否正常
		联锁启动运行情况（如果有）
		智能指示仪表指示情况检查
8	消防专用风机回路（带热继电器）	就地启动和停止运行情况
		远控（PLC）启动和停止运行情况
		火灾模式和 IBP 盘启动运行情况
		各种运行情况下指示灯指示情况
		开关量输入、输出接线是否正常
		联锁启动运行情况（如果有）
		智能指示仪表指示情况检查
9	普通正反转回路（此类回路有射流风机等）	就地启动和停止运行情况。远控（PLC）启动和停止运行情况
		X 轴和 Y 轴震动检测是否正常（有射流风机厂家确认）
		各种运行情况下指示灯指示情况
		开关量输入、输出接线是否正常
		联锁启动运行情况（如果有）
		智能指示仪表指示情况检查
10	所有风阀回路	就地开阀、关阀情况
		远控开阀、关阀情况
		开度表指示是否正确（如果有）
		各种运行情况下指示灯指示情况。（阀门开过程和关过程黄色指示灯应不断闪烁）
		开关量输入、输出接线是否正常
		联锁启动运行情况（如果有）
11	普通塑壳断路器出线回路	就地手动分、合闸塑壳开关是否正常
		指示灯分、合闸指示情况
		智能指示仪表指示情况检查
12	每个柜子通用辅助回路检查	每个柜子的照明电源是否正常
		带温控和风机的开关柜，风机启动和停止是否正常
		带温湿度控制的开关柜，其控制器启动加热器是否正常

9.4.9 自动模式调试

自动模式调试内容如表 9-20 所示。

表 9-20 自动模式调试内容

序号	调试内容	预期效果
1	模式执行与反馈	触摸屏上下发模式号后,各现场设备能依照当前执行模式中规定的指令成功执行,下发模式后,触摸屏上能显示模式执行的结果(成功、失败)
2	设备状态	各设备当前状态能成功返回到触摸屏上
3	模式测试	大系统、小系统、隧道风系统各模式都正常执行
4	参数调整	对小系统新风,回风、排风阀要用行程时间来控控风阀开关位置的风阀进行测试,根据观察不同模式状态下新、回、排三个风阀的不同位置,来判断系统输入的全程开关时间及到位差值设定值进行调整

9.4.10 报警功能调试

报警功能调试内容如表 9-21 所示。

表 9-21 报警功能调试内容

序号	调试内容	预期效果
1	消失/故障报警	主电源消失报警
2		控制电源消失报警
3		D 网子站通信消失报警显示
4		阀门启动超时报警
5		风机启动超时报警
6		风阀故障报警
7		风机故障报警
8		轴温、绕组温度、震动等模拟量超限报警

9.5 应急照明电源系统调试

9.5.1 通电实验

通电实验内容如表 9-22 所示。

表 9-22 通电实验内容

序号	调试内容	预期效果
1	通电前检查	① 检查交流进线断路器端子间、交流接触器接线，有无短路现象，接线是否可靠； ② 检查交流进线（包括零线和地线），接入且接线可靠； ③ 检查各元器件之间接线、端子接线和元器件无损伤、脱落松动等现象； ④ 检查屏柜间联线接线正确、可靠，屏柜间零母排是否连通； ⑤ 检查蓄电池组联线，蓄电池间跳线，接线正确、可靠，有无松动现象； ⑥ 绝缘电阻检查： 用兆欧表对电源系统主回路的交流部分对地，直流部分对地，交流部分对直流部分进线绝缘检查，绝缘电阻大于 10 MW，试验电压为 500 V。（注意，绝缘实验时必须断开所有二次回路线和断路器）
2	交流配电部分的通电	合上进线电源配电断路器，测量进线端子电压，应该有正常的（380±15%）V 交流电压（线电压），且每相电压差值相对较小。正常后合上二次回路 FU1~6 熔断器，合上 I、II 交流进线开关，然后进行双电源切换装置自动投切试验，首先切除 I 路交流电源（主用），II 路交流电源（备用）应能自动投入；恢复 I 路交流电源（主用），双电源切换装置自复位到 I 路交流电源（主用）供电，并进行 5 次切、投循环操作
3	充电模块的通电	① 合上充电模块 Q1 电源开关。 ② 检查模块的输出电压，应为 DC 232 V。 ③ 依次按顺序合上其他模块的交流电源开关，重复（2）。 ④ 检查各个充电模块的输出电压是否一致，最大不应超过 1 V；如果异常，则应停电检查异常模块。 ⑤ 充电模块部分正常工作后，则合上模块输出开关（3QF），将电送入直流母排
4	系统监控部分的通电	① 直流配电部分正常工作后，可作系统监控部分的通电： 依次合上二次回路熔断器后，确认输出到监控模块及各功能模块的直流电源正常后（DC 232 V），把监控模块及各功能模块的电源插座插入模块，此时 PLC 开始上电、监控模块，触摸屏背光点亮，大约经过 10 s 后监控模块进入系统自检和下级设备设置。 ② 按系统的实际情况，设置监控模块，注意维护级设置每次更改后必须确认保存后才能生效。 ③ 如果系统有故障，可按照监控模块上显示的故障信息，查找相应的故障点，排除故障，此时有些故障是由于设备未完全接入，待所有设备安装完成投运后，即恢复正常

续表

序号	调试内容	预期效果
5	负载的接入及均流调节	① 适当的接入一些负载，让系统工作在轻载，或半载，或重载状态，进行均流调节。 ② 充电模块的输出电压的调节只有在充电模块处于手动控制状态下才有作用。当充电模块处于自动控制时其管理都在监控模块的控制下进行，均流也是自动调整的，人为无法干涉。因此在正常情况下，一般不需要对充电模块进行均流调节。 如果所接相同母排的充电模块电流超出均流指标，则要检查模块间均流通信线是否插好、插口是否损坏
6	蓄电池的接入	① 在蓄电池的接入前，必须仔细阅读蓄电池的使用说明书，确认使用的蓄电池的具体参数和使用条件，以便在监控模块中进行正确的设置。(根据蓄电池的使用说明书确认监控模块中的重要参数，如浮充电压、均充电压、充电限流值等。) ② 确认以上参数后，按下述步骤操作： a. 在接入电池前，还应该对蓄电池的安装等情况进行检查，保证接入的蓄电池极性正确、单体电压基本一致。测量蓄电池组的总电压，记录此电压。(备注：严禁电池极性接反，否则系统将会造成致命性损坏。) b. 按电池的具体参数和使用条件，在监控模块中正确设置，重点注意设置电池的容量、限流点和均充、浮充转换条件。 c. 用万用表测量蓄电池开关前后两端电压，应保证两端电压极性相同，电压值差别不应过大，确认无误后合上蓄电池开关，并观察系统运行状况，出现异常应立即将蓄电池组退出系统
7	逆变模块通电	① 依次合上逆变模块直流输入开关，观察工作状态； ② 当模块上所有指示灯变为绿色后，检查模块组的输出电压； ③ 测量各组模块线电压应为 AC 380 V，相电压每相应为 AC 220 V，如果有异常，则应停电检查。 ④ 所有逆变模块工作正常后，设置逆变模块通信地址，地址编码从 128#开始设置，正确设置后，观察监控器内逆变器选项，应无报警信息。设置逆变器工作方式为逆变优先，切换设置为外部

续表

序号	调试内容	预期效果
8	主电应急切换调试	在系统正常动行的情况下,切断交流进线断路器,此时系统应切换至应急输出状态,由蓄电池供电;合上交流进线断路器,此时系统切换到市电输出状态,并进行 5 次切换循环操作
9	充放电试验	将应急电源装置接入主电后充电 24 h 后测量电池组电压,符合要求后,接入负载,此时断开交流进线断路器,系统转入应急工作状态,此进记录放电时间,应≥90 min,放电至终止电压后,蓄电池过放电保护应启动,切断蓄电池回路,此时合上主电开关后应急电源装置应转入主电工作状态,并对蓄电池进行充电
10	报警功能测试	分别模拟电池单体电池欠、交流电源欠压、充电模块故障、逆变器等故障,系统应正确发出声光报警,并在监控装置上显示故障发生时间以及排除时间,上述信息并能通过上位机接口传送至综合监控系统

9.5.2 性能调试

性能调试内容如表 9-23 所示。

表 9-23 性能调试内容

序号	调试内容	预期效果
1	电池组充电状态	模拟均浮充状态,充电模块能转入对应工作状态
2	主用、备用交流电源状态	断开主用、备用电源开关应报故障
3	充电模块故障	断开充电模块开关,系统能报出充电模块故障及充电模块通信中断
4	逆变模块故障	拔出逆变模块应报故障及显示通信中断
5	电池组电压过、欠压	模拟该故障,监控能发出正确报警
6	单只电池电压过、欠压	模拟该故障,监控能发出正确报警
7	电池熔断器熔断	模拟该故障,监控能发出正确报警
8	充电模块输出开关	断开充电模块输出开关,监控能发出正确报警
9	应急照明自投装置故障	模拟该故障,监控能发出正确报警
10	监控单元通信状态	模拟该故障,监控能发出正确报警
11	电池组开关	断开电池组隔离开关,监控能发出正确报警

续表

序号	调试内容	预期效果
12	母线电压过、欠压	模拟该故障，监控能发出正确报警
13	市电应急切换	断开市电开关，应能显示系统处于应急状态
14	馈线开关跳闸	模拟该故障，监控能发出正确报警
15	双电源切换开关状态	切换双电源，系统能显主、备电交流电源投入状态
16	强启状态显示	使系统进入消防强制启动状态，监控应显示
17	维修开关状态显示	闭合维修旁路开关，监控应显示
18	消防强启试验	馈电柜消防强启端子接入 DC 24 V，应能启动
19	消防强启解除试验	断开 DC 24 V 电源消防强制启动应能取消
20	系统接地故障试验	将 10 kΩ 电阻一端接入柜体接地排，一端接入直流母线，监控应能发出系统接地报警，拆除电阻后，系统恢复正常
21	电池组温度异常报警试验	修改监控器电池组温度报警设置，模拟电池组温度异常，监控应能发现报警
22	电池组漏电试验	将 10 kΩ 电阻一端接入柜体接地排，一端任意接入 1 只蓄电池接线端子，监控应能发出蓄电池漏电报警，拆除电阻后，系统恢复正常
23	蓄电池柜风机启动试验	修改监控器电池组风机启动设置点，蓄电池柜风机应正常启动

9.6 智能照明系统调试

9.6.1 智能照明调试

智能照明调试内容如表 9-24 所示。

表 9-24 智能照明调试内容

序号	调试内容	预期效果
1	通信调试	智能照明控制系统与各子模块通信正常
2	模式测试	面板控制站厅、站台层全开模式、1/2 节能模式、1/4 节能模式、全关模式、火灾模式动作情况与模式表相符
3	BAS 控制测试	BAS 控制中心控制设备区全开、全关模式

续表

序号	调试内容	预期效果
4		站厅层、站台层场景状态信号发送 BAS 模拟后台正常、状态信号数量完整性检测正常
5	BAS 控制测试	模拟 BAS 下发场景模式号，智能照明控制系统能正常执行，且执行结果与模拟 BAS 下发的模式号对应的全开模式、1/2 节能模式、1/4 节能模式、全关模式、火灾模式相一致
6		站厅、站台层全开模式、1/2 节能模式、1/4 节能模式、全关模式、火灾模式与实际灯具动作情况相符
7	定时功能测试	定时开关信号输出测试、定时开关信号完整性检测符合要求

9.6.2 导向标识调试

导向标识调试内容如表 9-25 所示。

表 9-25 导向标识调试内容

序号	调试内容	预期效果
1	直观检查	导向标识的型号、规格、数量、安装位置等符合设计要求
2	直观检查	导向边框、面板、吊杆等部件的表面不允许有破损、刮伤、掉漆显示内容打光不均匀等缺陷
3	手动模式自动切换	通过手动模式确定导向 A/B 面可以自动切换
4	远程信号自动切换	通过控制室远程信号自动切换导向面板信息
5	闸机模式测试	① 正常模式导向的指示方向与进站闸机和出站闸机的闸机方向指示器状态；② 暂停模式导向与闸机方向指示器状态皆为静止；③ 紧急模式导向与闸机方向指示器状态皆为出站
6	扶梯模式测试	① 正常模式下导向指向与扶梯的运行方向一致；② 火灾模式下指示方向与要求一致
7	火灾模式测试	火灾情况下各类导向的状态与指示方向符合要求

9.7 消防电源监控调试

9.7.1 主机功能调试

主机功能调试内容如表 9-26 所示。

表 9-26 主机功能调试内容

序号	调试内容	预期结果
1	液晶屏、面板指示灯、蜂鸣器状态检查	主机供电开机时，液晶屏、指示灯亮起、蜂鸣器鸣叫
2	主电源工作状态测试	断开备用电源；备用电源指示灯灭，此时主机正常运行，并报主机电源故障
3	备用电源工作状态测试	断开主电源；交流电源指示等灭，此时主机正常运行，并报主机电源故障
4	历史数据查询功能测试	能够对报警记录数据、监管数据等历史数据能够根据用户的查询条件进行精确的查询，并提供流览及打印功能
5	打印机测试	查询历史数据；手动打印历史数据
6	通信功能检查	能够手动和自动添加信号传感器地址，并实时显示已添加的信号传感器工作状态，断开 485 通信总线，主机故障报警，并显示通信故障
7	报警功能检查	手动模拟双电源供电故障，主机能够实时显示信号传感器传送的故障报警，并显示报警位置和报警类型

9.7.2 信号传感器功能调试

信号传感器功能调试内容如表 9-27 所示。

表 9-27 信号传感器功能调试内容

序号	调试内容	预期结果
1	监测功能测试	任意切断双电源的 1 路或 2 路输入电压，信号传感器能发出声光报警，并通过面板指示灯显示那路供电线路故障
2	复位功能测试	模拟供电故障，使信号传感器发出声光报警，按"复位"键，传感器任然发出声光报警，供电故障恢复，按"复位"键，传感器声光报警取消
3	通信功能测试	使用信号传感器调试仪，将信号传感器地址码设定，连接 485 通信总线，在主机中添加该信号传感器地址，通信建立，信号传感器面板通信指示灯闪亮。断开 485 通信总线，信号传感器面板通信指示灯熄灭

9.8 电动蝶阀调试

电动蝶阀调试内容如表 9-28 所示。

表 9-28 电动蝶阀调试内容

序号	调试内容	预期效果
1	电动蝶阀控制系统就地/FAS/IBP/BAS 控制测试	电动蝶阀控制箱转换开关打到手动位置，模拟远动不能控制；面板控制开关输出开、关阀控制信号，电动蝶阀对应开、关阀到位动作正常，面板开、关阀信号灯指示正确
		电动蝶阀控制箱转换开关打到自动位置，就地不能控制；在控制箱端子排 FAS 遥控接口处模拟 FAS 开、关阀控制信号，电动蝶阀对应开、关阀动作正常；通过仪表在配电箱端子遥信出口处检测动作信号反馈 FAS 出口正常。面板开、关阀信号灯指示正确
		电动蝶阀控制箱转换开关打到自动位置，就地不能控制；在配电箱端子排 IBP 盘遥控接口处模拟 IBP 盘开、关阀控制信号，电动蝶阀对应开、关阀动作正常；通过仪表在配电箱端子遥信出口处检测动作信号反馈 IBP 盘出口正常。面板开、关阀信号灯指示正确
		电动蝶阀控制箱转换开关打到自动位置，就地不能控制；在配电箱端子排 BAS 遥控接口处模拟 BAS 开、关阀控制信号，电动蝶阀对应开、关阀动作正常；通过仪表在配电箱端子遥信出口处检测动作信号反馈 BAS 出口正常。面板开、关阀信号灯指示正确
		电动蝶阀控制箱转换开关打到自动位置，就地不能控制；在配电箱上模拟 BAS、FAS、IBP 同时发起、命令。优先级要求 IBP＞FAS＞BAS

9.9 卷帘调试

9.9.1 防盗卷帘调试

防盗卷帘调试内容如表 9-29 所示。

表 9-29 防盗卷帘调试内容

序号	调试内容	预期效果
1	防盗卷帘控制器调试	防盗卷帘备用电源的调试： 设有备用电源的防盗卷帘，其控制器应有主、备电源转换功能。主、备电源的工作状态应有指示，主、备电源的转换不应使防盗卷帘控制器发生误动作。备用电源的电池容量应保证防盗卷帘控制器在备用电源供电条件下能正常可靠工作 1 h，并应提供控制器控制卷门门机速放控制装置完成卷帘自重垂降，控制卷帘降至下限位所需的电源 故障报警功能： 故障报警功能调试时，防盗卷帘控制器的电源缺相或程序有误，防盗卷帘控制器应发出故障报警信号 手动控制功能： 手动操作防盗卷帘控制器上的按钮和手动按钮盒上的按钮，可控制防盗卷帘的上升、下降、停止 自重下降功能： 将卷门机电源设置于故障状态，防盗卷帘应在防盗卷帘控制器的控制下，依靠自重下降至全闭
2	防盗卷帘用卷门机调试	① 卷门机手动操作装置（手动拉链）应灵活、可靠，安装位置应便于操作。使用手动操作装置（手动拉链）操作防盗卷帘启、闭运行时，不应出现滑行撞击现象； ② 卷门机具有电动启闭和依靠防盗卷帘自重恒速下降（手动速放）的功能； ③ 卷门机设有自动限位装置，当防盗卷帘启、闭至上、下限位时，应自动停止，其重复定位误差应小于 20 mm
3	防盗卷帘运行功能调试	① 防盗卷帘装配完成后，帘面在导轨内运行应平稳，双帘面卷帘的两个帘面同时升降，两个帘面之间的高度差不大于 50 nm。 ② 防盗卷帘电动启、闭的运行速度为 2～7.5 m/min，其自重下降速度不大于 9.5 m/min。 ③ 防盗卷帘启、闭运行的平均噪声不应大于 85 dB。 ④ 安装在防盗卷帘上的控制释放装置动作后，防盗卷帘自动下降至关闭

9.9.2 防火卷帘调试

防火卷帘调试内容如表 9-30 所示。

表 9-30 防火卷帘调试内容

序号	调试内容	预期效果
1	防火卷帘控制器调试	通用功能调试： 将防火卷帘控制器分别与消防控制室的火灾报警控制器或消防联动控制设备、相关的火灾探测器、卷机等连接并通电，防火卷帘控制器应处于正常工作状态
		防火卷帘备用电源的调试： 设有备用电源的防火卷帘，其控制器应有主、备电源转换功能。主、备电源的工作状态应有指示，主、备电源的转换不应使防火卷帘控制器发生误动作。备用电源的电池容量应保证防火卷帘控制器在备用电源供电条件下能正常可靠工作 1 h，并应提供控制器控制卷门门机速放控制装置完成卷帘自重垂降，控制卷帘降至下限位所需的电源
		火灾报警功能： 火灾报警功能调试时，防火卷帘控制器应直接或间接地接收来自火灾探测器组发出的火灾报警信号，并应发出声、光报信号
		故障报警功能： 故障报警功能调试时，防火卷帘控制器的电源缺相或程序有误，以及防火卷帘控制器与火灾探测器之间的连接线断线或发生故障，防火卷帘控制器均应发出故障报警信号
		自动控制功能： 自动控制功能调试时，当防火卷帘控制器接收到火灾报警信号后，应输出控制防火卷帘完成相应动作的信号，并应符合下列要求： ① 控制分隔防火分区的防火卷帘由上限位自动关闭至全闭； ② 防火卷帘控制器接到感烟火灾探测器的报警信号后，控制防火卷帘自动关闭至中位（1.8 m）处停止，接到感温火灾探测器的报警信号后，继续关闭至全闭； ③ 防火卷帘半降、全降的动作状态信号应反馈到消防控制室

续表

序号	调试内容	预期效果
1	防火卷帘控制器调试	手动控制功能： 手动操作防火卷帘控制器上的按钮和手动按钮盒上的按钮，可控制防火卷帘的上升、下降、停止
		自重下降功能： 将卷门机电源设置于故障状态，防火卷帘应在防火卷帘控制器的控制下，依靠自重下降至全闭
2	防火卷帘用卷门机调试	① 卷门机手动操作装置（手动拉链）应灵活、可靠，安装位置应便于操作。使用手动操作装置（手动拉链）操作防火卷帘启、闭运行时，不应出现滑行撞击现象； ② 卷门机具有电动启闭和依靠防火卷帘自重恒速下降（手动速放）的功能； ③ 卷门机设有自动限位装置，当防火卷帘启、闭至上、下限位时，应自动停止，其重复定位误差应小于 20 mm
3	防火卷帘运行功能调试	① 防火卷帘装配完成后，帘面在导轨内运行应平稳，双帘面卷帘的两个帘面同时升降，两个帘面之间的高度差不大于 50 nm； ② 防火卷帘电动启、闭的运行速度为 2～7.5 m/min，其自重下降速度不大于 9.5 m/min； ③ 防火卷帘启、闭运行的平均噪声不应大于 85 dB； ④ 安装在防火卷帘上的温控释放装置动作后，防火卷帘自动下降至关闭

第 10 章 通风与防排烟系统

10.1 系统组成及调试内容

10.1.1 系统组成

通风与防排烟系统一般由风机（含大小系统送排风机、排烟风机、射流风机、排热风机、隧道风机、推力风机）、风阀（含手动风阀、电动风阀、电动调节风阀、防火阀、防烟防火阀）、消声器、风管、风口组成。

10.1.2 调试内容

通风与防排烟系统调试内容如表 10-1 所示。

表 10-1 通风与防排烟系统调试内容

序号	调试项目	具体内容
1	风机调试	包括送排风机、排烟风机、射流风机、排热风机、隧道风机等
2	风阀调试	包括手动风阀、电动风阀、电动调节风阀、防火阀、防烟防火阀等
3	系统模式测试	包括大小系统、隧道风系统、火灾工况等内容
4	风量平衡测试	包括风口风速测试、风速调节等内容
5	下拉风速测试	包括下拉风速及方向测试等内容
6	噪声测试	关键区域噪声测试，包括白天及夜间

10.2 前置条件

1. 风 机

（1）风机应与基础固定良好、风机进出口的管道连接自然吻合，且管道的重量没有加在风机各个部位上。

（2）管道与风机连接之间加装的膨胀软接头长度适中，否则应调节膨胀软接头的松紧度，以免增大系统阻力，影响风机送/排风量。

（3）风机和管道系统连接处应密封好、无漏气现象；否则应处理，以免影响风机送/排风量。

（4）风机动力电源线应已连接到风机的接线盒上，并进行了密封处理。

（5）铭牌正确、阀体内及各点接线口上清洁无杂物、设备位置与图纸相符、编号相同。

（6）风道、空调机房防火门安装完成，可正常锁闭。

（7）风道、空调机房防火封堵完成，如：电缆孔、风管空隙、线缆桥架等。

（8）风道、空调机房地坪平整，无积水，无杂物。

2．风　阀

（1）风阀外观检查：风阀安装完成，目测风阀外观、吊装是否符规范要求、核对名称及设备编号是否与图纸相符。

（2）风阀接线检查：机电承包商完成端对端接线，机电承包商与厂家共同核对点对点保证所有接口接线正确，检查风阀电源接线是否正确。

（3）风阀启动调试：在端对端测试完成后，接通电源，打开电源开关，进行开启/关闭控制，观察环控柜发出命令是否与现场动作相符。

（4）记录调试表格准备完毕，记录测试项目，核对现场设备各项性能进行测试，是否满足合同各项性能指标要求。

3．现场安装条件

（1）配备一定数量的易耗易损部件，如空调器皮带等。

（2）系统组成的相关设备设施安装完成，电源箱以及原地控制箱、环控柜、BAS等相关控制系统具备上电运行条件。

10.3　风机调试

风机调试内容如表10-2所示。

表10-2　风机调试内容

序号	调试内容	预期结果
1	风机启动前检查	确认风道、进出口无杂物、无人员，确保设备和人身安全
2	电源及接线检查	采用380 V/50 Hz电源
3	风机启动时间	在20 s内启动到额定转速
4	风机运行电流	≤额定电流
5	风机正反转切换时间	风机应能在60 s内完成从正转到反转（正转额定转速—停—反转启动—反转额定转速）的切换
6	电机三相绕组和前端轴承温度	MCC柜显示电机绕组温度（＜135 ℃）MCC柜显示前端轴承温度（＜85 ℃）
7	风机振动值	水平和垂直方向≤9 mm/s
8	控制柜控制测试	环控柜能够实现点控，设备状态、运行参数与现场一致

10.4 风阀调试

风阀调试内容如表10-3所示。

表10-3 风阀调试内容

序号	调试项目	预期效果
1	环控与电动风阀、电动组合阀	根据环控命令执行开启动作
2		阀门到位后反馈信号
3		根据环控命令执行关闭动作
4		阀门到位后反馈信号
5		开启到位后反馈 20 mA
6		关闭到位后反馈 4 mA
7	自动灭火与防烟防火阀	根据自动灭火命令执行开启动作
8		阀门到位后反馈信号
9		根据自动灭火命令执行关闭动作
10		阀门到位后反馈信号
11	FAS与防火阀	手动模拟熔断关闭
12		阀门到位后反馈信号
13		手动模拟熔断关闭
14		关闭到位断开风机联锁信号

10.5 系统模式调试

系统模式调试内容如表10-4所示。

表10-4 系统模式调试内容

序号	调试内容	预期结果
1	大系统通风工况	通过环控柜/BAS系统下发模式，各模式控制下设备正常运行
2	站厅火灾工况	
3	站台火灾工况	
4	小系统通风工况	
5	小系统火灾工况	
6	隧道风系统早间/晚间通风工况	
7	隧道风系统正常工况	
8	隧道风系统区间阻塞工况	
9	隧道风系统区间火灾工况	

10.6 风量平衡调试

风量平衡调试内容如表 10-5 所示。

表 10-5 风量平衡调试内容

序号	调试内容	预期结果
1	大系统送风管路	调节送排风系统、排烟系统管路上手动调节风阀及风口调节阀到的开度,测试各个系统风口的风速,以确保各个风口风速达到设计要求
2	大系统排风管路	
3	大系统排烟管路	
4	小系统送风管路	
5	小系统排风管路	
6	小系统排烟管路	

10.7 下拉风速调试

下拉风速调试内容如表 10-6 所示。

表 10-6 下拉风速调试内容

序号	调试内容	预期结果
1	站台楼/扶梯口	站台火灾工况下测定站厅到站台的楼梯或扶梯口出向下气流速度,确保达到地铁设计要求

10.8 噪声调试

噪声调试内容如表 10-7 所示。

表 10-7 噪声调试内容

序号	调试内容	预期效果
1	车站公共区	≤70 dB(A)
2	设备及管理用房	≤60 dB(A)
3	通风及空调机房	≤90 dB(A)
4	风亭处于 2 类区	昼间≤60 dB(A),夜间≤50 dB(A)
5	风亭处于 4a 类区	昼间≤70 dB(A),夜间≤55 dB(A)

第 11 章 空调系统

11.1 系统组成及调试内容

11.1.1 系统组成

空调系统调试含空调末端系统调试、冷源系统调试、多联空调系统调试、机房专用空调系统调试、全热交换器调试。空调末端系统由空调机组（含电动二通阀）、风阀（含手动风阀、电动风阀、电动调节风阀、防火阀、防烟防火阀）、消声器、风管、风口、水管等组成；冷源系统由冷水机组、冷冻水泵、冷却水泵、冷却塔、电动蝶阀、配电柜、集中控制柜、温度传感器、压力传感器、流量传感器、分集水器、水管等组成；多联空调系统由室内机、室外机、冷媒管、冷凝水管等组成。空调机组（左）和冷水机组（右）如图 11-1 所示，冷却塔（左）和集中控制柜、配电柜（右）如图 11-2 所示，电动蝶阀（左）和压差旁通阀（右）如图 11-3 所示，多联机室外机（左）和室内机（右）如图 11-4 所示。

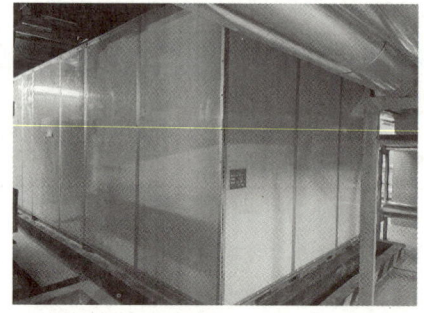

图 11-1 空调机组（左）和冷水机组（右）

图 11-2 冷却塔（左）和集中控制柜、配电柜（右）

图 11-3　电动蝶阀（左）和压差旁通阀（右）

图 11-4　多联机室外机（左）和室内机（右）

11.1.2　系统调试内容

空调系统调试内容如表 11-1 所示。

表 11-1　空调系统调试内容

序号	调试项目	具体内容
1	空调末端调试	空调机组调试
2		风机盘管调试
3		风幕机调试
4		电动二通阀调试
5		风阀调试
6	冷源系统调试	冷水机组调试
7		冷却塔调试
8		空调水泵调试
9		电动蝶阀调试
10		压差旁通阀调试
11		配电柜、集中控制柜调试

续表

序号	调试项目	具体内容
12	冷源系统调试	传感器调试
13		冷源集中控制系统调试
14	多联机调试	室外机调试
15		室内机调试
16		综合能效调试
17	机房空调调试	
18	全热交换器调试	

11.2 前置条件

1．冷水机组

（1）水系统试压、检漏已完成，水系统清洗干净（清洗管道时冷机前进出水管应短接，脏水不能进冷机容器，或在冷机进水口前加装多目的过滤网）。

（2）满足单台冷负荷。

（3）保证电路的供给 380（1±5%）V。

（4）水泵系统运行正常。

（5）冷却塔系统运行正常。

（6）电源具备供电能力。

（7）水流开关已安装，并能正常动作传递信号。

（8）首次开机，机组通电预热至少 24 h 以上。

2．水　泵

（1）水泵已安装就位并对中调平。

（2）管道已连接完毕，已完成吹扫、试压、注水等工作。

（3）动力电缆连接完毕。

（4）电源（动力柜）具备供电条件。

3．冷却塔

（1）冷却塔已完成组装工作。

（2）管道已连接完毕，已完成吹扫、试压、注水等工作。

（3）动力电缆连接完毕。

4．电动阀门

（1）阀门安装完成，管道已完成吹扫、试压、注水等工作。

（2）电动执行器安装完成。

（3）电源电缆连接完毕。
（4）电源（群控柜）具备供电条件。

5．动力配电柜

（1）动力柜安装就位。
（2）动力电缆已可靠连接。
（3）电源（3级负荷开关）具备供电能力。

6．冷源群控

（1）动力柜安装就位。
（2）动力电缆已可靠连接。
（3）电源（3级负荷开关）具备供电能力。
（4）群控柜集中控制安装就位。
（5）控制电缆已正确可靠连接。
（6）控制范围内所有设备已完成单机调试。
（7）电源（动力柜）具备供电能力。

7．电子水处理仪

（1）水处理仪安装就位，设备轮廓与旁通与构筑物间的距离需大于400 mm。
（2）禁止在无水状态下长时间开启设备。
（3）设备安装形式应为旁通式安装，以满足在不停机状态下检修设备及反冲洗复活滤体的需求。
（4）电源电缆连接完毕，并具备供电能力。

8．末端设备

（1）组合式风柜试运转前，风道及区间隧道清扫干净，风机箱内是否存在异物。
（2）检查通风空调设备的外观和构造有无尚未修整过的缺陷。
（3）风机运转的轴承部分及需要润滑的部位，添加适量的润滑剂。
（4）确保通风管道内打扫干净，检查和调节好风量调节阀、防火阀及排烟阀动作状态。
（5）检查和调整送风口和回风口（或新风口）内的风阀、叶片的开度和角度。
（6）管道上的阀门经检查确认安装的方向和位置均正确，阀门启闭灵活。
（7）凝结水排水管道畅通无阻。
（8）完成电气装置的检查。

9．多联空调

（1）系统安装完毕，施工单位会同设计单位、监理单位进行全面检查，确保全部符合设计、施工及验收规范和工程质量检验评定标准要求。
（2）系统设备的外观和构造没有缺陷。

（3）技术准备充分，组织参加调试人员熟悉多联空调系统的全部设计资料，包括图纸、设计说明和产品使用说明书，充分领会设计意图，了解各种设计参数、系统的全貌及多联空调设备的性能及使用方法等。

（4）多联机电源线布置正确，电源已满足要求。已根据液管的长度和室外机数量计算制冷剂追加量，电源线、通信线和线控器接线都按要求连接牢靠（要求所有的线头都压上接线端子，屏蔽层单端接地）。接地线要可靠。室内机的面板都连接好（必须接好，否则影响运行参数）。已打开电源开关达到调试状态。

（5）设备资料、操作手册、调试手册及调试记录表格等准备完成，提前联系设备厂家，确保所有调试人员、仪器准备就绪。

11.3 空调末端调试

11.3.1 空调机组调试

空调机组调试内容如表 11-2 所示。

表 11-2 空调机组调试内容

序号	调试内容	预期效果
1	目测检查安装型号	安装型号和图纸一致
2	目测设备外部检查	周围已清理，无影响调试的杂物
3	目测风管阀门	阀门叶片和手柄一致并处于打开状态
4	目测皮带轮安装	使用手转动皮带轮畅顺通畅，皮带轮牢固
5	目测过滤网安装	过滤网安装齐全、完好
6	目测水封安装	水管水封正确连接及安装
7	目测马达安装	马达安装型号与铭牌一致
8	启动继电器及电流过载器	启动继电器及电流过载器型号与机组配套
9	目测总断路开关电流值设定	与机组配套
10	目测风机电机安装	风机电机进/出接线正确，并确认紧固
11	目测检修灯	检修灯正常启闭
12	摇表测试绝缘电阻	马达及进/出接线绝缘电阻 ≥ 2 MΩ
13	万用表测试供电电压	供电电压满足铭牌要求
14	供水压力读取	供水压力实测值符合设计范围
15	目测启动电机确认转向	启动电流 ≤ 额定电流的 7.2 倍；点动运行 <10 秒转向正确
16	钳形表风机运行电流及平衡	小于电机额定电流、相电流偏差 <10%
17	目测组合式空调器高压静电与柜门联锁	打开静电门可断电

续表

序号	调试内容	预期效果
18	压差报警（报警指示）	压差达到设定值时报警装置启动
19	读取进出水温差	进出水温差≤5 ℃
20	温湿度表测试出风湿度	出风湿度值满足设计要求
21	风压（皮托管测试计算）	风压实测值不低于铭牌值
22	用噪声仪测试运行噪声	在周围无杂音情况下，远离机组两米测得，运行噪声不高于设计要求
23	用红外线温度计测温差	进、出风温度≥5 ℃
24	风速仪测风速和用卷尺测界面	测算风量不低于名义（设计）值
25	目视检查	停机后凝结水正常排出

11.3.2 风机盘管调试

风机盘管调试内容如表 11-3 所示。

表 11-3 风机盘管调试内容

序号	调试内容	预期效果
1	现场设备外部检查	安装与图纸一致、叶轮内无杂物，用手盘动顺畅
2	目测管道阀门安装	管道及阀门安装正确，冷凝水排放正常
3	目测	过滤网及温控器正确安装
4	万用表测试供电电压	检查、测定电压达到正常，并送电（220 V）
5	目测检查输出	控制器显示输出与实际输出运行一致
6	风机运行电流	小于电机额定电流
7	温度仪测进、出风温度	制冷：检测出/入风温差≥8 ℃
8	风速仪测试出口风速	测风速计算风量不小于额定值
9	读取进出水温差	计算温差≥5 ℃
10	目测检查冷凝水	停机后凝结水正常排出

11.3.3 风幕机调试

风幕机调试内容如表 11-4 所示。

表 11-4 风幕机调试内容

序号	调试内容	预期效果
1	设备外部检查	安装与图纸一致
2	目测安装	风幕机安装水平牢固
3	万用表测试供电电压	检查供电电压正常（220 V），并送电
4	手动高、低挡切换	开关高低挡切换，风量正常切换
5	风速仪风量检查	测风速计算风量不低于额定值

11.3.4 电动二通阀调试

电动二通阀调试内容如表 11-5 所示。

表 11-5 电动二通阀调试内容

序号	调试内容	预期效果
空调机组电动二通阀		
1	目测阀体执行器安装	阀体与执行器配套完整
2	手动全开、全关测试	手动情况下操作电动二通阀执行器手动扳手能否将阀体打到全开或全关状态
3	目测执行器接线	电动二通阀执行器接线正确规范,各接线端子与导线连接无松动
4	万用表测试工作电源	电动二通阀执行器电源是为该产品规定的工作电源类型
5	(万用表测试)接受的控制信号类型与 BAS 系统输入的控制信号相匹配	将电动二通阀执行器电源断掉,然后再将执行器上方的旋转方向开关箭头调整到指向相应控制信号类型位置
6	手动恢复电源	正确恢复执行器电源
7	BAS 控制全开或全关测试	给全开(关)信号,执行器全开(关)
8	目测观察执行器是否按照输入的控制信号值进行运行	多次调整输入电动二通阀执行器的控制比例积分信号值,执行过程中无异常
9	目测检查阀体泄漏情况	阀体无泄漏
风机盘管电动二通阀		
10	目测阀体执行器安装	阀体与执行器配套完整
11	手动全开、全关测试	手动情况下操作电动二通阀执行器手动扳手能否将阀体打到全开或全关状态
12	目测执行器接线	电动二通阀执行器接线正确规范,各接线端子与导线连接无松动
13	万用表测试工作电源	电动二通阀执行器电源是为该产品规定的工作电源类型
14	(万用表测试)接受的控制信号类型与 BAS 系统输入的控制信号相匹配	将电动二通阀执行器电源断掉,然后再将执行器上方的旋转方向开关箭头调整到指向相应控制信号类型位置
15	手动恢复电源	正确恢复执行器电源
16	BAS 控制全开或全关测试	给全开(关)信号,执行器全开(关)
17	目测观察执行器是否按照输入的控制信号值运行	多次调整输入电动二通阀执行器的控制比例积分信号值,执行过程中无异常
18	目测检查阀体泄漏情况	阀体无泄漏

11.3.5 风阀调试

见第 10.4 节风阀调试。

11.4 冷源系统调试

11.4.1 冷水机组调试

冷水机组调试内容如表 11-6 所示。

表 11-6 冷水机组调试内容

序号	调试内容	预期效果
1	目测检查冷机设备规格	RTWD RTHD
2	目测管路温度计检查蒸发器进/出水温度	12 ℃/7 ℃
3	目测管路温度计检查冷凝器进出水温度	30 ℃/35 ℃
4	设定当前冷冻水温度	7 ℃
5	万用表检查平均电流	RTWD：20%～120%； RTHD：40%～100%
6	噪声测试仪带负荷运行噪声测试	＜85 dBA
7	目测控制器数据检查压缩机电流	138～382 A
8	目测控制器数据检查压缩机排气温度	20～70 ℃
9	目测控制器数据检查压缩机油压差	表压 0～900 kPa
10	目测控制器数据检查蒸发器制冷剂饱和温度	0～20 ℃
11	目测控制器数据检查蒸发器制冷剂压力	表压 200～470 kPa
12	目测控制器数据检查蒸发器趋近温度	0～3 ℃
13	目测控制器数据检查蒸发器水流开关状态	根据是否有水流动状态可跳转
14	目测控制器数据检查步进电机位置百分比	0～100%
15	目测控制器数据检查步进电机位置	0～50 000
16	目测控制器数据检查冷凝器制冷剂饱和温度	15～37 ℃
17	目测控制器数据检查冷凝器制冷剂压力	表压 400～750 kPa
18	目测控制器数据检查冷凝器趋近温度	0～3 ℃
19	目测控制器数据检查冷凝器水流开关状态	根据是实际是否有流量可跳转
20	目测控制器数据检查冷凝器高压限值	90%
21	目测控制器数据检查油压	表压 0～900 kPa
22	目测控制器数据检查压缩机排气温度	10～80 ℃
23	目测控制器数据检查：L_1、L_2、L_3 上的额定负载电流	单项与平均电流偏差度不超过 30%
24	目测控制器数据检查：L_1、L_2、L_3 的电流	单项与平均电流偏差度不超过 30%
25	目测控制器数据检查：AB BC CA 的电压	380（1±8%）V 以内

11.4.2 冷却塔调试

冷却塔调试内容如表 11-7 所示。

表 11-7 冷却塔调试内容

序号	调试内容	预期效果
1	目测散水系统散水均匀性和部件牢固度	符合要求
2	目测填料试水状态下外观及散水状况	符合要求
3	目测挡水器收水效果	符合要求
4	目测风机转动方向	逆时针
5	目测风机故障保护	符合要求
6	目测风机的稳定性	符合要求
7	温度计检测湿球温度	28 °C
8	万用表检测运行电流	<6.74 A
9	万用表检测运行电压	380 V
10	噪声测试仪检测 5 m 处噪声	65 dB

11.4.3 空调水泵调试

空调水泵调试内容如表 11-8 所示。

表 11-8 空调水泵调试内容

序号	调试内容	预期效果
1	耳测将水系统智能控制柜调整到手动状态后，手动盘车正常后点动水泵	水泵叶轮与泵壳之间无异响
2	目测点动水泵检查转向（从电机风扇端看为顺时针）	转向正确
3	目测水泵故障保护功能测试	缺相保护
4	目测管路压力表设备运转后压力（泵出口进口压差为泵扬程）	稳定，无气蚀现象
5	万用表检测电机运转电流（参照电机铭牌）	在额定电流内
6	万用表检测检查泵运行后电流（电流平衡在 10% 内）	电流平衡
7	噪声测试仪检测水泵及电机轴承运行噪声（<85 dB）	噪声正常
8	温度仪检测水泵及电机轴承运行温度（70 摄氏度以内）	轴承运行温度正常
9	振动测试器检测水泵及电机运行振动（<4.5 mm/s）	振动正常
10	万用表检测电压	380（1±10%）V

11.4.4 电动蝶阀调试

电动蝶阀调试内容如表 11-9 所示。

表 11-9 电动蝶阀调试内容

序号	调试内容	预期效果
1	目测检查在手动情况下操作电动蝶阀开关手柄	能将阀体打到全开或全关状态
2	目测电动蝶阀带电情况下,通过水系统智能控制柜手动对电动蝶阀进行多次开关控制	电动蝶阀阀门开关状态信号能够正常反馈
3	目测电动蝶阀带电情况下,通过水系统智能控制柜手动对电动蝶阀进行多次开关控制	电动蝶阀执行器按照控制信号进行动作
4	目测电动蝶阀带电情况下,通过水系统智能控制柜手动对电动蝶阀进行多次开关控制	电动蝶阀执行器在运行过程中无异常情况

11.4.5 压差旁通阀调试

压差旁通阀调试内容如表 11-10 所示。

表 11-10 压差旁通阀调试内容

序号	调试内容	预期效果
1	目测检查在手动情况下操作压差旁通阀执行器	手动扳手能将阀体打到全开或全关状态
2	目测由群控系统向压差旁通阀输入 2 V 测试信号	目测执行器完全关闭
3	目测由群控系统向压差旁通阀输入 10 V 测试信号	目测执行器完全开启
4	目测由群控系统向压差旁通阀输入多次测试信号	压差旁通阀执行器按输入的控制信号动作,群控系统压差旁通阀开度反馈值与控制信号对应
5	目测在压差旁通阀带电状态下,通过群控对阀门进行多次开关/开度控制	压差旁通阀执行器在运行过程中无异常情况

11.4.6 配电柜、集中控制柜调试

配电柜、集中控制柜调试内容如表 11-11 所示。

表 11-11 配电柜、集中控制柜调试内容

序号	调试内容	预期效果
1	配电柜电压绝缘测试	≥ 5 MΩ
2	配电和信号显示测试	及时准确
3	电控柜就地操作测试	正确可靠
4	Modbus 通信测试	稳定可靠
5	集控柜远程电动测试	能正确对各相关设备进行操作及监视
6	远程一键启动操作测试	动作逻辑正确
7	测试自动控温和调压功能	满足设计要求
8	故障保护和故障记录测试	保护及时准确，故障记录可查
9	与 Bas 系统信号监控和联动保护测试	动作及信号正确

11.4.7 传感器调试

传感器调试内容如表 11-12 所示。

表 11-12 传感器调试内容

序号	调试内容	预期效果
1	仪表参数设置检查	满足设计要求，参数设置准确
2	测量和显示准确性测试	在满足安装条件的基础上测量误差≤10%
3	输出信号测试	输出信号及时准确误差≤5%

11.4.8 冷源集中控制系统调试

冷源集中控制系统调试内容如表 11-13 所示。

表 11-13 冷源集中控制系统调试内容

序号	调试内容	预期效果
1	冷冻水泵	启、停控制正常；变频运行：30～50 Hz；运行电流≤I_n（额定电流）；运行故障等指示信号正确
2	冷却水泵	启、停控制正常；运行电流≤I_n（额定电流）；运行故障等指示信号正确
3	冷却塔风机	启、停控制正常；运行电流≤I_n（额定电流）；运行故障等指示信号正确
4	机组冷冻水蝶阀	开关控制动作正确；开关到位信号正确；相关位置指示正确
5	机组冷却水蝶阀	开关控制动作正确；开关到位信号正确；相关位置指示正确
6	冷却塔入口蝶阀	开关控制动作正确；开关到位信号正确；相关位置指示正确

续表

序号	调试内容	预期效果
7	冷却塔出口蝶阀	开关控制动作正确；开关到位信号正确；相关位置指示正确
8	T1 冷冻水供水温度	与设定温度值相关；比如设定供水温度为 7 ℃ 冷机正常运行后供水温度应接近或者等于 7 ℃
9	T2 冷冻水回水温度	与末端负荷相关及管道长度相关，温度肯定是 >供水温度典型值：8～15 ℃
10	T3 冷却水供水温度	典型值 22～36 ℃
11	T4 冷却水回水温度	典型值 20～34 ℃
12	P1 冷冻水供水压力	由于为恒压差变流量控制，故压力值与末端负荷相关，显示各站实测
13	P2 冷冻水回水压力	与设计院选取的定压点有关，显示各站实测
14	P3 冷却水供水压力	显示各站实测
15	F01 冷冻水回水流量	满足冷机运行的最小流量要求，显示各站实测
16	一键启动	系统收到一键启动命令后开机过程如下：开冷却水泵、冷冻水泵→开冷机冷却水蝶阀、冷机冷冻水蝶阀→开冷却塔进出时蝶阀→开冷机后，系统按照冷冻水设定温度长期持续运行。注：① 冷却塔风机是否运行根据冷却水回水温度，由系统自动进行判断；② 自动选择停机时间长的冷机来发出启动命令
17	加载测试	在一套系统正常运行且持续一定时间的前提条件下：当前运行机组的运行负荷→当机组运行负荷 >设定加机负荷设定值 95% 且持续一定时间→系统自动发出加机命令→开启另外一台冷机，为了保证冷机的持续运行，随即开启相应的冷冻水泵、冷却水泵及对应的蝶阀
18	减载测试	在二套系统正常运行且持续一定时间的前提条件下：由于整个管路系统是联通的，故两台机组的运行负荷是均衡的。当两台冷机均运行在减机负荷设定值 45% 以下且持续一定的时间→系统自动发出减机命令（默认选择运行时间长的一台冷机发出停机命令）→停冷机→延时（保证冷机不报水流中断故障）关闭冷机冷却水、冷冻水蝶阀→关闭冷却塔进出水蝶阀→停冷却水泵、冷冻水泵

续表

序号	调试内容	预期效果
19	一键停机	系统收到一键停机命令后停机过程如下：收到一键停机命令→停冷机→关闭冷机冷却水、冷冻水蝶阀，关闭冷却塔进出水蝶阀→停冷却水泵、冷冻水泵
20	故障自动切换功能测试	主要对象：冷机、冷冻水泵、冷却水泵。当一套系统处于正常运行的情况下：运行的冷机出现故障：开启备用冷机冷却水、冷冻水蝶阀→关闭故障冷机冷却水、冷冻水蝶阀；运行的冷冻水泵出现故障：运行冷冻水泵故障→系统自动开启备用冷冻水泵；运行的冷却水泵出现故障：运行冷却水泵故障→系统自动开启备用冷却水泵。备注：冷机、冷冻水泵、冷却水泵互为备用
21	旁通阀压差临界值	达到变流量、恒压差满足要求

11.5 多联机调试

11.5.1 室外机调试

室外机调试内容如表 11-14 所示。

表 11-14 室外机调试内容

序号	调试内容	预期效果
1	系统管道打开气管和液管截止阀	目测管和液管截止阀是否全部打开
2	电源端子排和通信端子排连接检查	电源端子排和通信端子排已按说明书或相关技术文件正确连接
3	接地可靠性检查	电源已牢固接地
4	视检压缩机运行状态	平稳无异常
5	万用表测量相间电压平衡率测试	相间电压不平衡率不大于3%
6	万用表测量运转电压	AC 380（1±10%）V
7	万用表测量运转电流	0～150 A
8	压力表或检测软件测量高、低压压力	高压：2.0～3.79 MPa，低压：0.40～1.5 MPa
9	检测软件测量排气温度	50～106 ℃

11.5.2 室内机调试

室内机调试内容如表 11-15 所示。

表 11-15 室内机调试内容

序号	调试内容	预期效果
1	电源端子排和通信端子排连接检查	电源端子排和通信端子排已按说明书或相关技术文件正确连接
2	接地可靠性检查	电源已牢固接地
3	万用表测量运转电压	AC 220（1±10%）V
4	万用表测量运转电流	BD3 型：0.15~1 A，D1ED3 型：0.6~6.1 A
5	检测软件测量温度	回风、出风温度温差（$\Delta=7~20$ ℃）
6	压力表或检测软件测量吸气压力	0.40~1.5 MPa
7	检测软件测量吸气温度	−10~20 ℃
8	压力表或检测软件测量排气压力	2.0~3.79 MPa
9	检测软件测量排气温度	55~100 ℃
10	目测各运转部件有无异常响动，各连接和密封部位有无松动、漏气、漏油等现象	无异响、松动、漏气、漏油
11	视检震动	无异常震动
12	检测软件测量室内机的回风、出风温度	回风、出风温度温差（$\Delta=7~20$ ℃）
13	控制器功能检查	控制器功能核实（模式与风速选择，温度设定）同一系统无法实现同时制冷、制热模式检查
14	集中控制器功能检查	集中控制器功能核实（模式与风速选择，温度设定，同意与禁止室内机控制器切换）。可是实现区域控制，同一系统无法实现同时制冷、制热模式检查

11.5.3 综合能效调试

综合能效调试内容如表 11-16 所示。

表 11-16 综合能效调试内容

序号	调试内容	预期效果
1	检测软件测量送风温度	回风、出风温度温差（$\Delta=7~20$ ℃）
2	压力表或检测软件测量吸气压力	0.40~1.5 MPa
3	检测软件测量吸气温度	−10~20 ℃
4	压力表或检测软件测量排气压力	2.0~3.79 MPa
5	检测软件测量排气温度	55~100 ℃
6	检测软件测量室内温度、湿度	以实测值为准
7	检测软件测量室外空气温度、湿度	以实测值为准

11.6 机房空调

机房空调调试内容如表 11-17 所示。

表 11-17 机房空调调试内容

序号	调试内容	预期效果
1	系统管道目测检查	气管和液管截止阀全部打开
2	电源端子排连接检查	电源端子排已按说明书或相关技术文件正确连接
3	电源可靠性调试	万用表测量电源线线间的线电压和相电压：三相：380（1±10%）V，单相：220（1±10%）V
4	微电脑自检程序	微电脑自检程序工作正常
5	将微电脑控制置于自动状态，进行压缩机调试	调低温度设定点，使压缩机能自动启动；反之，自动关闭
		调低湿度设定点，使压缩机能自动启动；反之，自动关闭
6	将微电脑控制置于自动状态，进行电加热器调试	调高温度设定点，使三组电加热器能自动投入运行；反之，自动关闭
7	万用表测量压缩机运行电流	5～20 A
8	万用表测量室内风机运行电流	0.2～4.1 A
9	万用表测量电加热器电流	4～28 A
10	万用表测量冷凝风机运行电流	0.2～3.1 A
11	压力表测量吸气压力	0.4～0.7 MPa
12	压力表测量排气压力	1.65～2.0 MPa
13	风速仪测量风速	2～19 m/s
14	检测软件测量送风温度	22～26 ℃
15	检测软件测量送风湿度	40%～70%（RH）
16	压力表或检测软件测量设备运行制冷系统压力	高压：1.65～2.0 MPa，低压：0.4～0.7 MPa

11.7 全热交换器调试

全热交换器调试内容如表 11-18 所示。

表 11-18　全热交换器调试内容

序号	调试内容	预期效果
1	电源端子排和通信端子排连接检查	电源端子排已按说明书或相关技术文件正确连接
2	电压检测	万用表检测电源线线间的线电压和相电压： 三相：380（1±10%）V 单相：220（1±10%）V
3	检察接地线可靠性检查	电源已牢固接地
4	相间电压不平衡率测试	相间电压不平衡率不大于3%
5	目测电机测试	电机正向运转
6	万用表电流测试	0.14～5.2 A

第 12 章 给排水与消防系统

12.1 系统组成及调试内容

12.1.1 系统组成

给排水及消防系统主要包括了地铁车站、区间、车辆段、主变电所等区域的给水系统、排水系统以及气体灭火系统。给水系统满足了地铁工作人员及乘客生活、卫生清洁、空调用水、消防用水等需求，保障了地铁公共设施内的人员安全；排水系统主要为了满足地下车站及区间隧道冲洗，污水、渗漏废水、雨水的排出等功能需求；气体灭火系统则保障了地铁设备房内各精密电气设备的安全。

1．给水系统

给水系统包含生活给水及消防给水系统。给水系统主要包含引入管、止回阀、电动蝶阀、给水管道、用水设备等，给水系统关键设备如图 12-1 所示；消防给水系统包含固定消防和自动消防，主要由消防泵组、稳压装置、压力开关、水流指示器、液位传感器、手动、电动阀，控制箱、柜组成。消防给水系统关键设备如图 12-2 所示。

图 12-1 止回阀（左）和电动蝶阀（右）

图 12-2 消防泵（左）和稳压装置（右）

2．排水系统

排水系统包含污水排水指卫生间污水，废水排水指冲洗、结构废水及消防排水，雨水排水指敞口及出入段雨水。主要包含潜污泵和自动排水系统，如图12-3所示。

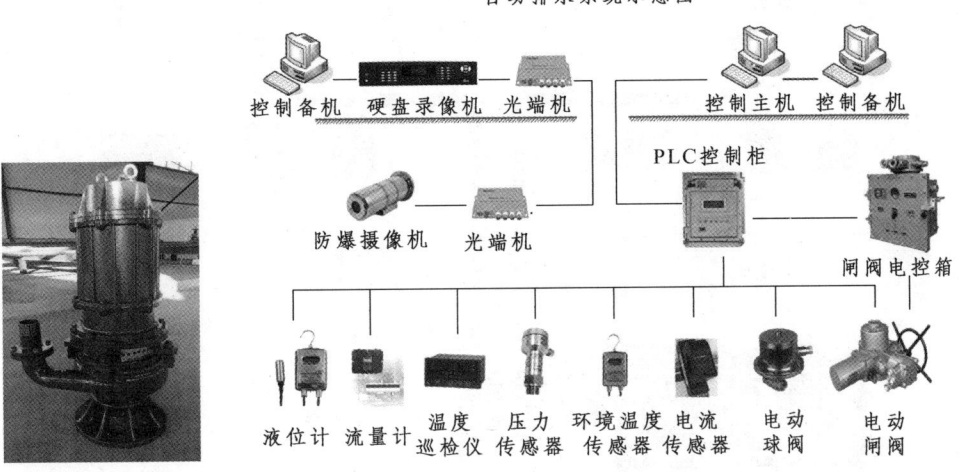

图12-3　潜污泵（左）和自动排水系统示意图（右）

3．污水提升系统

一体化密闭污水提升装置主要用于收集与自动提升低于下水道液位含厕所排泄物的污水，具有水泵自动启动、手动启动、自动切换工作、保护报警、联动监控等功能。地铁工程污水提升系统如图12-4所示。

图12-4　污水提升系统

4．气体灭火系统

地铁工程重要设备房间采用全自动灭火气体系统进行防护。气体灭火系统主要是为了保护地下车站、车辆段内的精密仪器和设备。气体灭火系统主要由自动灭火管网系统、报警系统组成，地铁工程气体灭火系统如图12-5所示。

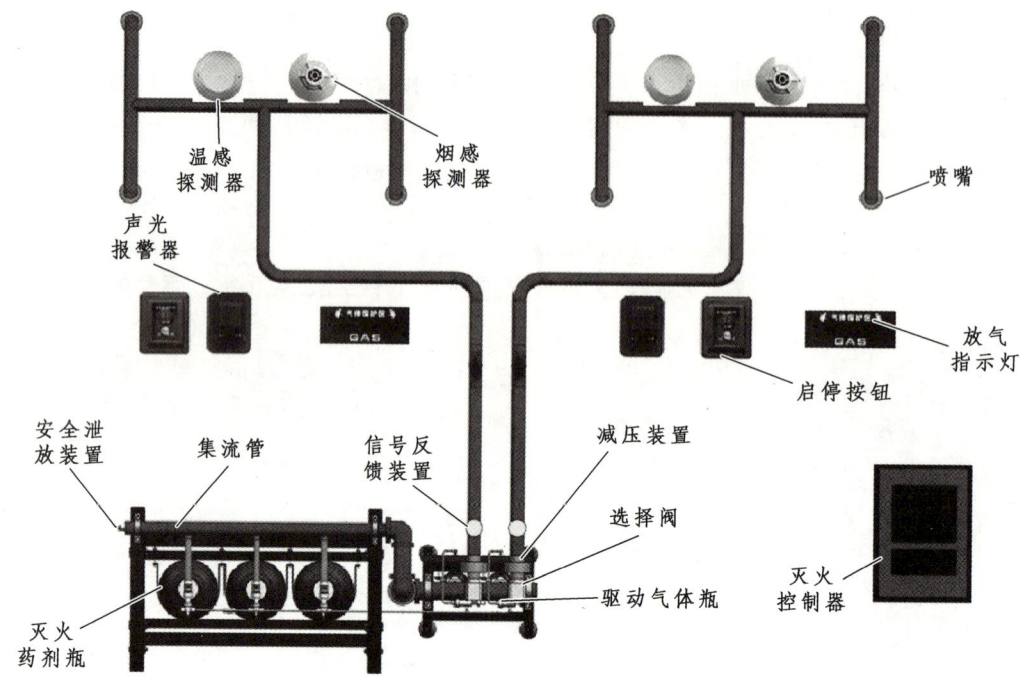

图 12-5　气体灭火系统示意图

12.1.2　系统调试内容

给排水与消防系统调试内容如表 12-1 所示。

表 12-1　给排水与消防系统调试内容

序号	调试项目	具体内容
1	给水系统	生活给水系统
2		消防栓（泵）
3		消防给水稳压泵
4	排水系统	潜污泵
5		自动排水系统
6	污水提升系统	启停、切换、功能、故障、断电等
7	气体灭火系统	气灭控制器
8		气灭控制盘
9		现场末端设备
10		手动模拟启动试验
11		自动模拟启动试验
12		模拟喷气试验

12.2 给水系统调试

12.2.1 生活给水系统

生活给水系统调试内容如表12-2所示。

表12-2 生活给水系统调试内容

序号	调试内容	预期效果
1	盘车（用手盘联轴器）	无卡死
2	水泵叶轮转向（看电机风扇叶转向，逆时针转为正）	无反向
3	水泵运行状态信号（手动启动水泵，指示灯亮）	控制系统检测设备对应点灯处于绿灯状态
4	故障模拟、报警信号（短接热继电器过载点位）	水泵无法正常启动
6	启动电流（手动启动水泵，观察电流表或者用钳型表测电流）	额定电流的4~7倍
5	运行电流（手动启动水泵，当正常上水后观察运行电流）	≤电机功率的1.8倍
7	噪声（水泵在运行时用声级计测噪声）	≤90 dB
8	出口压力（水泵运行正常是通过压力表观察出口压力）	0.4~1.3 MPa
9	控制柜电器元器件状态（断开动力电源，用手动按启泵、停泵按钮，测试控制柜电器元器件状态）	连接可靠，元器件正常
10	双电源切换装置（分别断开主电源和备用电源，测试双电源切换装置）	切换电源，实现自投自复
11	触摸屏功能显示（断开二次回路电源后再送电，测试触摸屏功能显示）	通电正常显示界面
12	轴封（开起进水阀、启泵，观察轴封处有无漏水）	无渗漏水
13	最不利点水量、水压	满足最大用水量的水压
14	水位监测（把水位探头放到水池底部，在缓慢的提起，观察水位监测器有无变化）	正常反馈，显示准确，与实际水位保持一致
15	不同用水工况下的系统自动运行状态（自动状态下调高给定压力值和调低给定压力值）	自动加减泵和变频运行

12.2.2 消火栓（泵）

消火栓（泵）调试内容如表 12-3 所示。

表 12-3 消火栓（泵）调试内容

序号	调试内容	预期效果
1	盘车（用手盘风扇叶或用管钳卡住联轴器盘车）	无卡死
2	水泵叶轮转向（看风扇叶转向，顺时针为正转）	无反向
3	水泵运行状态信号（手动启动水泵，测试运行状态信号）	控制系统检测设备对应点灯处于绿灯状态
4	故障模拟、报警信号（短接热继电器过载，模拟故障信号）	水泵无法正常启动、故障显示与实际故障一致
5	启动电流（手动启动水泵，观察电流表或者用钳型表测电流）	实测启动电流是额定电流的 4～7 倍
6	运行电流（手动启动水泵，当正常上水后观察运行电流）	运行电流≤额定电流
7	噪声（水泵在运行时用声级计测噪声）	≤90 dB
8	出口压力（水泵运行正常是通过压力表观察出口压力）	0.4～1.3 MPa
9	轴封（开起进水阀、启泵，观察轴封处有无漏水）	无渗漏水
10	控制柜电器元器件状态（断开动力电源，用手动按启泵、停泵按钮，测试控制柜电器元器件状态）	连接可靠，元器件正常
11	触摸屏功能显示（断开二次回路电源在送上，测试触摸屏功能显示）	通电正常显示界面
12	模拟消防水压高压报警信号，消防水泵不停止	无论何种工况均不应停泵
13	模拟压力开关，流量计和 FAS 启泵信号等，控制柜消防报警灯报警	信号反馈正常
14	压力信号自动启泵	检测泵组压力开关信号自动启泵功能
15	流量信号自动启泵（在管路无用水状态下，缓慢的开一个消火栓，测试流量信号自动启泵）	检测高位水箱流量启泵信号，测试泵组流量启泵信号自动启动功能
16	IBP 盘和 FAS 启泵功能	IBP 盘一对一启动每台泵，FAS 启动泵组，运行状态信号反馈正常

续表

序号	调试内容	预期效果
17	水位水量监测(把水位探头放到水池底部,在缓慢的提起,观察水位水量监测器有无变化)	对消防水池的水位存水量监测正常反馈,显示准确
18	运行功能(手动、自动分步进行,IBP盘强启强停,消防按钮报警启泵)	测试功能均手动、自动分步进行,IBP盘强启强停,消防按钮报警启泵
19	故障互投(在自动状态时,当一台泵运行时断开空开,切换到另一台运行)	1台泵故障,另1泵自动投入
20	机械应急启动	正常启动消防泵
21	安全泄压阀泄压压力设置、自动关闭功能	按要求设置,自动关闭功能正常
22	试验消火栓压力、充实水柱长度	消火栓口动压不小于0.25 MPa且不大于0.5 MPa,且水枪充实水柱长度不小于10 m
23	减压阀组设置	按要求设置阀组压力

12.2.3 消防给水稳压泵

消防给水稳压泵调试内容如表12-4所示。

表12-4 消防给水稳压泵调试内容

序号	调试内容	预期效果
1	盘车(用手盘风扇叶或用管钳卡住联轴器盘)	无卡死
2	水泵叶轮转向(看风扇叶转向,顺时针为正转)	无反向
3	水泵运行状态信号(手动启动水泵,测试运行状态信号)	控制系统检测设备对应点灯处于绿灯状态
4	故障模拟、报警信号(短接热继电器过载,模拟故障信号)	水泵无法正常启动
5	启动电流(手动启动水泵,观察电流表或者用钳型表测电流)	实测启动电流是额定电流的4~7倍
6	运行电流(手动启动水泵,当正常上水后观察运行电流)	运行电流≤额定电流
7	噪声(水泵在运行时用声级计测噪声)	≤90 dB
8	进口压力(开启进水阀门,观察进水管路上压力表)	0.01~0.02 MPa
9	控制柜电器元器件状态(断开动力电源,用手动按启泵、停泵按钮,测试控制柜电器元器件状态)	连接可靠,元器件正常
10	触摸屏功能显示(断开二次回路电源在送上,测试触摸屏功能显示)	通电正常显示界面

续表

序号	调试内容	预期效果
11	压力信号自动启泵	检测泵组压力开关信号自动启泵功能
12	启泵按钮启动，水泵启动信号反馈	自动状态下，启泵按钮远程启泵及信号反馈，测试启动按钮功能
13	双电源切换装置（分别断开主电源和备用电源，测试双电源切换装置）	切换电源，实现自投自复（复投时间3~5 s）
14	水位监测	满足设定水位正常运行
15	故障互投（在自动状态时，当一台泵运行时断开空开，切换到另一台运行）	1台泵故障，另1泵自动投入
16	自动补压	达到设定的启泵压力启泵，达到设定的停泵压力停泵

12.3 排水系统调试

12.3.1 潜污泵

潜污泵调试内容如表 12-5 所示。

表 12-5 潜污泵调试内容

序号	调试内容	预期效果
1	超声波液位设置/浮球控制水位高度	在不同安装位置所对应水位与现场一致
2	水泵转向	无反向
3	自动运行控制	在不同水位自动切换启停水泵
4	水泵故障提示、反馈	故障显示与现场一致并反馈给BAS系统
5	水位信号输出	有水位信号，且控制柜处于自动状态，延时5 s，水泵才可运行。启泵水位信号断开后，水泵停止工作。超低水位：报警；停泵水位：停泵；第一启泵液位：启一台泵；第二启泵液位：启二台泵；超高水位：报警；当停泵信号给出时，都应停泵
6	启动电流	实测启动电流是额定电流的4~7倍
7	运行电流	运行电流≤额定电流
8	出口压力	实测扬程≤水泵扬程
9	断电测试功能	断电后通电运行应回到最初始记录，不应有记忆功能
10	水泵耦合安装	耦合安装可靠，无漏水

12.3.2 自动排水系统

自动排水系统调试内容如表 12-6 所示。

表 12-6 自动排水系统调试内容

序号	调试内容	预期效果
1	启动电流	实测启动电流是额定电流的 4~7 倍
2	运行电流	运行电流≤额定电流
3	出口压力	实测扬程≤水泵扬程
4	故障自动切换功能	一台泵故障时，该泵自动停止，延时 3 s 后自动投入另外一台泵运行
5	旋钮切换功能	当处于运行的水泵的旋钮关闭时，该泵自动停止，延时 5 s 后自动投入另外一台泵运行
6	自动加泵功能	第一启泵液位，PLC 延时 5 s 启一台泵；第二启泵液位，PLC 延时 5 s，再启动第二台泵；超高水位，PLC 延时 3 s，报警
7	故障检测功能	PLC 输出一台泵运行信号，延时 1~1.5 秒后，工频接触器的辅助触点仍未闭合，则判断为该泵二次回路产生故障
8	液位信号滤波	① 浮球：液位浮球动作后，其开关量信号需至少保持 3 s，才能算作有效液位信号，否则忽略。 ② 超声波：实测液位值大于等于液位设定值，且需至少保持 3 s，才能算作有效液位信号，否则忽略
9	超声波故障判断	① 模拟输出电流低于 3.8 mA 或大于 20 mA（保持 10~20 s），判断其故障； ② 超声波液位值不变，且浮球越过两个动作位，判断其故障
10	液位控制器切换	当超声波故障时，自动切换到浮球控制；超声波好后再切换到超声波控制。日常以超声波为主，浮球为辅
11	状态显示	无论控制柜处于手动或自动，控制柜显示状态、人机界面显示状态(如有)、上传综合监控状态应保持一致

12.4 污水提升系统调试

污水提升系统调试内容如表 12-7 所示。

表 12-7　污水提升系统调试内容

序号	调试内容	预期效果
1	一体化污水提升系统	能自动启泵、停泵，排水正常
2	故障自动切换功能	一台泵故障时，该泵自动停止，延时 3 s 后自动投入另外一台泵运行
3	自动加泵功能	第一启泵液位，PLC 延时 5 s 启一台泵；第二启泵液位，PLC 延时 5 s，再启动第二台泵；超高水位，PLC 延时 3 s，报警
4	故障检测功能	PLC 输出一台泵运行信号，延时 1～1.5 s 后，工频接触器的输助触点仍未闭合，则判断为该泵二次回路产生故障
5	断电测试功能	水泵至少有一台泵在运行时，控制柜断电再上电后，PLC 不能记忆刚才的状态，即不能一上电就继续运行，水泵仍需像初次运行时延时工作
6	水泵空转自动切换	水泵运行后自动计时 3 min，如果水位还无变化（不正常）系统将自动切换到另外一台泵工作
7	水位信号启停泵功能	水位信号有，延时 5 s 后，且旋钮处于自动允许位置时，水泵才可运行。水位信号断开后，水泵停止工作。 停泵水位：停泵； 第一启泵液位：启一台泵； 第二启泵液位：启二台泵； 超高水位：报警

12.5　气体灭火系统调试

12.5.1　气灭控制器

气灭控制器调试内容如表 12-8 所示。

表 12-8　气灭控制器调试内容

序号	调试内容	预期效果
1	AC 220 V 是否正常	AC 220 V 正常
2	备电是否正常	无报警，备电正常
3	检查回路故障	各回路线无接地、短路、开路等故障
4	各防护区所有点位是否运行正常	各防护区所有点位正常且无故障

续表

序号	调试内容	预期效果
5	模拟预警信号（对报警器适当加烟或加温，令报警器达到预警状态）	模拟给出预警信号，气灭区自动状态下正常响应
6	FAS 的预警信号是否接收正常（在控制器上模拟给出预警信号）	在 FAS 处检查给 FAS 的预警信号正常
7	FAS 的火警确认信号是否接收正常（系统软件模拟给出火警确认信号）	在 FAS 处检查给 FAS 的火警确认信号正常
8	对相应气灭区的多线/总线远程紧急启、停控制功能是否正常	对相应气灭区的多线/总线远程紧急启、停控制功能正常
9	控制器系统软件发出模拟信号同 FAS 通信，检测数据通信功能是否正常	检测数据通信功能正常
10	控制器打印功能	控制器火警、故障、反馈信息应正常打印
11	控制器与气体灭火控制盘对时功能	满足规范时差不超过 5 s

12.5.2 气灭控制盘

气灭控制盘调试内容如表 12-9 所示。

表 12-9 气灭控制盘调试内容

序号	调试内容	预期效果
1	常规检查（在控制盘正常工作的情况下，用万用表 DC 50 V 挡位分别测量各接点）	有 DC 24 V 电压输出
2	输出回路开路故障监测功能检查（断开气灭盘上的输出输入任一接点）	这时控制盘上的系统故障黄色指示灯应有闪烁，接通断开的输出接点，控制盘恢复正常
3	短路故障监测功能检查（对气灭盘上的控制回路进行短路）	控制盘上的系统故障黄色指示灯应有闪烁，排除短路后，控制盘显示正常
4	电池故障监测功能检查（断开电池接线端）	此时控制盘发出报警声，电源故障黄色指示灯常亮，恢复电池 DC 24 V 电压，控制盘显示正常
5	电源故障检测功能检查	（无电池电源、无交流电源）：断开交流电源，控制盘上的电源故障黄色指示灯常亮；恢复交流 220 V 电源，控制盘显示正常。断开电池电源，控制盘上的电源故障黄色指示灯应常亮，恢复 DC 24 V 电池电源，控制盘恢复显示正常
6	系统静音按钮检查（当控制盘发出警报或故障显示时，按下系统静音按钮）	控制盘的鸣叫声立即停止（但此时并不消除警报或故障状态）

续表

序号	调试内容	预期效果
7	警报消音按钮检查（当发生报警时，按下警报消音按钮）	防护区现场的报警声立即停止（此时并不消除警报状态）
8	紧急启动（按钮检查紧急启动按钮按下时）	灭火盘进入灭火状态，启动 30 s 延时
9	紧急停止按钮检查（紧急停止按钮按下时）	灭火盘停止释放倒计时
10	系统复位按钮检查	按下系统复位按钮，将清除任何已经启动的输出回路信号（包括报警、电压输出），再按其他控制盘复位按钮恢复至正常状态。只有保护区内的火警复位后灭火盘才能复位
11	紧急启动测试功能检查（对气灭盘上的手动释放开关接点进行短路）	灭火盘进入灭火状态
12	紧急停止测试功能检查	当控制盘两个报警回路均报警后，在延时阶段内，对气灭盘上的紧急停止按钮接点上短路，控制盘紧急停止指示灯闪烁，控制盘处于紧急停止状态

12.5.3　现场末端设备

现场末端设备调试内容如表 12-10 所示。

表 12-10　现场末端设备调试内容

序号	调试内容	预期效果
1	现场末端设备外观检查	现场末端设备外观良好，无损坏
2	采用兆欧表测试回路绝缘电阻，应对导线与导线、导线对地电阻进行测试并记录	线路校验符合设计要求
3	按图纸检查接线情况	接线正确，符合设计要求
4	让报警控制器接出一个回路，接上探测器，利用报警控制器的自检、报警等功能，对控制器进行单体试验	现场末端设备工作正常

12.5.4　手动模拟启动

手动模拟启动调试内容如表 12-11 所示。

表 12-11　手动模拟启动调试内容

序号	调试内容	预期效果
1	按下手动启动按钮，发出声、光报警，启动输出端的负载响应，关闭通风空调、防火阀等	相关动作信号及联动设备正常动作

续表

序号	调试内容	预期效果
2	人工使压力信号反馈装置动作，观察相关防护区门外的气体喷放指示灯是否正常，相关防护区门外的气体喷放指示灯工作正常	查看相关防护区门外的气体喷放指示灯工作正常
3	手自动转换开关在手动状态，手动状态等点亮，在自动位置，自动状态灯点亮	相关防护区门外的手自动转换灯正常
4	人工使压力信号反馈装置动作，车控室主机应显示压力开关报警反馈信号	相关防护区的压力开关信号正常
5	使电磁阀脱离启动瓶，在气灭盘上给出DC 24 V电压作用于电磁阀，模拟启动电磁阀是否正常动作	DC 24 V电压作用于电磁阀接线端，测量DC 24 V电压不小于额定电压的75%。所启动的电磁阀与其防护区应一致

12.5.5 自动模拟启动

自动模拟启动调试内容如表12-12所示。

表12-12 自动模拟启动调试内容

序号	调试内容	预期效果
1	驱动装置端信号检测（将灭火控制器的启动输出端与灭火系统相应防护区驱动装置接线端连接。驱动装置端信号接收正常，也可以用一个启动电压、电流与驱动装置的启动电压、电流相同的负载代替）	驱动装置正常动作
2	相关报警设备动作是否正常（人工模拟火警使防护区内任意一个火灾探测器动作）	单一火警信号输出后，警铃、蜂鸣器发出报警声
3	相关动作信号及联动设备动作是否正常（人工模拟火警使该防护区内另一个火灾探测器动作）	复合火警信号输出后，发出声、光报警，启动输出端的负载，给出关闭通风空调信号、关闭防火阀等

12.5.6 模拟喷气

模拟喷气调试内容如表12-13所示。

表12-13 模拟喷气调试内容

序号	调试内容	预期效果
1	在自动控制状态下，模拟回路探测器动作	控制器上对应的火灾预警及确认指示灯亮，发出声光报警
2	计时延时（0~30 s可调）自动启动	延时期间有24 V的电信号输出驱动防火阀（指示灯显亮），同时向FAS系统输出火灾确认信号
3	延时结束控制盘输出电压驱动电磁阀动作	打开试验瓶组，IG541灭火剂沿喷射管网释放到实验室中
4	观察灭火控制器面板上的气体释放灯	灭火控制器面板上的气体释放灯亮
5	观察防护区门口放气指示灯	观察防护区门口放气指示灯工作正常

第 13 章　站台门系统

13.1　系统组成及调试内容

13.1.1　系统组成

站台门系统由机械和电气两部分构成,机械部分包括门体结构和门机系统,电气部分包括电源系统和控制系统。门体结构一般由滑动门、固定门、应急门、端头门、钢结构及顶箱等构成;门机系统是由驱动机构、传动机构、悬挂机构、锁定解锁机构组成;控制系统由中央接口盘(PSC)、站台就地控制盘(PSL)、综合后备控制盘(IBP)、门控单元(DCU)、就地控制盒(LCB)组成;电源系统由驱动电源和控制电源及蓄电池部分组成。

1.门体结构

门体结构(图 13-1)一般由滑动门、固定门、应急门、端头门、钢结构及顶箱等构成:

图 13-1　门体结构

(1)滑动门:滑动门为中分双开式门,关闭时隔断站台和轨道,开启时供乘客上下列车,在非正常运行模式和紧急运行模式下,也可作为乘客的疏散通道。

(2)固定门:固定门设置在滑动门与滑动门之间、滑动门与端门之间,是车站与区间隧道隔离和密封的屏障。

(3)应急门:正常运营状态,应急门应保证关闭并锁紧,作为公共区与隧道区间的屏障;当列车进站无法对准滑动门以及出现紧急情况时可作为乘客应急疏散通道。

(4)端门:主要用于车站工作人员在站台公共区和设备区之间的进出,紧急情况下可用于疏散乘客。

（5）钢结构：作为整个站台门的支撑骨架，承受门体的全部重量和外力。

（6）顶箱：作为固定门支柱的上支点，对其内置部件起密封保护作用。

（7）门机系统由驱动机构、传动机构、悬挂机构、锁定解锁机构组成。

① 驱动机构：提供滑动门门体运行动力。

② 传动机构：保持滑动门门体运行稳定。

③ 悬挂机构：保持滑动门门体与门槛的间隙。

④ 锁定解锁机构：自动开门时，解锁装置自动动作；手动开门时，轨道侧开门把手和站台侧的钥匙孔与解锁装置联动，将门扇锁紧力解除，使门扇能够向两侧滑动。

2．控制系统

（1）控制系统由中央接口盘（PSC）、站台就地控制盘（PSL）、综合后备控制盘（IBP）、门控单元（DCU）、就地控制盒（LCB）组成。

（2）中央接口盘（PSC）：整个站台门控制系统的核心，收集并处理来自各个监控点的控制、状态、事件信息，并将处理后的控制、状态、事件信息传向各个监控点。

（3）站台就地控制盘（PSL）：列车驾驶员与站台门系统交互的设备，用于在非正常状态下（比如信号系统故障）或紧急状态下由列车驾驶员实现对站台门的操作。

（4）综合后备控制盘（IBP）：在车控室 IBP 盘上可打开/关闭单侧所有滑动门，以便疏散乘客。

（5）门控单元（DCU）：现场控制单元，执行来自中央接口盘（PSC）的控制命令，收集来自现场及自身的状态信息，并将此信息传向中央接口盘（PSC）。

（6）就地控制盒（LCB）：当单扇门体发生故障或检修维护时，站台人员可以通过操作 LCB 开关对门体进行单独控制。

3．电源系统

（1）电源系统由驱动电源和控制电源及蓄电池部分组成。

（2）驱动电源：为滑动门的驱动提供不间断电源，向门控单元（DCU）提供稳定的 DC 110 V 电源，以保证门机的正常运行。

（3）控制电源：为站台门的控制系统（PSC\PSL\IBP 等）提供不间断电源。

（4）蓄电池：保证在断电或驱动部分故障时，保证站台门可开/关操作，并能够维持站台门系统静载 1 h 以上，提供控制设备持续运行 1 h 所需用电量。

13.1.2 系统调试内容

站台门系统调试内容如表 13-1 所示。

表 13-1 站台门系统调试内容

序号	调试项目	具体内容
1	通电前调试	门体解锁力开关力及各部位尺寸
2	障碍物测试	滑动门防夹功能测试

续表

序号	调试项目	具体内容
3	安全回路检测	整侧 EED/滑动门关闭且锁定功能检测
4	电源调试	控制/驱动电源参数检测
5	功能测试	状态及 PSC/LCB/PSL 功能测试
6	模拟信号系统/监控系统接口操作调试	状态及功能测试
7	等电位测试	参数测试
8	噪声测试	参数测试
9	绝缘测试	参数测试

13.2 前置条件

（1）站台门设备安装完毕并与设计文件相符；
（2）限界检查合格；
（3）具备调试电源，现场照度足够；
（4）站台门绝缘满足要求或接地可靠；
（5）所有静态测试参数均合格签认；
（6）所有的调试仪器仪表、检测器具须校准合格并在有效期内；
（7）站台门和控制室相应位置配备必要的安全设施和灭火设备；
（8）调试人员及工具齐备；
（9）环境及设备安全检查。

13.3 通电前检测

通电前检测内容如表 13-2 所示。

表 13-2 通电前检测内容

序号	调试内容	预期效果
1	滑动门开门净开度：打开门用米尺测量	标准 1 900 mm
2	应急门净开度：打开门用米尺测量	≥1 100 mm×2
3	应急门开门角度尺寸：目测	90°
4	端门净开度：打开门用米尺测量	≥1 100 mm
5	端门开门角度尺寸	90°
6	滑动门手动解锁力：用推拉力计推解锁装置	≤67 N
7	滑动门开门力：用推拉力计推滑动门让其打开	≤133 N

续表

序号	调试内容	预期效果
8	滑动门关门力用推拉力计推滑动门让其关闭	≤150 N
9	应急门手动解锁力：用推拉力计推解锁装置	≤67 N
10	应急门开门力：用推拉力计推应急门让其打开	≤133 N
11	端门手动解锁力：用推拉力计推解锁装置	≤67 N
12	端门开门力：用推拉力计推端门让其打开	≤133 N
13	滑动门对地绝缘电阻用兆欧（摇）表测量	≥0.5 MΩ
14	应急门对地绝缘电阻用兆欧（摇）表测量	≥0.5 MΩ
15	线缆的绝缘和导通性检测测试测绝缘用兆欧表，导通性用万用表	绝缘≥0.5 MΩ 导通性＜0.1 Ω/m
16	滑动门与立柱（防夹手胶条）之间间隙用塞尺测量	3～5 mm
17	两滑动门间平面度：用平板尺靠在两门上目测间隙	±2 mm
18	门槛与门体之间缝隙用塞尺测量	（5±1）mm
19	应急门闭门器小于90°时自动复位，90°定位：目测	小于90°时自动复位，90°定位
20	端门闭门器小于90°时自动复位，90°定位：目测	小于90°时自动复位，90°定位
21	门槛对地绝缘电阻：用兆欧表测量	≥0.5 MΩ
22	接地电阻的测试：用万用表测量	≤0.5 Ω
23	电磁锁与左锁舌侧距用钢板尺测量	（2±0.5）mm
24	电磁锁与左锁舌上距用钢板尺测量	（8±0.5）mm
25	电磁锁与右锁舌侧距用钢板尺测量	（2±0.5）mm
26	电磁锁与右锁舌上距用钢板尺测量	（8±0.5）mm
27	对关门时每扇门的最大动能进行抽检：动能测试仪检测	≤10 J

13.4 障碍物测试

障碍物测试内容如表 13-3 所示。

表 13-3　障碍物测试内容

序号	调试项目	具体内容
1	障碍物测试	在滑动门高度中央位置处门扇间放置一块 5 mm×40 mm×200 mm 的硬板，当滑动门在关门过程中遇到障碍物时，滑动门应立即停止关闭，静止 1 s，然后重新关闭。连续 3 次循环后，假如障碍物依然存在，滑动门全开，并发出关门故障信号

13.5　安全回路测试

安全回路测试内容如表 13-4 所示。

表 13-4　安全回路测试内容

序号	调试项目	具体内容
1	安全回路测试	在一侧站台安全回路接通时，逐一打开/关闭每一扇滑动门/EED，观察 PSC 及 PSL 上的"全闭锁"绿色指示灯状态；将 LCB 打至手动开、关位置，观察 PSC 及 PSL 上的"全闭锁"绿色指示灯状态

13.6　电源调试

电源调试内容如表 13-5 所示。

表 13-5　电源调试内容

序号	调试内容	预期结果
1	驱动电源柜外观	无外观缺陷
2	控制电源柜外观	无外观缺陷
3	蓄电池柜外观	无外观缺陷
4	交流输入部分测试：用万用表测量	$U=$ AC 380（1±10%）V
5	控制输出测试：用万用表测量	DC 24 V
6	驱动输出部分测试：用万用表测量	DC 110 V
7	开关量输入检测（含支路跳闸测试、避雷器故障测试测试）	动作正常
8	告警显示测试：模拟故障	出现告警信号并显示故障信息
9	仪表显示测试	仪表对应参数显示正常
10	蓄电池容量检测：充满电之后断电运行	电池容量满足保证断电后控制系统能持续工作 1 h，并满足断电后 0.5 h 内本车站整侧屏蔽门可开/关门操作至少 3 次

13.7 功能测试

1. PSC 功能调试

PSC 功能调试内容如表 13-6 所示。

表 13-6　PSC 功能调试内容

序号	调试内容	预期结果
1	障碍物测试：用障碍物放在两门之间	当滑动门在关门过程中遇到障碍物时，滑动门应立即停止关闭，静止 1 s，然后重新关闭。连续 3 次循环后，假如障碍物依然存在，滑动门打开，并发出关门故障信号
2	安全回路测试：开关门看指示灯状态	门打开时 PSC 及 PSL 上的"全闭锁"绿色指示灯熄灭，关闭后 PSC 及 PSL 上的"全闭锁"绿色指示灯点亮
3	滑动门开/关门时间测试：秒表	开门时间（3.0±0.1）s；关门时间（3.5±0.1）s
4	监控故障测试：拆掉网络总线看故障	网络总线不能通信时，"监控故障"指示灯亮
5	PSC 监控界面门状态显示调试	各滑动门、应急门、端门单元运行状态正常显示
6	PSC 门故障信息显示调试	各滑动门、应急门、端门单元故障信息正常显示
7	PSC 站台事件显示调试	实时及历史站台事件正常查询及显示
8	PSC 站台历史故障信息显示调试	PSC 站台历史故障信息正常查询及显示

2. PSL 功能调试

PSL 功能调试内容如表 13-7 所示。

表 13-7　PSL 功能调试内容

序号	调试内容	预期结果
1	PSL "灯测试"按钮测试：按下 PSL "灯测试"按钮	PSL 面板上所有的指示灯点亮
2	PSL 打开"操作允许"测试：打开 PSL "操作允许"开关	PSC、PSL 面板上"操作允许"指示灯点亮，同时另一个 PSL 上"同侧互锁"指示灯点亮
3	PSL "开门"按钮测试：按下 PSL "开门"按钮	整侧滑动门打开，PSC、PSL 上"全闭锁"指示灯灭，"全开启"指示灯亮
4	PSL "关门"按钮测试：按下 PSC "关门"按钮	整侧滑动门关闭，PSC、PSL 上"全闭锁"指示灯亮，"全开启"指示灯灭
5	PSL "操作允许"开关测试：关闭 PSC "操作允许"开关	PSC、PSL 面板上"操作允许"指示灯灭，同时另一个 PSL 上"同侧互锁"指示灯灭
6	PSL "互锁解除"开关测试：打开"互锁解除"开关	PSC 及 PSL 上的"互锁解除"指示灯亮

3．LCB 功能调试

LCB 功能调试内容如表 13-8 所示。

表 13-8　LCB 功能调试内容

序号	调试内容	预期结果
1	位 LCB 上的钥匙开关置于"手动开门"	滑动门开启
2	LCB 上的钥匙开关置于"手动关门"位	滑动门关闭
3	LCB 上的钥匙开关置于"自动"位，用 PSL 进行开关门操作	滑动门对应操作开启关闭
4	LCB 上的钥匙开关置于"隔离"位，用 PSL 进行开关门操作	滑动门不动作

13.8　模拟信号系统接口调试

模拟信号系统接口调试内容如表 13-9 所示。

表 13-9　模拟信号系统接口调试内容

序号	调试内容	预期结果
1	按下开门按钮	滑动门开门且开门指示灯亮
2	按下关门按钮	滑动门关门且关门指示灯亮

13.9　监控系统接口调试

监控系统接口调试内容如表 13-10 所示。

表 13-10　监控系统接口调试内容

序号	调试内容	预期结果
1	对时功能验证。调整 PSD 系统时间相差 10 min 以内，并观察 PSD 系统与母钟自动校准时间	确认 PSD 系统时间与母钟一致
2	模拟上行单侧全关状态	与点表一致
3	单侧 IBP 盘操作允许	与点表一致
4	单侧 PSL 操作允许	与点表一致
5	单侧 PSL 互锁解除	与点表一致
6	单侧 PSL 开关门命令	与点表一致
7	单侧开关门故障	与点表一致
8	驱动电源故障	与点表一致
9	控制电源故障	与点表一致

13.10 等电位测试

等电位测试内容如表 13-11 所示。

表 13-11 等电位测试内容

序号	调试内容	预期结果
1	打到万用表电阻挡测量门机梁铜排电阻	电阻值小于等于 0.4 Ω

13.11 噪声测试

噪声测试内容如表 13-12 所示。

表 13-12 噪声测试内容

序号	调试内容	预期结果
1	用噪声监测仪在距站台门 1 m，高度 1.5 m 处进行测试	噪声峰值≤70 dB（A）

13.12 绝缘测试

绝缘测试内容如表 13-13 所示。

表 13-13 绝缘测试内容

序号	调试内容	预期结果
1	选择 500 V 测量对地绝缘电阻	阻值≥0.5 MΩ

第 14 章 人防区间隔断门系统

14.1 系统组成及调试内容

14.1.1 系统组成

人防区间隔断门系统一般由门体、控制柜组成。

14.1.2 调试内容

人防区间隔断门系统调试内容如表 14-1 所示。

表 14-1 人防区间隔断门系统调试内容

序号	调试项目	具体内容
1	人防区间隔断门系统	接线、通断、门体开、关到位测试

14.2 前置条件

（1）区间隔断门安装完毕并与设计文件相符；
（2）限界检查合格；
（3）现场照度足够；
（4）控制柜及相应位置行程开关安装完毕；
（5）所有的调试仪器仪表、检测器具须校准合格并在有效期内；
（6）区间隔断门相应位置配备必要的安全设施和灭火设备。

14.3 人防区间隔断门系统调试

人防区间隔断门系统调试如表 14-2 所示。

表 14-2 人防区间隔断门系统调试

序号	调试内容	预期效果
1	区间隔断门、电控箱是否安装接线完毕	设备安装完毕
2	控制箱与各形成开关间控制线连接是否正常	接线正常

续表

序号	调试内容	预期效果
3	将区间隔断门开门到位、并使锁定装置锁定到位，检查行程开关开门到位触点是否动作、测试线路是否导通	开门到位触点动作，线路导通
4	解除区间隔断门锁定装置锁定状态，检查行程开关异常报警触电是否动作、测试线路是否导通	异常报警触点动作，线路导通
5	将区间隔断门关门到位，检查行程开关关门到位触点是否动作、测试线路是否接通	关门到位位触点动作，线路导通

第 15 章　防淹门系统

15.1　系统组成及调试内容

15.1.1　系统组成

防淹门系统一般由门体机械部分（含门扇、门框、下压机构、挡板小车、泄水阀、密封胶条等）、电动葫芦启闭机（电动葫芦、手动机构）、防淹门控制系统（防淹门控制柜、防淹门门体位置传感器、挡板小车位置传感器）组成。

15.1.2　调试内容

防淹门系统调试内容如表 15-1 所示。

表 15-1　防淹门系统调试内容

序号	调试项目	具体内容
1	防淹门系统	接线、通断、门体开/关到位、就地/远控测试

15.2　前置条件

（1）防淹门限界检查合格；
（2）防淹门部位轨道钢轨焊轨、精调完成；
（3）防淹门机械部分设备安装完毕；
（4）防淹门控制室具备调试电源；
（5）防淹门（手动电动两用葫芦）启闭机绝缘满足要求，接地可靠；
（6）防淹门所有静态机械配合参数测试均合格。

15.3　防淹门系统调试

防淹门系统调试内容如表 15-2 所示。

表 15-2　防淹门系统调试内容

序号	调试内容	预期效果
1	电源系统调试	电源电压符合防淹门工作电压要求 380（1±10%）V
2	电动葫芦钢绳上极限位置功能信号调试	上极限传感器动作后，相应保护继电器动作、输出保护信号

续表

序号	调试内容	预期效果
3	门扇上极限位置功能信号调试	上极限传感器动作后,相应保护继电器动作、输出相应信号
4	门扇正常位置功能信号调试	正常位传感器动作后,相应保护继电器动作、输出相应信号
5	挡板小车解锁位功能信号调试	挡板小车运行至解锁位触动位置传感器后,相应保护继电器动作、输出相应信号
6	挡板小车锁定位功能信号调试	挡板小车运行至锁定位触动位置传感器后,相应保护继电器动作、输出相应信号
7	挡板小车推出位功能信号调试	门扇运行至小车推出位,触动位置传感器后,相应保护继电器动作、输出相应信号
8	门扇下极限位置功能信号调试	门扇运行至下极限位,触动位置传感器后,相应保护继电器动作输出、相应信号
9	电动葫芦钢绳下极限位置功能信号调试	下极限传感器动作后,相应保护继电器动作、输出保护信号
10	挡板小车下压位功能信号调试	挡板小车运行至下压位,触动位置传感器后,相应保护继电器动作、输出相应信号指示灯点亮
11	下压机构下压到位功能信号调试	下压机构运行至下压到位,触动位置传感器后,相应保护继电器是动作、输出相应信号
12	下压机构上拔到位功能信号调试	下压机构运行至上拔到位,触动位置传感器后,相应保护继电器动作、输出相应信号
13	电动葫芦起重限制器功能信号调试	起重限制器输出保护信号后,相应保护继电器动作、输出相应信号
14	FG水位信号	区间水泵控制系统显示水位值与防淹门控制系统收到信号显示水位值一致
15	区间水位预报警信号测试	区间水位达到防淹门预报警设定值时,防淹门发出水位预报警信号、控制面板指示灯点亮
16	区间水位预报警信号测试	区间水位达到防淹门危险报警设定值时,防淹门发出危险水位报警信号、控制面板指示灯点亮
17	区间水位上涨过快报警信号测试	区间水位上涨速度超过防淹门设定值时,防淹门发出水位上涨过快报警信号、控制面板指示灯点亮
18	防淹门系统故障报警测试	防淹门系统出现故障时,防淹门控制系统发出故障报警,相应指示灯点亮
19	防淹门手动请求关门信号测试	控制面板手动发出请求关门信号后,面板相应指示灯点亮
20	防淹门允许关门信号测试	控制面板手动发出请求关门信号后,面板相应指示灯点亮,允许关门继电器吸合后允许关门指示灯点亮

续表

序号	调试内容	预期效果
21	车控（集控）控制状态测试	控制面板操控授权转换到集控后，面板相应指示灯点亮
22	就地（现地）控制状态测试	控制面板操控授权转换到现地后，面板相应指示灯点亮
23	自动运行模式状态测试	控制面板系统运行模式转换为自动后，自动运行模式指示灯点亮
24	检修运行模式状态测试	控制面板系统运行模式转换为检修后，检修模式指示灯点亮
25	模拟运行模式状态测试	控制面板系统运行模式转换为模拟后，模拟模式指示灯点亮
26	车站 IPB 盘开关门操作测试	IBP 盘关门旋钮接通后，关门继电器吸合
27	等电位测试	观察系统是否进行等电位连接，并用万用表测试接地电阻<4 Ω
28	后备 UPS 电源的容量测试	市电中断后，后备式 UPS 进行放电，放电时间≥4 h
29	防淹门系统全功能手动操作控制系统运行测试	在控制面板手动对防淹门进行控制，现场设备对控制信号有相应动作
30	防淹门系统 24 h 全功能自动模式连续不间断运行测试	防淹门系处于全功能自动模式待机 24 h 内没有报警故障信号

第 16 章 给排水与消防系统

16.1 系统组成及调试内容

16.1.1 系统组成

站内客运系统包含电梯和自动扶梯，电梯通过上下垂直输送乘客完成对进出站客流及站台层与站厅层客流的疏散；自动扶梯通过向上或向下倾斜输送乘客完成对进出站客流及站台层与站厅层客流的疏散。

1. 电　梯

电梯是指服务于建筑物内若干特定的楼层，其轿厢运行在至少两列垂直于水平面或与铅垂线倾斜角小于 15° 的刚性轨道运动的永久运输设备。电梯（图 16-1）主要由八大系统构成：曳引系统、导向系统、门系统、轿厢系统、重量平衡系统、电力拖动系统、电气控制系统、安全保护系统。

图 16-1　电梯

2. 自动扶梯

自动扶梯（图 16-2）是带有循环运行梯级，用于向上或向下倾斜输送乘客的固定电力驱动设备，自动扶梯由桁架、主机、梯路系统、扶手系统、梯级系统、涨紧装置、电气控制系统、驱动系统组成。

图 16-2 自动扶梯

16.1.2 系统调试内容

站内客运系统调试内容如表 16-1 所示。

表 16-1 站内客运系统调试内容

序号	调试项目	具体内容
1	电梯调试	安全开关检查调试
2		电气检查调试
3		安装尺寸、平层精度及制动器检查调试
4		基本功能检查调试
5		安全开关检查调试
6		各工况负载运行试验
7	自动扶梯调试	安全开关检查
8		电气检查及安装尺寸检查调试
9		制动器及油位检查调试

16.2 前置条件

（1）整机安装完成，主机、导轨等水平度，垂直度到达设计要求，各连接螺栓已紧固可靠；

（2）各控制屏、柜及各电器部件的接线正确，接地良好。正式电源送达电梯与自动扶梯控制柜接驳点，电压波动在 ±7% 内；

（3）设备内部及周边环境已进行清理、清洁，设备运行方向上方无任何障碍，满足设备正常运行要求；机房环境温度 5～40 ℃，空气中不应含有腐蚀性和易燃性气体及导电尘埃；

（4）电梯井道封闭，扶梯桁架封闭；

（5）急停开关、限速器、安全钳、门锁及自动闭门装置、超速保护装置、防逆转装置及主、附件制动器等安全装置已正确安装并处于正常工作状态；

（6）各可调参数的元器件的参数已按要求设置到规定数值；

（7）单机调试方案、调试记录表格准备完毕；

（8）调试所用各项机具设备准备齐备。

16.3 电梯调试

16.3.1 安全开关检查调试

安全开关检查调试内容如表 16-2 所示。

表 16-2 安全开关检查调试内容

序号	调试内容	预期效果
1	验证松闸开关功能是否正常	有松闸开关的必须接入安全回路，主机盘车开关安装可靠，动作正常
2	验证机房急停开关动作后是否正常停止电梯	机房抬高 500 mm 时应安装机房急停开关，此开关安装在工作面朝机器运动部分（曳引轮）并便于维修时切断开关的位置处，急停的安装高度为 1 300～1 500 mm
3	验证控制柜急停开关动作后是否正常停止电梯	动作急停开关后电梯停止运行
4	验证限速器开关动作后是否正常停止电梯	动作限速器开关后电梯停止运行
5	验证夹绳器是否正常作用	动作夹绳器开关后夹绳子器动作正常
6	验证轿厢急停动作后是否正常停止电梯	动作轿厢急停开关后电梯停止运行
7	验证轿顶急停开关动作后是否正常停止电梯	动作轿顶急停开关后电梯停止运行
8	验证上极限开关动作后是否正常停止电梯	动作上极限开关后电梯停止运行
9	验证轿顶检修开关动作后是否正常停止电梯	动作轿顶检修开关后电梯停止运行
10	验证安全钳开关动作后是否正常停止电梯	动作安全钳开关后电梯停止运行
11	验证下极限开关动作后是否正常停止电梯	动作下极限开关后电梯停止运行
12	验证涨紧轮开关动作后是否正常停止电梯	动作涨紧轮开关后电梯停止运行
13	验证底坑急停开关动作后是否正常停止电梯	动作底坑急停开关后电梯停止运行
14	验证对重缓冲器开关动作后是否正常停止电梯	动作对重缓冲器开关后电梯停止运行

续表

序号	调试内容	预期效果
15	验证轿厢缓冲器开关动作后是否正常停止电梯	动作轿厢缓冲器开关后电梯停止运行
16	对重防护栏与对重块干涉情况检查	对重防护栏与对重块间隙不小于 8 mm
17	验证轿门门锁开关动作后是否正常停止电梯	动作轿门门锁开关后电梯停止运行
18	验证井道安全门开关动作后是否正常停止电梯	动作井道安全门后电梯停止运行
19	验证厅门门锁开关动作后是否正常停止电梯	动作厅门门锁后电梯停止运行
20	验证对重限速器开关动作后是否正常停止电梯	动作对重限速器开关后电梯停止运行
21	检查清理曳引钢绳（或钢带）及限速器钢绳	钢丝绳无断丝、断股、油污异物，外表无损伤
22	检查、校核电梯内外配线，检查主电源开关	安装布线规范正确，主电源开关正常开启或切断整机电源
23	电梯到达顶层后，测量对重最下端离缓冲器的距离	越程距离范围在 100～400 mm

16.3.2 电气检查调试

电气检查调试内容如表 16-3 所示。

表 16-3 电气检查调试内容

序号	调试内容	预期效果
1	测试动力回路绝缘阻值	动力回路绝缘电阻不小于 0.5 MΩ
2	测试控制回路绝缘阻值	控制回路绝缘电阻不小于 0.25 MΩ
3	测试照明回路绝缘阻值	照明回路的绝缘电阻不小于 0.25 MΩ
4	检查主电源的稳定性	电压 AC 380 V 波动在 ±7% 内
5	检查控制电源的稳定性	电压 DC 24 V 波动在 ±5% 内
6	检查照明电源的稳定性	电压 AC 220 V 波动在 ±5% 内

16.3.3 安装尺寸、平层精度及制动器检查调试

安装尺寸、平层精度及制动器检查调试内容如表 16-4 所示。

表 16-4 安装尺寸、平层精度及制动器检查调试内容

序号	调试内容	预期效果
1	检查、调整曳引轮（或主机）、导向轮、绳轮水平度与垂直度	水平度与垂直度均不大于 3‰
2	调整门机、门刀，检查门刀与各层门地坎间隙	门刀与各层门地坎间隙 5～12 mm

续表

序号	调试内容	预期效果
3	调整轿厢门与轿厢、层门与门套间隙	厅、轿门的门扇与立柱,地坎的运动间隙不大于 6 mm
4	调整层门门头背轮与滑轨间隙	间隙范围为 0.2~0.5 mm
5	调整轿厢门、层门各保护开关位置及动作距离	层门锁钩插入门锁触点啮合深度不小于 7 mm
6	测量上行平层后轿厢地坎与厅门地坎平层误差	平层准确度在 ±5 mm 内
7	测量下行平层后轿厢地坎与厅门地坎平层误差	平层准确度在 ±5 mm 内
8	制动器抱闸间隙检测	抱闸间隙在 0.1~0.5 mm

16.3.4 基本功能检查调试

基本功能检查调试内容如表 16-5 所示。

表 16-5 基本功能检查调试内容

序号	调试内容	预期效果
1	验证独立功能启用时,是否响应外呼指令	外呼功能关闭,轿内操作电梯正常运行
2	转换至司机模式	只能通过轿厢内司机控制电梯开关及运行
3	连续按压两次错误内选,验证轿厢错误指令是否取消	取消错误内选信号,运行正常
4	检查照明及风扇控制功能是否正常	轿厢内照明、风扇开关控制正常
5	载荷超过电梯负载时观察超载信息是否显示、蜂鸣是否正常作用	显示超载信息及蜂鸣器鸣叫
6	观察轿内、轿外显示屏是否正常显示楼层信息	显示屏正常显示轿厢所在楼层信息
7	在关门时,阻挡光幕/安全触板观察厅门是否自动返回	阻挡光幕/安全触板后厅门自动返回
8	检查梯平层超过平层标准后是否自动运行到平层区域	功能启用后,电梯平层超过平层标准后能自动运行到平层区域
9	检查在打开提前开门功能后电梯在平层区域提前是否打开厅、轿门	功能启用后,电梯在平层区域能提前打开厅、轿门
10	轿厢到站后观察轿厢,厅外到站钟是否报站	轿厢到达指定楼层后到站钟有报站提示音
11	检查打开刷卡功能后是否能解锁运行	功能启用后,需要刷卡才能解锁运行电梯
12	在基站用锁梯钥匙锁梯后电梯能否运行	功能启用后,电梯停止运行,不响应任何指令
13	在基站按下消防迫降按钮后,电梯是否返回基站、停止运行、打开厅门	功能启用后,电梯自动返回基站,停止运行,打开厅门
14	切断电梯主电源后,应急照明能否正常启用	切断电梯主电源后,应急照明正常启用

续表

序号	调试内容	预期效果
15	多台电梯群控时,向其中任意一台电梯呼梯时,就近楼层一台电梯是否响应呼梯指令	多台电梯群控时,向其中任意一台电梯呼梯时,就近楼层一台电梯响应呼梯指令
16	在长时间不使用电梯时,观察电梯是否自动停靠指定楼层	在长时间不使用电梯时,电梯自动停靠指定楼层
17	在断错相后观察电梯是否停止运行,自动保护	在断错相后电梯自动停止运行,自动保护
18	电梯意外停梯后能否自动在就近楼层平层开门放人	电梯意外停梯后能自动在就近楼层平层开门放人
19	电梯停电后能否在就近楼层平层开门放人	电梯停电后能在就近楼层平层开门放人
20	验证五方对讲通话功能是否正常	轿厢,机房,轿顶,中控室,底坑的对讲通信功能正常
21	电梯故障后能否人工紧急救援	电梯故障后能进行人工紧急救援
22	在电梯运行时测量轿厢与对重之间的平衡系数比例	电梯的平衡系数应当在 0.40～0.50 之间

16.3.5 安全开关检查调试

安全开关检查调试内容如表 16-6 所示。

表 16-6 安全开关检查调试内容

序号	调试内容	预期效果
1	验证钥匙开关开启各功能是否有效,运行方向与命令标识方向是否一致	钥匙开关启动后各功能有效,运行方向与命令标识方向一致。
2	验证扶手入口开关,动作时扶梯是否停止运行	扶手入口安全保护开关功能有效,扶梯立即停止运行
3	验证急停开关启动后,扶梯是否紧急停止	按下急停开关后,扶梯立即停止运行
4	验证梯级链/踏板链断裂开关,启动后,扶梯是否紧急停止	梯级或踏板下陷保护装置功能有效。杆与轴或踏板之间的间隙应调整至 4～6 mm
5	验证梯级/踏板塌陷装置,启动后,扶梯是否紧急停止	梯级或踏板断裂保护装置功能有效,监控杆与梯级或链条的间隙在 3～6 mm 之间,手动复位后设备才能启动
6	验证梯级/踏板丢失装置,启动后,扶梯是否紧急停止	梯级或踏板丢失保护装置功能有效,手动复位后设备才能启动
7	验证梳齿板上抬开关,启动后扶梯是否紧急停止	梳齿板上抬保护装置(带后退式保护时)动作时扶梯停止。固定前沿板与活动前沿板的最大间隙为 4～6 mm
8	验证防逆转功能,启动后扶梯是否紧急停止	防逆转功能动作正常。启动后扶梯立即停止运行
9	验证前沿板打开开关后,扶梯是否紧急停止运行	前沿板打开保护装置功能有效,启动后扶梯立即停止运行

续表

序号	调试内容	预期效果
10	验证机仓盖板开关,启动后扶梯是否紧急停止	上下机仓盖板当移去或打开时,扶梯应当不能启动或立即停止
11	验证扶手带断带装置,启动后扶梯是否紧急停止	扶手带断带装置功能正常,扶手带和轮子脱落能够停梯
12	验证驱动链断链开关,启动后扶梯是否紧急停止	主驱动链断链保护开关有效可靠,手动复位后设备才能启动
13	验证围裙板开关,启动后扶梯是否紧急停止	围裙板保护开关功能有效,启动后扶梯立即停止运行
14	验证扶梯故障时警示铃/蜂鸣器,正常鸣叫	扶梯故障时警示铃/蜂鸣器正常鸣叫
15	观察交通流量灯,指示方向与运行方向是否一致	交通流量灯正常显示,指示方向与运行方向一致
16	验证抱闸检测开关,启动后扶梯是否紧急停止	抱闸打开检测装置功能有效,手动复位后设备才能启动
17	检查控制柜、主机铭牌及主电源开关、扶梯入口、急停开关等警示标志	控制柜铭牌完好无损,标识正确;控制柜主电源开关标识明显;扶梯入口的警示标识完好无损、标识正确;上左前裙板处的扶梯信息铭牌完好无损,标识正确
18	检查扶手带表面及内衬情况	扶手带表面无划伤、无异物、无异常变形;扶手带内衬无划伤、无异物、无异常磨损
19	检查梯级固定情况	梯级轴套胶盖完整无缺失;梯级空心轴套完整无缺失
20	检查梯级轨道固定及轨道接头、回转部位连接	梯级导轨螺栓紧固,无松脱现象;上下段梯级无异物,上段回转导轨系统运行时,无异常响声与振动;中间段梯路无异物,梯级运行无明显跳动,无异常响声;导轨接口过渡平滑无明显台阶,表面无变形,间隙≤0.5 mm
21	检查梯级驱动链张力调节弹簧	梯级链条张紧站的张紧弹簧长度(根据梯型)
22	检查短路、过载保护	短路、过载保护有效可靠,手动复位后设备才能启动
23	检查梯级、扶手带防静电装置	梯级装有静电刷来释放静电;扶手带装有静电轮释放静电
24	检查调整主机测速开关、扶手带测速开关	主机测速开关有效可靠,左右扶手带运行速度同步,与相对梯级、踏板或胶带的速度允许偏差为0～+2%
25	检查防粘连功能	人为按住其中一个主接触头不释放、停车,检查自动扶梯能重新启动
26	检查主机位移开关是否有效	主机位移时自动扶梯紧急停止自动扶梯
27	检查梯级防跳开关是否有效	梯级在运行至弯曲处梯级跳动自动扶梯紧急停止

16.3.6 各工况负载运行试验

各工况负载运行试验内容如表 16-7 所示。

表 16-7 各工况负载运行试验内容

序号	调试内容	预期效果
1	在空载满速时动作安全钳,查看电梯能否正常制动	轿厢空载以正常运行速度上行时,切断电动机与制动器供电,轿厢应当被可靠制停,并且无明显变形和损坏
2	在半载满速时动作安全钳,查看电梯能否正常制动	轿厢装载 0.5 倍额定载重量,以正常运行速度下行至行程下部,切断电动机与制动器供电,曳引机应当停止运转,轿厢应当完全停止
3	在满载满速时动作安全钳,查看电梯能否正常制动	轿厢装载额定载重量,以正常运行速度下行至行程下部,切断电动机与制动器供电,曳引机应当停止运转,轿厢应当完全停止
4	在超载满速时动作安全钳,查看电梯能否正常制动	轿厢装载 1.25 倍额定载重量,以正常运行速度下行至行程下部,切断电动机与制动器供电,曳引机应当停止运转,轿厢应当完全停止

16.4 自动扶梯调试

16.4.1 安全开关检查

安全开关检查调试内容如表 16-8 所示。

表 16-8 安全开关检查调试内容

序号	调试内容	预期效果
1	验证钥匙开关开启各功能是否有效,运行方向与命令标识方向是否一致	钥匙开关启动后各功能有效,运行方向与命令标识方向一致
2	验证扶手入口开关,动作时扶梯是否停止运行	扶手入口安全保护开关功能有效,扶梯立即停止运行
3	验证急停开关启动后,扶梯是否紧急停止	按下急停开关后,扶梯立即停止运行
4	验证梯级链/踏板链断裂开关,启动后,扶梯是否紧急停止	梯级或踏板下陷保护装置功能有效。杆与轴或踏板之间的间隙应调整至 4~6 mm
5	验证梯级/踏板塌陷装置,启动后,扶梯是否紧急停止	梯级或踏板断裂保护装置功能有效,监控杆与梯级或链条的间隙在 3~6 mm,手动复位后设备才能启动
6	验证梯级/踏板丢失装置,启动后,扶梯是否紧急停止	梯级或踏板丢失保护装置功能有效,手动复位后设备才能启动
7	验证梳齿板上抬开关,启动后扶梯是否紧急停止	梳齿板上抬保护装置(带后退式保护时)动作时扶梯停止。固定前沿板与活动前沿板的最大间隙为 4~6 mm

续表

序号	调试内容	预期效果
8	验证防逆转功能,启动后扶梯是否紧急停止	防逆转功能动作正常。启动后扶梯立即停止运行
9	验证前沿板打开开关后,扶梯是否紧急停止运行	前沿板打开保护装置功能有效,启动后扶梯立即停止运行
10	验证机仓盖板开关,启动后扶梯是否紧急停止	上下机仓盖板当移去或打开时,扶梯应当不能启动或立即停止
11	验证扶手带断带装置,启动后扶梯是否紧急停止	扶手带断带装置功能正常,扶手带和轮子脱落能够停梯
12	验证驱动链断链开关,启动后扶梯是否紧急停止	主驱动链断链保护开关有效可靠,手动复位后设备才能启动
13	验证围裙板开关,启动后扶梯是否紧急停止	围裙板保护开关功能有效,启动后扶梯立即停止运行
14	验证扶梯故障时警示铃/蜂鸣器,正常鸣叫	扶梯故障时警示铃/蜂鸣器正常鸣叫
15	观察交通流量灯,指示方向与运行方向是否一致	交通流量灯正常显示,指示方向与运行方向一致
16	验证抱闸检测开关,启动后扶梯是否紧急停止	抱闸打开检测装置功能有效,手动复位后设备才能启动
17	检查控制柜、主机铭牌及主电源开关、扶梯入口、急停开关等警示标志	控制柜铭牌完好无损,标识正确;控制柜主电源开关标识明显;扶梯入口的警示标识完好无损,标识正确;上左前裙板处的扶梯信息铭牌完好无损,标识正确
18	检查扶手带表面及内衬情况	扶手带表面无划伤、无异物、无异常变形;扶手带内衬无划伤、无异物、无异常磨损
19	检查梯级固定情况	梯级轴套胶盖完整无缺失;梯级空心轴套完整无缺失
20	检查梯级轨道固定及轨道接头、回转部位连接	梯级导轨螺栓紧固,无松脱现象;上下段梯级无异物,上段回转导轨系统运行时,无异常响声与振动;中间段梯路无异物,梯级运行无明显跳动,无异常响声;导轨接口过渡平滑无明显台阶,表面无变形,间隙≤0.5 mm
21	检查梯级驱动链张力调节弹簧	梯级链条张紧站的张紧弹簧长度(根据梯型)
22	检查短路、过载保护	短路、过载保护有效可靠,手动复位后设备才能启动
23	检查梯级、扶手带防静电装置	梯级装有静电刷来释放静电;扶手带装有静电轮释放静电
24	检查调整主机测速开关、扶手带测速开关	主机测速开关有效可靠,左右扶手带运行速度同步,与相对梯级、踏板或胶带的速度允许偏差为 0~+2%
25	检查防粘连功能	人为按住其中一个主接触头不释放、停车,检查自动扶梯能重新启动
26	检查主机位移开关是否有效	主机位移时自动扶梯紧急停止自动扶梯
27	检查梯级防跳开关是否有效	梯级在运行至弯曲处梯级跳动自动扶梯紧急停止

16.4.2 电气检查及安装尺寸检查调试

电气检查及安装尺寸检查调试内容如表 16-9 所示。

表 16-9 电气检查及安装尺寸检查调试内容

序号	调试内容	预期效果
1	测试动力回路绝缘阻值	动力回路绝缘电阻不小于 0.5 MΩ
2	测试控制回路绝缘阻值	控制回路绝缘电阻不小于 0.25 MΩ
3	测试照明回路绝缘阻值	照明回路的绝缘电阻不小于 0.25 MΩ
4	检查主电源的稳定性	电压 AC 380 V 波动在 ±7% 内
5	检查控制电源的稳定性	电压 DC 24 V 波动在 ±5% 内
6	检查照明电源的稳定性	电压 AC 220 V 波动在 ±5% 内
7	检查梯级/踏板与梳齿板啮合深度	啮合深度至少为 4 mm
8	检查端部围裙板与梳齿支承板间隙	间隙不应超过 4 mm
9	检查端部围裙板与梳齿板侧面间隙	间隙不应超过 4 mm
10	检查梯级/踏板与围裙板双边间隙	梯级与裙板的间隙单边不大于 4 mm,两边之和不大于 7 mm
11	检查栏板拼缝间隙	不锈钢护壁板之间的拼缝间隙应调整至 ≤0.5 mm
12	检查制停距离	空载和有载向下运行的自动扶梯: 名义速度　　制停距离范围 0.50 m/s　　0.20 ~ 1.00 m 0.65 m/s　　0.30 ~ 1.30 m 0.75 m/s　　0.40 ~ 1.50 m
13	检查桁架水平偏差	上、下平层水平调整误差应小于 0.5 mm/1 000 mm
14	检查桁架连接情况	桁架连接板安装位置与出厂标记一致; 桁架连接螺栓穿入方向正确; 桁架连接螺栓、垫片、锁紧螺母均已安装且已紧固
15	中间支撑	桁架中间支撑安装位置符合图纸设计的标准。中间支撑处的上方桁架水平小于 0.5 mm/1 000 mm,梯路直线度应控制在 ±2 mm 以内
16	检查、调整扶手导轨	各扶手导轨拼缝间隙应调整至 ≤1 mm。 各扶手导轨连接断差应调整至 ≤1 mm。 各扶手导轨的连接固定螺钉表面不应高出导轨表面
17	检查调整扶手带各驱动轮、导向轮	扶梯/人行道在上行时,扶手返回导轨的导向件与扶手带内唇表面应控制在 0.5 ~ 2 mm 的间隙
18	检查扶手带驱动链	驱动链完好,张力适中,润滑良好

16.4.3 制动器及油位检查调试

制动器及油位检查调试内容如表 16-10 所示。

表 16-10 制动器及油位检查调试内容

序号	调试内容	预期效果
1	验证制动器装置是否有效，启动后扶梯是否紧急停止运行	抱闸打开检测装置功能有效，手动复位后设备才能启动
2	验证附加制动器装置是否有效，启动后扶梯是否紧急停止运行	扶梯正常速度下行，使主抱闸失效，断电后，附件制动器动作，扶梯停止运行
3	检查减速箱内润滑油位是否在润滑要求范围内	通过油位尺观察，减速箱内的润滑油在要求范围内
4	检测加油装置内润滑油位是否在标尺范围内	油位在加油装置标志范围内，电动油泵加注适当润滑油，对轨道、链条进行适当润滑
5	检测油泵在设定时间内是否启动工作正常	油泵在设定时间段内正常启动，喷油，观察到油泵出油口正常喷油

第 17 章 自动售检票系统

17.1 系统组成及调试内容

17.1.1 系统组成

自动售检票系统（AFC）是一种由计算机集中控制的自动售票（包括半自动售票）、自动检票以及自动收费和统计的封闭式自动化网络系统；是一种基于计算机、通信、网络、自动控制等技术，实现轨道交通售票、检票、计费、收费、统计、清分、管理等全过程的自动化系统；是城市轨道交通运行中普遍应用的现代化收费系统。自动售票机（左）和自动检票机（右）如图 17-1 所示。

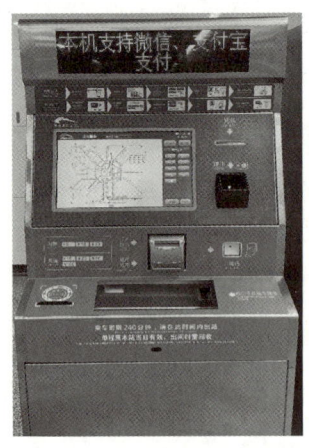

图 17-1 自动售票机（左）和自动检票机（右）

自动售检票系统对系统结构进行层次划分，共分为车票、车站终端设备、车站计算机系统、线路中央计算机系统、城市轨道交通票务清分系统五个层次。

第一层：车票。车票是乘客所持的车费支付媒介，规定了储值卡和单程票二种类型的物理特性、电气特性、应用文件组织以及安全机制等技术要求。

第二层：车站终端设备。车站终端设备安装在各车站的站厅，直接为乘客提供售检票服务的设备，规定了车站终端设备及其运营管理的技术要求。

第三层：车站计算机系统。车站计算机系统的主要功能是对第二层车站终端设备进行状态监控、以及收集本站产生的交易和审计数据，规定了系统的数据管理、运营管理及系统维护管理的技术要求。

第四层：线路中央计算机系统。线路中央计算机系统的主要功能是收集本线路 AFC 系统产生的交易和审计数据，并将此数据传送给城市轨道交通清分系统，以及与其进行对帐，规定了对该线路的车票票务管理、运营管理及系统维护的技术要求。

第五层：票务清分系统。票务清分系统的主要功能是统一城市轨道交通 AFC 系统内部的各种运行参数、收集城市轨道交通 AFC 系统产生的交易和审计数据并进行数据清分和对帐、同时负责连接城市轨道交通 AFC 系统和城市一卡通清分系统，规定了对车票管理、票务管理、运营管理和系统维护管理的技术要求。

各层次之间的关系如图 17-2 所示。

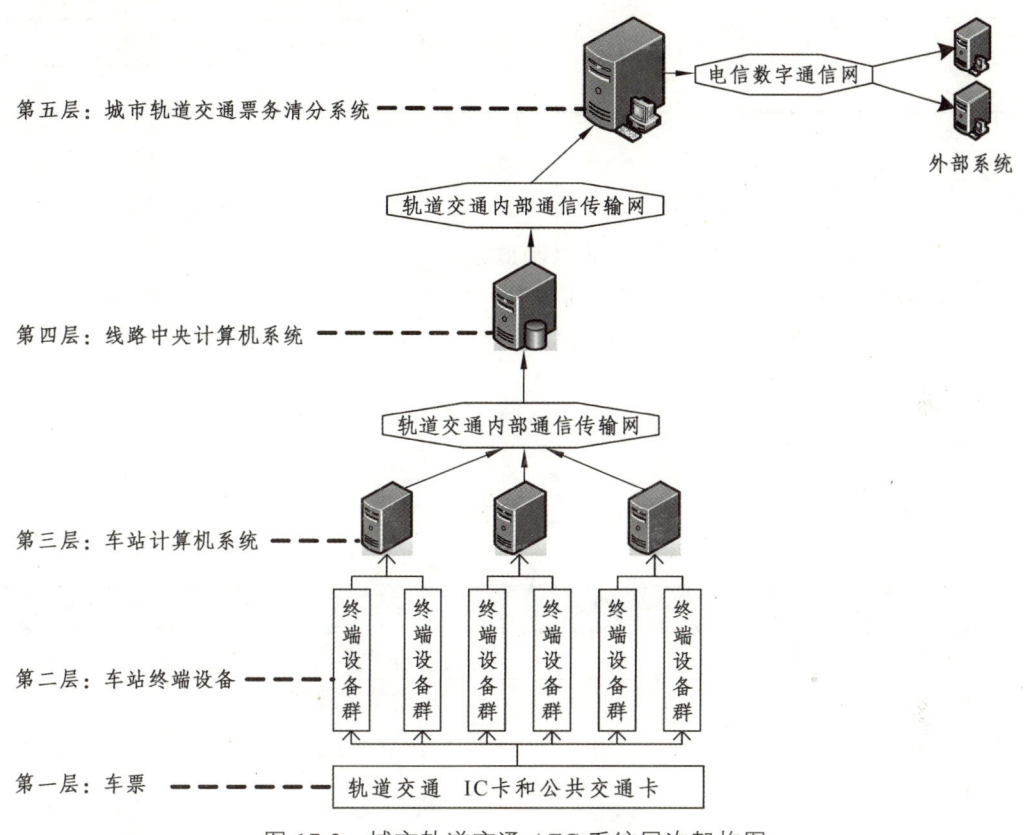

图 17-2　城市轨道交通 AFC 系统层次架构图

17.1.2　系统调试内容

自动售检票系统调试内容如表 17-1 所示。

表 17-1　自动售检票系统调试内容

序号	调试项目	具体内容
1	自动检票机（AGM）调试	维护门、回收机构、指示灯、通行等功能调试
2	自动售票机（TVM）调试	维护门、门锁拉杆、补币箱、回收钱箱、充值模块等功能调试
3	半自动售/补票机（BOM）调试	维护门、显示功能、打印机、发售机构、参数检查等功能调试

续表

序号	调试项目	具体内容
4	自动查询机（TCM）调试	显示器、读写器、验票及参数检查功能调试
5	车站系统调试	功能检查调试
6		紧急控制测试
7		票卡交易测试
8		终端设备性能测试

17.2　前置条件

（1）各设备均已安装到位，具备加电调试条件；
（2）现场供电稳定，不会出现断电情况；
（3）现场光照充足，或提供照明器具。

17.3　自动检票机（AGM）调试

自动检票机调试内容如表 17-2 所示。

表 17-2　自动检票机调试内容

序号	调试内容	预期效果
1	维护门及门锁	实际开关闸机的 4 个维护门
2	维护门传感器	4 个维护门中，只要打开一个，就要进入维护界面；关闭维护门，退出维护界面（边机外面的门除外）
3	维护单元检查	能正确的输入用户名和密码，操作正常、显示正常
4	部件 ID 读取	通过后维护的部件诊断操作
5	回收票箱	不开锁，用手试图取出票箱
6		按正常流程更换票箱
7	回收机构闸口	通过后维护的部件诊断操作：拿一张无效单程票，投入回收闸口，注意入票和退票是否顺畅，连续操作 5 次
8	指示灯初始状态	读写器指示灯为蓝色。通道右手边查看本通道的方向指示灯。入站通道：入站端方向指示灯为绿色箭头，出站端方向指示灯为红色禁止符号。出站通道：出站端方向指示灯为绿色箭头，入站端方向指示灯为红色禁止符号。双向通道：两端方向指示灯均为绿色箭头

续表

序号	调试内容	预期效果
9	指示灯切换	不刷卡，站到通道里面，等待5 s～1 min（参数设置），显示绿色箭头一端的方向指示变为红色禁止，并报警，报警灯亮
10	读写器指示灯切换	刷无效卡，指示灯变为红色；刷有效卡读写器指示灯变为绿色
11	通行测试	人过闸，闸门正常打开、关闭，连续测试5张
12	票箱计数清零	按正常流程更换单程票箱，并清零票箱计数
13	IP、ID、编号检查	4个维护门中，只要打开一个，就要进入维护界面；关闭维护门，退出维护界面（边机外面的门除外）

17.4　自动售票机（TVM）调试

自动售票机调试内容如表17-3所示。

表17-3　自动售票机调试内容

序号	调试内容	预期效果
1	后维护门及门锁	实际开关维护门
2	维护门传感器	打开维护门，进入维护界面；关闭维护门，退出维护界面
3	前维护门锁拉杆检查	拉动开门锁杆，拉动顺畅，门自动打开
4	前维护门锁拉杆检查	推动开门锁杆，推动顺畅，门自动打开
5	前维护门	打开前维护门，放手，查看前维护门是否会自动落下来，支撑是否牢固
6	维护单元检查	能正确的输入用户名和密码，操作正常；显示正常
7	补币箱检查	能够读出
8		按正常流程使用钥匙给后备找零箱补币
9		按正常流程使用钥匙更换纸币找零箱
10		通过后维护日常操作功能，能正常输入补充钱币的数量
11		按正常流程使用钥匙给票箱补票
12		票箱装回发卡机构
13		通过后维护日常操作功能，能正常输入补充单程票的数量

续表

序号	调试内容	预期效果
14	回收钱箱检查	取出的回收钱箱不拨回安全锁,试图放回回收箱
15		
16		拨回安全锁将钱箱重新装入
17	发售机构	拉动发卡模块,检查模块锁是否锁好;通过后维护的部件诊断操作,查询模块ID,模块自检
18	硬币模块	通过后维护的部件诊断操作
19	纸币模块	拉动纸币模块,检查模块锁是否锁好;通过后维护的部件诊断操作,查询模块ID,模块自检
20	纸币找零模块	拉动纸币找零模块,检查模块锁是否锁好;通过后维护的部件诊断操作,执行模块自检
21	读写器	通过后维护的部件诊断操作查看ID,部件测试检查部件是否工作正常
22	综合控制器	通过后维护的部件诊断操作查看ID,部件测试检查部件是否工作正常
23	蜂鸣器	通过后维护的部件诊断操作
24	储值卡模块	通过后维护进行储值卡模块锁开、关的操作
25	硬币原币奉还	选择一个5元站点,购买4张车票,投入5角硬币10枚,或1元硬币10枚,然后点击取消按钮,返还硬币
26	纸币原币奉还	购票时,投入不够出票金额的纸币,然后点击取消按钮,返还纸币
27		充值时,投入50元、100元的纸币,然后点击取消按钮,返还纸币
28	纸币硬币购票	加入足够数量的单程票(50张),使用5角、1元硬币购票,以及使用5元、10元、20元纸币购票,购票和出票时检查操作指引灯。正常状态下,操作前所有指示灯不亮;点选站点后,硬币、纸币、储值卡入币口操作指引灯亮;投币完成后,所有入口操作指引灯灭,出票时取票找零口指示灯闪烁
29	充值操作	充值操作前所有指示灯不亮;点选充值按钮后,纸币、储值卡入币口指引灯亮
30	更换纸币钱箱	通过后维护,按正常流程更换纸币回收箱。能正确读取纸币钱箱店子ID,纸币钱箱更换完成后能自动进行计数清零和纸币模块的自检
31	更换纸币找零回收箱	通过后维护,按正常流程更换纸币找零回收箱
32	硬币盘点	通过后维护,按正常流程进行硬币盘点和钱箱更换操作。钱箱内的硬币全部盘点出来,实际盘出的数量与计数一致,与加入的硬币数量一致

17.5 半自动售/补票机（BOM）调试

半自动售/补票机调试内容如表 17-4 所示。

表 17-4 半自动售/补票机调试内容

序号	调试内容	预期效果
1	维护门及门锁	TDM 维护门开关顺畅
		TDM 维护门稳固
2	乘客显示器	乘客显示器 1
		乘客显示器 2
3	操作员显示器	操作员显示器
4	钱箱	钱箱锁开
		钱箱锁关
5	打印机	打印机连接正常
		打印正常
6	单程票发售机构	发售机构 ID
7		模块自检
8		票箱 1 补票
		票箱 2 补票
9		装回票箱 1
		装回票箱 2
10		票箱 1 数量输入正常
		票箱 2 数量输入正常
11	外置读写器	读写器模块 ID
		读取 SAM 卡信息
12	发售单程票	手工发售单程票
13		自动发售单程票
14	设备参数配置检查	本机 ID
		本机 IP
		本机网关
		本机掩码
		车站 ID
		车站 IP
		车站端口号

17.6 自动查询机（TCM）调试

自动查询机调试内容如表 17-5 所示。

表 17-5　自动查询机调试内容

序号	调试内容	预期效果
1	乘客显示器	启动程序，查看显示是否正常
2	读写器	通过维护模块查看 ID，部件测试检查部件是否工作正常
3	验票	能够正常验出
4	设备参数配置检查	本机 ID/IP/网关/掩码，车站 ID/IP

17.7 车站系统调试

17.7.1 功能检查测试

功能检查测试内容如表 17-6 所示。

表 17-6　功能检查测试内容

序号	测试内容	预期效果
1	车站背景图是否与本站相符	从开始菜单→我的电脑→属性查看操作系统背景图是否与本站相符
2	按实际布局调整各设备位置	使用设定用户登录设备监视子系统，检查是否可以按实际布局调整各设备位置
3	设备部件布局是否与实际相符合	使用设定用户登录设备监视子系统，检查设备部件布局是否与实际相符合
4	按实际参数调整各报警参数限值	使用设定用户登录设备监视子系统，检查是否可以按实际参数调整各报警参数限值
5	客值交接班操作	使用设定用户登录票务管理子系统，检查是否可以正常进行客值交接班操作
6	车票调入/调出/上交	检查是否可进行车票调入/调出/上交操作
7	配发车票	检查是否可进行配发车票操作
8	TVM 补币补票	检查是否可进行 TVM 补币补票操作
9	TVM/AGM 票箱回收	检查是否可进行 TYWAGM 票箱回收操作
10	TVM 清空清点	检查是否可进行 TM 清空清点操作，点击"X"并在弹出的提示框选择"是"时，在弹出窗口，输入正确密码，方可保存
11	银行配备用金	检查是否可进行银行配备用金操作
12	现金解行 上日实际解行	检查是否可进行现金解行/上日实际解行操作

续表

序号	测试内容	预期效果
13	零钞申请	检查是否可进行零钞申请操作
14	短款补款登记	检查是否可进行短款补款登记操作
15	售票员配票款/预收款/上交票款	检查是否可进行售票员配票款/预收款/交票款操作，点击"X"并在弹出的提示框选择"是"时，在弹出窗口，输入正确密码，方可保存。
16	TVM钱箱回收	检查是否可进行TVM钱箱回收操作，点击"X"并在弹出的提示框选择"是"时，在弹出窗口，输入正确密码，方可保存
17	免费客流登记	检查是否可进行免费客流登记功能操作
18	异常票款变动登记	检查是否可进行异常票款变动登记操作，点击"X"并在弹出的提示框选择"是"时，在弹出窗口，输入正确密码，方可保存
19	库存查询	检查是否可进行库存查询操作
20	库存调整	检查是否可进行库存调整操作
21	生成售票员结算单 查询设备票款差异日报 查询设备车票差异日报 查询车站营收日报 查询车站售存票日报	检查是否可进行车站结算操作，生成售票员结算单；查询设备票款差异日报、设备车票差异日报、车站营收日报、车站售存票日报等报表

17.7.2 紧急控制测试

紧急控制测试调试容如表17-7所示。

表17-7 紧急控制测试调试内容

序号	测试内容	预期效果
1	紧急按钮控制器的软件版本正确	读取紧急按钮控制器的板载程序版本
2	IBP盘灯亮，各设备响应紧急状态	启动车站IBP盘上紧急按钮
3	SC工作站上显示"紧急模式"，设备状态改变	查看Sc工作站是否进入"紧急模式"状态
4	所有AGM进站端乘客显示器显示"禁止通行"，出站端乘客显示器显示"紧急释放"，进站端方向指示器显示为"θ"，出站端方向指示器显示"↘"	查看AGM设备是否进入紧急模式状态。
5	IBP盘灯灭，各设备状态切换	停止车站IBP盘上紧急按钮
6	SC工作站上模式切换为正常服务，设备状态改变为正常	检查SC工作站是否退出紧急服务状态
7	AGM扇门关闭，恢复为正常模式	查看AGM设备是否进入正常服务状态

17.7.3 票卡交易测试

票卡交易测试内容如表 17-8 所示。

表 17-8 票卡交易测试内容

序号	测试内容	预期效果
1	售票	在 BOM 上分别售出 10 张 4 元的单程票、10 张 3 元的单程票，并根据实际售票结果进行手工记录
2	更换票箱、钱箱	对启动的 TVM 更换票箱1.票箱 1 单程票的数量为 200，补充找零器硬币，其中 1 元硬币 100 个
3	售票并找零（假币拒收）	在启动的 TVM 上进行售票，选择 4 元站点，数量为 5，投入 10 枚 1 元硬币及 1 张 10 元纸币；选择 3 元站点，数量为 5. 投入 10 枚 1 元硬币和 1 张 5 元纸币；选择 3 元站点，数量为 5. 投入 1 张 20 元纸币（投币过程中参杂假币测试）
4	售票并找零	快速购票 4 元站点 4 张，投入 2 张 10 元纸币，找零 4 元，并根据实际售票结果进行手工记录
5	售票成功，储值卡扣费无误	在启动的 TVM 上进行售票，选择 4 元站点，数量为 5 张，选择"储值卡支付"放入储值卡后点击确定
6	选择"储值卡支付"放入储值卡后点击确定	快速购票 4 元站点 4 张，选择"储值卡支付"放入储值卡后点击确定
7	检票和票分析/更新都正确	BOM 和 TVM 上发售的单程票在 AGM 上检票通行，根据实际检票情况进行记录，（如设备编号、进出站次数等）对于不能刷卡进出站的单程票在 BOM 上进行票分析并做好记录，对可以票更新的单程票进行票更新，票更新后再次在 AGM 上走票
8	检票和票分析/票更新	城市一卡通票、地铁专用卡、储值卡等在 AGM 上检票通行，对于验证失败的票卡在 BOM 上进行票分析，票更新后再次在 AGM 上检票
9	更新成功/再次进站	重复进站的单程票 1 张、城市一卡通 1 张、地铁专用票 1 张，在 BOM 上进行重复进站更新，更新后再进站
10	退票	在 BOM 和 TWM 上发售张 2 元单程票，到 BOM 上进行退票

17.7.4 终端设备性能测试

终端设备性能测试内容如表 17-9 所示。

表 17-9 终端设备性能调试内容

序号	测试内容	预期效果
1	TVM 单程票的发售速度、找零速度、钱币清空速度	从界面上批量购票，找零—查询设备日志时间； 从 TVM 维护键盘上操作清空—计量清空指令发出至清空完毕时间—查询设备日志记录
2	AGM 储值刷卡处理速度、单程票回收速度、通行能力	在进、出站侧分别批量刷卡—计量连续正常处理时间—计算平均时间； 在出站侧批量插卡回收—计量连续正常处理时间—计算平均时间； 在出站测分别进行批量刷卡、插票—计量连续正常处理时间—计算通行能力

第18章 信号系统

18.1 系统组成及调试内容

18.1.1 系统组成

城市轨道交通信号系统是保证列车运行安全，实现行车指挥和列车运行现代化，提高运输效率的关键系统。目前城市轨道交通正在使用的信号系统主要有两种：基于数字轨道电路的准移动闭塞和基于通信的移动闭塞系统（CBTC）。典型CBTC系统结构如图18-1所示。

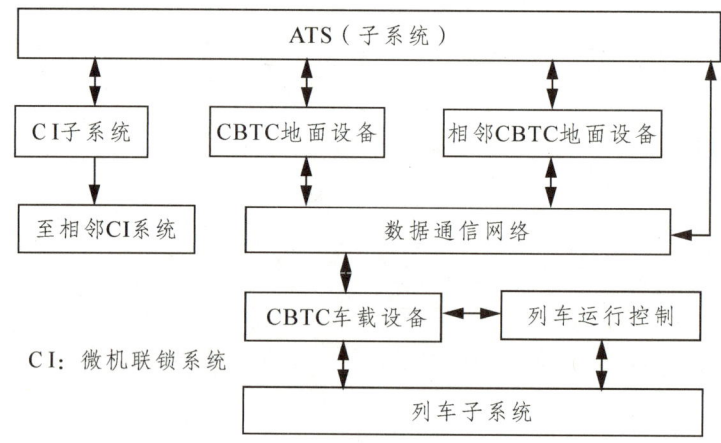

图 18-1 典型 CBTC 系统结构框图

准移动闭塞在国内地铁建设的初期有着广泛的应用，但近些年随着CBTC系统的快速发展，新建城市轨道交通项目已基本不再采用基于轨道电路的准移动闭塞技术，基于通信的移动闭塞已成为城市轨道交通信号系统的主流技术，是城市轨道交通信号系统的发展方向。

地铁信号系统的核心是列车自动控制（ATC）系统。它由正线计算机联锁子系统（CBI）、列车自动防护（ATP）子系统、列车自动驾驶（ATO）子系统、列车自动监控（ATS）子系统构成、数据通信子系统（DCS）、信号维护监测系子统、车辆段计算机联锁系统、培训系统、试车线信号系统等。

1. 计算机联锁系统（CBI）

计算机联锁系统管理全线，用于计算信号原则，接受 ATS 的控制命令，控制与信号设备相连的输入输出，向 ATS 和 ATC 提供状态信息。计算机联锁系统结构如图18-2所示。

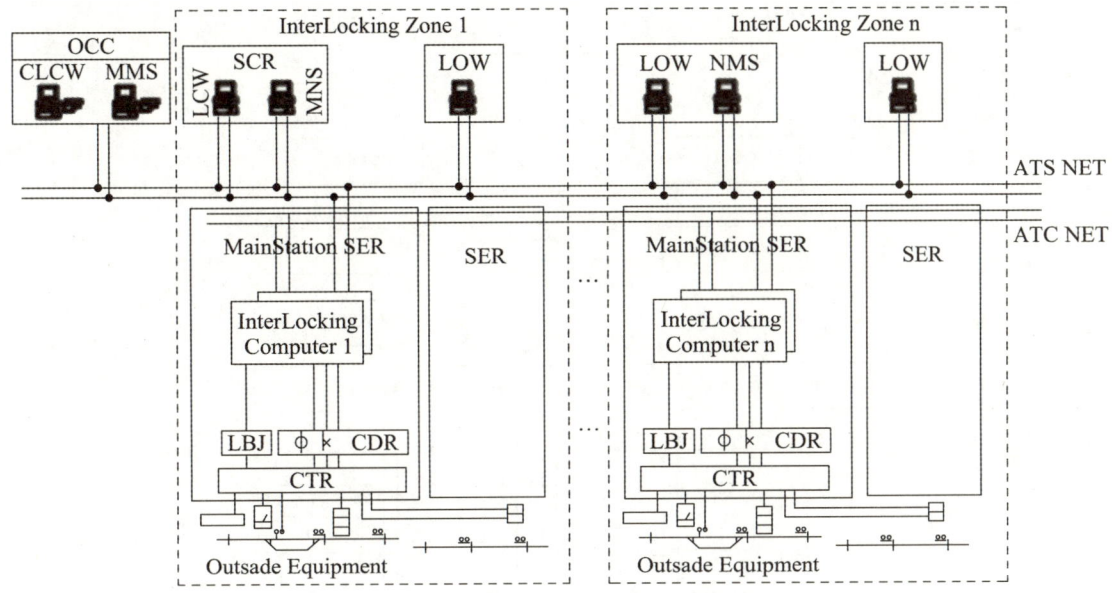

图 18-2 计算机联锁系统结构框图

2．列车自动防护系统（ATP）

列车自动防护系统的设备由车站、轨旁设备和车载设备组成，监督列车在安全速度下运行，确保列车一旦超过规定速度，立即施行制动

3．列车自动驾驶系统（ATO）

列车自动驾驶系统是控制列车自动运行的设备，由车载设备和地面设备组成，在 ATP 系统的保护下，根据 ATS 的指令实现列车运行的自动驾驶、速度的自动调整、列车车门控制。

4．列车自动监控系统（ATS）

列车自动监控系统由控制中心、车站、车场以及车载设备组成。ATS 系统在 ATP 系统的支持下完成对列车运行的自动监控。

5．数据通信子系统（DCS）

数据通信子系统是在各个信号子系统之间传输列车控制信息和维护信息，允许轨旁设备和车载设备之间在正线、车辆段/停车场和试车线进行连续双向大容量的数据通信。数据通信子系统结构如图 18-3 所示。

18.1.2 调试内容

1．工厂测试的主要内容

工厂测试的主要内容如表 18-1 所示。

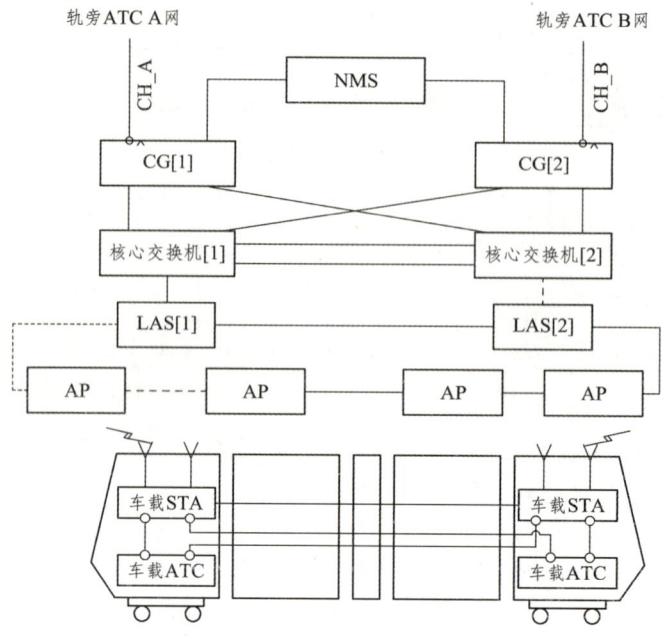

图 18-3 数据通信子系统结构框图

表 18-1 工厂测试的主要内容

序号	调试内容
1	联锁逻辑试验
2	子系统（包括联锁系统、ATP/ATO、ATS 系统）故障报警、记录、诊断试验
3	降级运行模式试验
4	命令执行试验
5	模拟的车站紧急关闭试验
6	相关系统接口试验
7	配套设备的接口试验（转辙机、信号机、紧急关闭按钮等）
8	列车报文接收检查
9	车地双向通信试验
10	传输通道的测试
11	ATS 系统显示试验
12	车载系统显示试验
13	车次号跟踪及生成试验
14	自动进路排列试验
15	列车运行自动调整/人工调整试验
16	时刻表编辑及在线修改试验
17	运行图显示试验；授权、职责功能试验
18	自动生成各种报表试验
19	其他所需的试验

2．现场测试的主要内容

现场测试的主要内容如表 18-2 所示。

表 18-2 现场测试的主要内容

序号		调试内容
1	电源设备测试	电源设备的性能试验
2		两路切换功能试验
3		UPS 输出特性试验
4		各种交直流模块的输出品质试验
5		对地漏泄监测试验
6		电池放电试验
7		各种报警及输出试验
8	联锁设备测试	联锁设备的硬件设备性能测试
9		联锁逻辑及功能试验
10		联锁人机接口试验
11		室内外设备状态的一致性测试
12		故障报警记录诊断试验
13		子系统干扰试验
14		与其他子系统接口试验
15		传输通道的测试
16		冗余设备切换实验及必要的故障状态实验
17	ATP 设备试验	ATP 设备的硬件设备性能试验
18		连续式 ATP 功能及点式 ATP 功能试验
19		与联锁的接口试验
20		命令执行试验
21		紧急关闭试验
22		与其他子系统的接口试验
23		车地通信试验
24		保护区段试验
25		设计行车间隔的试验
26		折返间隔的试验
27		临时限速试验
28		停车精度和门控试验
29		故障报警记录诊断试验

续表

序号		调试内容
30	ATP 设备试验	子系统干扰试验
31		冗余设备切换实验及必要的故障状态实验
32	ATO 设备测试	ATO 设备的硬件设备性能试验
33		连续式 ATO 功能及点式 ATO（如果有）功能试验
34		车地通信试验
35		列车制动距离及安全保护距离试验
36		列车速度保护试验
37		车载设备人机接口试验
38		临时限速试验
39		列车紧急和常用制动试验
40		牵引加速试验
41		列车的动态试验
42		列车制动率试验
43		保护区段试验
44		停车精度与车门控制试验
45		各种驾驶模式及模式转换试验
46		列车倒行保护试验
47		列车位置检测设备的试验
48		列车节能运行模式试验
49		与其他系统的接口试验
50		列车故障报警、记录、诊断试验
51		列车使用常用制动直至停车的舒适度试验
52		冗余设备切换实验及必要的故障状态实验
53	ATS 设备试验	ATS 设备的硬件设备性能试验
54		人机接口试验
55		车次号生成及跟踪试验
56		自动进路排列试验
57		列车运行自动调整/人工调整试验
58		现地与中央控制切换试验
59		时刻表编辑试验
60		时刻表在线修改试验

续表

序号		调试内容
61	ATS 设备试验	按时刻表自动指挥列车运行试验
62		运行图显示试验
63		授权职责功能试验
64		自动生成各种报表试验
65		系统故障记录诊断试验
66		同联锁设备及 ATP/ATO 子系统的联合试验
67		折返间隔的试验
68		通信骨干网试验
69		设计行车间隔的试验
70		系统响应时间试验
71		与其他系统的接口试验
72		列车运行仿真模拟试验
73		冗余设备切换实验及必要故障状态实验
74	试车线设备的试车功能试验	获取/退出试验及其他必要的试验
75	培训设备试验	培训设备的列车运行仿真模拟试验
76		操作培训模拟试验
77		维护培训模拟试验
78	维护检测设备试验	维护监测设备的硬件性能试验
79		各种诊断功能试验
80		各种报警功能试验
81		监测功能试验
82		监测报警的人机界面功能试验
83		行车显示信息画面调用功能试验
84		各种统计及图表输出试验

3．试运行测试的主要内容

接口功能试验，用于证明所有与其他系统的接口功能正常；综合联调试验，通过大量的列车运行，证明各系统可以有机地结合在一起，有效地工作，能满足大密度列车运行的要求，保证地铁正常运营；设计指标测试，用试运行把所有合同设备、系统及材料放在实际运营环境中作为一个不可分割的系统进行检测，以查明合同中规定的运营指标、性能指标、服务指标要求是否达到；可靠性指标测试，在试运行期间，所有设备、材料和系统均须按实际操作模式无故障连续运行。若有故障发生导致试运行中断，须负责排除故障后重新开始测试。

18.2 信号系统静态调试

静态调试是现场调试工作的第一步，确认系统设备的装配和内接口的正确性，证明每个组成部分的基本功能和完整性，是系统性测试的前提条件。

18.2.1 信号系统静态调试简介

信号系统系统调试是各联锁区设备系统安装后进行的调试及测试工作，使各子系统可以进行正常运转并达到合同所约定的功能要求，主要内容包括 CBI 调试、ATS 调试、DCS 调试、CMS 调试、轨旁 ATC 调试、轨旁设备调试、CBI/轨旁设备一致性测试等内容，主要进行的工作有：根据施工图，发现设备安装期限的缺陷，并加以修正；上电检测各系统带负荷运行情况；使相关设备系统能达到正常运行状态；进行功能测试，证明各个子系统的功能、性能、技术指标满足合同要求；进行冗余测试，确定是否满足安全要求、功能要求和可靠性要求；进行主副电源倒换测试，确定是否满足电源倒换要求。

18.2.2 信号系统静态调试实施方案

1．CBI 调试

联锁调试是指联锁子系统在功能项目测试之前进行的以数据码位通信为主的验证性测试，是后续功能测试的基础，具体操作分为安装检查和操作测试两个部分。

（1）安装检查：室外信号设备安装及电缆接续性检查，信号机安装检查，转撤机安装检查，信标安装检查，站台紧急停车按钮安装检查；站台折返按钮安装检查；站台门设备室配线安装检查；DTI 安装检查；安全接电配线校核；电源分配测试；蓄电池续航能力测试；计轴测试；MICROLK 结构测试；LCW/ATS 通信配置检查；道岔操作测试；室内机柜安装检查；信号设备室接地检查；与 DCS 室内设备安装检查；与 DCS 有线网络通信检查；LCW/ATS 工作站安装检查。

（2）操作测试：联锁操作测试、以太网数据通信验证测试、串口数据通信测试、故障倒换测试、联锁操作测试、联锁备机测试。

测试方法：接口测试需要软件模拟工具和轨旁设备模拟盘用于模拟输入输出，在轨旁设备模拟盘与分线柜或继电器架的输入电路连接后，通过模拟每个输入来检验 CBI 输入模块的每个输入电缆信号；在轨旁设备模拟盘与分线柜或继电器架的输出电路连接之后，检验输出正确的激活且输出信号的正确性，或直接检验轨旁输出状态，如道岔、信号机的状态等。

2．ATS 调试

测试包括确认不同 ATS 设备（中央服务器、站级服务器、工作站和发车指示器）的上电和连接，安装不同的软件和参数组建，验证人机接口，验证两个服务器间的冗余，验证与其他系统的连接，验证报警确认，同时验证 ATS 子系统的基本功能，分为 Level 测试和 Leve2 测试两个阶段。

（1）Level 测试：中央安装验证测试、中央软件升级测试、中央-ATS 车站工作站通信验证测试、通信界面验证测试、中央 MicroLok 位验证测试、实时数据验证测试、非实时数据验证测试、单列非通信列车追踪测试、多列非通信列车的追踪测试、目的地 ID 确认测试、报告及日志测试、存档及检索测试、中央故障切换测试。

（2）Leve2 测试：FRONTAM 通信及数据验证测试、FRONTAM 至 ATS 报警和显示数据验证测试、回放测试、ATS 警报测试、ATS 到 CBTC 临时限速。

测试方法：本测试将验证 ATS 系统，运行 ASTS-USA 应用软件，通过本系统功能验证，列车模拟等方式验证列车运行系统功能。其中 ATS 测试将验证在终端站、单程运营 DID，非运营 DID 等情况下的列车停车及跳停。

3．DCS 调试

DCS 调试是指 DCS 子系统在配合 CBTC 动车测试之前的 DCS 单项目功能网络性能测试，是后续动车测试的基础。DCS 无线部分通过漏缆实现轨旁和车载设备之间的连续通信。DCS 车载设备部分通过车载 TAU（无线接入单元）和车载天线实现列车与轨旁的通信。调试内容测试包括 DCS 有线及网管部分，以及基于骨干网实现的轨旁各子系统之间的通信信息。

（1）DCS 有线测试：DCS 有线网络连通性测试、接入层网络连通性测试、骨干网连通性测试、CBTC 各子系统间通信连通性测试（含跨联锁区通信测试）、有线网络冗余测试、环网冗余倒换测试、网管调试。

（2）DCS 无线测试：无线网络连通性测试、LTE 信号覆盖质量测试、车载 TAU 信号质量测试、网络带宽测试、网络时延测试。

测试方法：配置每个骨干网设备工业以太网 IP 路由等；做设备交叉检查（冗余验证、故障模拟、连接中断模拟等）；配置和验证保护机制、工业以太网相关设备时钟同步；验证时钟同步配置以太网部分和测试端到端通信（性能、响应时间、冲突、传输模式）等。

4．轨旁 ATC 调试

轨旁 ATC 调试是后续动车调试的前提条件之一，调试包括 ZC 和 FTM 设备的安装检查，软件上载，冗余测试。测试内容包括：区域控制器 ZC/FTM 静态及冗余测试。主要测试内容如下：安装验证；外观检查；配线；接地一致性检查；介电强度测试；供电测试；LED 测试；以太网测试；SILAM 以太网连接测试；CIER 以太网连接测试。

测试方法：基于 3 取 2 平台的 ZC，仅检验 3 取 2 平台的初始化、内部电源检测等部分功能。FTM 进行上电测试、磁盘阵列配置测试、网络通信测试和 ATS、CC、CMS 接口配置测试。测试中对数据插头和存储软件/数据的 USB 盘进行编程；记录软硬件配置信息；若 DCS 已建立且另一台 ZC 可用，同时测试 ZC/FTM 到其他 C 间及 ZC 与其他子系统的通信信息。

5. CC 静态测试

列车静态测试主要内容是：设备安装检查、校线、上电测试输入输出、机柜板卡软件刷写及 ATO-TMS 的码位核对测试。其中设备安装检查和校线，要求列车无电状态、上电输入/输出测试、机柜板卡刷写及 ATO-TMS 码位测试需要列车具备上电状态。

测试方法：接口测试需要软件模拟工具用于模拟输入输出。在 CC 设备与车辆的输入输出电路连接之后，通过万用表检验 CC 与车辆每个连接电缆信号的正确性。在 CC 设备上电后，通过软件模拟工具模拟车辆的输入信号检验 CC 设备状态；模拟 CC 输出信号检验 TOD 显示状态。

6. 轨旁设备调试

测试内容：为保证施工进度，需及时检查轨旁设备的安装情况以及是否安装正确，其中包括室内的相关机柜、工作站，室外的信号机、转辙机、计轴、信标等的安装。主要测试内容如下：信号机安装检查、转辙机安装检查、计轴安装检查、第分册信号、信标安装检查、计轴室外设备安装检查、DCS 室外设备安装检查、站台紧急停车按钮安装检查、发车显示器安装检查、站台门设备室配线安装检查、电缆支架安装检查、室外电（光）缆敷设检查、室外电缆配线检查、综合后备盘安装检查、室内工作站安装检查、室内机柜安装检查、信号设备室设备接地检查。

测试方法：测量设备安装标准是否满足安装和使用标准，测试设备配线、电源是否正确，测试性能是否满足合同要求。

7. CBI/轨旁设备一致性测试

测试内容：验证 CBI 轨旁设备的输入输出一致性，检查 CBI、继电器架、线柜和轨旁设备的配线是否正确。主要包含与以下设备的接口调试：道岔、信号机控制与状态测试：验证联锁关系正确与否，且 CBI 输入板上的状态与轨旁设备状态是否一致；计轴区段状态测试：验证 CB 输入板上的状态与计轴系统的计轴区段状态一致，同时也验证计轴复位功能；IBP 盘测试：测试 IBP 盘上与 CBI 接口的设备；ESP 测试：测试站台上的紧急停车按钮；与 PSD 接口测试：测试 PSD 与 CBI 的接口；与自动折返 ATB 按钮接口测试：测试自动折返 ATB 按钮与 CBI 的接口。

测试方法：CBI 轨旁设备的输入输出一致性测试需要一组 2 名测试人员，人负责操作相关设备，另一个人负责核对各设备状态，并做好记录其中将针对计轴预复位和直接复位功能进行验证测试。

8. 蓄电池续航能力测试

测试内容：验证 UPS 主路旁路全部断开，使用蓄电池供电状态下，蓄电池供电功能是否正常及续航能力是否满足要求。

测试方法：将 UPS 主旁路断电，使用蓄电池工作，验证负载侧没有断电；蓄电池带负载工作时间不应低于 30 min。

18.3 信号动车调试

18.3.1 信号系统动态调试简介

信号动车调试是为了完成信号系统线路电子地图数据录入,与相关系统接口调试及验证,对信号系统功能进行调试验证,对各项性能指标、运营指标测试验证等工作,调试内容主要包括联锁集成测试、DCS 无线测试、IATP 功能测试、CBTC 功能测试等方面。

18.3.2 信号系统动态调试实施方案

1. 联锁集成测试

联锁测试内容主要包括:固定闭塞的列车间隔、基于联锁的列车间隔防护、自动进路、自动通过进路、通过 LCW 手动取消进路、引导信号测试等。

测试方法:要求测试列车在动车区域来回测试,验证联锁系统安全功能符合预定义的联锁技术条件与技术规格书相关要求,验证联锁关系正确,包括基本联锁条件的测试、故障导向安全项目测试和测试案例抽样检查。验证测试采用抽测的方法,抽测重点包括有岔进路、跨联锁区进路、与其他线路和系统的接口、道岔联锁的一致性以及其他特殊联锁关系的检查和测试。

2. DCS 无线测试

测试内容:车地无线通信调试的目的是满足 CBTC 系统对 DCS 无线网络的要求,保证无线网络正常、稳定、有序通信,无线网络与有线网络正常衔接工作;保证车载 TAU 在列车运行过程中信号正常稳定切换。无线网络调试内容主要侧重于无线信号相关的测试,针对系统级的功能性测试则不在测试内容的范围之内。测试内容主要如下:CBTC 动态数据传输(低速)、CBTC 动态数据传输(正常状态)、BTC 动态通信测试(高速)、多车性能测试、冗余测试、网络压力测试、安全性测试。

测试方法:无线网络和车载通信测试、冗余测试、安全性测试,测试速度分为低速和高速进行,分区段、分阶段多次反复测试。

3. IATP 功能测试

测试内容:IATP 测试是 IATP 驾驶模式(IATPM)检查的正确行为并确定操作的线路,其测试范围包括:激活/停用、驾驶模式、列车自动防护、后溜防护、列车定位、折返、开门、进出 CBTC 区域等。主要测试内容如下:

(1) RM 模式激活/停用:IA0101 在 RM 模式下激活/停用(CC-CC 通信失效);

(2) 驾驶模式:IATPM 释放:读取信标;IATPM 释放:未读取信标;IATPM 释放:释放窗口;IATPM 版本更新;从 RM 切换至不可用模式 TOD 故障; IATPM 不可用;

(3) 紧急制动实施:RM 下的强制限速(NVB 触发)、IATPM 模式下的强制限速(NVB 触发)、RM 模式下的强制限速(EB 触发)、IATPM 模式下的强制限度(EB 触发)、IATPM 模式下对限制性更强的 PSR 执行强制限速(EB 触发)信号机位置的强制停车点、不遵守停车点（NVB 触发）、不遵守停止点（EB 触发）、本地 MA 信标：DMC 延时到期、本地信标：DMC 延时（覆盖距离）、释放信标：DMC 延时到期、释放信标验证、释放信标停用、释放信标激活本地信标停用、保护区段时间到期（EB 触发）、本地 MA 信标：DMC 延时到期（EB 触发）、本地 MA 信标：DMC 延时：距离覆盖后进路锁闭；释放信标：DMC 延时过期（EB 已触发）；IATPM 曲线超时测试。

（4）溜车监控：溜车、自动溜车。

（5）列车完整性：IATPM 下列车完整性丢失。

（6）列车定位：RM（用定位信标定位）、RM 模式下用列车越过道岔区时用 MA 信标定位保护区段延时、IATPM 下定位。

（7）折返：IATPM 模式下黄色信号灯时的强制限速、IATPM：折返。

（8）开门：装有 PSD 的站台开门、欠停恢复、RM 模式下打开车门、开门时机不当时请求立即制动、IATPM 模式下车门旁路。

（9）CBTC 区段入口/出口：运行中从 RM 切换到 IATPM、CBTC 区段：运行中从 IATPM 切换到 RM、CBTC 出口区域（司机未能将行驶状态更改为 RM）。

测试方法：IATP 功能测试需要完成调试的列车在正线测试每条 IATP 进路，验证 IATP 系统功能满足设计要求，验证模式监理、列车自动防护等功能。

4．CBTC 功能测试

CBTC 旨在检查 CBTC 的正确操作并调试 CBTC 运行线路。测试标准基于 CBTC 功能要求和合同要求。测试范围包括：激活/不激活、驾驶模式、隐藏信号显示、列车自动防护、后溜防护（过停恢复）、制动检测、保护特定区域、列车定位、ATO 运行、折返、开门、ATS 任务、行车管理支持、禁止进入车站、列车调整、保护乘客、联锁支持、ATS 命令、CBTC 区域出口/入口等。

测试方法：列车建立 CBTC 模式，检查屏蔽门（PSD）状态、信号机状态、道岔状态、防护区域、PSD 区域、车站的精确停车点、CBTC 模式进路，ATO 测试速度要求按照列车推荐速度运行。

5．信号与外部接口验证

测试内容：将测试与信号与车辆、站台门、综合监控、PIS/PA、通信、大屏、COCC 等接口，通过工程实际环境验证接口设计的正确性，其中 ATO 停车精度测试以及信号与外部接口验证测试穿插在 CBTC 功能验证测试中同步进行，ATO 测试速度要求按照列车推荐速度运行。

6．回归测试

测试内容：diyilceshi 过程中的测试失败项及需要重新验证的功能测试，可能包含 CBTC 和 IATP 模式下车门/PSD 开门验证、信号机状态、道岔状态、防护区域、PSD 区域、车站的精确停车点检查、进路测试、轮径校准测试。

第 3 篇 接口调试

第 19 章 接口调试概述

19.1 目　的

（1）检验系统间接口和通信协议的一致性。
（2）检验接口间联动关系是否同步。
（3）检验接口功能是否满足设计要求。
（4）检验接口可靠性、实时性、可维护性等性能指标是否满足设计要求。
（5）检验系统的完整性。
（6）检验系统软件和接口设备的一致性。

19.2 前置条件

（1）接口系统单机调试完成，且单系统运行正常。
（2）接口物理联通正常。
（3）接口出厂测试完成，包括通信协议测试、模拟点对点测试、冗余测试。
（4）接口调试方案、点表及调试记录表准备完毕。
（5）接口程序已安装完毕。

19.3 接口关系

接口调试项目包括各系统中所有机电设备系统相互之间及系统内部的硬线、通信接口，主要包含如下接口关系：

（1）ISCS 为主导的接口调试：ISCS 与 CCTV、PA、PIS、AFC、PSD、FDTS、FPS、EMS、FG、FAS、BAS、ACS、SIG、PSCADA、RAD、CLK、ALM、COCC。

（2）FAS 为主导的接口调试：FAS 与通风系统、动力照明系统、气体灭火系统、给排水系统、消防电梯系统、售检票系统、BAS 系统、门禁系统、防火卷帘、电气火灾系统、消防电源监控系统。

（3）BAS 为主导的接口调试：BAS 与通风系统、空调水系统、给排水系统、电梯系统、电扶梯系统、动力照明系统、导向系统、EPS 系统、人防门系统、防盗卷帘、区间电动蝶阀、一体化密闭污水泵、区间联络通道防火门。

（4）电力监控主导的接口调试：PSCADA 与 35 kV 开关柜、400 V 开关柜、1 500 V 开关柜、交直流屏、轨电位、整流器、配电变温控器、整流变温控器、排流柜及单向导通装置、再生制动装置、再生制动回馈变压器温控器、场段隔离开关接口。

（5）通信为主导的接口调试：传输与杂散电流、AFC，PIS 与车辆，时钟与门禁、信号，无线与车辆。

各系统接口具体关系，如表 19-1 所示：

表 19-1 各系统接口关系表

配合专业	主导专业							
	供电	通信传输	无线通信	乘客信息	时钟	综合监控	火灾自动报警	环境与设备监控
供电						●		
动力照明							●	●
通风及防排烟							●	●
空调								●
给排水							●	●
气体灭火							●	
防淹门						●		
站台门		●				●		
电梯							●	●
自动扶梯							●	●
视频监控						●		
广播						●		
乘客信息						●		
通信电源						●		
综合监控		●						
火灾自动抱紧						●		●
环境与设备监控						●	●	
门禁		●			●	●	●	
电气火灾						●		

续表

配合专业	主导专业							
	供电	通信传输	无线通信	乘客信息	时钟	综合监控	火灾自动报警	环境与设备监控
消防电源						●		
能源管理						●		
导向标示								●
自动售检票		●				●	●	
车辆	●		●	●				

19.4 流 程

接口调试流程如图 19-1 所示。

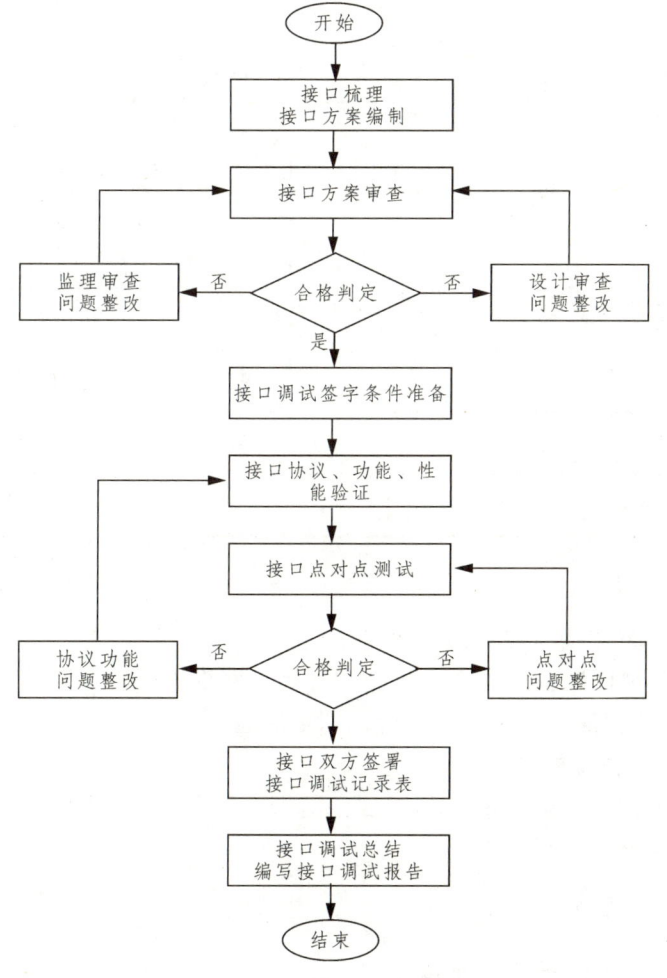

图 19-1 接口调试流程

第 20 章 综合监控系统接口调试

20.1 ISCS 与 CCTV 接口调试

20.1.1 调试内容

ISCS 与 CCTV 接口调试内容如表 20-1 所示。

表 20-1 ISCS 与 CCTV 接口调试内容

序号	调试项	主要测试功能项
1	通信协议	含所有命令和数据的格式、收发的机制和例外处理等
2	人机界面功能	HMI 画面与设计图纸一致性
3	监控功能	摄像头监控功能测试
		连续 PTZ 指令功能测试
		多画面显示功能测试
		摄像机预设位置功能测试
		自动循环监察模式功能测试
4	接口性能	ISCS 与 CCTV 接口数据传输性能
5	网络故障恢复功能	ISCS 与 CCTV 接口故障诊断与恢复功能

20.1.2 前置条件

（1）ISCS 与 CCTV 接口完成出厂测试。
（2）ISCS 相关硬件设备、软件平台正常运行，网络连通。
（3）CCTV 接口设备、软件正常运行，网络连通。
（4）CCTV 现场单机调试完成。
（5）所有参与测试的单位及人员均已熟悉测试组织及实施方案，并已做好相关各项准备工作。

20.1.3 通信协议测试

通信协议测试内容如表 20-2 所示。

表 20-2 通信协议测试内容

序号	调试内容	预期效果
1	ISCS 主备服务器上电，初始化	设备运行正常
2	CCTV 系统设备上电，初始化	设备运行正常
3	ISCS 从 CCTV 系统的摄像机获取图像	CCTV 传输图像给 ISCS，并与实际一致
4	ISCS 向 CCTV 系统的球机发送命令	CCTV 响应该命令，正常接收
5	重复上述 2~4 步骤 3 次	与步骤 2~4 预期效果相同

20.1.4 人机界面功能调试

人机界面功能调试内容如表 20-3 所示。

表 20-3 人机界面功能调试内容

序号	调试内容	预期效果
1	打开"CCTV 监控布局图"画面	布局界面跟现场实际情况一致
2	打开"CCTV 设备布局图"画面	布局界面跟现场实际情况一致

20.1.5 监控功能调试

监控功能调试内容如表 20-4 所示。

表 20-4 监控功能调试内容

序号	调试内容	预期效果
	摄像头监控功能测试	
1	提供任一电视监视摄像机监视的画面	能正确获取对应摄像机画面
2	对可控摄像机的控制（水平移动/垂直移动/画面缩放，焦距）	能正确控制摄像机
	连续 PTZ 指令功能测试	
3	对可控摄像机下发连续 PTZ 命令	连续执行 PTZ 指令
4	下发停止指令	停止执行 PTZ 指令
	多画面显示功能测试	
5	打开"CCTV 监控布局图"画面，并选择 1×1 显示模式，并随机加入摄像头	能正确显示
6	选择 2×2 显示模式，并随机加入摄像头	能正确显示
7	选择 3×3 显示模式，并随机加入摄像头	能正确显示
	摄像机预设位置功能测试	
8	选定当前摄像机位置位预设位置	能正常设置预置位
9	选择恢复摄像机预设位置	能够恢复位置到预置位处
	自动循环监察模式功能测试	
10	设置一组自动循环监察模式	能正常配置
11	启动该模式	依照设置的循环监察模式配置显示各摄像机画面

20.1.6 接口性能测试

接口性能测试内容如表 20-5 所示。

表 20-5 接口性能测试内容

序号	调试内容	预期效果
1	观察 CCTV 图像延迟情况	图像连续，基本无延迟

20.1.7 网络故障恢复功能

网络故障恢复功能内容如表 20-6 所示。

表 20-6 网络故障恢复功能内容

序号	调试内容	预期效果
1	断开与 CCTV 的连接后，ISCS 发送请求（重试若干次）	ISCS 收不到 CCTV 的响应
2	断开与 ISCS 的连接	CCTV 收不到 ISCS 的请求
3	重新建立与 CCTV 的连接后，ISCS 发送请求	重新建立与 CCTV 的连接后，CCTV 响应 ISCS 的请求，ISCS 能够收到 CCTV 的响应

20.2 ISCS 与 PA 接口调试

20.2.1 调试内容（表 20-7）

表 20-7 ISCS 与 PA 接口调试内容

序号	调试项	主要测试功能项
1	通信协议	含所有命令和数据的格式、收发的机制和例外处理等
2	人机界面功能	HMI 画面与设计图纸一致性
3	监控功能	设备及音区状态监控功能测试
		实况广播功能测试
		预录制广播功能测试
		广播监听功能测试
		防灾广播功能测试
		停止广播功能测试
		时间表功能测试
4	接口冗余功能	ISCS 与 PA 主备接口冗余切换
5	接口性能	ISCS 与 PA 接口数据传输性能
6	网络故障恢复功能	ISCS 与 PA 接口故障诊断与恢复功能

20.2.2 前置条件

(1) ISCS 与 PA 接口完成出厂测试。
(2) ISCS 相关硬件设备、软件平台正常运行,网络连通。
(3) PA 接口设备、软件正常运行,网络连通。
(4) PA 现场单体调试完成。
(5) 所有参与测试的单位及人员均已熟悉测试组织及实施方案,并已做好相关各项准备工作。

20.2.3 通信协议测试

见第 20-8 节。

20.2.4 人机界面功能调试

见第 20.1.4 节。

20.2.5 监控功能调试

监控功能调试内容如表 20-8 所示。

表 20-8 监控功能调试内容

序号	调试内容	预期效果
	设备及音区状态监视功能测试	
1	打开"PA 监控"画面,查看设备及音区状态	与现场实际情况一致
	实况广播功能测试	
2	打开"PA 监控"画面,下发实况广播命令	根据指令传送音频信息到选定的音区播放
	语音广播功能测试	
3	打开"PA 监控"画面,下发语音广播命令	根据指令将选择的预录制广播在选定的音区播放一次
	广播监听功能测试	
4	打开"PA 监控"画面,下发监听广播命令	根据指令传送正在该区播放的内容到广播盒播放
	防灾广播功能测试	
5	在发生灾害时,发送防灾广播指令	根据指令将服务广播强制切换成防灾广播,该广播一直播放直到 ISCS 发送取消广播指令
	停止广播功能测试	
6	打开"PA 监控"画面,下发取消广播命令	停止选定音区的广播
	时间表功能测试	
7	打开"PA 监控"画面,对周期性时间表进行验证	根据时间表配置定时播放语音信息
8	打开"PA 监控"画面,对特殊日时间表进行验证	在到达特殊日期时播放时间表中的语音信息

20.2.6 接口冗余功能调试

接口冗余功能调试内容如表 20-9 所示。

表 20-9 接口冗余功能调试内容

序号	调试内容	预期效果
1	中断第一台 FEP，第二台 FEP 能正确传输数据；恢复第一台 FEP，中断第二台 FEP，能正确传输数据，恢复第二台 FEP；停止通信控制器 A（主），通信控制器 B（备）切换为主控制器，系统能正确传输数据；恢复通信控制器 A 为主控制器系统能正确传输数据	冗余切换时，系统能正确上送数据

20.2.7 接口性能测试

接口性能测试见第 20.1.6 节。

20.2.8 网络故障恢复功能调试

网络故障恢复功能调试见第 20.1.7 节。

20.3 ISCS 与 PIS 接口调试

20.3.1 调试内容

ISCS 与 PIS 接口调试内容如表 20-10 所示。

表 20-10 ISCS 与 PIS 接口调试内容

序号	调试项	主要测试功能项
1	通信协议	含所有命令和数据的格式、收发的机制和例外处理等
2	人机界面功能	HMI 画面与设计图纸一致性
3	监控功能	设备运行状态监视功能测试
		操作优先级功能测试
		正常信息显示功能测试
		紧急信息显示功能测试
		正常信息发布功能测试
		紧急信息发布功能测试

续表

序号	调试项	主要测试功能项
3	监控功能	取消正常信息发布功能测试
		取消紧急信息发布功能测试
		文本信息最大长度测试
		时间表控制功能测试
4	接口冗余功能	ISCS 与 PIS 主备接口冗余切换
5	接口性能	ISCS 与 PIS 接口数据传输性能
6	网络故障恢复功能	ISCS 与 PIS 接口故障诊断与恢复功能

20.3.2 前置条件

（1）ISCS 与 PIS 接口完成出厂测试。
（2）ISCS 相关硬件设备、软件平台正常运行，网络连通。
（3）PIS 接口设备、软件正常运行，网络连通。
（4）PIS 现场单体调试完成。
（5）所有参与测试的单位及人员均已熟悉测试组织及实施方案，并已做好相关各项准备工作。

20.3.3 通信协议测试

通信协议测试见第 20.1.3 节。

20.3.4 人机界面功能调试

人机界面功能调试见第 20.1.4 节。

20.3.5 监控功能调试

监控功能调试内容如表 20-11 所示。

表 20-11 监控功能调试内容

序号	调试内容	预期效果
	设备运行状态监视功能测试	
1	打开"PIS 监控"画面，查看 PIS 系统信息	与实际一致
	操作优先级功能测试	
2	正在执行正常信息时，发布紧急信息	紧急信息会显示
3	正在执行紧急信息时，发布正常信息	正常信息不允许显示
4	正在执行正常信息时，发布正常信息	后发布的信息会立即显示
5	正在执行紧急信息时，发布紧急信息	后发布的信息会立即显示

续表

序号	调试内容	预期效果
	正常信息显示功能测试	
6	打开"PIS监控"画面,查看正常信息显示	与实际一致
	紧急信息显示功能测试	
7	打开"PIS监控"画面,查看紧急信息显示	与实际一致
	正常信息发布功能测试	
8	打开"PIS监控"画面,发布正常信息	能正确显示已发布的正常信息
	紧急信息发布功能测试	
9	打开"PIS监控"画面,发布紧急信息	能正确显示已发布的紧急信息
	取消正常信息发布功能测试	
10	打开"PIS监控"画面,取消正常信息发布	取消显示的正常信息
	取消紧急信息发布功能测试	
11	打开"PIS监控"画面,取消紧急信息发布	取消显示的紧急信息
	车载PIS信息发布功能测试	
12	打开"PIS监控"画面,向车载PIS发布紧急信息	能正确显示已发布的紧急信息
	时间表功能测试	
13	打开"PIS监控"画面,对周期性时间表进行验证	根据时间表配置定时执行PIS信息显示
14	打开"PIS监控"画面,对特殊日时间表进行验证	在到达特殊日期时执行PIS信息显示

20.3.6 接口冗余功能调试

接口冗余功能调试见第20.2.6节。

20.3.7 接口性能测试

接口性能测试见第20.1.6节。

20.3.8 网络故障恢复功能调试

网络故障恢复功能调试见第20.1.7节。

20.4 ISCS与AFC接口调试

20.4.1 调试内容

ISCS与AFC接口调试内容如表20-12所示。

表 20-12　ISCS 与 AFC 接口调试内容

序号	调试项	主要测试功能项
1	通信协议	含所有命令和数据的格式、收发的机制和例外处理等
2	人机界面功能	HMI 画面与设计图纸一致性
3	监控功能	闸机状态监视功能测试
		自动售票机状态监视功能测试
		半自动售票机状态监视功能测试
		售卖机状态监视功能测试
		自动查询机监视功能测试
		客流量监视功能测试
		紧急/降级模式控制功能测试
4	接口冗余功能	ISCS 与 AFC 主备接口冗余切换
5	接口性能	ISCS 与 AFC 接口数据传输性能
6	网络故障恢复功能	ISCS 与 AFC 接口故障诊断与恢复功能

20.4.2　前置条件

（1）ISCS 与 AFC 接口完成出厂测试。
（2）ISCS 相关硬件设备、软件平台正常运行，网络连通。
（3）AFC 接口设备、软件正常运行，网络连通。
（4）AFC 现场单体调试完成。
（5）所有参与测试的单位及人员均已熟悉测试组织及实施方案，并已做好相关各项准备工作。

20.4.3　通信协议测试

通信协议测试见第 20.1.3 节。

20.4.4　人机界面功能调试

人机界面功能调试见第 20.1.4 节。

20.4.5　监控功能调试

监控功能调试内容如表 20-13 所示。

表 20-13　监控功能调试内容

序号	调试内容	预期效果
	闸机状态监视功能测试	
1	打开"自动售检票系统监视图"画面,查看闸机状态	与实际一致
	售票机状态监视功能测试	
2	打开"自动售检票系统监视图"画面,查看售票机状态	与实际一致
	客流量监视功能测试	
4	打开"自动售检票系统监视图"画面,查看客流量信息	与实际一致
	紧急/降级模式控制功能测试	
5	打开"自动售检票系统监视图"画面,下发紧急模式命令	AFC 系统正确执行紧急模式相关动作
6	下发降级模式命令	AFC 系统正确执行降级模式相关动作

20.4.6　对时功能调试

对时功能调试内容如表 20-14 所示。

表 20-14　对时功能调试内容

序号	调试内容	预期效果
1	ISCS 向 AFC 系统发送对时信息	AFC 系统成功与 ISCS 系统对时

20.4.7　接口冗余功能调试

接口冗余功能调试见第 20.2.6 节。

20.4.8　接口性能测试

接口性能测试见第 20.1.6 节。

20.4.9　网络故障恢复功能调试

网络故障恢复功能调试见第 20.1.7 节。

20.5　ISCS 与 PSD 接口调试

20.5.1　调试内容

ISCS 与 PSD 接口调试内容如表 20-15 所示。

表 20-15　ISCS 与 PSD 接口调试内容

序号	调试项	主要测试功能项
1	通信协议	含所有命令和数据的格式、收发的机制和例外处理等
2	人机界面功能	HMI 画面与设计图纸一致性
3	监控功能	滑动门状态监视功能测试
		应急门状态监视功能测试
		端门状态监视功能测试
		PSD 系统信息监视功能测试
4	对时功能	ISCS 向 PSD 提供标准时间信息
5	接口冗余功能	ISCS 与 PSD 主备接口冗余切换
6	接口性能	ISCS 与 PSD 接口数据传输性能
7	网络故障恢复功能	ISCS 与 PSD 接口故障诊断与恢复功能

20.5.2　前置条件

（1）ISCS 与 PSD 接口完成出厂测试。
（2）ISCS 相关硬件设备、软件平台正常运行，网络连通。
（3）PSD 接口设备、软件正常运行，网络连通。
（4）PSD 现场单体调试完成。
（5）所有参与测试的单位及人员均已熟悉测试组织及实施方案，并已做好相关各项准备工作。

20.5.3　通信协议测试

通信协议测试见第 20.1.3 节。

20.5.4　人机界面功能调试

人机界面功能调试见第 20.1.4 节。

20.5.5　监控功能调试

监控功能调试内容如表 20-16 所示。

表 20-16　监控功能调试内容

序号	调试内容	预期效果
	滑动门状态监视功能测试	
1	打开"屏蔽门系统图"画面，查看滑动门状态	与实际一致

续表

序号	调试内容	预期效果
	应急门状态监视功能测试	
2	打开"屏蔽门系统图"画面,查看应急门状态	与实际一致
	端门状态监视功能测试	
4	打开"屏蔽门系统图"画面,查看端门状态	与实际一致
	PSD系统信息监视功能测试	
5	打开"屏蔽门系统图"画面,查看PSD系统信息	与实际一致

20.5.6 对时功能调试

对时功能调试见第20.4.6节。

20.5.7 接口冗余功能调试

接口冗余功能调试见第20.2.6节。

20.5.8 接口性能测试

接口性能测试见第20.1.6节。

20.5.9 网络故障恢复功能调试

网络故障恢复功能调试见第20.1.7节。

20.6 ISCS与FDTS接口调试

20.6.1 调试内容

ISCS与FDTS接口调试内容如表20-17所示。

表20-17 ISCS与FDTS接口调试内容

序号	调试项	主要测试功能项
1	通信协议	含所有命令和数据的格式、收发的机制和例外处理等
2	人机界面功能	HMI画面与设计图纸一致性
3	监控功能	电气火灾主机监视功能测试
		剩余电流传感器监视功能测试
		温度传感器监视功能测试
		PSD系统信息监视功能测试
4	对时功能	ISCS向FDTS提供标准时间信息
5	接口冗余功能	ISCS与FDTS主备接口冗余切换
6	接口性能	ISCS与FDTS接口数据传输性能
7	网络故障恢复功能	ISCS与FDTS接口故障诊断与恢复功能

20.6.2 前置条件

(1) ISCS 与 FDTS 接口完成出厂测试。
(2) ISCS 相关硬件设备、软件平台正常运行,网络连通。
(3) FDTS 接口设备、软件正常运行,网络连通。
(4) FDTS 现场单体调试完成。
(5) 所有参与测试的单位及人员均已熟悉测试组织及实施方案,并已做好相关各项准备工作。

20.6.3 通信协议测试

通信协议测试见第 20.1.3 节。

20.6.4 人机界面功能调试

人机界面功能调试见第 20.1.4 节。

20.6.5 监控功能调试

监控功能调试内容如表 20-18 所示。

表 20-18 监控功能调试内容

序号	调试内容	预期效果
电气火灾主机监视功能测试		
1	打开"电气火灾系统图"画面,模拟主机故障和报警	与现场实际情况一致
剩余电流传感器监视功能测试		
2	打开"电气火灾系统图"画面,查看剩余电流传感器状态	与现场实际情况一致
温度传感器监视功能测试		
4	打开"电气火灾系统图"画面,查看温度传感器状态	与现场实际情况一致

20.6.6 对时功能调试

对时功能调试见第 20.4.6 节。

20.6.7 接口冗余功能调试

接口冗余功能调试见第 20.2.6 节。

20.6.8 接口性能测试

接口性能测试见第 20.1.6 节。

20.6.9 网络故障恢复功能调试

网络故障恢复功能调试见第 20.1.7 节。

20.7 ISCS 与 FPS 接口调试

20.7.1 调试内容

ISCS 与 FPS 接口调试内容如表 20-19 所示。

表 20-19　ISCS 与 FPS 接口调试内容

序号	调试项	主要测试功能项
1	通信协议	含所有命令和数据的格式、收发的机制和例外处理等
2	人机界面功能	HMI 画面与设计图纸一致性
3	监控功能	消防电源主机监视功能测试
		电压传感器监视功能测试
4	对时功能	ISCS 向 FPS 提供标准时间信息
5	接口冗余功能	ISCS 与 FPS 主备接口冗余切换
6	接口性能	ISCS 与 FPS 接口数据传输性能
7	网络故障恢复功能	ISCS 与 FPS 接口故障诊断与恢复功能

20.7.2 前置条件

（1）ISCS 与 FPS 接口完成出厂测试。
（2）ISCS 相关硬件设备、软件平台正常运行，网络连通。
（3）FPS 接口设备、软件正常运行，网络连通。
（4）FPS 现场单体调试完成。
（5）所有参与测试的单位及人员均已熟悉测试组织及实施方案，并已做好相关各项准备工作。

20.7.3 通信协议测试

通信协议测试见第 20.1.3 节。

20.7.4 人机界面功能调试

人机界面功能调试见第 20.1.4 节。

20.7.5 监控功能调试

监控功能调试内容如表 20-20 所示。

表 20-20　监控功能调试内容

序号	调试内容	预期效果
	消防电源主机监视功能测试	
1	打开"消防电源系统图"画面，模拟主机故障和报警	与现场实际情况一致
	电压传感器监视功能测试	
2	打开"电气火灾系统图"画面，查看电压传感器状态	与现场实际情况一致

20.7.6　对时功能调试

对时功能调试见第 20.4.6 节。

20.7.7　接口冗余功能调试

接口冗余功能调试见第 20.2.6 节。

20.7.8　接口性能测试

接口性能测试见第 20.1.6 节。

20.7.9　网络故障恢复功能调试

网络故障恢复功能调试见第 20.1.7 节。

20.8　ISCS 与 EMS 接口调试

20.8.1　调试内容

ISCS 与 EMS 接口调试如表 20-21 所示。

表 20-21　ISCS 与 EMS 接口调试

序号	调试项	主要测试功能项
1	通信协议	含所有命令和数据的格式、收发的机制和例外处理等
2	人机界面功能	HMI 画面与设计图纸一致性
3	监控功能	表计监视及数据采集功能测试
4	接口冗余功能	ISCS 与 FPS 主备接口冗余切换
5	接口性能	ISCS 与 FPS 接口数据传输性能
6	网络故障恢复功能	ISCS 与 FPS 接口故障诊断与恢复功能

20.8.2 前置条件

（1）ISCS 与 EMS 接口完成出厂测试。
（2）ISCS 相关硬件设备、软件平台正常运行，网络连通。
（3）EMS 接口设备、软件正常运行，网络连通。
（4）EMS 现场单体调试完成。
（5）所有参与测试的单位及人员均已熟悉测试组织及实施方案，并已做好相关各项准备工作。

20.8.3 通信协议测试

通信协议测试见第 20.1.3 节。

20.8.4 人机界面功能调试

人机界面功能调试见第 20.1.4 节。

20.8.5 监控功能调试

监控功能调试内容如表 20-22 所示。

表 20-22　监控功能调试内容

序号	调试内容	预期效果
	能源管理表计监视及数据采集功能测试	
1	打开"能源管理系统图"画面，查看表计数据	与现场实际情况一致

20.8.6 接口冗余功能调试

接口冗余功能调试见第 20.2.6 节。

20.8.7 接口性能测试

接口性能测试见第 20.1.6 节。

20.8.8 网络故障恢复功能调试

网络故障恢复功能调试见第 20.1.7 节。

20.9　ISCS 与 FG 接口调试

20.9.1 调试内容

ISCS 与 FG 接口调试内容如表 20-23 所示。

表 20-23 ISCS 与 FG 接口调试内容

序号	调试项	主要测试功能项
1	通信协议	含所有命令和数据的格式、收发的机制和例外处理等
2	人机界面功能	HMI 画面与设计图纸的一致性
3	监控功能	防淹门系统状态监视功能测试
3	监控功能	门状态监视功能测试
4	对时功能	ISCS 向 FG 提供标准时间信息
5	接口冗余功能	ISCS 与 FG 主备接口冗余切换
6	接口性能	ISCS 与 FG 接口数据传输性能
7	网络故障恢复功能	ISCS 与 FG 接口故障诊断与恢复功能

20.9.2 前置条件

（1）ISCS 与 FG 接口完成出厂测试。
（2）ISCS 相关硬件设备、软件平台正常运行，网络连通。
（3）FG 接口设备、软件正常运行，网络连通。
（4）FG 现场单体调试完成。
（5）所有参与测试的单位及人员均已熟悉测试组织及实施方案，并已做好相关各项准备工作。

20.9.3 通信协议测试

通信协议测试见第 20.1.3 节。

20.9.4 人机界面功能调试

人机界面功能调试见第 20.1.4 节。

20.9.5 监控功能调试

监控功能调试内容如表 20-24 所示。

表 20-24 监控功能调试内容

序号	调试内容	预期效果
	防淹门系统状态监视功能测试	
1	打开"防淹门系统图"画面，模拟系统状态变化	与现场实际情况一致
	门状态监视功能测试	
2	打开"防淹门系统图"画面，模拟门状态变化	与现场实际情况一致

20.9.6 对时功能调试

对时功能调试见第 20.4.6 节。

20.9.7 接口冗余功能调试

接口冗余功能调试见第 20.2.6 节。

20.9.8 接口性能测试

接口性能测试见第 20.1.6 节。

20.9.9 网络故障恢复功能调试

网络故障恢复功能调试见第 20.1.7 节。

20.10 ISCS 与 FAS 接口调试

20.10.1 调试内容

ISCS 与 FAS 接口调试内容如表 20-25 所示。

表 20-25 ISCS 与 FAS 接口调试内容

序号	调试项	主要测试功能项
1	通信协议	含所有命令和数据的格式、收发的机制和例外处理等
2	人机界面功能	HMI 画面与设计图纸一致性
3	监控功能	设备运行状态监视和报警监视功能
		感温光纤温度监视和报警监视功能
4	对时功能	ISCS 向 FAS 提供标准时间信息
5	接口冗余功能	ISCS 与 FAS 主备接口冗余切换
6	接口性能	ISCS 与 FAS 接口数据传输性能
7	网络故障恢复功能	ISCS 与 FAS 接口故障诊断与恢复功能

20.10.2 前置条件

（1）ISCS 与 FAS 接口完成出厂测试。
（2）ISCS 相关硬件设备、软件平台正常运行，网络连通。
（3）FAS 接口设备、机电设备、软件正常运行，网络连通。
（4）FAS 现场单体调试完成。
（5）所有参与测试的单位及人员均已熟悉测试组织及实施方案，并已做好相关各项准备工作。

20.10.3 通信协议测试

（1）ISCS 与 FAS 通信协议测试见第 20.1.3 节。

（2）ISCS 与感温光纤主机通信协议测试见第 20.1.3 节。

20.10.4 人机界面功能调试

人机界面功能调试内容如表 20-26 所示。

表 20-26 人机界面功能调试内容

序号	调试内容	预期效果
1	打开设备分区图	界面与现场实际情况一致
2	打开火灾报警平面图	界面与现场实际情况一致
3	打开气灭总览图	界面与现场实际情况一致
4	打开感温光纤状态监视图	界面与现场实际情况一致

20.10.5 监控功能调试

监控功能调试内容如表 20-27 所示。

表 20-27 监控功能调试内容

序号	调试内容	预期效果
	设备运行状态监视和报警监视功能	
1	打开 FAS 主界面，确认画面设备显示状态与现场是否一致	与现场实际情况一致
2	现场人员模拟 FAS 系统设备故障，确认画面是否与现场一致	与现场一致，报警列表中有相应报警信息
3	现场恢复模拟故障	画面中故障消失，报警列表中相应报警信息消失
4	重复上述步骤 1~3，对 FAS 系统每个设备所有信号点进行测试	与上述步骤 1~3 预期结果相同

20.10.6 对时功能调试

对时功能调试内容如表 20-28 所示。

表 20-28 对时功能调试内容

序号	调试内容	预期效果
1	ISCS 向 FAS 主机发送对时信息	FAS 主机成功与 ISCS 系统对时
2	ISCS 向 TFDS 主机发送对时信息	TFDS 主机成功与 ISCS 系统对时

20.10.7 接口冗余功能调试

接口冗余功能调试见第 20.2.6 节。

20.10.8 接口性能测试

接口性能测试见第 20.1.6 节。

20.10.9 网络故障恢复功能调试

网络故障恢复功能调试内容如表 20-29 所示。

表 20-29 网络故障恢复功能调试内容

序号	调试内容	预期效果
1	断开与 FAS 的连接后，ISCS 发送请求（重试若干次）	ISCS 收不到 FAS 响应
2	断开与 TFDS 的连接后，ISCS 发送请求（重试若干次）	ISCS 收不到 TFDS 响应
3	FAS 断开与 ISCS 的连接	FAS 收不到 ISCS 的请求
4	TFDS 断开与 ISCS 的连接	TFDS 收不到 ISCS 的请求
5	重新建立与 FAS 的连接后，ISCS 发送请求	重新建立与 FAS 的连接后，FAS 响应 ISCS 的请求，ISCS 能够收到 FAS 的响应
6	重新建立与 TFDS 的连接后，ISCS 发送请求	重新建立与 FAS 的连接后，TFDS 响应 ISCS 的请求，ISCS 能够收到 TFDS 的响应

20.11 ISCS 与 BAS 接口调试

20.11.1 调试内容

ISCS 与 BAS 接口调试内容如表 20-30 所示。

表 20-30 ISCS 与 BAS 接口调试内容

序号	调试项	主要测试功能项
1	通信协议	含所有命令和数据的格式、收发的机制和例外处理等
2	人机界面功能	HMI 画面与设计图纸一致性
3	监控功能	设备运行状态监视和报警监视功能

续表

序号	调试项	主要测试功能项
3	监控功能	操作优先级功能
		操作场所切换功能
		设备单控功能
		模式控制功能
		焓值控制功能
		时间表功能
4	对时功能	ISCS 向 BAS 提供标准时间信息
5	接口冗余功能	ISCS 与 BAS 主备接口冗余切换
6	接口性能	ISCS 与 BAS 接口数据传输性能
7	网络故障恢复功能	ISCS 与 BAS 接口故障诊断与恢复功能

20.11.2 前置条件

（1）ISCS 与 BAS 接口完成出厂测试。
（2）ISCS 相关硬件设备、软件平台正常运行，网络连通。
（3）BAS 接口设备、机电设备、软件正常运行，网络连通。
（4）BAS 现场单体调试完成。
（5）所有参与测试的单位及人员均已熟悉测试组织及实施方案，并已做好相关各项准备工作。

20.11.3 通信协议测试

通信协议测试见第 20.1.3 节。

20.11.4 人机界面功能调试

人机界面功能调试内容如表 20-31 所示。

表 20-31 人机界面功能调试内容

序号	调试内容	预期效果
1	打开大系统原理图	界面与现场实际情况一致
2	打开小系统原理图	界面与现场实际情况一致
3	打开隧道通风系统原理图	界面与现场实际情况一致
4	打开瓦斯监控系统图	界面与现场实际情况一致
5	打开空调水系统图	界面与现场实际情况一致
6	打开给排水系统图	界面与现场实际情况一致
7	打开电扶梯系统图	界面与现场实际情况一致
8	打开照明系统图	界面与现场实际情况一致
9	打开传感器系统图	界面与现场实际情况一致
10	打开导向标识/广告系统图	界面与现场实际情况一致
11	打开人防门系统图	界面与图元符合设计文件
12	打开 BAS 系统图	界面与现场实际情况一致

20.11.5 监控功能调试

监控功能调试内容如表 20-32 所示。

表 20-32 监控功能调试内容

序号	调试内容	预期效果
	设备运行状态监视和报警监视功能	
1	打开 BAS 大系统画面，确认画面设备显示状态与现场是否一致	与现场实际情况一致
2	现场人员模拟大系统设备故障，确认画面是否与现场一致	与现场实际情况一致，报警列表中有相应报警信息
3	现场恢复模拟故障	画面中故障消失，报警列表中相应报警信息消失
4	重复上述步骤 1~3，对大系统每个设备所有信号点进行测试	与步骤 1~3 预期结果相同
	操作优先级功能	
5	现场改变 BAS 系统设备优先级，控制权限大小依次为就地＞IBP＞MCC＞BAS 维护工作站＞ISCS，仅当控制权限在相应场所时，相应场所才具备控制权限	与相应场所控制权限一致
	操作场所切换功能测试	
6	打开 BAS 系统操作场所切换画面，显示各系统当前控制权归属信息，车站工作站执行 A 端大系统控制权限强取	车站获取控制权限成功
7	执行其他系统控制权限强取	获得相应系统控制权限
	设备单控功能测试	
8	打开 BAS 系统大系统画面，切换控制模式为"设备单控"，选取设备进行单体启停/开关操作，查看执行是否成功，画面显示是否正确，现场人员确认操作是否执行	画面显示正确，现场人员确认操作执行成功
9	对其他系统设备重复步骤 1 操作	与 8 预期结果相同
	模式控制功能测试	
10	切换控制模式为"模式控制"，打开 BAS 系统模式总览图，执行大系统正常工况模式，查看模式是否执行成功，画面中设备状态是否正确，现场观察设备状态是否与执行模式一致	执行成功，画面显示正确，现场设备状态与执行模式一致
11	切换控制模式为"模式控制"，打开 BAS 系统模式总览图，执行大系统火灾工况模式，查看模式是否执行成功，画面中设备状态是否正确，现场观察设备状态是否与执行模式一致	执行成功，画面显示正确，现场设备状态与执行模式一致

续表

序号	调试内容	预期效果
	焓值控制功能	
12	切换控制模式为"焓值控制",BAS 系统进入焓值控制模式	成功执行焓值模式
	时间表功能	
13	切换控制模式为"时间表控制",并制作一条新时间表后执行,等待时间到达后确认执行是否成功,画面中设备状态是否正确,现场观察设备状态是否正确	执行成功,画面显示正确,现场设备状态与执行模式一致

20.11.6 对时功能调试

对时功能调试见第 20.4.6 节。

20.11.7 接口冗余功能调试

接口冗余功能调试见第 20.2.6 节。

20.11.8 接口性能测试

接口性能测试见第 20.1.6 节。

20.11.9 网络故障恢复功能调试

网络故障恢复功能调试见第 20.1.7 节。

20.12 ISCS 与 ACS 接口调试

20.12.1 调试内容

ISCS 与 ACS 接口调试内容如表 20-33 所示。

表 20-33 ISCS 与 ACS 接口调试内容

序号	调试项	主要测试功能项
1	通信协议	含所有命令和数据的格式、收发的机制和例外处理等
2	人机界面功能	HMI 画面与设计图纸一致性
3	监控功能	就地控制器运行状态监视功能测试
		门状态监视功能测试
		主控制器运行状态监视功能测试
		控制功能测试
4	接口冗余功能	ISCS 与 ACS 主备接口冗余切换
5	接口性能	ISCS 与 ACS 接口数据传输性能
6	网络故障恢复功能	ISCS 与 ACS 接口故障诊断与恢复功能

20.12.2 前置条件

（1）ISCS 与 ACS 接口完成出厂测试。
（2）ISCS 相关硬件设备、软件平台正常运行，网络连通。
（3）ACS 接口设备、软件正常运行，网络连通。
（4）ACS 现场单体调试完成。
（5）所有参与测试的单位及人员均已熟悉测试组织及实施方案，并已做好相关各项准备工作。

20.12.3 通信协议测试

通信协议测试见第 20.1.3 节。

20.12.4 人机界面功能调试

人机界面功能调试内容如表 20-34 所示。

表 20-34 人机界面功能调试内容

序号	调试内容	预期效果
1	打开"门禁总览图"画面	界面与现场实际情况一致
2	打开"门禁监视布局图-站厅"画面	界面与现场实际情况一致
3	打开"门禁监视布局图-站台"画面	界面与现场实际情况一致

20.12.5 监控功能调试

监控功能调试内容如表 20-35 所示。

表 20-35 监控功能调试内容

序号	调试内容	预期效果
	就地控制器运行状态监视功能测试	
1	打开"门禁总览图"画面，查看就地控制器运行状态	与现场实际情况一致
	门状态监视功能测试	
2	打开"门禁总览图"画面，模拟门状态变化	与现场实际情况一致
	主控制器运行状态监视功能测试	
3	打开"门禁总览图"画面，查看主控制器运行状态	与现场实际情况一致
	控制功能测试	
4	对各个门执行"开门"操作	对应门动作正确
5	对各个门执行"关门"操作	对应门动作正确
6	对各个门执行"常开"操作	对应门动作正确
7	对各个门执行"常闭"操作	对应门动作正确
8	对各个门执行"恢复正常"操作	对应门动作正确
9	执行"所有门禁释放"操作	所有门动作正确

20.12.6 接口冗余功能调试

接口冗余功能调试见第 20.2.6 节。

20.12.7 接口性能测试

接口性能测试见第 20.1.6 节。

20.12.8 网络故障恢复功能调试

网络故障恢复功能调试见第 20.1.7 节。

20.13 ISCS 与 SIG 接口调试

20.13.1 调试内容

ISCS 与 SIG 接口调试内容如表 20-36 所示。

表 20-36 ISCS 与 SIG 接口调试内容

序号	调试项	主要测试功能项
1	通信协议	含所有命令和数据的格式、收发的机制和例外处理等
2	人机界面功能	HMI 画面与设计图纸一致性
3	监控功能	列车在线数量、实时位置、车体号、车次号监控信息测试
		列车阻塞信息监控功能测试
4	接口冗余功能	ISCS 与 SIG 主备接口冗余切换
5	接口性能	ISCS 与 SIG 接口数据传输性能
6	网络故障恢复功能	ISCS 与 SIG 接口故障诊断与恢复功能

20.13.2 前置条件

（1）ISCS 与 SIG 接口完成出厂测试。
（2）ISCS 临时 OCC 搭建完成，相关硬件设备、软件平台正常运行，网络连通。
（3）SIG 临时 OCC 搭建完成，接口设备、软件正常运行，网络连通。
（4）SIG 现场单体调试完成。
（5）所有参与测试的单位及人员均已熟悉测试组织及实施方案，并已做好相关各项准备工作。

20.13.3 通信协议测试

通信协议测试见第 20.1.3 节。

20.13.4 人机界面功能调试

人机界面功能调试见第 20.1.4 节。

20.13.5 监控功能调试

监控功能调试内容如表 20-37 所示。

表 20-37 监控功能调试内容

序号	调试内容	预期效果
	列车在线数量、实时位置、车体号、车次号监视信息测试	
1	打开"全线车辆运行监视图"画面,查看列车在线数量、实时位置、车体号、车次号等信息	与现场实际情况一致
	列车阻塞信息监视功能	
2	打开"车辆运行监视图"画面,查看列车阻塞信息	与现场实际情况一致
3	打开"全线隧道模式图",查看阻塞信息与模式表	与现场实际情况一致

20.13.6 接口冗余功能调试

接口冗余功能调试见第 20.2.6 节。

20.13.7 接口性能测试

接口性能测试见第 20.1.6 节。

20.13.8 网络故障恢复功能调试

网络故障恢复功能调试见第 20.1.7 节。

20.14 ISCS 与 PSCADA 接口调试

20.14.1 调试内容

ISCS 与 PSCADA 接口调试内容如表 20-38 所示。

表 20-38 ISCS 与 PSCADA 接口调试内容

序号	调试项	主要测试功能项	备 注
1	通信协议	含所有命令和数据的格式、收发的机制和例外处理等	—
2	监控功能	测试设备的遥测、遥信、遥控功能	—

续表

序号	调试项	主要测试功能项	备注
2	监控功能	测试电力设备遥测	含 35 kV、1 500 V、400 V 遥测量处理
		测试电力设备遥信	含单位置、双位置、事故、预告、设备通信中断遥信
		遥控条件	含控制权限、闭锁逻辑、软件联锁功能
		挂牌操作	含设备挂牌、摘牌功能
		遥控功能	含 35 kV、1 500 V、400 V 开关遥控、遥控试验位控制功能
		遥调功能	对变压器挡位升挡、降挡、急停功能操作
		带电传导	根据遥信、遥测等信息，逻辑推导出母线、电缆、接触网等供电设备带电情况
		保护功能	含定值组切换、保护复归
		事件顺序记录（SOE）功能	—
		光字牌	—
3	接口冗余功能	ISCS 与 PSCADA 主备接口冗余切换	—
4	接口性能	ISCS 与 PSCADA 接口数据传输性能	—
5	网络故障恢复功能	ISCS 与 PSCADA 接口故障诊断与恢复功能	—

20.14.2 前置条件

（1）PSCADA 与 35 kV 开关柜厂家完成出厂测试。
（2）PSCADA 相关硬件设备、软件平台正常运行，网络连通。
（3）PSCADA 与 35 kV 开关柜的接口设备安装完成，网络连通。
（4）35 kV 开关柜单体调试完成。
（5）所有参与测试的单位及人员均已熟悉测试组织及实施方案，并已做好相关各项准备工作。

20.14.3 通信协议测试

通信协议测试见第 20.1.3 节。

20.14.4 人机界面功能调试

人机界面功能调试内容如表 20-39 所示。

表 20-39 人机界面功能调试内容

序号	调试内容	预期效果
1	打开一次系统图	界面与现场实际情况一致
2	打开所内自动化系统图	界面与现场实际情况一致
3	打开定值召唤画面	界面与现场实际情况一致
4	打开实时 SOE 画面	界面与现场实际情况一致
5	打开历史 SOE 画面	界面与现场实际情况一致
6	打开光字屏画面	界面与现场实际情况一致

20.14.5 监控功能调试

1．遥测功能调试

遥测功能调试内容如表 20-40 所示。

表 20-40 遥测功能调试内容

序号	调试内容	预期效果
1	打开"所内自动化系统图",点击各类电力设备图元	弹出相应属性框
2	现场对相应开关电压、电流等遥测量进行加量	属性框画面中对开关电压、电流等遥测量与保护装置显示相同

2．遥信功能调试

遥信功能调试内容如表 20-41 所示。

表 20-41 遥信功能调试内容

序号	调试内容	预期效果
	单位置遥信	
1	点击一次系统图,在画面上点击 101 开关图元,打开 101 开关	弹出 101 开关属性框窗口
2	现场操作 101 开关控制方式为远方	101 开关属性框窗口中当前操作场所为远方
3	现场操作 101 开关控制方式为就地	101 开关属性框窗口中当前操作场所为就地
	双位置遥信	
4	点击一次系统图,在画面上选择打开 101 开关	弹出 101 开关属性框窗口
5	现场操作 101 开关为未知状态	101 开关图元变为蓝色未知状态,属性框开关状态显示为未知
6	现场操作 101 开关为分位	101 开关图元变为绿色分位状态,属性框开关状态显示为分位

续表

序号	调试内容	预期效果
7	现场操作101开关为合位	101开关图元变为红色合位状态，属性框开关状态显示为合位
8	现场操作101开关为异常	101开关图元变为蓝色异常状态，属性框开关状态显示为异常
事故遥信		
9	将人机界面切换到光字屏界面，现场操作101开关产生事故总信号	人机界面切换到光字牌，预告报警音响动作，报警栏中有对应预告报警，光字牌中事故光字牌闪烁
预告遥信		
10	现场操作101开关产生报警总信号	预告报警音响动作，报警栏中有对应预告报警
设备通信中断		
11	现场中断对35 kV 1号进线柜设备通信	所内自动化系统图中5 kV 1号进线柜图元变蓝，报警窗口中有35 kV 1号进线柜通信状态异常报警。一次系统图中35 kV 1号进线柜开关图元显示蓝色通信中断状态
12	现场对35 kV 1号进线柜上电使其处于通信状态	所内自动化系统图中35 kV 1号进线柜图元变绿，一次系统图中1号进线柜开关图元恢复通信正常状态

3．遥控条件调试

遥控条件调试内容如表20-42所示。

表20-42 遥控条件调试内容

序号	调试内容	预期效果
控制权限		
1	以非电环调身份登录到icv系统，进入一次系统图，确认101开关满足遥控条件，单击101开关图元	101开关设备属性框打开，所有按钮灰化，系统提示：当前操作员无操作权限
2	以电环调身份登录系统，进入一次系统图，确认101开关满足遥控条件，单击101开关图元	101开关设备属性框打开，根据当前开关状态，相应控制按钮显示可控
闭锁逻辑判断		
3	现场对101、1011进行合闸操作	一次系统图中101、1011开关图元显示合位状态
4	单击1011图元打开属性框，点击分闸选择按钮，执行分闸选择操作（使用有控制权限的用户登录系统）	弹出警告框，信息提示"设备闭锁逻辑不满足"
5	现场对101开关进行分闸操作	一次系统图中101开关图元显示分位状态

续表

序号	调试内容	预期效果
	闭锁逻辑判断	
6	单击1011图元打开属性框,点击分闸选择按钮,执行分闸选择操作(使用有控制权限的用户登录系统)	可以进行遥控分闸操作
	闭锁逻辑判断	
7	现场对101、1011进行合闸操作	一次系统图中101、1011开关图元显示合位状态
8	单击1011图元打开属性框,点击分闸选择按钮,执行分闸选择操作(使用有控制权限的用户登录系统)	弹出警告框,信息提示"设备闭锁逻辑不满足"
9	现场对101开关进行分闸操作	一次系统图中101开关图元显示分位状态
10	单击1011图元打开属性框,点击分闸选择按钮,执行分闸选择操作(使用有控制权限的用户登录系统)	可以进行遥控分闸操作

4. 挂牌操作调试

挂牌操作调试内容如表20-43所示。

表20-43 挂牌操作调试内容

序号	调试内容	预期效果
1	当101开关合位时,对101开关挂检修牌、禁止牌、其他自定义牌操作	提示开关合位,禁止挂牌,挂牌失败
2	当101开关就地位置时,对101开关挂检修牌、禁止牌、其他自定义牌操作	提示开关就地位,禁止挂牌,挂牌失败
3	当101开关分位或远方位置时,对101开关挂检修牌、禁止牌、其他自定义牌操作	挂牌成功
4	对35kV 101开关进行检修牌、禁止牌、其他自定义牌的摘牌操作	摘牌成功

5. 遥控功能调试

遥控功能调试内容如表20-44所示。

表20-44 遥控功能调试内容

序号	调试内容	预期效果
1	现场对101开关进行合闸操作,单击101开关图元(使用有控制权限的用户登录系统)	弹出设备属性框窗口,分闸选择按钮、摘牌按钮、设备解锁按钮显示可控,合闸选择按钮、遥控执行按钮、遥控撤销按钮、挂牌按钮灰化,状态描述显示"设备处于合闸状态!"

续表

序号	调试内容	预期效果
2	点击"分闸选择"按钮（合闸选择与分闸选择流程一样）	若不满足其中条件之一，弹出相应警告框并返回终止操作，恢复初始化； 若满足所有条件，则101图元显示绿色闪烁框，状态描述显示"已发送开关分闸命令！"，"等待返校结果＋12 s倒计时！"； 若返校失败，则返回终止操作，恢复初始化； 若返校成功，此时分闸选择按钮、挂牌、摘牌按钮、合闸选择按钮、关闭按钮灰化，遥控执行按钮、遥控撤销按钮显示可用，状态描述显示"遥控选择成功，请继续遥控执行＋12 s倒计时！"
3	点击"遥控执行"按钮	遥控选择反校成功后，若在12 s内未进行遥控执行操作，状态描述显示"进行遥控执行选择超时！"，"遥控选择命令反校失败！"，并返回终止操作，恢复初始化； 若在12 s内进行遥控执行操作，设备图元停止闪烁，状态描述显示"已发送执行开关分闸命令！"，同时启动遥控执行返校判断，状态描述显示"等待返校结果＋12 s倒计时！"； 12 s内若收到返校值，状态描述显示"遥控命令执行成功！"此时整个操作流程结束，遥控执行按钮、遥控撤销按钮灰化； 若12 s内未收到返校值，则遥控执行失败，状态描述显示"遥控命令执行不成功！"，按钮恢复初始化，并返回终止操作，恢复初始化
4	点击"遥控撤销"按钮	遥控选择执行成功后，12 s内点击"遥控撤销"按钮，终止操作，恢复初始化
5	遥控过程中属性框不能关闭，待遥控过程完成后方可关闭属性框	即点击关闭按钮弹出报警"当前设备操作未完成，请继续操作或撤销遥控！"

6．带电推导调试

带电推导调试内容如表20-45所示。

表20-45　带电推导调试内容

序号	调试内容	预期效果
1	通过实际设备操作，改变110 kV母线带电状态	当110 kV母线带电时，母线为红色，不带电时，母线为灰色
2	通过实际设备操作，改变35 kV母线带电状态	当35 kV母线带电时，母线为黄色，不带电时，母线为灰色
3	通过实际设备操作，改变1 500 V母线带电状态和接触轨带电状态	当1 500 V三轨带电时，母线为红色，不带电时，三轨为灰色
4	通过实际设备操作，改变400 V母线带电状态	当400 V母线带电时，母线为浅蓝色，不带电时，母线为灰色

7. 保护功能调试

保护功能调试内容如表 20-46 所示。

表 20-46 保护功能调试内容

序号	调试内容	预期效果
1	打开所内自动化系统画面，如对 35 kV 1 号进线柜 P143 进行复归，点击 35 kV 1 号进线柜图元弹出属性框，点击选择复归按钮，等待选择返校成功，再点击复归执行按钮，等待执行返校成功，完成复归操作	35 kV 1 号进线柜 P143 复归

8. 事件顺序记录（SOE）功能调试

事件顺序记录（SOE）功能调试内容如表 20-47 所示。

表 20-47 事件顺序记录（SOE）功能调试内容

序号	调试内容	预期效果
1	打开实时 SOE 画面，界面中可显示最近发生的 SOE 信息	显示内容包括发生时间、变电所名称、设备编号、SOE 描述、数据点值等
2	打开历史 SOE 画面，根据自定义查询条件查询最近发生的 SOE 信息	根据查询条件正确输出查询结果

9. 光字牌调试

光字牌调试内容如表 20-48 所示。

表 20-48 光字牌调试内容

序号	调试内容	预期效果
1	如现场 101 进线柜设备发生跳闸或报警，打开光自屏画面，可以参看具体发生报警类型及消息	画面显示对应的设备警类型及消息
2	在画面右上角，点击清光字，停止报警点闪烁	停止报警点闪烁

20.14.6 接口冗余功能调试

接口冗余功能调试见第 20.2.6 节。

20.14.7 接口性能测试

接口性能测试见第 20.1.6 节。

20.14.8 网络故障恢复功能调试

网络故障恢复功能调试见第 20.1.7 节。

20.15 ISCS 与 RAD 接口调试

20.15.1 调试内容

ISCS 与 RAD 接口调试内容如表 20-49 所示。

表 20-49 ISCS 与 RAD 接口调试内容

序号	调试项	主要测试功能项
1	通信协议	含所有命令和数据的格式、收发的机制和例外处理等
2	人机界面功能	HMI 画面与设计图纸一致性
3	监控功能	车辆状态信息监视功能测试
		车辆故障信息监视功能测试
		车辆火灾信息监视功能测试
		通信失效故障功能测试
4	接口冗余功能	ISCS 与 RAD 主备接口冗余切换
5	接口性能	ISCS 与 RAD 接口数据传输性能
6	网络故障恢复功能	ISCS 与 RAD 接口故障诊断与恢复功能

20.15.2 前置条件

（1）ISCS 与 RAD 接口完成出厂测试。
（2）ISCS 相关硬件设备、软件平台正常运行，网络连通。
（3）RAD 接口设备、软件正常运行，网络连通。
（4）RAD 现场单体调试完成。
（5）所有参与测试的单位及人员均已熟悉测试组织及实施方案，并已做好相关各项准备工作。

20.15.3 通信协议测试

通信协议测试见第 20.1.3 节。

20.15.4 人机界面功能调试

人机界面功能调试见第 20.1.4 节。

20.15.5 监控功能调试

监控功能调试内容如表 20-50 所示。

表 20-50　监控功能调试内容

序号	调试内容	预期效果
	车辆状态信息监视功能测试	
1	打开"RAD 监控"画面,查看车辆状态信息	与现场实际情况一致
	车辆故障信息监视功能测试	
2	打开"RAD 监控"画面,模拟车辆故障信息,观察现象	显示对应故障与实际一致
	车辆火灾信息监视功能测试	
3	打开"RAD 监控"画面,模拟车辆火灾信息,观察现象	显示对应火灾信息与实际一致
	通信失效故障功能测试	
4	打开"RAD 监控"画面,模拟通信失效故障,观察现象	显示对应故障与实际一致

20.15.6　接口冗余功能调试

接口冗余功能调试见第 20.2.6 节。

20.15.7　接口性能测试

接口性能测试见第 20.1.6 节。

20.15.8　网络故障恢复功能调试

网络故障恢复功能调试见第 20.1.7 节。

20.16　ISCS 与 CLK 接口调试

20.16.1　调试内容

ISCS 与 CLK 接口调试内容如表 20-51 所示。

表 20-51　ISCS 与 CLK 接口调试内容

序号	调试项	主要测试功能项
1	通信协议	含所有命令和数据的格式、收发的机制和例外处理等
2	对时功能	ISCS 向 CLK 对时功能测试
3	接口性能	ISCS 与 CLK 接口数据传输性能
4	网络故障恢复功能	ISCS 与 CLK 接口故障诊断与恢复功能

20.16.2 前置条件

（1）ISCS 与 CLK 接口完成出厂测试。
（2）ISCS 相关硬件设备、软件平台正常运行，网络连通。
（3）CLK 接口设备、软件正常运行，网络连通。
（4）CLK 现场单体调试完成。
（5）所有参与测试的单位及人员均已熟悉测试组织及实施方案，并已做好相关各项准备工作。

20.16.3 通信协议测试

通信协议测试见第 20.1.3 节。

20.16.4 对时功能调试

对时功能调试内容如表 20-52 所示。

表 20-52 对时功能调试内容

序号	调试内容	预期效果
1	观察 NTP 时钟服务器的时间	时钟系统提供标准的时间信息，时间信息每整秒发送一次，最大时间间隔不大于 5 s
2	更改 NTP 时钟服务器时间，观察现象	能够自动校正到正确的时间

20.16.5 接口性能测试

接口性能测试见第 20.1.6 节。

20.16.6 网络故障恢复功能调试

网络故障恢复功能调试见第 20.1.7 节。

20.17 ISCS 与 ALM 接口调试

20.17.1 调试内容

ISCS 与 ALM 接口调试内容如表 20-53 所示。

表 20-53 ISCS 与 ALM 接口调试内容

序号	调试项	主要测试功能项
1	通信协议	含所有命令和数据的格式、收发的机制和例外处理等
2	人机界面功能	HMI 画面与设计图纸一致性

续表

序号	调试项	主要测试功能项
3	监控功能	传输系统故障监视功能测试
		公务电话系统故障监视功能测试
		专用电话系统故障监视功能测试
		综合 UPS 系统故障监视功能测试
		CCTV 故障监视功能测试
		PIS 故障监视功能测试
		PA 故障监视功能测试
		RAD 故障监视功能测试
		各站综合 UPS 掉电监视功能测试
		CLK 故障监视功能测试
4	接口冗余功能	ISCS 与 ALM 主备接口冗余切换
5	接口性能	ISCS 与 ALM 接口数据传输性能
6	网络故障恢复功能	ISCS 与 ALM 接口故障诊断与恢复功能

20.17.2　前置条件

（1）ISCS 与 ALM 接口完成出厂测试。

（2）ISCS 相关硬件设备、软件平台正常运行，网络连通。

（3）ALM 接口设备、软件正常运行，网络连通。

（4）ALM 现场单体调试完成。

（5）所有参与测试的单位及人员均已熟悉测试组织及实施方案，并已做好相关各项准备工作。

20.17.3　通信协议测试

通信协议测试见第 20.1.3 节。

20.17.4　人机界面功能调试

人机界面功能调试见第 20.1.4 节。

20.17.5　监控功能调试

监控功能调试内容如表 20-54 所示。

表 20-54 监控功能调试内容

序号	调试内容	预期效果
	传输系统故障监视功能测试	
1	打开"集中告警一览"画面，模拟传输系统故障信息，观察现象	显示对应故障与实际一致
	公务电话系统故障监视功能测试	
2	打开"集中告警一览"画面，模拟公务电话系统故障信息，观察现象	显示对应故障与实际一致
	专用电话系统故障监视功能	
3	打开"集中告警一览"画面，模拟专用电话系统故障信息，观察现象	显示对应故障与实际一致
	综合 UPS 系统故障监视功能测试	
4	打开"集中告警一览"画面，模拟综合 UPS 系统故障信息，观察现象	显示对应故障与实际一致
	CCTV 故障监视功能测试	
5	打开"集中告警一览"画面，模拟 CCTV 故障信息，观察现象	显示对应故障与实际一致
	PIS 故障监视功能测试	
6	打开"集中告警一览"画面，模拟 PIS 故障信息，观察现象	显示对应故障与实际一致
	PA 故障监视功能测试	
7	打开"集中告警一览"画面，模拟 PA 故障信息，观察现象	显示对应故障与实际一致
	RAD 故障监视功能测试	
8	打开"集中告警一览"画面，模拟 RAD 故障信息，观察现象	显示对应故障与实际一致
	CLK 故障监视功能测试	
9	打开"集中告警一览"画面，模拟 CLK 故障信息，观察现象	显示对应故障与实际一致
	各站综合 UPS 掉电故障监视功能测试	
10	打开"集中告警一览"画面，模拟××站综合 UPS 掉电故障信息，观察现象	显示对应故障与实际一致

20.17.6 接口冗余功能调试

接口冗余功能调试见第 20.2.6 节。

20.17.7 接口性能测试

接口性能测试见第 20.1.6 节。

20.17.8 网络故障恢复功能调试

网络故障恢复功能调试见第 20.1.7 节。

第 21 章　火灾自动报警系统接口调试

21.1　FAS 与通风系统接口调试

21.1.1　调试内容

FAS 与通风系统接口调试内容如表 21-1 所示。

表 21-1　FAS 与通风系统接口调试内容

序号	调试项	主要测试功能项
1	监控功能	手动防火阀
2		车站专用排烟风机、正压送风机

21.1.2　前置条件

（1）FAS 与通风空调系统接口完成出厂测试。
（2）FAS 相关硬件设备、软件平台正常运行，网络连通。
（3）通风空调系统现场单体调试完成。
（4）所有参与测试的单位及人员均已熟悉测试组织及实施方案，并已做好相关各项准备工作。

21.1.3　手动防火阀

手动防火阀调试内容如表 21-2 所示。

表 21-2　手动防火阀调试内容

序号	调试内容	预期效果
1	现场关闭防火阀	FAS 主机、平台信息与现场设备一致

21.1.4　消防专用风机/正压送风机

表 21-3　消防专用风机/正压送风机调试内容

序号	调试内容	预期效果
1	现场开启风机	FAS 主机、平台信息与设备一致
2	现场关闭风机	FAS 主机、平台信息与设备一致
3	现场模拟风机故障	IBP 盘与设备一致
4	现场就地/远方切换	FAS 主机、平台信息与设备一致
5	FAS 主机控制风机开启	现场风机开启
6	FAS 主机控制风机关闭	现场风机关闭

21.2 FAS 与气体灭火系统接口调试

21.2.1 调试内容

FAS 与气体灭火系统接口调试内容如表 21-4 所示。

表 21-4 FAS 与气体灭火系统接口调试内容

序号	调试项	主要测试功能项
1	通信协议	含所有命令和数据的格式、收发的机制和例外处理等
2	监视功能	气灭保护区
3	接口性能	FAS 与气体灭火接口数据传输性能
4	网络故障恢复功能	FAS 与气体灭火接口故障诊断与恢复功能

21.2.2 前置条件

（1）FAS 与气体灭火接口完成出厂测试。
（2）FAS 相关硬件设备、软件平台正常运行，网络连通。
（3）气体灭火系统接口设备、机电设备、软件正常运行，网络连通。
（4）气体灭火系统现场单体调试完成。
（5）所有参与测试的单位及人员均已熟悉测试组织及实施方案，并已做好相关各项准备工作。

21.2.3 通信协议

通信协议调试内容如表 21-5 所示。

表 21-5 通信协议调试内容

序号	调试内容	预期效果
1	FAS 周期性从气体灭火系统读取数据，核对报文正确性	气体灭火系统响应命令，并且发送数据，FAS 接收的数据与气体灭火控系统发送的数据一致
2	气体灭火向 FAS 发送命令报文，核查报文的正确性	FAS 响应该报文，报文正确
3	重复上述步骤 1~23 次	与上述步骤 1~2 预期结果相同

21.2.4 监视功能

监视功能调试内容如表 21-6 所示。

表 21-6　监视功能调试内容

序号	调试内容	预期效果
1	模拟防护区预警	FAS 主机、平台信息与气灭系统一致
2	模拟防护区火警	FAS 主机、平台信息与气灭系统一致
3	模拟防护区故障	FAS 主机、平台信息与气灭系统一致
4	模拟防护区气体释放	FAS 主机、平台信息与气灭系统一致
5	模拟防护区手/自动	FAS 主机、平台信息与气灭系统一致
6	模拟防护区防火阀开关	FAS 主机、平台信息与气灭系统一致
7	对时功能	FAS 主机与气灭系统时间一致

21.2.5　接口性能

接口性能调试内容如表 21-7 所示。

表 21-7　接口性能调试内容

序号	调试内容	预期效果
1	FAS 和气体灭火通信通道的通信状态	FAS 每隔 500 ms 检测 FAS 和气体灭火通信通道的通信状态良好
2	当被监视的条件发生变化，气体灭火系统的信息处理	当被监视的条件发生变化，气体灭火系统将在 1 s 内完成信息处理工作

21.2.6　网络故障恢复

网络故障恢复调试内容如表 21-8 所示。

表 21-8　网络故障恢复调试内容

序号	调试内容	预期效果
1	断开与气体灭火连接后，FAS 发送请求（重试若干次）	FAS 收不到气体灭火的响应
2	断开与 FAS 连接	气体灭火收不到 FAS 的请求
3	重新建立与气体灭火连接后，FAS 发送请求	重新建立与气体灭火连接后，气体灭火响应 FAS 的请求，FAS 能够收到气体灭火的响应

21.3　FAS 与动力照明系统接口调试

21.3.1　调试内容

FAS 与动力照明系统接口调试内容如表 21-9 所示。

表 21-9　FAS 与动力照明系统接口调试内容

序号	调试项	主要测试功能项
1	监控功能	应急照明
2		切断非消防电源

21.3.2 前置条件

（1）FAS 与动力照明接口完成出厂测试。
（2）FAS 相关硬件设备、软件平台正常运行，网络连通。
（3）动力照明系统现场单体调试完成。
（4）所有参与测试的单位及人员均已熟悉测试组织及实施方案，并已做好相关各项准备工作。

21.3.3 应急照明

应急照明调试内容如表 21-10 所示。

表 21-10　应急照明调试内容

序号	调试内容	预期效果
1	FAS 主机模拟应急照明强启动	应急照明启动
2	FAS 主机模拟应急照明强启动	FAS 主机、平台信息与设备一致

21.3.4 非消防电源

非消防电源调试内容如表 21-11 所示。

表 21-11　非消防电源调试内容

序号	调试内容	预期效果
1	FAS 主机模拟非消防电源强切	非消防电源切除
2	FAS 主机模拟非消防电源强切	FAS 主机、平台信息与设备一致

21.4　FAS 与给排水系统接口调试

21.4.1 调试内容

FAS 与给排水系统接口调试内容如表 21-12 所示。

表 21-12　FAS 与给排水系统接口调试内容

序号	调试项	主要测试功能项
1	监控功能	消火栓按钮
2		消火栓泵/喷淋泵
3		消防电动蝶阀
4		消防水池液位

21.4.2 前置条件

（1）FAS 与给排水接口完成出厂测试。

（2）FAS 相关硬件设备、软件平台正常运行，网络连通。
（3）给排水接口设备、机电设备、软件正常运行，网络连通。
（4）给排水系统现场单体调试完成。
（5）所有参与测试的单位及人员均已熟悉测试组织及实施方案，并已做好相关各项准备工作。

21.4.3 消火栓泵、喷淋泵

消火栓泵、喷淋泵调试内容如表 21-13 所示。

表 21-13 消火栓泵、喷淋泵调试内容

序号	调试内容	预期效果
1	现场开启消火栓泵 1#泵	FAS 主机、平台信息与设备一致
2	现场开启消火栓泵 2#泵	FAS 主机、平台信息与设备一致
3	模拟消火栓泵 1#泵故障	FAS 主机、平台信息与设备一致
4	模拟消火栓泵 2#泵故障	FAS 主机、平台信息与设备一致
5	现场消火栓泵就地/远方切换	FAS 主机、平台信息与设备一致
6	模拟主电源失电	FAS 主机、平台信息与设备一致
7	模拟备电源失电	FAS 主机、平台信息与设备一致
8	模拟稳压泵运行	FAS 主机、平台信息与设备一致
9	模拟稳压泵故障	FAS 主机、平台信息与设备一致
10	FAS 主机模拟消火栓泵运行控制	消火栓泵启动
11	FAS 主机模拟消火栓泵停止控制	消火栓泵停止

21.4.4 消防电动蝶阀

消防电动蝶阀调试内容如表 21-14 所示。

表 21-14 消防电动蝶阀调试内容

序号	调试内容	预期效果
1	现场开启消防电动蝶阀	FAS 主机、平台信息与设备一致
2	现场关闭消防电动蝶阀	FAS 主机、平台信息与设备一致
3	FAS 主机模拟消防电动蝶阀开启	蝶阀开启
4	FAS 主机模拟消防电动蝶阀关闭	蝶阀关闭

21.4.5 消防水池液位

消防水池液位调试内容如表 21-15 所示。

表 21-15　消防水池液位调试内容

序号	调试内容	预期效果
1	消防水池正常水位	FAS 主机、平台信息与设备一致
2	消防水池高水位	FAS 主机、平台信息与设备一致
3	消防水池低水位	FAS 主机、平台信息与设备一致

21.5　FAS 与消防电梯系统接口调试

21.5.1　调试内容

FAS 与消防电梯系统接口调试内容如表 21-16 所示。

表 21-16　FAS 与消防电梯系统接口调试内容

序号	调试项	主要测试功能项
1	监控功能	消防电梯

21.5.2　前置条件

（1）FAS 与消防电梯接口完成出厂测试。
（2）FAS 相关硬件设备、软件平台正常运行，网络连通。
（3）消防电梯现场单体调试完成。
（4）所有参与测试的单位及人员均已熟悉测试组织及实施方案，并已做好相关各项准备工作。

21.5.3　消防电梯

消防电梯调试内容如表 21-17 所示。

表 21-17　消防电梯调试内容

序号	调试内容	预期效果
1	FAS 主机发送消防电梯归首控制命令	消防电梯归首
2	FAS 主机监视消防电梯归首状态	FAS 主机、平台信息与设备一致

21.6　FAS 与售检票系统接口调试

21.6.1　调试内容

FAS 与售检票系统接口调试内容如表 21-18 所示。

表 21-18　FAS 与售检票系统接口调试内容

序号	调试项	主要测试功能项
1	监控功能	AFC 紧急释放

21.6.2　前置条件

（1）FAS 与售检票接口完成出厂测试。
（2）FAS 相关硬件设备、软件平台正常运行，网络连通。
（3）售检票接口设备、机电设备、软件正常运行，网络连通。
（4）售检票现场单体调试完成。
（5）所有参与测试的单位及人员均已熟悉测试组织及实施方案，并已做好相关各项准备工作。

21.6.3　AFC 紧急释放

AFC 紧急释放调试内容如表 21-19 所示。

表 21-19　AFC 紧急释放调试内容

序号	调试内容	预期效果
1	FAS 主机监视 AFC 紧急释放状态	FAS 主机、平台信息与设备一致
2	FAS 主机发送 AFC 紧急释放控制命令	AFC 释放

21.7　FAS 与 BAS 系统接口调试

21.7.1　调试内容

FAS 与 BAS 系统接口调试内容如表 21-20 所示。

表 21-20　FAS 与 BAS 系统接口调试内容

序号	调试项	主要测试功能项
1	通信协议	含所有命令和数据的格式、收发的机制和例外处理等
2	火灾模式号	大系统、小系统 A 端、小系统 B 端
3	接口性能	FAS 与 BAS 接口数据传输性能
4	网络故障恢复功能	FAS 与 BAS 接口故障诊断与恢复功能

21.7.2　前置条件

（1）FAS 与 BAS 接口完成出厂测试。
（2）FAS 相关硬件设备、软件平台正常运行，网络连通。
（3）BAS 接口设备、机电设备、软件正常运行，网络连通。

（4）BAS 现场单体调试完成。

（5）所有参与测试的单位及人员均已熟悉测试组织及实施方案，并已做好相关各项准备工作。

21.7.3 通信协议

通信协议调试内容如表 21-21 所示。

表 21-21　通信协议调试内容

序号	调试内容	预期效果
1	BAS 周期性从 FAS 读取数据，核对报文正确性	FAS 响应命令，并且发送数据，BAS 接收的数据与 FAS 发送的数据一致
2	BAS 向 FAS 发送命令报文，核查报文的正确性	FAS 响应该报文，报文正确
3	BAS 模拟错误报文	FAS 对该报文不做处理，丢弃
4	重复上述 1~3 步骤 3 次	与步骤 1~3 预期结果相同

21.7.4 火灾模式号

火灾模式号调试内容如表 21-22 所示。

表 21-22　火灾模式号调试内容

序号	调试内容	预期效果
1	大系统火灾	FAS 发出对应火灾模式；BAS 接收对应火灾模式
2	小系统 A 端火灾	FAS 发出对应火灾模式；BAS 接收对应火灾模式
3	小系统 B 端火灾	FAS 发出对应火灾模式；BAS 接收对应火灾模式

21.7.5 接口性能

接口性能调试内容如表 21-23 所示。

表 21-23　接口性能调试内容

序号	调试内容	预期效果
1	BAS 和 FAS 通信通道的通信状态	BAS 每隔 500 ms 检测 BAS 和 FAS 通信通道的通信状态良好
2	当被监视的条件发生变化，BAS 系统信息处理	当被监视的条件发生变化，BAS 系统将在 1 s 内完成信息处理工作

21.7.6 网络故障恢复

网络故障恢复调试内容如表 21-24 所示。

表 21-24　网络故障恢复调试内容

序号	调试内容	预期效果
1	断开与 FAS 的连接后，BAS 发送请求（重试若干次）	BAS 收不到 FAS 响应
2	断开与 BAS 的连接	FAS 收不到 BAS 的请求
3	重新建立与 BAS 的连接后，BAS 发送请求	重新建立与 BAS 的连接后，FAS 响应 BAS 的请求，BAS 能够收到 FAS 响应

21.8　FAS 与门禁系统接口调试

21.8.1　调试内容

FAS 与门禁系统接口调试内容如表 21-25 所示。

表 21-25　FAS 与门禁系统接口调试内容

序号	调试项	主要测试功能项
1	监控功能	ACS 紧急释放

21.8.2　前置条件

（1）FAS 与门禁接口完成出厂测试。
（2）FAS 相关硬件设备、软件平台正常运行，网络连通。
（3）门禁接口设备、机电设备、软件正常运行，网络连通。
（4）门禁现场单体调试完成。
（5）所有参与测试的单位及人员均已熟悉测试组织及实施方案，并已做好相关各项准备工作。

21.8.3　门禁紧急释放

门禁紧急释放调试内容如表 21-26 所示。

表 21-26　门禁紧急释放调试内容

序号	调试内容	预期效果
1	FAS 主机发送门禁紧急释放命令	门禁释放
2	FAS 主机监视门禁紧急释放状态	FAS 主机、平台信息与设备一致

21.9　FAS 与防火卷帘接口调试

21.9.1　调试内容

FAS 与防火卷帘接口调试内容如表 21-27 所示。

表 21-27 FAS 与防火卷帘接口调试内容

序号	调试项	主要测试功能项
1	监控功能	隔断型防火卷帘
2		疏散型防火卷帘

21.9.2 前置条件

（1）FAS 与防火卷帘接口完成出厂测试。
（2）FAS 相关硬件设备、软件平台正常运行，网络连通。
（3）防火卷帘接口设备、机电设备、软件正常运行，网络连通。
（4）防火卷帘现场单体调试完成。
（5）所有参与测试的单位及人员均已熟悉测试组织及实施方案，并已做好相关各项准备工作。

21.9.3 隔断型防火卷帘

隔断型防火卷帘调试内容如表 21-28 所示。

表 21-28 隔断型防火卷帘调试内容

序号	调试内容	预期效果
1	现场全降防火卷帘	FAS 主机、平台信息与设备一致
2	FAS 主机发送防火卷帘全降控制命令	防火卷帘全降

21.9.4 疏散型防火卷帘

疏散型防火卷帘调试内容如表 21-29 所示。

表 21-29 疏散型防火卷帘调试内容

序号	调试步骤或方法	预期效果
1	现场半降防火卷帘	FAS 主机、平台信息与设备一致
2	现场全降防火卷帘	FAS 主机、平台信息与设备一致
3	FAS 主机发送防火卷帘半降控制命令	防火卷帘半降
4	FAS 主机发送防火卷帘全降控制命令	防火卷帘全降

21.10 FAS 与电气火灾系统接口调试

21.10.1 调试内容

FAS 与电气火灾系统接口调试内容如表 21-30 所示。

表 21-30　FAS 与电气火灾系统接口调试内容

序号	调试项	主要测试功能项
1	监控功能	电气火灾报警及故障

21.10.2　前置条件

（1）FAS 与电气火灾接口完成出厂测试。
（2）FAS 相关硬件设备、软件平台正常运行，网络连通。
（3）电气火灾接口设备、机电设备、软件正常运行，网络连通。
（4）电气火灾现场单体调试完成。
（5）所有参与测试的单位及人员均已熟悉测试组织及实施方案，并已做好相关各项准备工作。

21.10.3　电气火灾报警及故障

电气火灾报警及故障调试内容如表 21-31 所示。

表 21-31　电气火灾报警及故障调试内容

序号	调试内容	预期效果
1	现场电气火灾报警	FAS 主机、平台信息与设备一致
2	现场电气火灾故障	FAS 主机、平台信息与设备一致

21.11　FAS 与消防电源监控系统接口调试

21.11.1　调试内容

FAS 与消防电源监控系统接口调试内容如表 21-32 所示。

表 21-32　FAS 与消防电源监控系统接口调试内容

序号	调试项	主要测试功能项
1	监控功能	消防电源监控系统报警及故障

21.11.2　前置条件

（1）FAS 与消防电源监控接口完成出厂测试。
（2）FAS 相关硬件设备、软件平台正常运行，网络连通。
（3）消防电源监控接口设备、机电设备、软件正常运行，网络连通。
（4）消防电源监控现场单体调试完成。
（5）所有参与测试的单位及人员均已熟悉测试组织及实施方案，并已做好相关各项准备工作。

21.11.3 消防电源监控系统报警及故障

消防电源监控系统报警及故障调试内容如表 21-33 所示。

表 21-33 消防电源监控系统报警及故障调试内容

序号	调试内容	预期效果
1	现场消防电源监控系统报警	FAS 主机、平台信息与设备一致
2	现场消防电源监控系统故障	FAS 主机、平台信息与设备一致

第 22 章　环境与设备监控系统接口调试

22.1　BAS 与通风系统接口调试

22.1.1　调试内容

BAS 与通风系统接口调试内容如表 22-1 所示。

表 22-1　BAS 与通风系统接口调试内容

序号	调试项	主要测试功能项	备　注
1	通信协议	含所有命令和数据的格式、收发的机制和例外处理等	
2	监控功能	状态监视、单控、群控、联锁、操作权限	包括大/小/隧道系统
3	接口冗余功能	BAS 与通风系统主备接口冗余切换	
4	接口性能	BAS 与通风系统接口数据传输性能	
4	网络故障恢复功能	BAS 与通风系统接口故障诊断与恢复功能	

22.1.2　前置条件

（1）BAS 承包商已完成通风系统的接口调试工作。
（2）BAS 承包商已完成相关配置工作。
（3）通风系统已完成现场设备的调试工作，并已提供单体调试报告。
（4）所有相关设备均能正常上电。
（5）所有参与调试的单位及人员均已熟悉调试组织及实施方案，并已做好相关各项准备工作。

22.1.3　通信协议测试

通信协议测试内容如表 22-2 所示。

表 22-2　通信协议测试内容

序号	调试内容	预期效果
1	BAS 设备上电，初始化	设备运行正常，指示灯正常
2	通风系统设备上电，初始化	设备运行正常，指示灯正常
3	BAS 周期性从通风系统读取数据，核对报文正确性	通风系统响应命令，并且发送数据，BAS 接收的数据与通风发送的数据一致

续表

序号	调试内容	预期效果
4	BAS 系统断开与通风系统的主连接链路	自动切换至备用数据链路收发数据
5	恢复主数据链路，然后断开备用数据链路	自动切换至主备用数据链路，保持数据的正常收发
6	BAS 发送错误报文	通风系统对该报文不做处理，丢弃
7	重复上述步骤 2～6 3 次	与步骤 2～6 预期结果相同

22.1.4 监控功能测试

监控功能测试内容如表 22-3 所示。

表 22-3 监控功能测试内容

序号	调试内容	预期效果
1	监视隧道通风系统设备状态	BAS 显示该模式下的状态
2	单控隧道通风系统设备	BAS 发送指令到环控，环控响应命令单设备控制并反馈执行状态
3	隧道通风系统模式控制	BAS 发送指令到环控，环控响应命令多设备控制并反馈执行状态
4	监视大系统设备状态	BAS 显示该模式下的状态
5	单控大系统设备	BAS 发送指令到环控，环控响应命令单设备控制并反馈执行状态
6	大系统模式控制	BAS 发送指令到环控，环控响应命令多设备控制并反馈执行状态
7	监视小系统设备状态	BAS 显示该模式下的状态
8	单控小系统设备	BAS 发送指令到环控，环控响应命令单设备控制并反馈执行状态
9	小系统模式控制	BAS 发送指令到环控，环控响应命令多设备控制并反馈执行状态
10	测试操作权限	在有权限情况下才能操作
11	测试设备统计信息监视功能	显示设备运行时间、故障次数等
12	测试设备联锁控制	满足联锁条件下才能控制

22.1.5 接口冗余测试

接口冗余测试内容如表 22-4 所示。

表 22-4　接口冗余测试内容

序号	调试内容	预期效果
1	中断 A 交换机，B 交换机能正确传输数据；恢复 A 交换机，中断 B 交换机能正确传输数据；恢复 B 交换机；停止通信控制器 A（主），通信控制器 B（备）切换为主控制器，系统能正确传输数据；恢复通信控制器 A，通信控制器 A 恢复为主控制器系统能正确传输数据	冗余切换时，系统能正确上送数据

22.1.6　接口性能测试

接口性能测试内容如表 22-5 所示。

表 22-5　接口性能测试内容

序号	调试内容	预期效果
1	BAS 和通风系统通信通道的通信状态	BAS 每隔 500 ms 检测 BAS 和通风系统通信通道的通信状态良好
2	当被监视的条件发生变化，通风系统系统将在规定时间内完成信息处理	当被监视的条件发生变化，通风系统系统将在规定时间内完成信息处理工作

22.1.7　网络故障恢复功能测试

网络故障恢复功能测试内容如表 22-6 所示。

表 22-6　网络故障恢复功能测试内容

序号	调试内容	预期效果
1	断开与通风系统的连接后，BAS 发送请求（重试若干次）	BAS 收不到通风系统响应
2	断开与 BAS 的连接	通风系统收不到 BAS 的请求
3	重新建立与通风系统的连接后，BAS 发送请求	重新建立与通风系统的连接后，通风系统响应 BAS 的请求，BAS 能够收到通风系统的响应

22.2　BAS 与空调水系统接口调试

22.2.1　调试内容

BAS 与空调水系统接口调试内容如表 22-7 所示。

表 22-7 BAS 与空调水系统接口调试内容

序号	调试项	主要测试功能项
1	通信协议	含所有命令和数据的格式、收发的机制和例外处理等
2	监控功能	状态监控
3	接口性能	BAS 与空调水系统接口数据传输性能
4	网络故障恢复功能	BAS 与空调水系统接口故障诊断与恢复功能

22.2.2 前置条件

（1）BAS 承包商已完成空调群控系统的接口调试工作。
（2）BAS 承包商已完成相关配置工作。
（3）空调群控系统已完成现场设备的调试工作，并已提供单体调试报告。
（4）所有相关设备均能正常上电。
（5）所有参与调试的单位及人员均已熟悉调试组织及实施方案，并已做好相关各项准备工作。

22.2.3 通信协议测试

通信协议测试内容如表 22-8 所示。

表 22-8 通信协议测试内容

序号	调试内容	预期效果
1	BAS 设备上电，初始化	设备运行正常，指示灯正常
2	空调水系统设备上电，初始化	设备运行正常，指示灯正常
3	BAS 周期性从空调水系统读取数据，核对报文正确性	空调水系统响应命令，并且发送数据，BAS 接收的数据与空调水发送的数据一致
4	BAS 系统断开与空调水系统的连接	通信网关指示灯不正常
5	重新建立与空调水系统的连接后，BAS 发送请求，能够收到空调水系统的响应	空调水响应命令，并且发送数据，BAS 接收的数据跟空调水发送的数据一致
6	BAS 发送错误报文	空调水系统对该报文不做处理，丢弃
7	重复上述步骤 2~63 次	与步骤 2~6 预期结果相同

22.2.4 监控功能测试

监控功能测试内容如表 22-9 所示。

表 22-9　监控功能测试内容

序号	调试内容	预期效果
1	控制电动二通阀的阀门开度	阀门动作，最终实际开度与 BAS 设置值一致
2	冷水机组监视及参数设置	BAS 系统显示的空调水设备状态跟空调水系统设备状态一致
3	监视空调水装置的运行状态、运行时间，并自动记录	BAS 工作站显示了设备运行状态，并且自动记录到报表中
4	接收空调水装置的相关参数和报警信息，相关设备的重要参数进行设置	BAS 系统界面显示空调水的相关参数和报警信息
5	BAS 发送一键启停命令	空调水系统响应命令并且反馈其状态给 BAS 工作站

22.2.5　接口性能测试

接口性能测试内容如表 22-10 所示。

表 22-10　接口性能测试内容

序号	调试内容	预期效果
1	BAS 每隔 500 ms 检测 BAS 和空调水系统通信通道的通信状态	BAS 每隔 500 ms 检测 BAS 和空调水系统通信通道的通信状态
2	当被监视的条件发生变化，空调水系统将在规定时间内完成信息处理工作	当被监视的条件发生变化，空调水系统将在规定时间内完成信息处理工作

22.2.6　网络故障恢复功能测试

网络故障恢复功能测试内容如表 22-11 所示。

表 22-11　网络故障恢复功能测试内容

序号	调试内容	预期效果
1	断开与空调水系统连接后，BAS 发送请求（重试若干次）	BAS 收不到空调水系统响应
2	断开与 BAS 连接	空调水系统收不到 BAS 的请求
3	重新建立与空调水系统连接后，BAS 发送请求	重新建立与空调水系统连接后，空调水系统响应 BAS 的请求，BAS 能够收到空调水系统的响应

22.3　BAS 与给排水系统接口调试

22.3.1　调试内容

BAS 与给排水系统接口调试内容如表 22-12 所示。

表 22-12　BAS 与给排水系统接口调试内容

序号	调试项	主要测试功能项
1	通信协议	含所有命令和数据的格式、收发的机制和例外处理等
2	监控功能	状态监控
3	接口性能	BAS 与给排水系统接口数据传输性能
4	网络故障恢复功能	BAS 与给排水系统接口故障诊断与恢复功能

22.3.2　前置条件

（1）BAS 承包商已完成水泵类控制柜的接口调试。
（2）BAS 承包商已完成相关配置工作。
（3）水泵类控制柜已完成现场设备的调试工作，并已提供单体调试报告。
（4）所有相关设备均能正常上电。
（5）所有参与调试的单位及人员均已熟悉调试组织及实施方案，并已做好相关各项准备工作。

22.3.3　通信协议测试

通信协议测试内容如表 22-13 所示。

表 22-13　通信协议测试内容

序号	调试内容	预期效果
1	BAS 设备上电，初始化	设备运行正常，指示灯正常
2	给排水系统设备上电，初始化	设备运行正常，指示灯正常
3	BAS 周期性从给排水读取数据，核对报文正确性	给排水系统响应命令，并且发送数据，BAS 接收的数据与给排水发送的数据一致
4	BAS 系统断开与给排水的连接	通信网关指示灯不正常
5	给排水系统断开与 BAS 系统的连接	BAS 通信网关指示灯不正常，给排水收不到 BAS 的请求
6	重新建立与给排水系统的连接后，BAS 发送请求，能够收到给排水系统的响应	给排水响应命令，并且发送数据，BAS 接收的数据跟给排水发送的数据一致
7	BAS 发送错误报文	给排水系统对该报文不做处理，丢弃
8	重复上述步骤 2～7 3 次	与步骤 2～7 预期结果相同

22.3.4　监控功能测试

监控功能测试内容如表 22-14 所示。

表 22-14　监控功能测试内容

序号	调试内容	预期效果
1	BAS 监视给排水设备的状态、水位（超声波型）及报警	BAS 系统显示设备状态与实际设备状态一致
2	在车站控制室监控隧道口雨水泵	给排水响应 BAS 命令，并把水泵状态反馈给 BAS
3	对给排水系统设备的状态显示和控制命令的性能要求	给排水响应 BAS 命令，并把水泵状态反馈给 BAS

22.3.5　接口性能测试

接口性能测试内容如表 22-15 所示。

表 22-15　接口性能测试内容

序号	调试内容	预期效果
1	BAS 和给排水通信通道的通信状态	BAS 每隔 500 ms 检测 BAS 和给排水通信通道的通信状态良好
2	当被监视的条件发生变化，给排水系统将在规定时间内完成信息处理	当被监视的条件发生变化，给排水系统将在规定时间内完成信息处理工作

22.3.6　网络故障恢复功能测试

网络故障恢复功能测试内容如表 22-16 所示。

表 22-16　网络故障恢复功能测试内容

序号	调试内容	预期效果
1	断开与给排水连接后，BAS 发送请求（重试若干次）	BAS 收不到给排水响应
2	断开与 BAS 连接	给排水收不到 BAS 的请求
3	重新建立与给排水连接后，BAS 发送请求	重新建立与给排水连接后，给排水响应 BAS 的请求，BAS 能够收到给排水的响应

22.4　BAS 与电梯系统接口调试

22.4.1　调试内容

BAS 与电梯系统接口调试内容如表 22-17 所示。

表 22-17　BAS 与电梯系统接口调试内容

序号	调试项	主要测试功能项
1	监视功能	监视电梯运行状态

22.4.2 前置条件

(1) BAS 承包商已完成电梯的接口调试。
(2) BAS 承包商已完成相关配置工作。
(3) 电梯已完成现场设备的调试工作,并已提供单体调试报告。
(4) 所有相关设备均能正常上电。
(5) 所有参与调试的单位及人员均已熟悉调试组织及实施方案,并已做好相关各项准备工作。

22.4.3 监视功能测试

监视功能测试内容如表 22-18 所示。

表 22-18 监视功能测试内容

序号	调试内容	预期效果
1	监视电梯	电梯的实时状态在工作站显示,并且与电梯状态一致

22.5 BAS 与电扶梯系统接口调试

22.5.1 调试内容

BAS 与电扶梯系统接口调试内容如表 22-19 所示。

表 22-19 BAS 与电扶梯系统接口调试内容

序号	调试项	主要测试功能项
1	通信协议	含所有命令和数据的格式、收发的机制和例外处理等
2	监控功能	状态监视和控制
3	接口性能	BAS 与电扶梯接口数据传输性能
4	网络故障恢复功能	BAS 与电扶梯接口故障诊断与恢复功能

22.5.2 前置条件

(1) BAS 承包商已完成电扶梯的接口调试。
(2) BAS 承包商已完成相关配置工作。
(3) 电扶梯已完成现场设备的调试工作,并已提供单体调试报告。
(4) 所有相关设备均能正常上电。
(5) 所有参与调试的单位及人员均已熟悉调试组织及实施方案,并已做好相关各项准备工作。

22.5.3 通信协议测试

通信协议测试内容如表 22-20 所示。

表 22-20 通信协议测试内容

序号	调试内容	预期效果
1	BAS 设备上电,初始化	设备运行正常,指示灯正常
2	电扶梯设备上电,初始化	设备运行正常,指示灯正常
3	BAS 周期性从电扶梯读取数据,核对报文正确性	电扶梯系统响应命令,并且发送数据,BAS 接收的数据与电扶梯发送的数据一致
4	BAS 系统断开与电扶梯的连接	通信网关指示灯不正常
5	电扶梯系统断开与 BAS 系统的连接	BAS 通信网关指示灯不正常,电扶梯收不到 BAS 的请求
6	重新建立与电扶梯系统的连接后,BAS 发送请求,能够收到电扶梯系统的响应	电扶梯响应命令,并且发送数据,BAS 接收的数据跟电扶梯发送的数据一致
7	BAS 发送错误报文	电扶梯系统对该报文不做处理,丢弃
8	重复上述步骤 2~7 3 次	与步骤 2~7 预期结果相同

22.5.4 监控功能测试

监控功能测试内容如表 22-21 所示。

表 22-21 监控功能测试内容

序号	调试内容	预期效果
1	BAS 监视电扶梯设备的状态	BAS 系统显示设备状态与实际设备状态一致
2	在车站控制室 IBP 控制扶梯	电扶梯响应 BAS 命令,并把扶梯状态反馈给 BAS
3	画面及 IBP 对电扶梯系统设备的状态显示和控制命令的性能要求	电扶梯响应 BAS 命令,并把扶梯状态反馈给 BAS

22.5.5 接口性能测试

接口性能测试内容如表 22-22 所示。

表 22-22 接口性能测试内容

序号	调试内容	预期效果
1	BAS 和电扶梯通信通道的通信状态	BAS 每隔 500 ms 检测 BAS 和电扶梯通信通道的通信状态良好
2	当被监视的条件发生变化,电扶梯系统将在规定时间内完成信息处理	当被监视的条件发生变化,电扶梯系统将在规定时间内完成信息处理工作

22.5.6 网络故障恢复功能测试

网络故障恢复功能测试内容如表 22-23 所示。

表 22-23 网络故障恢复功能测试内容

序号	调试内容	预期效果
1	断开与电扶梯的连接后，电扶梯发送请求（重试若干次）	BAS 收不到电扶梯响应
2	断开与电扶梯的连接	电扶梯收不到 BAS 的请求
3	重新建立与电扶梯的连接后，BAS 发送请求	重新建立与电扶梯的连接后，电扶梯响应 BAS 的请求，BAS 能够收到电扶梯的响应

22.6 BAS 与动照系统接口调试

22.6.1 调试内容

BAS 与动照系统接口调试内容如表 22-24 所示。

表 22-24 BAS 与动照系统接口调试内容

序号	调试项	主要测试功能项	备 注
1	通信协议	含所有命令和数据的格式、收发的机制和例外处理等	有且只有照明是 modbus 通信，其他动照为硬线
2	监控功能	状态监视和控制	
3	接口性能	BAS 与电扶梯接口数据传输性能	
4	网络故障恢复功能	BAS 与电扶梯接口故障诊断与恢复功能	

22.6.2 前置条件

（1）BAS 承包商已完成动照系统的接口调试。
（2）BAS 承包商已完成相关配置工作。
（3）动照系统已完成现场设备的调试工作，并已提供单体调试报告。
（4）所有相关设备均能正常上电。
（5）所有参与调试的单位及人员均已熟悉调试组织及实施方案，并已做好相关各项准备工作。

22.6.3 通信协议测试

通信协议测试内容如表 22-25 所示。

表 22-25 通信协议测试内容

序号	调试内容	预期效果
1	BAS 设备上电，初始化	设备运行正常，指示灯正常
2	智能照明设备上电，初始化	设备运行正常，指示灯正常
3	BAS 周期性从智能照明读取数据，核对报文正确性	智能照明系统响应命令，并且发送数据，BAS 接收的数据与智能照明发送的数据一致
4	BAS 系统断开与智能照明的连接	通信网关指示灯不正常
5	智能照明系统断开与 BAS 系统的连接	BAS 通信网关指示灯不正常，智能照明收不到 BAS 的请求
6	重新建立与智能照明系统的连接后，BAS 发送请求，能够收到智能照明系统的响应	智能照明响应命令，并且发送数据，BAS 接收的数据跟智能照明发送的数据一致
7	BAS 发送错误报文	智能照明系统对该报文不做处理，丢弃
8	重复上述步骤 2~7 3 次	与步骤 2~7 预期结果相同

22.6.4 监控功能测试

监控功能测试内容如表 22-26 所示。

表 22-26 监控功能测试内容

序号	调试内容	预期效果
1	测试照明状态监视功能	BAS 系统显示设备状态与实际设备状态一致
2	测试照明单控功能（开、关）	动照响应 BAS 命令，并把动照状态反馈给 BAS
3	测试照明场景控制功能	动照响应 BAS 命令，并把动照状态反馈给 BAS
4	测试应急电源状态监视功能	动照响应 BAS 命令，并把动照状态反馈给 BAS

22.6.5 接口性能测试

接口性能测试内容如表 22-27 所示。

表 22-27 接口性能测试内容

序号	调试内容	预期效果
1	BAS 和智能照明通信通道的通信状态	BAS 每隔 500 ms 检测 BAS 和智能照明通信通道的通信状态良好
2	当被监视的条件发生变化，智能照明系统将在规定时间内完成信息处理	当被监视的条件发生变化，智能照明系统将在规定时间内完成信息处理工作

22.6.6 网络故障恢复功能测试

网络故障恢复功能测试内容如表 22-28 所示。

表 22-28 网络故障恢复功能测试内容

序号	调试内容	预期效果
1	断开与智能照明的连接后，智能照明发送请求（重试若干次）	BAS 收不到智能照明响应
2	断开与智能照明的连接	智能照明收不到 BAS 的请求
3	重新建立与智能照明的连接后，BAS 发送请求	重新建立与智能照明的连接后，智能照明响应 BAS 的请求，BAS 能够收到智能照明的响应

22.7 BAS 与导向系统接口调试

22.7.1 调试内容

BAS 与导向系统接口调试内容如表 22-29 所示。

表 22-29 BAS 与导向系统接口调试内容

序号	调试项	主要测试功能项
1	监控功能	监视扶梯导向/区间疏散运行状态并控制

22.7.2 前置条件

（1）BAS 承包商已完成导向的接口调试。
（2）BAS 承包商已完成相关配置工作。
（3）扶梯导向/区间疏散已完成现场设备的调试工作，并已提供单体调试报告。
（4）所有相关设备均能正常上电。
（5）所有参与调试的单位及人员均已熟悉调试组织及实施方案，并已做好相关各项准备工作。

22.7.3 监控功能测试

监控功能测试内容如表 22-30 所示。

表 22-30 监控功能测试内容

序号	调试内容	预期效果
1	扶梯导向状态监视功能测试	扶梯导向的实时状态在 BAS 工作站显示，并且与电扶梯的状态一致
2	扶梯导向单控功能测试	扶梯导向响应 BAS 命令，并把扶梯导向状态反馈给 BAS
3	区间疏散状态监视功能测试	区间疏散的实时状态在 BAS 工作站显示，并且与电扶梯的状态一致
4	区间疏散单控功能测试	区间疏散响应 BAS 命令，并把区间疏散状态反馈给 BAS

22.8 BAS 与 EPS 系统接口调试

22.8.1 调试内容

BAS 与 EPS 系统接口调试内容如表 22-31 所示。

表 22-31 BAS 与 EPS 系统接口调试内容

序号	调试项	主要测试功能项
1	通信协议	含所有命令和数据的格式、收发的机制和例外处理等
2	监控功能	状态监视和控制
3	接口性能	BAS 与 EPS 系统接口数据传输性能
4	网络故障恢复功能	BAS 与 EPS 系统接口故障诊断与恢复功能

22.8.2 前置条件

（1）BAS 承包商已完成 EPS 类控制柜的接口调试。
（2）BAS 承包商已完成相关配置工作。
（3）EPS 类控制柜已完成现场设备的调试工作，并已提供单体调试报告。
（4）所有相关设备均能正常上电。
（5）所有参与调试的单位及人员均已熟悉调试组织及实施方案，并已做好相关各项准备工作。

22.8.3 通信协议测试

通信协议测试内容如表 22-32 所示。

表 22-32 通信协议测试内容

序号	调试内容	预期效果
1	BAS 设备上电，初始化	设备运行正常，指示灯正常
2	EPS 设备上电，初始化	设备运行正常，指示灯正常
3	BAS 周期性从 EPS 读取数据，核对报文正确性	EPS 系统响应命令，并且发送数据，BAS 接收的数据与 EPS 发送的数据一致
4	BAS 系统断开与 EPS 的连接	通信网关指示灯不正常
5	EPS 系统断开与 BAS 系统的连接	BAS 通信网关指示灯不正常，EPS 收不到 BAS 的请求
6	重新建立与 EPS 系统的连接后，BAS 发送请求，能够收到 EPS 系统的响应	EPS 响应命令，并且发送数据，BAS 接收的数据跟 EPS 发送的数据一致
7	BAS 发送错误报文	EPS 系统对该报文不做处理，丢弃
8	重复上述步骤 2~7 3 次	与步骤 2~7 预期结果相同

22.8.4 监控功能测试

监控功能测试内容如表 22-33 所示。

表 22-33 监控功能测试内容

序号	调试内容	预期效果
1	BAS 监视 EPS 设备的状态及报警	BAS 系统显示设备状态与实际设备状态一致

22.8.5 接口性能测试

接口性能测试内容如表 22-34 所示。

表 22-34 接口性能测试内容

序号	调试内容	预期效果
1	BAS 和 EPS 通信通道的通信状态	BAS 每隔 500 ms 检测 BAS 和 PES 通信通道的通信状态良好
2	当被监视的条件发生变化，EPS 系统将在规定时间内完成信息处理	当被监视的条件发生变化，EPS 系统将在规定时间内完成信息处理工作

22.8.6 网络故障恢复功能测试

网络故障恢复功能测试内容如表 22-35 所示。

表 22-35 网络故障恢复功能测试内容

序号	调试内容	预期效果
1	断开与 EPS 的连接后，EPS 发送请求（重试若干次）	BAS 收不到 EPS 响应
2	断开与 EPS 的连接	EPS 收不到 BAS 的请求
3	重新建立与 EPS 的连接后，BAS 发送请求	重新建立与 EPS 的连接后，EPS 响应 BAS 的请求，BAS 能够收到 EPS 的响应

22.9 BAS 与人防门系统接口调试

22.9.1 调试内容

BAS 与人防门系统接口调试内容如表 22-36 所示。

表 22-36 BAS 与人防门系统接口调试内容

序号	调试项	主要测试功能项
1	监控功能	监视人防门运行状态并控制

22.9.2 前置条件

（1）BAS 承包商已完成人防门的接口调试。

（2）BAS 承包商已完成相关配置工作。
（3）人防门已完成现场设备的调试工作，并已提供单体调试报告。
（4）所有相关设备均能正常上电。
（5）所有参与调试的单位及人员均已熟悉调试组织及实施方案，并已做好相关各项准备工作。

22.9.3　监控功能测试

监控功能测试内容如表 22-37 所示。

表 22-37　监控功能测试内容

序号	调试内容	预期效果
1	人防门状态监视功能测试	人防门的实时状态在 BAS 工作站显示，并且与自动的状态一致

22.10　BAS 与防盗卷帘接口调试

22.10.1　调试内容

BAS 与防盗卷帘接口调试内容如表 22-38 所示。

表 22-38　BAS 与防盗卷帘接口调试内容

序号	调试项	主要测试功能项
1	监控功能	监视防盗卷帘运行状态并控制

22.10.2　前置条件

（1）BAS 承包商已完成防盗卷帘的接口调试。
（2）BAS 承包商已完成相关配置工作。
（3）防盗卷帘已完成现场设备的调试工作，并已提供单体调试报告。
（4）所有相关设备均能正常上电。
（5）所有参与调试的单位及人员均已熟悉调试组织及实施方案，并已做好相关各项准备工作。

22.10.3　监控功能测试

监控功能测试内容如表 22-39 所示。

表 22-39　监控功能测试内容

序号	调试内容	预期效果
1	防盗卷帘状态监视功能测试	防盗卷帘的实时状态在 BAS 工作站显示
2	防盗卷帘单控功能测试	防盗卷帘响应 BAS 命令，并把防盗卷帘状态反馈给 BAS

22.11 BAS 与区间电动蝶阀接口调试

22.11.1 调试内容

BAS 与区间电动蝶阀接口调试内容如表 22-40 所示。

表 22-40　BAS 与区间电动蝶阀接口调试内容

序号	调试项	主要测试功能项
1	监控功能	监视区间电动蝶阀运行状态并控制

22.11.2 前置条件

（1）BAS 承包商已完成区间电动蝶阀的接口调试。
（2）BAS 承包商已完成相关配置工作。
（3）区间电动蝶阀已完成现场设备的调试工作，并已提供单体调试报告。
（4）所有相关设备均能正常上电。
（5）所有参与调试的单位及人员均已熟悉调试组织及实施方案，并已做好相关各项准备工作。

22.11.3 监控功能测试

监控功能测试内容如表 22-41 所示。

表 22-41　监控功能测试内容

序号	调试内容	预期效果
1	区间电动蝶阀状态监视功能测试	区间电动蝶阀的实时状态在 BAS 工作站显示
2	区间电动蝶阀单控功能测试	区间电动蝶阀响应 BAS 命令，并把区间电动蝶阀状态反馈给 BAS

22.12 BAS 与一体化密闭污水泵接口调试

22.12.1 调试内容

BAS 与一体化密闭污水泵接口调试内容如表 22-42 所示。

表 22-42　BAS 与区间电动蝶阀接口调试内容

序号	调试项	主要测试功能项
1	通信协议	含所有命令和数据的格式、收发的机制和例外处理等
2	监控功能	状态监视
3	接口性能	BAS 与一体化密闭污水泵接口数据传输性能
4	网络故障恢复功能	BAS 与一体化密闭污水泵接口故障诊断与恢复功能

22.12.2 前置条件

（1）BAS 承包商已完成水泵类控制柜的接口调试。
（2）BAS 承包商已完成相关配置工作。
（3）水泵类控制柜已完成现场设备的调试工作，并已提供单体调试报告。
（4）所有相关设备均能正常上电。
（5）所有参与调试的单位及人员均已熟悉调试组织及实施方案，并已做好相关各项准备工作。

22.12.3 通信协议测试

通信协议测试内容如表 22-43 所示。

表 22-43 通信协议测试内容

序号	调试内容	预期效果
1	BAS 设备上电，初始化	设备运行正常，指示灯正常
2	一体化密闭污水泵设备上电，初始化	设备运行正常，指示灯正常
3	BAS 周期性从一体化密闭污水泵读取数据，核对报文正确性	一体化密闭污水泵响应命令，并且发送数据，BAS 接收的数据与一体化密闭污水泵发送的数据一致
4	BAS 系统断开与一体化密闭污水泵的连接	通信网关指示灯不正常
5	一体化密闭污水泵断开与 BAS 系统的连接	BAS 通信网关指示灯不正常，一体化密闭污水泵收不到 BAS 的请求
6	重新建立与一体化密闭污水泵的连接后，BAS 发送请求，能够收到一体化密闭污水泵的响应	一体化密闭污水泵响应命令，并且发送数据，BAS 接收的数据跟一体化密闭污水泵发送的数据一致
7	BAS 发送错误报文	一体化密闭污水泵对该报文不做处理，丢弃
8	重复上述步骤 2~7 3 次	与步骤 2~7 预期结果相同

22.12.4 监控功能测试

监控功能测试内容如表 22-44 所示。

表 22-44 监控功能测试内容

序号	调试内容	预期效果
1	BAS 监视一体化密闭污水泵设备的状态及报警	BAS 系统显示设备状态与实际设备状态一致

22.12.5 接口性能测试

接口性能测试内容如表 22-45 所示。

表 22-45 接口性能测试内容

序号	调试内容	预期效果
1	BAS 和一体化密闭污水泵通信通道的通信状态	BAS 每隔 500 ms 检测 BAS 和一体化密闭污水泵通信通道的通信状态良好
2	当被监视的条件发生变化，一体化密闭污水泵将在规定时间内完成信息处理	当被监视的条件发生变化，一体化密闭污水泵将在规定时间内完成信息处理工作

22.12.6 网络故障恢复功能测试

网络故障恢复功能测试内容如表 22-46 所示。

表 22-46 网络故障恢复功能测试内容

序号	调试内容	预期效果
1	断开与一体化密闭污水泵的连接后，一体化密闭污水泵发送请求（重试若干次）	BAS 收不到一体化密闭污水泵响应
2	断开与一体化密闭污水泵的连接	一体化密闭污水泵收不到 BAS 的请求
3	重新建立与一体化密闭污水泵的连接后，BAS 发送请求	重新建立与一体化密闭污水泵的连接后，一体化密闭污水泵响应 BAS 的请求，BAS 能够收到一体化密闭污水泵的响应

22.13 BAS 与区间联络通道防火门接口调试

22.13.1 调试内容

BAS 与区间联络通道防火门接口调试内容如表 22-47 所示。

表 22-47 BAS 与区间联络通道防火门接口调试内容

序号	调试项	主要测试功能项
1	监视功能	监视区间联络通道防火门开关状态

22.13.2 前置条件

（1）BAS 承包商已完成区间联络通道防火门的接口测试。
（2）BAS 承包商已完成相关配置工作。
（3）区间联络通道防火门已完成现场设备的调试工作，并已提供单体调试报告。
（4）所有相关设备均能正常上电。
（5）所有参与调试的单位及人员均已熟悉调试组织及实施方案，并已做好相关各项准备工作。

22.13.3 监视功能测试

监视功能测试内容如表 22-48 所示。

表 22-48 监视功能测试内容

序号	调试内容	预期效果
1	监视区间联络通道防火门	区间联络通道防火门的实时状态在 BAS 工作站显示，并且与区间联络通道防火门状态一致

第23章　电力监控系统调试方案

23.1　PSCADA与35kV开关柜接口调试

23.1.1　调试内容

PSCADA与35 kV开关柜接口调试内容如表23-1所示。

表23-1　PSCADA与35 kV开关柜接口调试内容

序号	调试项	主要测试功能项
1	通信协议	含所有命令和数据的格式、收发的机制和例外处理等
2	监控功能	测试设备的遥测、遥信、遥控功能

23.1.2　前置条件

（1）PSCADA与35 kV开关柜厂家完成出厂测试。
（2）PSCADA相关硬件设备、软件平台正常运行，网络连通。
（3）PSCADA与35 kV开关柜的接口设备安装完成，网络连通。
（4）35 kV开关柜单体调试完成。
（5）所有参与测试的单位及人员均已熟悉测试组织及实施方案，并已做好相关各项准备工作。

23.1.3　通信协议

通信协议调试内容如表23-2所示。

表23-2　通信协议调试内容

序号	调试内容	预期效果
1	PSCADA系统设备上电，初始化	设备运行正常
2	35 kV开关柜及保护装置均带电运行	设备运行正常
3	PSCADA系统周期性从35 kV保护装置读取数据，核对报文正确性	35 kV保护装置响应命令，并且发送数据，PSCADA接收的数据与保护装置发送的数据一致
4	设备主动变位35 kV保护装置主动向PSCADA发送报文，核查报文的正确性	PSCADA接收的数据与保护装置发送的数据一致
5	PSCADA向35 kV保护装置发送命令报文，核查报文的正确性	35 kV保护装置响应该报文，报文正确
6	PSCADA模拟错误报文	35 kV保护装置对该报文不做处理，丢弃
7	35 kV保护装置模拟错误报文	PSCADA对该报文不做处理，丢弃
8	重复上述步骤3～7 3次	与步骤3～7预期结果相同

23.1.4 监控功能

监控功能调试内容如表 23-3 所示。

表 23-3 监控功能调试内容

序号	调试内容	预期效果
1	监视现场 35 kV 开关柜及保护装置状态	PSCADA 系统显示设备状态与实际设备状态一致
2	对现场 35 kV 开关柜进行控制	相应装置设备动作,并将状态反馈给 PSCADA

23.2 PSCADA 与 400V 开关柜接口调试

23.2.1 调试内容

PSCADA 与 400V 开关柜接口调试内容如表 23-4 所示。

表 23-4 PSCADA 与 400V 开关柜接口调试内容

序号	调试项	主要测试功能项
1	通信协议	含所有命令和数据的格式、收发的机制和例外处理等
2	监控功能	测试设备的遥测、遥信、遥控功能

23.2.2 前置条件

(1) 检验接口和通信协议的一致性。
(2) 检验接口功能是否满足设计要求。
(3) 检验接口可靠性、实时性、可维护性等性能指标是否满足设计要求。
(4) 检验系统软件与接口设备的一致性。

23.2.3 通信协议测试

通信协议测试内容如表 23-4 所示。

表 23-5 通信协议测试内容

序号	调试内容	预期效果
1	PSCADA 系统设备上电,初始化	设备运行正常
2	400 V 开关柜及保护装置均带电运行	设备运行正常
3	PSCADA 系统周期性从 400 V 保护装置读取数据,核对报文正确性	400 V 保护装置响应命令,并且发送数据,PSCADA 接收的数据与保护装置发送的数据一致

续表

序号	调试内容	预期效果
4	PSCADA 向 400 V 保护装置发送命令报文，核查报文的正确性	400 V 保护装置响应该报文，报文正确
5	PSCADA 模拟错误报文	400 V 保护装置对该报文不做处理，丢弃
6	400 V 保护装置模拟错误报文	PSCADA 对该报文不做处理，丢弃
7	重复上述步骤 3~6 3 次	与步骤 3~6 预期结果相同

23.2.4 监控功能

监控功能调试内容如表 23-6 所示。

表 23-6 监控功能调试内容

序号	调试内容	预期效果
1	监视现场 400 V 开关柜及保护装置状态	PSCADA 系统显示设备状态与实际设备状态一致
2	对现场 400 V 开关柜进行控制	相应装置设备动作，并将状态反馈给 PSCADA

23.3 PSCADA 与 1500V 开关柜接口调试

23.3.1 调试内容

PSCADA 与 1 500 V 开关柜接口调试内容如表 23-7 所示。

表 23-7 PSCADA 与 1 500 V 开关柜接口调试内容

序号	调试项	主要测试功能项
1	通信协议	含所有命令和数据的格式、收发的机制和例外处理等
2	监控功能	测试设备的遥测、遥信、遥控功能

23.3.2 前置条件

（1）PSCADA 与 1 500 V 开关柜厂家完成出厂测试。
（2）PSCADA 相关硬件设备、软件平台正常运行，网络连通。
（3）PSCADA 与 1 500 V 开关柜的接口设备安装完成，网络连通。
（4）1 500 V 开关柜单体调试完成。
（5）所有参与测试的单位及人员均已熟悉测试组织及实施方案，并已做好相关各项准备工作。

23.3.3 通信协议测试

通信协议测试内容如表 23-8 所示。

表 23-8 通信协议测试内容

序号	调试内容	预期效果
1	PSCADA 系统设备上电，初始化	设备运行正常
2	1 500 V 开关柜及保护装置均带电运行	设备运行正常
3	PSCADA 系统周期性从 1 500 V 保护装置读取数据，核对报文正确性	1 500 V 保护装置响应命令，并且发送数据，PSCADA 接收的数据与保护装置发送的数据一致
4	PSCADA 向 1 500 V 保护装置发送命令报文，核查报文的正确性	1 500 V 保护装置响应该报文，报文正确
5	PSCADA 模拟错误报文	1 500 V 保护装置对该报文不做处理，丢弃
6	1 500 V 保护装置模拟错误报文	PSCADA 对该报文不做处理，丢弃
7	重复上述步骤 3~6 3 次	与步骤 3~6 预期结果相同

23.3.4 监控功能测试

监控功能测试内容如表 23-9 所示。

表 23-9 监控功能测试内容

序号	调试内容	预期效果
1	监视现场 1 500 V 开关柜及保护装置状态	PSCADA 系统显示设备状态与实际设备状态一致
2	对现场 1 500 V 开关柜进行控制	相应装置设备动作，并将状态反馈给 PSCADA

23.4 PSCADA 与交直流屏接口调试

23.4.1 调试内容

PSCADA 与交直流屏接口调试内容如表 23-10 所示。

表 23-10 PSCADA 与交直流屏接口调试内容

序号	调试项	主要测试功能项
1	通信协议	含所有命令和数据的格式、收发的机制和例外处理等
2	监控功能	监视设备的遥测、遥信状态

23.4.2 前置条件

（1）PSCADA与交直流屏厂家完成出厂测试。
（2）PSCADA相关硬件设备、软件平台正常运行，网络连通。
（3）PSCADA与交直流屏的接口设备安装完成，网络连通。
（4）交直流屏单体调试完成。
（5）所有参与测试的单位及人员均已熟悉测试组织及实施方案，并已做好相关各项准备工作。

23.4.3 通信协议测试

通信协议测试内容如表23-11所示。

表23-11 通信协议测试内容

序号	调试内容	预期效果
1	PSCADA系统设备上电，初始化	设备运行正常
2	交直流屏设备上电，初始化	设备运行正常
3	PSCADA系统周期性从交直流屏装置读取数据，核对报文正确性	交直流屏装置响应命令，并且发送数据，PSCADA接收的数据与交直流屏装置发送的数据一致
4	PSCADA向交直流屏发送命令报文，核查报文的正确性	交直流屏装置响应该报文，报文正确
5	PSCADA模拟错误报文	交直流屏装置对该报文不做处理，丢弃
6	交直流屏装置模拟错误报文	PSCADA对该报文不做处理，丢弃
7	重复上述步骤3～6 3次	与步骤3～6预期结果相同

23.4.4 监控功能测试

监控功能测试内容如表23-12所示。

表23-12 监控功能测试内容

序号	调试内容	预期效果
1	监视现场交直流屏状态	PSCADA系统显示设备状态与实际设备状态一致

23.5 PSCADA与轨电位接口调试

23.5.1 调试内容

PSCADA与轨电位接口调试内容如表23-13所示。

表 23-13　PSCADA 与轨电位接口调试内容

序号	调试项	主要测试功能项
1	通信协议	含所有命令和数据的格式、收发的机制和例外处理等
2	监控功能	监视设备的遥测、遥信状态

23.5.2　前置条件

（1）PSCADA 与轨电位厂家完成出厂测试。
（2）PSCADA 相关硬件设备、软件平台正常运行，网络连通。
（3）PSCADA 与轨电位的接口设备安装完成，网络连通。
（4）轨电位单体调试完成。
（5）所有参与测试的单位及人员均已熟悉测试组织及实施方案，并已做好相关各项准备工作。

23.5.3　通信协议测试

通信协议测试内容如表 23-14 所示。

表 23-14　通信协议测试内容

序号	调试内容	预期效果
1	PSCADA 系统设备上电，初始化	设备运行正常
2	轨电位限制装置设备上电，初始化	设备运行正常
3	PSCADA 系统周期性从轨电位限制装置读取数据，核对报文正确性	轨电位限制装置响应命令，并且发送数据，PSCADA 接收的数据与轨电位发送的数据一致
4	PSCADA 向轨电位限制装置发送命令报文，核查报文的正确性	交直流屏装置响应该报文，报文正确
5	PSCADA 模拟错误报文	轨电位限制装置对该报文不做处理，丢弃
6	轨电位限制装置模拟错误报文	PSCADA 对该报文不做处理，丢弃
7	重复上述步骤 3～6 3 次	与步骤 3～6 预期结果相同

23.5.4　监控功能测试

监控功能测试内容如表 23-15 所示。

表 23-15　监控功能测试内容

序号	调试内容	预期效果
1	监视现场轨电位状态	PSCADA 系统显示设备状态与实际设备状态一致

23.6 PSCADA 与整流器接口调试

23.6.1 调试内容

PSCADA 与整流器接口调试内容如表 23-16 所示。

表 23-16 PSCADA 与整流器接口调试内容

序号	调试项	主要测试功能项
1	通信协议	含所有命令和数据的格式、收发的机制和例外处理等
2	监控功能	监视设备的遥测、遥信状态

23.6.2 前置条件

(1) PSCADA 与整流器厂家完成出厂测试。
(2) PSCADA 相关硬件设备、软件平台正常运行,网络连通。
(3) PSCADA 与整流器的接口设备安装完成,网络连通。
(4) 整流器单体调试完成。
(5) 所有参与测试的单位及人员均已熟悉测试组织及实施方案,并已做好相关各项准备工作。

23.6.3 通信协议测试

通信协议测试内容如表 23-17 所示。

表 23-17 通信协议测试内容

序号	调试内容	预期效果
1	PSCADA 系统设备上电,初始化	设备运行正常
2	整流器限制装置设备上电,初始化	设备运行正常
3	PSCADA 系统周期性从整流器读取数据,核对报文正确性	整流器响应命令,并且发送数据,PSCADA 接收的数据与整流器发送的数据一致
4	PSCADA 向整流器发送命令报文,核查报文的正确性	整流器响应该报文,报文正确
5	PSCADA 模拟错误报文	整流器对该报文不做处理,丢弃
6	整流器模拟错误报文	PSCADA 对该报文不做处理,丢弃
7	重复上述步骤 3~6 3 次	与步骤 3~6 预期结果相同

23.6.4 监控功能测试

监控功能测试内容如表 23-18 所示。

表 23-18 监控功能测试内容

序号	调试内容	预期效果
1	监视现场整流器状态	PSCADA 系统显示设备状态与实际设备状态一致

23.7 PSCADA 与配电变温控器接口调试

23.7.1 调试内容

PSCADA 与配电变温控器接口调试内容如表 23-19 所示。

表 23-19 PSCADA 与配电变温控器接口调试内容

序号	调试项	主要测试功能项
1	通信协议	含所有命令和数据的格式、收发的机制和例外处理等
2	监控功能	监视设备的遥测、遥信状态

23.7.2 前置条件

（1）PSCADA 与配电变温控器厂家完成出厂测试。
（2）PSCADA 相关硬件设备、软件平台正常运行，网络连通。
（3）PSCADA 与配电变温控器的接口设备安装完成，网络连通。
（4）配电变温控器单体调试完成。
（5）所有参与测试的单位及人员均已熟悉测试组织及实施方案，并已做好相关各项准备工作。

23.7.3 通信协议测试

通信协议测试内容如表 23-20 所示。

表 23-20 通信协议测试内容

序号	调试内容	预期效果
1	PSCADA 系统设备上电，初始化	设备运行正常
2	配电变温控器设备上电，初始化	设备运行正常
3	PSCADA 系统周期性从配电变温控器读取数据，核对报文正确性	配电变温控器响应命令，并且发送数据，PSCADA 接收的数据与配电变温控器发送的数据一致
4	PSCADA 向配电变温控器发送命令报文，核查报文的正确性	配电变温控器响应该报文，报文正确
5	PSCADA 模拟错误报文	配电变温控器对该报文不做处理，丢弃
6	配电变温控器模拟错误报文	PSCADA 对该报文不做处理，丢弃
7	重复上述步骤 3～6 3 次	与步骤 3～6 预期结果相同

23.7.4 监控功能测试

监控功能测试内容如表 23-21 所示。

表 23-21 监控功能测试内容

序号	调试内容	预期效果
1	监视现场配电变温控器状态	PSCADA 系统显示设备状态与实际设备状态一致

23.8 PSCADA 与整流变温控器接口调试

23.8.1 调试内容

PSCADA 与整流变温控器接口调试内容如表 23-22 所示。

表 23-22 PSCADA 与整流变温控器接口调试内容

序号	调试项	主要测试功能项
1	通信协议	含所有命令和数据的格式、收发的机制和例外处理等
2	监控功能	监视设备的遥测、遥信状态

23.8.2 前置条件

（1）PSCADA 与整流变温控器厂家完成出厂测试。
（2）PSCADA 相关硬件设备、软件平台正常运行，网络连通。
（3）PSCADA 与整流变温控器的接口设备安装完成，网络连通。
（4）整流变温控器单体调试完成。
（5）所有参与测试的单位及人员均已熟悉测试组织及实施方案，并已做好相关各项准备工作。

23.8.3 通信协议测试

通信协议测试内容如表 23-23 所示。

表 23-23 通信协议测试内容

序号	调试内容	预期效果
1	PSCADA 系统设备上电，初始化	设备运行正常
2	整流变温控器设备上电，初始化	设备运行正常
3	PSCADA 系统周期性从整流变温控器读取数据，核对报文正确性	整流变温控器响应命令，并且发送数据，PSCADA 接收的数据与整流变温控器发送的数据一致

续表

序号	调试内容	预期效果
4	PSCADA 向整流变温控器发送命令报文,核查报文的正确性	整流变温控器响应该报文,报文正确
5	PSCADA 模拟错误报文	整流变温控器对该报文不做处理,丢弃
6	整流变温控器模拟错误报文	PSCADA 对该报文不做处理,丢弃
7	重复上述步骤 3～6 3 次	与步骤 3～6 预期结果相同

23.8.4 监控功能

监控功能调试内容如表 23-24 所示。

表 23-24 监控功能调试内容

序号	调试内容	预期效果
1	监视现场整流变温控器状态	PSCADA 系统显示设备状态与实际设备状态一致

23.9 PSCADA 与再生制动装置接口调试

23.9.1 调试内容

PSCADA 与再生制动装置接口调试内容如表 23-25 所示。

表 23-25 PSCADA 与再生制动装置接口调试内容

序号	调试项	主要测试功能项
1	通信协议	含所有命令和数据的格式、收发的机制和例外处理等
2	监控功能	监视设备的遥测、遥信状态

23.9.2 前置条件

(1) PSCADA 与再生制动装置厂家完成出厂测试。
(2) PSCADA 相关硬件设备、软件平台正常运行,网络连通。
(3) PSCADA 与再生制动装置的接口设备安装完成,网络连通。
(4) 再生制动装置单体调试完成。
(5) 所有参与测试的单位及人员均已熟悉测试组织及实施方案,并已做好相关各项准备工作。

23.9.3 通信协议测试

通信协议测试内容如表 23-26 所示。

表 23-26 通信协议测试内容

序号	调试内容	预期效果
1	PSCADA 系统设备上电,初始化	设备运行正常
2	再生制动装置设备上电,初始化	设备运行正常
3	PSCADA 系统周期性从再生制动装置读取数据,核对报文正确性	再生制动装置响应命令,并且发送数据,PSCADA 接收的数据与再生制动装置发送的数据一致
4	PSCADA 向再生制动装置发送命令报文,核查报文的正确性	再生制动装置响应该报文,报文正确
5	PSCADA 模拟错误报文	再生制动装置对该报文不做处理,丢弃
6	再生制动装置模拟错误报文	PSCADA 对该报文不做处理,丢弃
7	重复上述步骤 3~6 3 次	与步骤 3~6 预期结果相同

23.9.4 监控功能

监控功能内容如表 23-27 所示。

表 23-27 监控功能内容

序号	调试内容	预期效果
1	监视现场再生制动装置状态	PSCADA 系统显示设备状态与实际设备状态一致

23.10 PSCADA 与再生制动回馈变压器温控器接口调试

23.10.1 调试内容

PSCADA 与再生制动回馈变压器温控器接口调试内容如表 23-28 所示。

表 23-28 PSCADA 与再生制动回馈变压器温控器接口调试内容

序号	调试项	主要测试功能项
1	通信协议	含所有命令和数据的格式、收发的机制和例外处理等
2	监控功能	监视设备的遥测、遥信状态

23.10.2 前置条件

(1) PSCADA 与再生制动回馈变压器温控器厂家完成出厂测试。
(2) PSCADA 相关硬件设备、软件平台正常运行,网络连通。
(3) PSCADA 与再生制动回馈变压器温控器的接口设备安装完成,网络连通。

（4）再生制动回馈变压器温控器单体调试完成。

（5）所有参与测试的单位及人员均已熟悉测试组织及实施方案，并已做好相关各项准备工作。

23.10.3 通信协议测试

通信协议测试内容如表 23-29 所示。

表 23-29　通信协议测试内容

序号	调试内容	预期效果
1	PSCADA 系统设备上电，初始化	设备运行正常
2	再生制动回馈变压器温控器设备上电，初始化	设备运行正常
3	PSCADA 系统周期性从再生制动回馈变压器温控器读取数据，核对报文正确性	再生制动回馈变压器温控器响应命令，并且发送数据，PSCADA 接收的数据与再生制动回馈变压器温控器发送的数据一致
4	PSCADA 向再生制动回馈变压器温控器发送命令报文，核查报文的正确性	再生制动回馈变压器温控器响应该报文，报文正确
5	PSCADA 模拟错误报文	再生制动回馈变压器温控器对该报文不做处理，丢弃
6	再生制动回馈变压器温控器模拟错误报文	PSCADA 对该报文不做处理，丢弃
7	重复上述步骤 3～6 3 次	与步骤 3～6 预期结果相同

23.10.4 监控功能

监控功能调试内容如表 23-30 所示。

表 23-30　监控功能调试内容

序号	调试内容	预期效果
1	监视现场再生制动回馈变压器温控器状态	PSCADA 系统显示设备状态与实际设备状态一致

23.11　PSCADA 与排流柜、单向导通装置接口调试

23.11.1　调试内容

PSCADA 与排流柜、单向导通装置接口调试内容如表 23-31 所示。

表 23-31　PSCADA 与排流柜、单向导通装置接口调试内容

序号	调试项	主要测试功能项
1	监控功能	监视设备的遥测、遥信状态

23.11.2 前置条件

（1）PSCADA与排流柜、单向导通装置厂家完成出厂测试。
（2）PSCADA相关硬件设备、软件平台正常运行，网络连通。
（3）PSCADA与排流柜、单向导通装置的接口设备安装完成，网络连通。
（4）排流柜、单向导通装置单体调试完成。
（5）所有参与测试的单位及人员均已熟悉测试组织及实施方案，并已做好相关各项准备工作。

23.11.3 监控功能测试

监控功能测试内容如表23-32所示。

表23-32 监控功能测试内容

序号	调试内容	预期效果
1	监视现场排流柜、单向导通装置状态	PSCADA系统显示设备状态与实际设备状态一致

23.12 PSCADA与场段隔离开关接口调试

23.12.1 调试内容

PSCADA与场段隔离开关接口调试内容如表23-33所示。

表23-33 PSCADA与场段隔离开关接口调试内容

序号	调试项	主要测试功能项
1	监控功能	监视设备的遥测、遥信状态，对设备进行遥控

23.12.2 前置条件

（1）PSCADA与场段隔离开关厂家完成出厂测试。
（2）PSCADA相关硬件设备、软件平台正常运行，网络连通。
（3）PSCADA与场段隔离开关的接口设备安装完成，网络连通。
（4）场段隔离开关单体调试完成。
（5）所有参与测试的单位及人员均已熟悉测试组织及实施方案，并已做好相关各项准备工作。

23.12.3 监控功能测试

监控功能测试内容如表23-34所示。

表 23-34 监控功能测试内容

序号	调试内容	预期效果
1	监视现场场段隔离开关状态，遥控隔离开关	PSCADA 系统显示设备状态与实际设备状态一致；遥控隔离开关后，现场隔离开关动作并反馈遥信状态

第 24 章　通信系统接口调试

24.1　传输与杂散电流接口调试

24.1.1　调试内容

传输与杂散电流接口调试内容如表 24-1 所示。

表 24-1　传输与杂散电流接口调试内容

序号	调试项	主要测试功能项
1	连通光路连接光纤，检查收发光功率	光板收光、发光值是否正常
2	检查网管连接网管 Ping 设备，建立网元	网管监控是否正常
3	业务性能测试	配置传输以太网通道，相应的接口系统进行开通后业务，系统正常联通，数据传送正常
4	保护倒换测试	从网管侧进行倒换，保护倒换是否正常
5	设备告警功能测试	设备实时告警能否上报网管

24.1.2　前置条件

（1）传输系统设备、配线柜已安装完毕。
（2）现场机房具备交流、直流供电条件（非临时电源）。
（3）现场机房具备专人值守，保证机房设备的货物安全。
（4）现场机房已装修完毕，具备设备调试所需的环境要求。

24.2　传输与 AFC 接口调试

24.2.1　调试内容

传输与 AFC 接口调试内容如表 24-2 所示。

表 24-2　传输与 AFC 接口调试内容

序号	调试项	主要测试功能项
1	连通光路连接光纤，检查收发光功率	光板收光、发光值是否正常
2	检查网管连接网管 Ping 设备，建立网元	网管监控是否正常
3	业务性能测试	配置传输以太网通道，相应的接口系统进行开通后业务，系统正常联通，数据传送正常
4	保护倒换测试	从网管侧进行倒换，保护倒换是否正常
5	设备告警功能测试	设备实时告警能否上报网管

24.2.2 前置条件

(1) 传输系统设备、配线柜已安装完毕。
(2) 现场机房具备交流、直流供电条件(非临时电源)。
(3) 现场机房具备专人值守,保证机房设备的货物安全。
(4) 现场机房已装修完毕,具备设备调试所需的环境要求。

24.3 PIS 与车辆接口调试

24.3.1 调试内容

PIS 与车辆接口调试内容如表 24-3 所示。

表 24-3 PIS 与车辆接口调试内容

序号	调试项	主要测试功能项
1	车地无线通道	为地面 CCTV 调取车载 CCTV 监控视频提供车地无线通道
2	视、音频源	为车载 PIS 提供视频源、音频源

24.3.2 前置条件

(1) PIS 与车辆接口完成出厂测试。
(2) PIS 相关硬件设备、软件平台正常运行,网络连通。
(3) 车辆接口设备、机电设备、软件正常运行,网络连通。
(4) 所有参与测试的单位及人员均已熟悉测试组织及实施方案,并已做好相关各项准备工作。

24.3.3 为车载视频上传提供车地无线通道

为车载视频上传提供车地无线通道调试内容如表 24-4 所示。

表 24-4 为车载视频上传提供车地无线通道调试内容

序号	调试内容	预期效果
1	PIS 车载 AP、车载交换机上电,初始化	设备运行正常
2	PIS 轨旁 AP、车站光纤收发器、车站交换机上电,初始化	设备运行正常
3	用笔记本电脑连接车站交换机,检测车地无线网络连通情况	车地无线网络正常通信
4	地面 CCTV 设备接入 PIS 车站交换机,调取车载 CCTV 监控视频	地面 CCTV 可以正常调取车载 CCTV 监控视频

24.3.4 为车载 PIS 提供视、音频源

为车载 PIS 提供视、音频源调试内容如表 24-5 所示。

表 24-5 为车载 PIS 提供视、音频源调试内容

序号	调试内容	预期效果
1	PIS 车载 LCD 播放控制器、车载交换机上电，初始化	设备运行正常
2	用笔记本电脑接入 PIS 车载交换机，接收 PIS 车载 LCD 播放控制器发出的视频组播流、音频组播流	笔记本电脑可以正常接收 PIS 车载 LCD 播放控制器发出的视频与音频
3	将 PIS 车载 LCD 播放控制器发出的组播流接入车载 PIS 的网络中，观察视频、音频播放情况	车载 PIS 可以正常播放车载 LCD 播放控制器发出的视频与音频

24.4 时钟与门禁接口调试

24.4.1 调试内容

时钟与门禁接口调试内容如表 24-6 所示。

表 24-6 时钟与门禁接口调试内容

序号	调试项	主要测试功能项
1	校时功能	门禁接收标准时间源

24.4.2 前置条件

（1）时钟系统一级母钟能接受 GPS 信号。
（2）门禁控制中心设备安装完成。
（3）门禁与时钟之间配线完成。

24.4.3 校时功能

校时功能调试内容如表 24-7 所示。

表 24-7 校时功能调试内容

序号	调试内容	预期效果
1	用笔记本连接门禁系统设备，修改门禁系统相关设备 IP 地址	门禁系统与时钟源设备 IP 地址保持一个网段内
2	用网线连接时钟和门禁系统，使用 Ping 命令确保网络已联通	网络已联通
3	在门禁系统设备侧查看校时是否正常	校时正常

24.5 时钟与信号接口调试

24.5.1 调试内容

时钟与信号接口调试内容如表 24-8 所示。

表 24-8 时钟与信号接口调试内容

序号	调试项	主要测试功能项
1	校时功能	信号接收标准时间源

24.5.2 前置条件

（1）时钟系统一级母钟能接受 GPS 信号。
（2）信号中心设备安装完成。
（3）信号系统与时钟系统之间配线完成。

24.5.3 校时功能

校时功能调试内容如表 24-9 所示。

表 24-9 校时功能调试内容

序号	调试内容	预期效果
1	用笔记本连接信号系统设备端口，修改门禁系统相关设备 IP 地址	信号系统与时钟源设备 IP 地址保持一个网段内
2	用网线连接时钟和信号系统，使用 Ping 命令确保网络已联通	网络已联通
3	在信号系统设备侧查看校时是否正常	校时正常

24.6 无线与车辆接口调试

24.6.1 调试内容

无线与车辆接口调试内容如表 24-10 所示。

表 24-10 无线与车辆接口调试内容

序号	调试项	主要测试功能项
1	通信协议	含所有命令和数据的格式
2	功能测试	话音机车台对车厢乘客进行语音广播功能

24.6.2 前置条件

（1）无线与车辆接口完成出厂测试。
（2）无线系统车载机车台、列车天线、电源电缆等相关设备安装完成，正常运行。

（3）车辆相关广播设备、电源设备、软件正常运行，网络连通。

（4）车辆广播系统现场单体调试完成。

（5）所有参与测试的单位及人员均已熟悉测试组织及实施方案，并已做好相关各项准备工作。

24.6.3 通信协议

通信协议调试内容如表 24-11 所示。

表 24-11 通信协议调试内容

序号	调试内容	预期效果
1	语音机车台上电	电源指示灯亮，设备运行正常
2	数据机车台上电	电源指示灯亮，设备运行正常
3	车载台广播系统	设备初始化完成，运行正常

24.6.4 功能呼叫

功能呼叫调试内容如表 24-12 所示。

表 24-12 功能呼叫调试内容

序号	调试步骤或方法	预期效果
1	通过 Tetra 手持台呼叫话音机车台	车厢内扬声器中能够听到手持台与机车台之间的对话内容，声音洪亮、清晰
2	重复 3 次步骤 1	与步骤 1 预期结果相同

第 4 篇 综合联调

第 25 章 综合联调概述

25.1 定义及目的

城市轨道交通综合联调，也被称为联调联试、大联调或总联调，是指在完成各机电系统设备安装、单系统调试和系统间接口调试的前提下，由联调单位组织，城市轨道交通参建各方共同参与，以车辆与信号为主的关联系统联调及以综合监控为主的关联系统联调项目。它对不同系统之间的接口关系、系统关键性能和系统间联动功能进行综合性测试和验证，为最终实现设备与设备、人员与设备、人员与人员之间的协调运转打下基础。特别要强调的是，综合联调和系统间的接口调试是有本质区别的。接口调试是在系统完成安装和单体调试之后进行，是综合联调的前提条件。接口调试涵盖机电系统所有接口的测试。点表和接口设计文件中所有存在接口关系的对象必须全部测试。综合联调包括接口复测和复检、综合功能测试和联动功能测试，主要以抽测、复测、复查和评估为主。综合联调在各系统之间的接口调试完成后进行，其周期较短，一般为 6 个月左右。

在试运营前开展综合联调工作主要有以下目的：

（1）检验各系统单机、接口的完整性及功能性是否满足预期效果。

（2）检验系统间接口和通信协议的一致性，验证硬件及软件接口功能及性能达到设计要求，各系统接口参数是否最优。

（3）检验各系统间的联动能否满足预期效果，全功能目标能否实现，性能指标是否达到设计要求。

（4）通过综合联调，帮助建设方发现问题并督促责任单位在开通试运营前完成整改消缺。

（5）通过参加综合联调，帮助运营公司各部门工作人员迅速熟悉系统和设备及操作，有利于运营方安全、顺利、平稳地接管线路和设备。

（6）通过审查综合联调评估报告，在城市轨道交通试运营基本条件评审时帮助专家判断系统是否满足运营需求和运营后的安全。

25.2 前置条件

25.2.1 通用条件

（1）综合联调方案已编制完成并通过专家评审会评审。

（2）已完成单系统调试与接口调试。

（3）联调现场相关边界条件、安全检查已完成，轨行区、变电所等重要设备区域有相关防护措施并有专人值守。

（4）参与联调的运营人员、承包商及设备供应商等各方提前熟悉联调相关制度及实施方案。

（5）联调所需的图纸、技术资料、工器具等落实到位，OCC、车站专用及公务电话安装调试完成并投入使用。对讲机准备充分并完成分组，能正常使用。

25.2.2 非行车设备类联调前置条件

非行车设备类联调科目包括车站设备、通信设备、区间设备、供电设备（含车辆段、停车场）。车站类设备联调还应具备如下条件：

（1）各系统单系统、接口调试完成并投入正常使用，各系统及接口调试报告已提供。

（2）联调车站装修施工已基本完成，设备房间达到移交条件；前期施工作业完成并出清，现场无较大面积、粉尘或噪声的施工，无影响调试进行的材料、杂物堆放。

（3）联调范围内的系统实体工程已完成，并经检查合格。

（4）前期施工作业完成并出清，站内及轨行区状况满足联调条件。

（5）控制中心（临时控制中心）已设置并调试完毕，可以承担相关中心功能联调任务。

（6）涉及换乘站的联调，应先完成既有线路设备系统的接口改造及调试。

（7）车站设备联调宜先安排样板车站联调，待主要缺陷暴露和处理完成后方可进行大范围的联调组织。

（8）供电设备及区间设备联调前，轨行区限界检查、热滑完成并验收合格，隧道清扫、冲洗完成。

25.2.3 行车设备类联调前置条件

行车设备类联调科目包括冷热滑、车辆型式试验、信号系统等相关行车设备的科目。行车类设备联调开展时还应具备如下条件：

1．冷滑前置条件

（1）轨道道岔、线路已调试到位，具备轨道车运行条件。

（2）各施工单位人员已清场，相关施工项目已结束，限界检查和整改完成，各种侵限建筑物、物体已清除。

（3）冷滑区段的接触网工程已全面完工，并已进行检查，检查记录完整，检查质量经评估满足冷滑要求。

2．热滑前置条件

（1）接触网冷滑工作完成后出现的缺陷已经整改完毕。

（2）电客车上的检测设备已经安装完成并能正常使用。

（3）有线无线800通信系统具备投入使用的条件。

（4）轨行区影响行车的限界问题已经整改完毕。轨行区完成冲洗，无影响行车的限界和异物问题。

（5）至少应保证热滑线路上涉及的道岔能完成人工可靠操作。

（6）轨道线路能满足热滑电车行驶速度要求。

3．车辆型式试验前置条件

（1）正线、联络线及车场线路土建工程已完成限界检查及整改。

（2）正线、联络线及车场线路接触网已完成施工及冷、热滑。

（3）正线、联络线及车场线路轨道达到设计允许运行速度的要求，正线隧道无严重漏水，不会引起型式试验打滑。

（4）正线隧道内已完成隧道清洗，满足列车高速、频繁往复运行情况下，扬尘不影响驾驶员正常驾驶瞭望的要求。

（5）内燃机车已完成单体调试，具备救援能力，电客车救援设备已到货并完成调试，救援队具备救援能力。

4．信号系统相关行车设备联调前置条件

（1）信号系统、轨道、接触网实体工程已全部完成，经评估不存在安全隐患。

（2）限界检查、热滑完成并验收合格，以及隧道清扫、冲洗完成。

（3）信号承包商应对照合同功能进入系统进行清理，确认合同要求的功能项在单系统和接口调试中已实现（个别功能未实现的可提前提交联调指挥部议定后甩项）。

（4）单系统及接口调试，包括系统单体试验、调试、子系统及互联系统间接口调试，以上调试已完成，可投入正常使用。信号承包商需提供单体试验调试及接口调试记录表、调试通过证明材料，供联调工作组查验。

（5）车站、区间、车辆段线路的线路标志、安全标志疏散标志、信号标志、停车标等标志标识齐全可见。

（6）工程车、车辆临修设备和车辆救援设备准备完备，可投入使用。

（7）控制中心（临时控制中心）已设置并调试完毕，可以承担相关中心功能联调任务，控制中心（临时控制中心）、车站控制室、车辆段（停车场）信号楼行车设备正常投入使用。

（8）客服设备功能验证前，应提前完成广播词的录入和 PIS 模板的导入，涉及已开通线路或车站的测试，应提前做好张贴告示等工作，避免对乘客造成误导。

（9）现场安保条件已落实，联调前轨行区施工已出清并保持封闭，安保人员已值守到位。

25.2.4　线网类联调前置条件

线网类联调包括 AFC 互联互通及清分测试、线间火灾联动及列车转线测试等科目，线网类科目联调前还应具备的条件包括：

（1）联调范围内的系统实体工程已全部完成并经检查评估检验合格。

（2）承包商应对照合同功能进入系统进行清理，确认合同要求的功能项在单系统和接口调试中已实现（个别功能未实现的可提前提交联调指挥部议定后甩项）。

（3）单系统及接口调试，包括系统单体试验、调试及子系统与互联系统间接口调试，以上调试已完成，可投入正常使用。承包商需提供单体试验、调试及接口调试记录表，调试通过证明材料经联调指挥部工作组审核通过，不存在弄虚作假行为。

（4）承包商负责编制完成线网联调科目应急预案及措施，确保联调不对运营线路造成影响，预案及措施等报相关设计、监理单位审核，涉及既有线的调试方案由相应运营单位审批同意，并落实相关应急措施。

（5）涉及换乘站的联调，应先完成既有线路设备系统的接口改造及调试。

（6）对联调科目中涉及的已开通线路设备，应提前做好设备封存、张贴告示等工作，避免对乘客正常使用造成影响。

25.3　《城市轨道交通试运营基本条件》对综合联调的要求

《城市轨道交通试运营基本条件》（GB/T 30013—2013）（以下简称《基本条件》）对主要运营设备系统提出了明确的功能和测试要求，并规定了试运行期间最后 20 天的故障率指标，同时要求开通前宜由开通试运营评审单位对车辆、供电、通信、信号、火灾自动报警以及环境与设备监控等系统进行抽查测试检验。因此，运营管理单位必须参照《基本条件》的要求认真开展综合联调工作，通过设计周全的综合联调科目来逐项验证系统功能是否满足国家标准的要求。

1. 车　辆

《基本条件》中明确要求车辆应完成列车型式试验和例行试验，提交测试报告，满足合同要求。对于试验中发现的影响行车安全和客运服务的车辆故障应完成整改。试运行期间，各列车累计在线运行里程不应少于 2 000 列公里。车辆系统故障率应满足因车辆故障造成 2 min 以上晚点事件次数低于 5 次/万列公里的要求。

新造地铁车辆运抵新建线路的车辆基地后，首先应开展常规的车辆静态测试试验然后在试车线或正线上进行动力学相关试验和动车调试。主要的测试项目应包括车辆运行安全和平稳性试验曲线和坡度变化线路运行试验、受电装置试验等，这些测试项目通常需要在线路最不利的条件下，如在线路最大坡度、线路最小曲线半径等条件下进行反复测试。同时动车调试需要验证车辆的最大能力，如最高行驶速度、最大载重负荷、最高加速度及减速度等；验证车辆在极端情况下车辆自身的防护功能，如车辆超速防护、受电电压过高防护等；验证车辆在故障情况下的基本行车功能，如列车部分动力单元故障、列车电制动故障等情况发生时行车是否满足设计要求。

在综合联调过程中，除了列车型式试验和例行试验外，运营管理单位应特别注重与乘客乘车体验相关，以及与运营安全管理及应急处置相关的测试。

（1）在乘客乘车体验方面，要对车门的防夹功能进行全面测试，确保乘客的上下车安全；要对车辆 PIS 系统进行全面测试，确保乘客在车内接收的信息准确、无误。

（2）在运营安全管理及应急处置方面，要对车辆广播进行全面测试，包括中央控制大厅对车辆的广播，确保应急情况下指挥的通畅；要对列车发生火灾的情况进行模拟测试，确保火灾报警信息及时传递至中央控制大厅，方便调度人员指挥列车驾驶员及时进行处置；要对车厢摄像视频上传至中央控制大厅的功能进行测试，以确保紧急情况下调度人员能即时直观了解车厢内实时情况；要对可能产生电磁干扰的线路环境进行全面测试，确保行车安全和正常的列车服务。地铁车辆如图 25-1 所示。

图 25-1　地铁车辆

2．信　号

信号系统直接关系到列车运行的安全和行车的效率，应具有高可靠性、高可用性和高安全性，因此在综合联调的过程中必须对信号系统进行充分验证以确保系统的稳定运行。

《基本条件》中明确要求信号系统应确保控制中心与车站间、轨旁设备与车载设备间的安全控制信息传递无误，联动准确；完成车辆基地与正线信号系统的接口调试。信号系统应具备列车自动防护功能、控制中心和车站的列车自动监控功能，宜具备列车自动驾驶功能。设置屏蔽门的车站，信号系统宜具备列车车门与站台屏蔽门系统联动功能。信号系统应具有完整的测试报告，并有具备资质的安全认证机构出具的安全认证证书和安全评估报告；对证书的限制项，应制定安全防护措施。信号系统在试运行的最后 20 个工作日，按照试运营开通时的列车运行图行车，故障率不应高于 1 次/万列公里。

在综合联调过程中，信号系统应围绕列车安全防护、系统设计最大能力和列车旅行速度三个方面进行充分的测试。

（1）在列车安全防护方面，应该按照第三方安全认证机构对信号系统可靠性、可用性、可维护性及安全性的要求逐一进行系统验证。

（2）在系统设计最大能力方面，最小行车间隔、最小折返时间和车辆段出入段线的出车能力等都必须通过多车联调进行测试，由于通常线路开通初期配置车辆数较少，应安排尽可能多的列车同时上线进行测试，以确保系统的能力得到充分验证，以便当后期列车配置数量和行车间隔达到设计值时，系统能够满足运营实际需求。

（3）由于旅行速度直接影响着乘客的出行效率以及列车运用的效率，因此运营管理单位应该将旅行速度的测试作为一项重要工作。旅行速度和列车的停站时间有着密切的关系，在保证充足的有效停站时间，即车门和站台门完全打开的时间的基础上，必须缩短无效的列车停站时间（包括缩短停车后的开门时间、关门后的动车时间，并通过调试达到车门与站台门开关门的一致性等），从而确保旅行速度处于一个合理的水平。列车进站速度和列车折返时通过道岔的速度也直接影响着行车效率，需要在综合联调过程中反复进行测试、优化，为后期的高效运营创造好的条件。地铁线路信号机如表 25-2 所示。

图 25-2　地铁线路信号机

3．通　信

通信系统涉及传输系统、无线通信系统、乘客信息系统（PIS）、公务及专用电话系统、视频监视系统（CCTV）、广播系统（PA）、时钟系统、办公自动化系统（OA）、民用及公安通信系统等诸多子系统。通信系统与地铁其他机电系统接口众多，是综合联调工作的重点。《基本条件》中明确要求公务电话应实现路网内各线路间互通,并与市话互联互通。在应急情况下,通信系统应保持正常的通信功能。时钟系统应实现母钟、子钟各项功能和网络管理功能,并能够向相关设备系统发送时间信号。通信系统应按一级负荷供电;通信电源应具有集中监控管理功能,并应保证通信设备不间断无瞬变地供电;通信电源的后备供电时间不应少于 2 h。换乘站应实现直通电话互联互通,宜实现闭路电视监控图像互联互通。

根据《基本条件》的要求,在综合联调的过程中应特别注意调度通信相关功能验证及线路间互联互通相关测试工作。

(1) 无线通信系统和有线调度电话作为中央控制大厅值班员执行调度命令所必须依赖的通信手段,在地铁运营组织和应急组织中起到至关重要的作用。因此,无线通信系统和有线调度系统的各项功能以及其可靠性应作为综合联调测试的重点,尤其是专用无线通信系统作为调度人员与驾驶员车通信的唯一途径,应通过综合联调进一步验证中央控制大厅无线调度台和车场无线调度台的组呼、车次号呼叫列车、强插、强拆等功能是否达到功能要求,从而确保行车安全。

(2) 在运营管理单位运营的线路不止一条时,综合联调还需要对通信系统涉及线间互联互通的相关系统予以测试,包括 800 MHz TETRA 数字集群无线通信系统、公务电话的线间互通等,在线网具备规模后,还应对传输骨干网的保护倒换功能进行验证,对公务电话多点冗余出局的功能进行验证,必要时还需要和地方政府在地面改置的 TETRA 数字集群无线通信系统进行互联互通测试。

4. 供　电

供电系统是保障轨道交通正常运营的基础,当前供电系统关键设备的技术及工艺已较为成熟,但是由于供电系统也属于轨通后的站后工程,施工期紧张,在施工过程中的质量控制会直接影响系统的稳定性,必须通过综合联调和空载试运行的过程对供电系统进行全面的检验,确保系统稳定运行。

《基本条件》中明确要求供电系统在试运行的最后 20 个工作日,按照试运营开通时的列车运行图行车,故障率不应高于 0.2 次/万列公里,并在开通试运营前应完成各类电气元件、开关的整定值调整。电力监控系统应功能完善,具备对设备遥控、遥信和遥测的功能。各变电所均应有两路独立可靠的电源供电,一级负荷应确保由双电源双回路供电,主变电所数量和牵引变电所数量应满足受载需要。当有外电源点退出、相邻外电源点跨区供电时仍能满足负载需要。

供电设备的联调,除了针对不同电压等级(35 kV、1 500 V、400 V)的开关柜和不同类型的变电所(主所、牵混所、降压所)开展的远程三遥测试,实现常规的遥控、保护遥信、位置遥信、遥测、SOE 上传、保护联跳、开关闭领等功能外,还包括区间隔离开关和全线程控卡片的测试。另外,《基本条件》所要求的开通试运营评审阶段的系统测试检验环节,通常还将对 400 V"自投自复"功能进行抽查测试,因此,在联调过程中应一并注意并重点测试。

此外，供电系统在综合联调中还应结合相关应急演练科目做好极端情况下的供电系统能力验证工作。因此在完成常规监控功能的基础上，供电设备联调还应结合行车开展必要的降级功能验证，包括单边、大单边、大大单边、大双边、大大双边供电，正线支援车辆基地供电，主变电所退出运行环网联络供电的演练等。这些科目内容与供电设备局部故障下的行车组织直接关联，也可与运营演练结合起来实施。另外，由于供电系统从经济性角度考虑，部分变电所容量按初近期配置，时间允许情况下还应开展最大负荷行车演练，并通过实际数据检算，推算现有供电系统的最大行车能力、设备带负荷能力和相关保护定值的设置准确性等。地下刚性接触网如图 25-3 所示。

图 25-3　地下刚性接触网

5．综合监控

综合监控系统通常集成了火灾自动报警（FAS）、环境与设备监控（BAS）、门禁（ACS）等系统，并通过与信号、通信、自动售检票等地铁其他主要机电系统互联实现一体化的运营管理功能以及应急灾害模式下的各系统间的联动。综合监控系统作为运营管理单位信息化建设的基础平台，通常还为设备功能维修管理系统、企业资产管理系统等信息化系统提供数据支持。

《基本条件》中明确要求火灾自动报警系统应设控制中心、车站两级调度管理，具备控制中心、车站和就地三级监控功能。环境与设备监控系统具备对通风空调、给排水、照明、电梯、自动扶梯和应急后备电源系统设备的监控功能。综合监控系统应具备火灾情况下联动功能，并宜具备中心级、车站级区间阻塞模式联动功能。

综合监控系统由于集成和互联了地铁所有的主要机电系统，因此综合监控系统的综合联调必须确保在相关子系统完成单系统调试并确保系统间接口按照设计要求实施完成后进行。综合监控系统联调的难点在于换乘车站的调试，特别是火灾情况下的联动测试。对于换乘车站，由于建设时序有先有后，车站属于不同线路的公共区采用的火灾自动报警、环境与设备监控、自动售检票、乘客导向、门禁、广播等系统设备不尽相同，造成调试接口多、工作量大。而地铁换乘车站通常都是客流聚集的车站，车站客运组织的安全压力大，因此，运营管理单位一定要高度重视换乘站的综合监控系统联调工作，在测试过程中逐项确认相关设计功能是否落实，联动功能是否实现，以确保紧急情况发生时车站相关设备能够正确动作。在实施综合联调的过程中，通常车站设备的联调都是通过综合监控系统的操作界面来组织完成的，因此，系统界面中的控制对象和现场是否一致也需要在综合联调过程中进行逐一确认，避免给后期运营管理带来不必要的麻烦。车控室内 IBP 盘如图 25-4 所示。

图 25-4　车控室内 IBP 盘

6．自动售检票

自动售检票系统作为城市轨道交通对广大乘客提供服务的窗口，是体现运营单位运营服务管理水平的一个重要环节。自动售检票系统设置在车站的主要设备包括自动售票机、自动出入闸机、自动验票机等，这些设备的日常使用者是广大普通乘客，因此必须保证设备的高可靠性和高可用性。

《基本条件》中明确要求自动售检票系统应实现网络的互联互通，并应完成对既有运营线路自动售检票系统终端设备、车站计算机、线路中心系统的乘客服务界面、参数和报表等的升级工作。

在自动售检票系统分线路、分期建设的模式下，面对多条线路不同承包商提供的系统软硬件，如何高效、有序地做好新老线路间的互联互通测试是自动售检票系统在综合联调中的重点工作。互联互通测试主要包括线网清分规程测试、新线开通后的新线网票价表验证测试以及各种票卡在线网下的通用性验证测试。在线网清分规程和新线网票价表验证测试中，测试站点数量及参测站点的确定直接影响着测试的规模、测试风险的卡控。如果选择的参测站点过多，会使得测试现场参与人员增多、参测设备增多、测试时间加长，对已运营站点的影响加大。反之，选择的参测站点过少又会直接影响到清分结果的准确性及票价表票价区间的漏测，增加后期运营管理的漏洞。因此，在参测站点的选择上，为确保线网清分规程和新线网票价表验证测试规模可控，应遵循由多条线路上的站点覆盖票价表中的所有票价，按线网所有换乘站点和新开通线路的首末站点必须加入测试站点的原则进行测试。

在自动售检票系统互联互通测试中运营管理单位应根据其实际的票种规划及执行的票务规则对参测票种和交易类型进行合理选取。票种的选择一般应包括城市通卡的各子卡类型、单程票、预制票、员工票、运营单位发行的重要储值票卡等，以保证对运营中合计使用比例 95% 以上的票种进行功能覆盖性测试。

对交易类型的选择，原则上应当覆盖主要的票卡交易类型。对主要交易类型如：售票、充值、进出站、超程、超时、无入站及无出站处理等都必须进行功能性验证，确保在线网运营条件下跨线环境中对主要交易类型进行功能验证。闸机如图 25-5 所示。

图 25-5　闸机

7. 站台门及电扶梯

《基本条件》还对站台门系统及电扶梯提出了试运营开通的基本条件，主要有：站台门系统在试运行的最后 20 个工作日，按照试运营开通时列车运行图行车，故障率不应高于 1 次/万次；站台门系统接地绝缘应等电位连接，提供站台门本体绝缘检测报告；对于直线车站，站台门与车体间隙大于 130 mm 时，应设有防夹装置和防踏空胶条；电梯、扶梯和自动人行道应通过调试和安全测试，获得安全检验合格证，具有明显的安全警示和使用标识。

站台门和电梯、扶梯，虽然系统构成较为简单，与之相关的综合联调的科目更多在于应急及灾害情况下的联动功能，但站台门和电扶梯直接和乘客的出行安全相关，因此在站台门、电梯和扶梯的单系统调试过程中就必须严格进行相关的绝缘测试、重载实验和疲劳实验，在确保设备安全、可靠的基础上开展后续的综合联调工作。

第 26 章　综合联调组织管理

26.1　组织架构与职责划分

综合联调的开展应建立专门的组织机构，以便于统筹协调各方面的工作，但由于管理体制不同，投资、建设和运营的主体就会不同，也会对联调演练的各单位职责产生较大影响。一般而言，综合联调组织机构应由：运营单位、建设单位、投融资（总承包）单位、监理单位、机电施工单位、设计单位、关键系统承包商等共同组成。以下为某地铁线路组织机构与单位职责划分示例，以供参考。

综合联调指挥部：由地铁公司牵头，建设、运营、设计等多方共同参与，承建单位配合，负责地铁综合联调开展的综合性管理与指挥机构。由地铁公司领导牵头负责，各方分管负责人参加，有利于统筹公司设计管理、建设管理和运营筹备等方面的资源。综合联调指挥部的主要职责包括：对综合联调过程中的重大问题进行研究、协调和决策；审定和批准综合联调大纲实施方案和计划；检查和指导综合联调实施工作，定期听取综合联调工作情况的汇报；对综合联调中表现优秀或影响工作进度或质量的部门（单位）、人员进行奖励或惩罚；等。

在综合联调指挥部下，根据具体工作落实需要，设置了专业小组，包括办公室、技术与资料管理组、调度计划管理组、联调保障组以及联调实施组等机构（必要时可设计管理组），负责具体工作的落实。

（1）运营单位：负责代表公司牵头组织成立联调演练工作组，在公司联调演练领导小组的指导下牵头开展联调演练的各项工作；负责编制联调演练的计划方案，组织运营管理人员、建设单位，以及承包商、设计、咨询、监理单位参加系统联调工作，并按现场实际需求及时与供货商、承包商以及设计等相关单位协调解决联调演练中发现的问题；组织各联调演练项目组开展总结评估工作，参加各新线的总结评估工作。

（2）建设单位：负责完成联调前各相关系统设备设施应达到的状态与功能；负责组织各施工单位、供货商、系统集成商参加各系统联调工作，并按现场实际需求及时与供货商以及施工、设计等相关单位协调解决联调演练中发现的问题；参加各联调演练项目组组织的总结评估工作；参加各新线的总结评估工作。

（3）设计总体及系统设计单位：协助完善联调细则，进行技术交底，提供技术支持，对联调过程中出现的设计问题及时组织设计单位拿出设计变更方案。

（4）监理单位：依据联调细则组织与监督设备操作、技术保驾、技术指导人员到位，对相关设备的操作进行现场指导和保驾，对合同内的设备系统的安全和质量监督负责。

（5）投融资（总承包）单位：负责组织联调前全功能全点位测试工作，保障联调前各相关系统设备设施应达到的状态与功能。参加各系统联调工作，并按现场实际需求及时与供货商以及施工、设计等相关单位协调解决联调演练中发现的问题。参加总结评估工作。

（6）各系统设备供货商、集成商、施工承包单位：负责根据合同条款派出专业技术人员参加各系统联调，对联调人员技术操作进行技术指导，并及时解决、抢修发现的相关问题，为联调顺利进行进行保驾护航，参加项目组组织的总结评估工作。

（7）其他相关单位：负责配合和协助解决联调演练期间的相关工作。

26.2　组织开展流程

为确保联调各项工作的有序、顺利开展，需要建立一个清楚明晰的组织流程，并且对具体流程，如前期筹备、联调操作、现场记录、整改闭环等，都要有明确要求。总体上，可将综合联调组织流程分为三个阶段——准备阶段、实施阶段以及总结阶段。

1．准备阶段

该阶段的主要工作为启动综合联调筹划工作，主要包括：

（1）成立组织机构。抽调专人成立地铁新建线路综合联调指挥部，建立联调工作开展机制。

（2）落实配套的规章制度和办公要求，发布联调期间的各项规章制度及管理办法。

（3）编制联调方案。组织骨干人员根据线路特点有针对性地完成联调方案和细化表格的编制。联调方案编制完成后，应组织相关的方案评审，评审意见作为后期综合联调开展的依据和支撑。

（4）联调计划编制。根据整体工期安排，确定联调科目和初步时间计划。

（5）关键功能清理。在综合联调实施前组织设计单位对关键系统的功能情况进行梳理，确保参与联调的所有人员熟悉设计功能，明确联调标准。

2．实施阶段

该阶段主要围绕具体联调科目展开，每个科目开始前要召开准备会，检查各项工作的准备和落实情况，不具备联调条件的个别项目要提前甩项处理，若不具备联调条件的内容较多，建议联调计划延期进行。实施过程中，所有人员要按联调实施方案要求进行操作和记录，对不合格的项目及原因做好登记。

（1）组织进行运营"三权"移交，即调度管理权、属地管理权以及设备操作权的移交。

（2）综合联调准备会。主要对综合联调科目开展前的各项准备工作进行梳理和落实。会议形成实施组会议纪要，作为按期开展综合联调的依据。准备会认定本次联调科目条件不具备时，应第一时间汇报联调指挥机构，请联调科目延期进行。

（3）前置条件检查。为确保联调安全和顺利进行，具体实施前应组织对联调前置条件进行检查，确认条件满足后方可进行。

（4）综合联调实施。实施由综合联调实施科目现场总指挥负责过程管理，相关责任部门按联调方案的职责分工进行配合。在实施过程中，现场指挥根据整体项目进展情况有权决定联调甩项、联调现场补测、联调顺序调整、联调异常做止等。部分联调科目在前期不具备测试条件的（如列车到站显示等功能），为确保整体联调计划不受影响，前期联调过程中应采取甩项的处理方式，后期具备条件后进行统一补测。实施过程中，所有人员应按联调方案的要求做好记录，对同一事件需多处确认记录的，应在联调完成后，统一收集和汇总现场数据，并签字确认。

（5）综合联调记录收集与汇总。综合联调科目实施完成后，现场指挥按规定程序检查人员和设备出清后销点。同时，联调现场应对联调科目的具体通过情况进行统计和发布。

3. 总结阶段

该阶段的主要工作是对实施情况进行分析和总结，对联调进行闭环管理：

（1）总结评价。联调过程中不可避免会出现单系统进度滞后或联调无法通过等问题。为此，综合联调指挥部专门设计了缺陷整改和跟踪表。实施小组应按流程填写《联调评估表》和《缺陷整改表》，一是能确保问题得到及时整改并有效闭环；二是所有故障原因可为运营维护提供基础数据，便于进行分析。

联调科目完成后1~3日，实施小组应组织召开联调总结会，对联调科目情况进行评估并提供总结报告至联调指挥部。

（2）整改消缺。将存在的问题和缺陷布置给责任单位限期整改，整改完成后安排运营部门进行复查，复查合格后将签字确认的《缺陷整改表》归档，整个综合联调工作结束。若逾期不能完成整改的，可建立专门的问题库，公司组织对存在的问题进行评估，对影响安全和行车的问题，必须在开通试运营前得到解决。对不影响开通的问题，责成责任单位继续整改，并移交运营部门进行跟踪。

（3）联调总结报告编制。联调指挥部对相关联调记录材料进行整理，形成完整的开通试运营评审材料。

（4）优化改进。根据联调问题分析研究制订新线设计及施工改进方案，使类似问题不再重复出现。定期跟踪缺陷整改，形成有效闭环。

26.3 规章制度与安全管理

综合联调在整个地铁工程中一般处于建设向运营移交的过渡阶段，运营规章制度体系尚未发布，管理涉及建设和运营等多单位和主体，因此管理难度比较大。综合联调是一个参与单位和人数众多的系统性工程，必须要有完善的、强有力的管理制度为依托，才能确保联调实施的安全与规范。

1. 发布相应的管理制度

结合地铁联调开展情况来看，综合联调开展前组织编制了以下规章制度，保障了联调组织与实施的安全和顺畅。

1）安全保障制度

安全保障制度包括以下文件：

《综合联调期间施工管理办法》；
《综合联调安全管理办法》；
《综合联调期间调度工作制度》；
《综合联调承包商考核办法》。

以上制度主要用于轨行区接管后的临时调度和施工管理保证，同时为保障调试期间的行车和调试安全，对相关违章承包商进行通报和处罚，避免调试期间出现安全事故。

2）管理制度

管理制度包括以下文件：
《综合联调期间人员集中办公管理办法》；
《综合联调期间会议管理办法》；
《综合联调期间专项消缺管理办法》。

原则上，综合联调期间建议实行主要人员集中办公制度，人员集中办公有利于相互沟通和相关工作的快速落实。综合联调期间集中办公人员包括联调指挥部各小组主要负责及实施人员、设计总体及系统设计负责人员、主要承包商（含信号、综合监控、供电等专业）、主要系统业主代表等。

联调期间应明确定期例会制度，定期协调和处理综合联调过程中的问题，及时形成相关会议纪要及简报；会议根据需要分联调指挥部和工作组会议，根据权限范围对相关工作进行推动。

针对设计问题或信号系统问题等，可不定期及时组织召开专题研讨会。专题研究，限期解决，避免对综合联调的整体进度和质量带来影响。

另外，为推动综合联调过程中暴露的缺陷整改，综合联调各科目均应安排专人负责资料收集和缺陷跟踪，专人负责收集综合联调过程中的联调记录和总结资料，并做好归档准备。对联调过程中暴露的问题和缺陷，及时做好登记和跟踪，必要时召开专项消缺会，督促责任承包商限期解决。

2．明确安全措施和安全要求

综合联调开始阶段，车站装修及部分系统往往还遗留了部分尾工，存在较多的交叉作业，部分施工单位为抓工期抢进度，安全管理意识淡薄，加之设备已处于调试阶段，运行不稳定，因此，综合联调期间安全风险隐患多，管理难度大，综合联调期间的安全管理就显得尤为重要。

每条线路综合联调期间或多或少均会发生数起因联调参与单位安全管理不到位而引发的违章违纪事件，包括调试人员擅入轨行区、施工后清场不彻底造成遗留材料侵限、联调前置条件确认不到位导致联调中断等情况，对联调过程中的人员及设备安全均造成了一定隐患。

为规范综合联调期间的现场安全管理，确保安全管理规范有序，杜绝因管理不善引发的设备行车和人身伤害事故，在综合联调期间均应制订相应的安全管理卡控措施和要求，包括如下内容：

（1）综合联调的实施过程中必须坚持"安全第一、预防为主、综合治理"的方针，确保调试过程中的人员及设备安全。

（2）综合联调各科目实施前均应制订专项方案，内容应包括安全管理及应急措施，方案应经专家评审通过。

（3）综合联调实施部门在综合联调开展前要组织参加的调试人员对方案进行学习，确保参加调试的人员掌握调试要点和安全措施，在调试过程中严格按照方案执行。

（4）综合联调实施需遵照综合联调专项安全规章要求做好请点、销点及安全卡控工作。

（5）综合联调开展前应提前对安保人员进行培训并检查相应的边界封闭情况。

（6）调试开始前需核查其他影响综合联调的施工作业，前期施工作业人员、工器具已出清调试区域。

（7）综合联调开始前，相关系统及设备承包商要会同监理对各自负责的设备进行安全状态检查，确保综合联调过程中的操作不存在安全风险及隐患。

（8）在综合联调过程中，如出现相关的安全隐患，需立即暂停调试，经综合联调现场指挥和总指挥评估后，给出终止该项综合联调的意见。

（9）综合联调出现故障后，经现场指挥批准后，承包商可以在确保安全的前提下进行故障维修，对短时间内无法恢复的，应停止检修并终止该项调试内容。

（10）综合联调期间的各类人员，包括调度员、电客车驾驶员、工程驾驶员、调试负责人等主要行车工种必须持证上岗，无证不得单独作业。特种作业人员必须持证上岗，且特种作业人员在独立上岗作业前，必须进行与本工种相适应的、专门的理论学习和实际操作训练，无证或未经培训不得从事特种作业。

26.4　综合联调方案编制

综合联调的方案质量直接影响综合联调的开展效果，联调方案应具有内容完整详实，易于理解、实施的特点。

1. 联调方案的编制要求

完整的联调方案内容如表 26-1 所示。

1）目的及前提

本次综合联调科目要达到的目的和开展本次科目的前提条件（包括单机单系统及接口调试已开展的情况说明，并在准备会前提供单体及接口调试资料供核查）。

若联调开始前，相关接口系统设备未安装到位或者接口测试未完成，应做甩项处理。甩项数量过多的联调科目，应考虑延期进行。

2）依据及标准

本次科目开展依据的相关规范、设计标准、与承包商签订的技术规格书和公司内部规章制度等。应明确本次科目开展成功与否的标准要求，例如重要联调科目哪些失败即可确定为联调不合格。对联调不合格的科目，需要安排承包商整改后重做。

表 26-1　综合联调方案主要内容

序号	内　容	编制说明
1	目的及前提	联调的目标和要求，联调需要具备的前置条件
2	依据及标准	相关设计规范、技术规格书及运营规定
3	组织机构及人员安排	人员安排与职责说明
4	安全检查及预防措施	需采取安全检查及预防措施
5	工器具及后勤	工器具及用餐、用车等后勤安排
6	联调内容与步骤	明确联调具体内容与操作步骤
7	记录表格	操作步骤和记录说明
8	评估与整改	联调评价与整改要求

3）组织机构及人员安排

根据综合联调的具体责任分工，在实施方案中明确相关人员的职责和工作要求，建立联调实施的组织架构，明确信息沟通和处理流程，避免多头指挥。

从综合联调的实施来看，要有目的性地加强从建设管理向运营管理的有效过渡，逐步实现从建设承包商保驾到运营部门独立接管和运营的目的。因此，综合联调的人员应以运营人员为主，建设部门和承包商进行必要的配合。

对运营人员，要对其说明相关培训和熟练程度要求，必要的时候要在实施前安排针对性的强化培训，确保各责任人员清楚操作流程，明白评价标准并能做出正确的记录和评价。

由于单一科目联调实施时的具体人员可能不同，因此应针对每个联调科目建立人员通信录，并通过综合联调预备会进行发布。

4）安全检查及预防措施

安全检查及预防措施即开展本次科目需要提前做好的安全措施，包括行车设备联调开展前的轨行区安全检查及相关的安保措施，相关调度计划的办理等。相关要求要通过综合联调准备会，提前安排相关安全落实事项。

安全措施一般由安全保障组进行统筹，确保关键部位、关键设备的操作安全。

对一期工程或线网安全运营可能存在影响的，应制订专项安全防范预案。延伸线在接入已运营线路前，必须提前利用一期运营线路停运期间完成所有测试工作。

对综合联调过程中可能出现的其他应急事项，提前做好预判，并做好应急处置预案。应急处置预案应说明具体人员安排、处置要求等。

5）工器具及后勤

综合联调要用到的相关工器具及油料、烟罐等物资，应在文件中以清单的方式列明，并明确提供物资的责任部门和具体存放地点以及实施过程中的取放方式等。联调过程中要用到的对讲机等设备，相应的频组不得对已运营的线路带来影响，必要时应安排通信承包商对本次联调科目用到的对讲机进行专项写频和分组。各综合联调方案须进一步明确各部门相关人员的到位流程，涉及用车和用餐要求的，要在综合联调准备会上予以落实。相关的用车计划及用餐后勤计划统一由联调实施组统计后报综合联调后勤组，后勤组根据实施组的要求进行落实。

6）操作内容与步骤

综合联调内容与步骤（细则）是方案实施的核心，也是综合联调方案的灵魂，在编制综合联调方案实施细则时应遵循以下原则：

（1）内容必须全面。

联调内容和步骤与记录表格直接相关，综合联调的开展是在承包商完成设备单机调试和接口调试的基础上进行的，应区别于单机和接口调试，但在抽测内容上应注意针对性和全面性，争取每类设备、每类工况的测试都在方案中有所体现。

综合联调的内容应侧重于行车和客运服务，同时确保安全。综合联调的内容应全面覆盖行车和客服的内容，对设备功能的检验可考虑在单体调试和接口调试的基础上，进行功能抽测，每类功能应在综合联调实施过程中被抽测到。同时，为了防止承包商的提前准备，同类功能应现场决定抽测地点和抽测模式，使整个联调方案具有较强的可操作性。在综合联调开展过程中，如果某类功能抽测存在缺陷，现场指挥可根据时间进度安排加大该类科目的抽测数量和力度。对于部分联调项目，所有车站的联调方案可以通用，不同车站的记录表格可在方案的基础上根据车站实际的设备设置情况进行优化。

（2）流程必须清晰明确。

综合联调科目中应明确谁担任现场指挥、谁先操作、谁来确认的问题。由于车站及区间设备联调过程中，涉及多家承包商的管理，必须在联调方案中明确具体流程，否则实施时就会出现找不到联系人或找不到技术人员配合的情况。

（3）操作人员和指令必须清晰。

现场指挥人员应唯一，各级指令下达应清晰，避免多头指挥，特别是业主方人员较多的时候，更应统一思想，所有的决策只能通过现场指挥下达到一线人员。

（4）记录应确保完整。

操作记录是综合联调实施方案和细则的最终体现，记录表格一方面反映了联调方案和内容，另一方面也是操作步骤和流程的集中体现。好的操作记录表格设计，不仅有利于联调完成后的数据统计和分析，还能让参与人员提前熟悉联调方案，明确职责。

（5）时间安排合理。

对于分多步进行的综合联调科目，应提前进行分步划分和时间预安排，便于各方提前准备。涉及结合部的，还应对结合部的工作提前进行布置，做好安全防护。

7）实施细则与记录表格

实施细则与记录表格是在综合联调方案内容及步骤的基础上进行的细化和完善，至少应包括以下内容：

（1）操作流程：结合本次科目要开展的内容，明确每一步联调要开展的工作和具体方法。

（2）记录表格：在操作流程基础上，参与综合联调的记录人员，记录联调过程中出现的问题和现象。相关的记录应以尽可能反映设备状态为主（必要时提供对比表），避免简单的"合格"、"不合格"记录和评价。记录表格应具体说明相关的填写部门和责任人。对于一线操作人员难以判断的科目，以记录实际状态为主综合联调总结时由统计人员进行评估。

（3）其他：记录联调或演练过程中发生的意外或其他事项，或对联调记录无法体现的相关故障原因进行说明。

8）评估与整改

综合联调评估和整改是发现和暴露问题，加快整改的有效手段。

① 评价表格：由联调实施部门收集现场人员的记录表格，并汇总综合联调过程中存在的问题，根据汇总数据情况，形成综合联调评价表，并由相关责任部门签字确认。

② 总结报告：综合联调每个科目完成后应尽快组织相关部门召开总结会，由实施部门提交总结报告，对整个科目的准备情况、实施情况及存在的问题进行总结和改进，涉及整改内容规定的完成时间期限。

③ 缺陷整改追踪：实施部门在记录表格的基础上，汇总存在的问题在总结会上进行讨论后，落实责任部门进行整改，并定期对整改情况的进展进行跟踪。整改完成后，安排人员进行复测，复测通过后提交各方签字的材料，综合联调科目实现闭环。对到期不能完成整改的，形成问题库定期跟踪，对影响安全和运营的缺陷，必须在开通试运营前完成整改。

2．联调方案的评审

由于目前国内轨道交通行业对于联调的科目设置及测试内容还没有明确标准与实施细则，因此为确保联调方案的完整性科学性与可行性，综合联调计划和实施细则方案编制完成后，经过内部讨论修改后，还应组织开展相应的专家评审。

联调方案的专家评审可分为公司内部专家评审和行业专家评审两种，条件许可情况下可组织行业专家评审。

方案评审应侧重于以下方面：

① 本线要开展的综合联调范围是否体现线路特点，相关重点调试内容是否满足开通试运营要求。

② 整体计划安排是否满足整体工期计划要求。

③ 关键联调科目内容是否完整。

④ 相关联调科目安全措施是否满足实施需要等。

专家评审提出改进意见后，综合联调计划和方案编制组应根据专家意见进行完善。完善后的联调计划和方案通过联调指挥部审核后正式发布，作为下阶段综合联调开展的依据。

3．联调方案的培训

联调方案发布后，综合联调指挥部将组织各参与单位及人员对联调方案进行培训，其目的在于使各调试人员熟悉本专业综合联调的具体内容、步骤、前置条件及安全注意事项，进一步明确联调管理要求规范调试行为，提高联调效率及参调人员的技术能力，为联调工作提供扎实的技术保障。

26.5 联调计划的编制与执行

1．计划编制的原则

计划在现代项目管理中占有举足轻重的地位，是整个项目管理的龙头，计划工作的好坏将直接影响项目能否顺利实施。由于项目的其他管理工作都是围绕着如何实现项目总进度计划所制定的目标而展开的，因此是否有一个全面、科学优质的计划安排已成为项目成功的关键。

联调由于科目安排较多，时间跨度较长，常常需要与建设尾工整改、动车调试、空载试运行等穿插安排进行，同时由于部分联调科目之间存在着前后顺承关系，这些都给联调的计划安排制订带来了较多的不确定因素，往往需要联调组织机构统筹规划各类施工调试工作，灵活合理地安排各项联调计划。成都地铁综合联调指挥部设立了专门的计划管理机构（技术与计划组），对综合联调计划的编制及计划的跟踪实施、审查与更新进行总体控制，同时联调指挥部分管领导直接参与联调计划的编制过程，并最终对计划审核把关。

联调计划的安排应在建设系统单系统和接口调试的基础上确定，由于工期限制，部分内容可与单系统接口调试和空载试运行安排穿插进行，但应遵循"先单系统接口调试后联调，再投入空载试运行"的原则。空载试运行可根据联调测试情况，按系统功能分阶段进行投入。综合联调实施计划的编制及变更，应充分考虑以下因素：

（1）为保证影响开通运营的问题能在开通试运营前及时得到整改，综合联调在条件允许的情况下，应尽早开展，以争取整改调整时间，保证新线高水平开通。

（2）综合联调的整体工期安排：原则上应不少于3个月，对于延伸线路等特殊线路情况，工期应适当延长。

（3）依据运营接管时间、机电设备系统安装进度及现状功能条件综合考虑，可按分期、分段、分批分级等形式制订联调计划。

（4）以线路和车站两大调试区域为主线，根据科目之间的相关性采取多项目、同一时间平行作业模式，提高时间与空间等资源的利用率。

（5）车站设备联调应在完成各相关系统调试后开展，同时应考虑样板站与后续车站的计划时间差，以便于首个车站联调暴露的通用问题能得到及时整改。

（6）信号系统动车调试进度：制约开通和整体进度的瓶颈往往在于动车调试进度，要充分结合信号动车调试进度和后期空载试运行安排，穿插安排综合联调科目和计划。

（7）为确保联调期间的安全卡控，综合联调应在车站和轨行区完成建设到运营的三权移交之后进行。

（8）及时根据实际联调开展进度对计划进行变更，原则上以不大于7天作为计划的更新周期。

编制的联调计划只有全面、详尽、可行，才能具有很好的指导意义。计划编制过程可以看成是"纸上谈兵"，也可以说是项目的一次模拟演练，详细计划可以让综合联调实施小组尽早地考虑联调实施各方面的情况，在技术、方法、手段、后勤等方面提前运筹帷幄，不至于顾此失彼。同时，一个好的计划，能够最大限度地调动企业内部的各种资源，并且使这些资源通常保持在均衡使用的水平下。在城市开通轨道交通新线任务越来越重，综合联调时间越来越紧张的情况下，计划的作用将更为明显。

联调计划的排定可采用日历表排定的方式进行，具体实施前1至2周进行动态调整。

2．联调计划的执行

为保证计划执行的高效，应注意以下两个方面：一是联调负责人重视计划执行，二是联调实施者切实贯彻计划执行。这两个方面相辅相成，缺一不可。综合联调的计划执行过程，应注意在执行前、中、后期的严格管理和控制。

执行前：联调实施小组负责人牵头组织联调参与人员进行方案学习熟悉计划安排，做好技术交底，将方案要求、操作步骤及安全事项全面灌输到每个参与人员行为意识中，保证综合联调工作高标准起步，高质量推进。

执行中：每次联调的开展，应提前向所有联调参与单位与人员发出通知，传达联调的科目、时间、地点、联系方式、注意事项等信息。对于过程中联调科目的实施与进展，联调指挥部领导要亲自进行全方位、全过程的监督与指导，协调解决问题，形成自上而下、齐心协力、步调一致、协调运作的整体，保证联调实施按计划高效、有序开展。车站设备联调组织现场如图26-1所示。

图 26-1　车站设备联调组织现场

执行后：系统总结跟踪问题整改。具体科目完成后，由实施小组负责人对开展情况进行总结评估，分析问题原因，提出整改措施及计划，跟踪整改结果，根据问题整改计划及结果及时组织安排进一步的补充测试。

跟进是计划执行的核心，沟通是计划执行的关键。联调过程中，综合联调指挥部、计划编制部门以及各实施小组之间应建立实时、畅通的沟通渠道，保证联调计划的执行情况可并时反馈到计划编制部门，计划编制部门可以及时检查计划与实际进度的偏差、发现问题以及快速调整计划以适应实际执行情况的变化。各联调小组负责人及时跟进，保证指令快速、准确地到达所有联调参与人员。

第 27 章　综合联调内容

27.1　非行车设备类综合联调

非行车设备类综合联调主要包括车站、区间、通信等子科目。

（1）车站设备综合联调：以综合监控系统为核心，对车站主要机电设备，包括广播系统时钟系统、闭路电视系统、乘客信息系统、屏蔽门系统、防淹门系统、自动售检票机系统、火灾自动报警系统、环境与设备监控系统、门禁系统以及综合控制后备盘等进行功能验证。

（2）区间设备综合联调：对区间主要设备，包括隧道通风系统、区间给排水系统、区间火灾报警系统、区间隧道感温光纤系统等进行验证。

（3）通信设备综合联调：对车站及区间的通信系统设备进行测试，重点在于通信后备功能能否满足使用要求。

27.1.1　车站设备综合联调

1．ISCS 测试

ISCS 登录验证如表 27-1 所示。

表 27-1　ISCS 登录验证

序号	调试内容	预期效果
1	登　录	操作人员用指定的帐号和密码登录相应的工作站，登录后对画面进行切换，数据显示正常，各接口系统连接正常
2	权　限	车站值班员权限正常（无中央 PSCADA、ATS 监视权）

2．小系统测试

小系统验证如表 27-2 所示。

表 27-2　小系统验证

序号	调试内容	预期效果
1	监　视	确认画面设备状态与现场一致
2	监　视	现场模拟几个设备故障，完成后恢复
3	控　制	将控制方式由模式控制改为单控
4	控　制	选取设备进行单控启停/开关操作，验证目标状态是否与现场一致

续表

序号	调试内容	预期效果
5	控　制	在单控过程中，验证设备联锁关系是否正确
6		下发 A 端正常模式控制指令，验证模式是否执行成功，现场风速是否正常
7		下发 A 端火灾模式控制指令，验证模式是否执行成功，现场风速是否正常
8		退出 A 端火灾模式，下发 A 端系统停运模式
9		下发 B 端正常模式控制指令，验证模式是否执行成功
10		下发 B 端火灾模式控制指令，验证模式是否执行成功，现场风速是否正常
11		退出 B 端火灾模式，下发 A 端系统停运模式，现场风速是否正常
12	IBP	按下 A 端模式控制按钮，验证模式是否执行成功
13		按下 B 端模式控制按钮，验证模式是否执行成功

3．大系统测试

大系统验证如表 27-3 所示。

表 27-3　大系统验证

序号	调试内容	预期效果
1	监　视	确认画面设备状态与现场一致
2		现场模拟几个设备故障，完成后恢复
3	控　制	将控制方式由模式控制改为单控
4		选取设备进行单控启停/开关操作，验证目标状态是否与现场一致
5		在单控过程中，验证设备联锁关系是否正确
6		下发正常模式控制指令，验证模式是否执行成功，现场风速是否正常
7		下发火灾模式控制指令，验证模式是否执行成功，现场风速是否正常
8		退出火灾模式，下发系统停运模式
9	IBP	按下模式控制按钮，验证模式是否执行成功

4．隧道通风测试

隧道通风验证如表 27-4 所示。

表 27-4　隧道通风验证

序号	调试内容	预期效果
1	监视	确认画面设备状态与现场一致
2		现场模拟几个设备故障，完成后恢复
3	控制	将控制方式由模式控制改为单控
4		选取设备进行单控启停/开关操作，验证目标状态是否与现场一致
5		在单控过程中，验证设备联锁关系是否正确
6		下发正常模式控制指令，验证模式是否执行成功，现场风速是否正常
7		下发火灾模式控制指令，验证模式是否执行成功，现场风速是否正常
8		退出火灾模式，下发系统停运模式
9	IBP	按下模式控制按钮，验证模式是否执行成功

5．二通阀测试

二通阀验证如表 27-5 所示。

表 27-5　二通阀验证

序号	调试内容	预期效果
1	监视	确认画面设备状态与现场一致
2	控制	选取设备进行单控启停/开关操作，验证目标状态是否与现场一致

6．冷源系统测试

冷源系统验证如表 27-6 所示。

表 27-6　冷源系统验证

序号	调试内容	预期效果
1	监视	确认画面设备状态与现场一致
2		现场模拟几个设备故障，完成后恢复
3	控制	选取设备进行群控启停操作，验证目标状态是否与现场一致
4		验证系统制冷功能是否有效

7．电扶梯测试

电扶梯验证如表27-7所示。

表27-7 电扶梯验证

序号	调试内容	预期效果
1	扶梯监视	确认画面设备状态与现场一致
2		现场模拟几个设备故障，完成后恢复
3	IBP	按下急停控制按钮，验证是否执行成功
4	电梯监视	确认画面设备状态与现场一致
5		现场模拟几个设备故障，完成后恢复
6	扶梯导向	确认画面设备状态与现场一致
		BAS发送单控命令，验证是否执行成功

8．智能照明测试

智能照明验证如表27-8所示。

表27-8 智能照明验证

序号	调试内容	预期效果
1	监视	确认画面设备状态与现场一致
2	控制	选取设备进行场景启停/开关操作，验证目标状态是否与现场一致

9．区间疏散测试

区间疏散验证如表27-9所示。

表27-9 区间疏散验证

序号	调试内容	预期效果
1	监视	确认画面设备状态与现场一致
2	控制	选取设备进行单控启停/开关操作，验证目标状态是否与现场一致

10．导向、广告照明测试

导向、广告照明验证如表27-10所示。

表27-10 导向、广告照明验证

序号	调试内容	预期效果
1	监视	确认画面设备状态与现场一致
2	控制	选取设备进行单控启停/开关操作，验证目标状态是否与现场一致

11．给排水测试

给排水验证如表 27-11 所示。

表 27-11　给排水验证

序号	调试内容	预期效果
1	监　视	确认画面设备状态与现场一致
2	监　视	现场模拟几个设备故障，完成后恢复
3	控　制	选取设备进行单控启停/开关操作，验证目标状态是否与现场一致

12．EPS 测试

EPS 验证如表 27-12 所示。

表 27-12　EPS 验证

序号	调试内容	预期效果
1	监　视	确认画面设备状态与现场一致
2	监　视	现场模拟几个设备故障，完成后恢复

13．人防门测试

人防门验证如表 27-13 所示。

表 27-13　人防门验证

序号	调试内容	预期效果
1	监　视	确认画面设备状态与现场一致

14．传感器测试

传感器验证如表 27-14 所示。

表 27-14　传感器验证

序号	调试内容	预期效果
1	监　视	确认画面设备状态与现场一致，温湿度值在正常范围

15．PA 测试

PA 验证如表 27-15 所示。

表 27-15　PA 验证

序号	调试内容	预期效果
1	控制功能	车站值班员、调度员同时与 PA 人员确认当前 PA 设备状态为正常，所有广播设备无报警

续表

序号	调试内容	预期效果
2	控制功能	车站值班员下发站厅公共区实况广播开启指令,并进行实况广播
3		车站值班员下发站厅公共区实况广播关闭指令,并进行实况广播
4		车站值班员下发站台公共区上行区域实况广播开启指令,并进行实况广播
5		车站值班员下发站台公共区上行区域实况广播关闭指令,并进行实况广播
6		车站值班员下发设备区实况广播开启指令,并进行实况广播
7		车站值班员下发设备区实况广播关闭指令,并进行实况广播
8		车站值班员下发站台公共区下行区域语音广播开启指令,并播放预录制信息
9		车站值班员下发站台公共区下行区域语音广播关闭指令
10		车站值班员下发全音区语音广播开启指令,并播放预录制信息
11		车站值班员下发全音区语音广播关闭指令
12	监听功能	开启语音广播指令后,车站值班员下发某个音区监听广播的开启指令;车站值班员确认监听效果,现场人员核对
13	时间表	车站值班员创建一条时间表;车站值班员和现场人员确认时间表已到期执行;值班员删除新建时间表

16. PIS 测试

PIS 验证如表 27-16 所示。

表 27-16 PIS 验证

序号	调试内容	预期效果
1	正常文字编辑和发布	车站值班员在所有 PIS 屏上进行正常信息发布
2		车站值班员取消正常信息发布
3	紧急信息发布	车站值班员在所有 PIS 屏上进行紧急信息发布
4		车站值班员取消紧急信息发布
5	时间表控制	车站值班人员新建信息播出时间表,并执行时间表;车站值班人员删除新建时间表

17．CCTV 测试

CCTV 验证如表 27-17 所示。

表 27-17　CCTV 验证

序号	调试内容	预期效果
1	车站功能验证	图像选择：可以灵活选择本站摄像头，并在指定位置进行显示
2		图像多画面显示：进行 2×2、1×1 模式切换
3		车站 PTZ 控制：车站值班员根据选定的摄像头进行云台的上、下、左、右、远、近、调整光圈的控制动作
4		轮询控制：车站值班员新建或者操作预置的轮询模式，相应的闭路电视画面在设定的显示区域轮询显示正常
5		预置位设置：车站值班员选择带 PTZ 功能的摄像头进行预置位控制

18．ACS 测试

ACS 验证如表 27-18 所示。

表 27-18　ACS 验证

序号	调试内容	预期效果
1	监　视	确认画面设备状态与现场一致
2		现场模拟几个设备故障，完成后恢复
3	控　制	现场人员刷门禁卡开启任一设备区门禁
4		选取设备进行单控常开/常闭操作，验证目标状态是否与现场一致
5	IBP	按下释放按钮，验证是否执行成功

19．PSD 测试

PSD 验证如表 27-19 所示。

表 27-19　PSD 验证

序号	调试内容	预期效果
1	监　视	确认画面设备状态与现场一致
2		现场模拟几个设备故障，完成后恢复
3	IBP	按下开控制按钮，验证是否执行成功
4		按下关控制按钮，验证是否执行成功

20．AFC 测试

AFC 验证如表 27-20 所示。

表 27-20　AFC 验证

序号	调试内容	预期效果
1	监　视	确认画面设备状态与现场一致
2		现场模拟几个设备故障，完成后恢复
3	IBP	按下紧急释放按钮，验证是否执行成功

21．能源管理测试

能源管理验证如表 27-21 所示。

表 27-21　能源管理验证

序号	调试内容	预期效果
1	监　视	确认画面设备状态与现场一致
2		现场模拟几个设备故障，完成后恢复

22．电气火灾及消防电源测试

电气火灾及消防电源验证如表 27-22 所示。

表 27-22　电气火灾及消防电源验证

序号	调试内容	预期效果
1	监　视	确认画面设备状态与现场一致
2		现场模拟几个设备故障，完成后恢复

23．TFDS 测试

TFDS 及感温电缆验证如表 27-23 所示。

表 27-23　TFDS 及感温电缆验证

序号	调试内容	预期效果
1	监　视	确认画面设备状态与现场一致
2		现场选取设备进行火警测试，完成后恢复

24．防火阀测试

防火阀验证如表 27-24 所示。

表 27-24　防火阀验证

序号	调试内容	预期效果
1	监　视	确认画面设备状态与现场一致
2		现场选取设备进行开关操作，验证目标状态是否与现场一致

25．区间电动蝶阀测试

区间电动蝶阀验证如表 27-25 所示。

表 27-25　区间电动蝶阀验证

序号	调试内容	预期效果
1	监视	确认画面设备状态与现场一致
2		现场选取设备进行开关操作，验证目标状态是否与现场一致
3	IBP	控制设备开启，验证目标状态是否与现场一致
4		控制设备关闭，验证目标状态是否与现场一致

26．防火卷帘门测试

防火卷帘门验证如表 27-26 所示。

表 27-26　防火卷帘门验证

序号	调试内容	预期效果
1	监视	确认画面设备状态与现场一致
2	控制	选取设备进行单控启停/开关操作，验证目标状态是否与现场一致

27．防盗卷帘门测试

防盗卷帘门验证如表 27-27 所示。

表 27-27　防盗卷帘门验证

序号	调试内容	预期效果
1	监视	确认画面设备状态与现场一致
2	控制	选取设备进行单控启停/开关操作，验证目标状态是否与现场一致

28．气体灭火测试

气体灭火验证如表 27-28 所示。

表 27-28　气体灭火验证

序号	调试内容	预期效果
1	监视	确认画面设备状态与现场一致
2		现场模拟几个设备火警，完成后恢复

29．区间瓦斯监测系统测试

区间瓦斯监测系统验证如表 27-29 所示。

表 27-29　区间瓦斯监测系统验证

序号	调试内容	预期效果
1	监视	确认画面设备状态与现场一致
2		测试现场瓦斯传感器报警，瓦斯浓度，分机状态

30．区间联络通道防火门测试

区间联络通道防火门验证如表 27-30 所示。

表 27-30　区间联络通道防火门验证

序号	调试内容	预期效果
1	监视	确认画面设备状态与现场一致
2		现场进行防火门开关操作，验证目标状态是否与现场一致

31．防淹门测试

防淹门验证如表 27-31 所示。

表 27-31　防淹门验证

序号	调试内容	预期效果
1	监视	确认画面设备状态与现场一致
2		防淹门系统状态信息监视功能测试
3		防淹门状态信息监视功能测试

32．消防泵测试

消防泵验证如表 27-32 所示。

表 27-32　消防泵验证

序号	调试内容	预期效果
1	监视	确认画面设备状态与现场一致
2		现场模拟设备故障，完成后恢复
3	控制	选取设备进行单控启停/开关操作，验证目标状态是否与现场一致

33．标准站消防联动测试

消防联动验证如表 27-33 所示。

表 27-33 消防联动验证

序号	调试内容	预期效果
1	监视	所有设备恢复到初始状态，切换到自动联动状态
2	设备区消防联动	现场只动作 1 个烟感或 1 个手报，不启动消防联动
3	设备区消防联动	现场动作 1 个烟感、1 个手报，确认环控、电梯、切非、警铃、应急照明、智能照明、AFC、ACS、导向、PA、PIS、CCTV 联动正常
4	设备区消防联动	现场动作 2 个烟感，确认环控、电梯、切非、警铃、应急照明、智能照明、AFC、ACS、导向、PA、PIS、CCTV 联动正常
5	设备区消防联动	现场动作 1 个手报、车控室动作 1 个手报，确认环控、电梯、切非、警铃、应急照明、智能照明、AFC、ACS、导向、PA、PIS、CCTV 联动正常
6	设备区消防联动	放烟测试：在车站设备区某处触发一个烟饼或烟罐，确认环控、电梯、切非、警铃、应急照明、智能照明、AFC、ACS、导向、PA、PIS、CCTV 联动正常，防烟封堵及排烟效果良好
7	站厅公共区消防联动	现场动作 1 个手报、车控室动作 1 个手报，确认环控、防火卷帘、电梯、切非、警铃、应急照明、智能照明、AFC、ACS、导向、PA、PIS、CCTV 联动正常
8	站厅公共区消防联动	现场动作 2 个烟感，确认环控、防火卷帘、电梯、切非、警铃、应急照明、智能照明、AFC、ACS、导向、PA、PIS、CCTV 联动正常
9	站厅公共区消防联动	现场动作 1 个手报、车控室动作 1 个手报，确认环控、防火卷帘、电梯、切非、警铃、应急照明、智能照明、AFC、ACS、导向、PA、PIS、CCTV 联动正常
10	站厅公共区消防联动	放烟测试：在车站站厅公共区某处触发一个烟饼或烟罐，确认环控、防火卷帘、电梯、切非、警铃、应急照明、智能照明、AFC、ACS、导向、PA、PIS、CCTV 联动正常，防烟封堵及排烟效果良好

续表

序号	调试内容	预期效果
11		现场动作1个烟感、1个手报,确认环控、防火卷帘、电梯、切非、警铃、应急照明、智能照明、AFC、ACS、导向、PA、PIS、CCTV联动正常
12	站台公共区区消防联动	现场动作2个烟感,确认环控、防火卷帘、电梯、切非、警铃、应急照明、智能照明、AFC、ACS、导向、PA、PIS、CCTV联动正常
13		放烟测试:在车站站台公共区某处触发一个烟饼或烟罐,确认环控、防火卷帘、电梯、切非、警铃、应急照明、智能照明、AFC、ACS、导向、PA、PIS、CCTV联动正常,防烟封堵及排烟效果良好,站厅到站台楼梯处下拉风速不低于 1.5 m/s
14	气灭联动	现场模拟1个气灭房间火警,确认环控、电梯、切非、警铃、应急照明、智能照明、AFC、ACS、导向、PA、PIS、CCTV联动正常

27.1.2 区间设备综合联调

区间设备综合联调是以综合监控系统为核心,对区间主要设备,包括隧道通风系统、区间给排水系统、区间火灾报警系统、区间隧道感温光纤系统等进行验证。

区间设备综合联调测试内容表如表 27-34 所示。

表 27-34 区间设备综合联调测试内容表

序号	调试内容	预期效果
1	基本功能检查	工作站正常登录:操作人员用指定的账号和密码登录相应的工作站,登录后系统主画面及相关信息显示正常; 数据查询:中央环调和车站值班员登录后能正确查询综合监控系统相关操作记录和报警信息,且数据值与现场实际数据一致; 操作权限切换:中央和车站操作权限显示一致, 中央环调下放权限车站
2	BAS系统功能测试	画面准备:中央调度及车站值班员进入BAS隧道通风系统画面,与现场人员确认画面设备状态与现场实际一致; 隧道通风系统设备:控制方式切换操作,正常/火灾/早晚通风/阻塞工况测试,设备点动控制,故障模拟; 区间给排水设备:"高水位"、"低水位"、"故障"信号模拟、水泵启停操作

续表

序号	调试内容	预期效果
3	FAS 系统功能测试	画面准备：FAS 主画面，FAS 相应区段手报按钮、感温电缆及模块状态正常，查看相关信息显示完整，画面设备状态正常，FAS 主机显示屏与扩展工作站画面显示信息完整，设备状态正常； 手报按钮功能测试：按下按钮启动报警信号，中心调度员、车站值班员查看并确认 ISCS 中央级、车站级工作站 FAS 画面设备状态、FAS 主机及扩展工作站画面设备状态与现场实际是否一致，报警列表中是否有相应报警信息； 感温电缆功能测试：站台板下侧电缆夹层随机抽取一段感温电缆，用火源/热源启动感温电缆报警信号，中心调度员、车站值班员查看并确认 ISCS 中央级、车站级工作站 FAS 画面设备状态、FAS 主机及扩展工作站画面设备状态与现场实际是否一致，报警列表中是否有相应报警信息
4	TFDS 系统功能测试	画面检查：TFDS 主机及各模块、光纤状态正常，画面显示信息完整，系统参数设置正常，设备状态正常； TFDS 监视隧道实时温度测试：使用测温仪器采集真实的环境温度，与界面显示一致； 系统参数设置测试：进入综合监控 TFDS 操作界面，点击参数设置按钮进行系统报警参数设置，并查看是否设置成功，系统显示信息是否正常； TFDS 报警功能测试：现场随机抽取一处使用热风枪（或热水）对感温光纤进行升温，查看是否启动预警，报警列表中是否有相应报警信息，并读取隧道相应位置温度值，与现场人员核对数据地址与数据值是否一致

27.1.3 通信设备综合联调测试

通信设备综合联调测试是在通信系统各子系统与子系统间、通信系统与各机电设备系统之间完成接口调试的基础上，从运营角度对设备功能进行的验证性测试，测试科目包括车站广播系统联调、车站 CCTV 系统联调、车站无线系统联调、车站交换系统联调、车站 PIS 系统联调。

通信设备联调内容如表 27-35 所示。

表 27-35　通信设备联调内容表

序号	调试内容	预期效果
1	车站广播系统联调	站级后备模式联调；后备盒单选广播播放测试； 后备盒全选广播播放测试；后备盒组选广播播放测试； 后备盒人工广播功能测试；平行广播功能测试； 应急广播功能测试；故障功放自动切换功能测试； 后备盒切换测试
2	车站 CCTV 系统联调	① 操作界面准备：车站后备工作站开启，启动视频控制软件至正常操作状态，控制中心操作键盘打开且处于可操作状态； ② 车站系统后备功能验证：车站存储服务器出现故障，中心接管车站服务器功能测试正常；调看公安录像功能；录像时间同步
3	车站无线系统联调	① 车站固定台与手持台的通话：车站值班员通过无线固定台的本站通话组与本站的手持台进行通话测试，并做好记录； ② 车站固定台呼叫行调及录音：车站值班员通过车站无线固定台多次呼叫控制中心行调，测试人员确认通话已通过固定台录音设备记录，且导出回放清晰； ③ 无线信号覆盖抽样测试：车站选择若干个点，测试无线信号覆盖情况，手持台信号显示正常，手持台在测试点呼叫正常，通话声音清晰无闪断； ④ 无线固定台紧急呼叫：紧急呼叫正常，通话声音清晰； ⑤ 政务网漫游功能测试：车站用 800 M 手持台开启漫游功能，选择政务网通话正常； ⑥ 手持台能够与既有线手持台通话测试
4	车站交换系统联调	① 公务电话：站间行车电话功能测试。 ② 迂回路由的所有迂回通道同时启用测试（拨出、接听）：2 M 中断同时用公务电话、行调电话、40 话机、电调电话拨打外线，EM 中继 4 条路由占用，呼叫通话正常； ③ 公务电话线网互通测试：在本站用公务电话能够与既有线公务电话正常通话

续表

序号	调试内容	预期效果
5	车站 PIS 系统联调	① 信息发布：车站 LCD 播放控制器接入 PIS 网络，能正常接收中心下发的节目播表，控制器按照播表自行进行组织播放； ② ATS 信息显示：站厅、站台 LCD 显示屏正常显示列车进站信息，并能够正常调取 ATS 日志信息，便于故障分析； ③ 时间显示：站厅、站台 LCD 显示屏正常显示时间信息； ④ 显示效果：站厅、站台 LCD 显示屏模板是否与既有线保持一致，模板更新正常； ⑤ 声音效果：站厅、站台 LCD 显示屏播放声音与画面同步，音量大小满足要求； ⑥ 与综合监控接口：综合监控硬件接口连接正常，登录 ISCS 工作站，对本站站厅站台分组分别触发紧急信息，观察 LCD 屏实际效果； ⑦ 直播测试：中心发布直播节目单，中心直播编码器正常工作，输出视频流，车站 LCD 播放控制器接收后模板区域保持不变，视频区域切换为直播信号，直播测试结束后 LCD 控制器切换回节目单播放； ⑧ 远程重启播放控制器，重启后播放正常； ⑨ 告警显示：控制中心集中告警系统能够显示 PIS 主要设备告警信息

27.2　行车设备类综合联调

行车设备类联调是将地铁线路、信号、机车车辆、旅客信息、安全门、通信、供电等专业，通过行车调度系统的统一调度指挥，用电动客车组进行地铁列车牵引、运行、制动、信号、通信、开关安全门、车地传递视频信息的综合性试验。行车设备联调的目的是在地铁线路正式运营前发现问题并予以解决，是空载试运行的基础，也是开通试运营的重要保证。

根据不同阶段的调试安排，行车设备联调的内容大致可以分为车辆型式实验、无动车联调、联锁验证、后备模式联调、全功能 CBTC 联调、供电设备联调几个部分。

27.2.1　车辆型式试验

车辆型式试验一般由承包商组织，需要采用专用的工器具进行。由于车辆型式试验的重要性及超速试验的危险性等原因，也可考虑在综合联调机构的见证下进行开展。车辆型式试验主要依据《铁路设施—铁路车辆—车辆组装和运行前的整车试验》（IEC

61133—2006)《城市轨道交通车辆组装后的检查与试验规则》(GB/T 14894—2005)和《地铁车辆通用技术条件》(GB/T 7928—2003)等相关标准开展。

车辆型式试验内容主要包括：限界试验、称重试验、牵引及制动性能试验（加速度、减速度、最高运行速度、制动距离、冲动测试、再生制动、电空配合、紧急制动、空转滑行试验、空气制动气密性及压力试验、停放制动试验、强迫缓解试验等）、绝缘耐压试验、噪声试验、能耗试验、车体挠度试验、转向架均衡试验、受电弓受流性能试验、各种保护动作试验、列车故障运行能力测试坡道救援试验、最小曲线半径试验、照度试验、列车平稳性指标测试、动力学试验、动应力试验、电磁干扰试验等。

27.2.2 无动车行车设备综合联调

无动车联调主要是为后续动车联调进行的前期准备工作，主要测试内容包括：

（1）核对车站 ATS 工作站上信号机、计轴、道岔等信号设备的一致性。

（2）站控模式下，车站值班员进行联锁集中站的进路和道岔操作，在排列基本进路和单操道岔时，核对室内外信号设备的一致性，由站务和信号人员共同确认，显示正确，且操作可用。

（3）核对 IBP 盘和实际站场图显示是否一致，由站务和信号人员共同确认，显示正确。

（4）按压本联锁区包含的所有站的上行和下行紧急停车按钮（IBP 盘及站台均按压）及取消紧停按钮，信号人员配合确认继电器动作情况。

（5）按压本联锁区包含的所有站的上行和下行扣车按钮及取消扣车按钮信号，人员配合确认继电器动作情况。

（6）对联锁主机进行主备倒切后，检查联锁设备是否工作正常。

（7）关闭 ATS 工作站 A 网/B 网，测试 ATS 工作站单网工作是否正常。

综合联调范围内的正线全线（上、下行），车辆基地，出入段线的正向、反向、折返进路排列及动车验证。

27.2.3 联锁验证

联锁验证主要包括正线和车辆段两个部分，根据设计进路，进行人工进路排列，依次动车进行各联锁进路的验证。根据工作安排的不同，可以安排两列或多列车同时进行，包括折返进路测试和正反向进路测试。由于本次联锁验证与前期无动车的一致性验证不同，本次联锁验证还将对弓网关系和 800 M 通信情况进行测试。

联锁验证完成后，为提高动车调试效率，信号系统的联锁功能就可以投入正常使用，将大大减少人工手摇道岔和钩锁时间，因此该科目的联调应在动车调试完成联锁测试后尽快安排。

27.2.4 后备模式联调

根据上线车辆数量的不同，又分为单车、双车和多车后备模式的功能测试。

单列车后备模式测试：主要测试单车后备模式下的各项功能是否正常，包括后备模式 ATP 测试操作和后备模式 ATO 测试操作两个部分。

后备模式 ATP 测试内容如表 27-36 所示。

表 27-36　后备模式 ATP 测试内容

序号	调试内容	预期效果	备　注
1	RM 切换到不可用模式测试	列车以 RM 模式出段过程中（后备模式 ATP 不可用），转信号模式为后备模式 ATP 不成功，列车不触发 EB，继续以 RM 模式运行	只有高级模式转低级触发 EB
2	列车在转换轨完成定位测试	列车在车辆段发车时只有 RM 模式可用，在信号机前列车正确读取两个静态信标后，列车获取定位，正确显示列车定位图标，可用模式状态正常，后备模式 ATP 发车指示窗显示正常；能在动态信标前停车，后备模式 ATP 可用	
3	列车从 RM 模式切换到后备模式 ATP 测试	在 RM 模式下驾驶列车前行，驾驶员在不停车的情况下切换到后备模式 ATP，列车以后备模式 ATP 模式正常运行	
4	列车完整性测试	列车以后备模式 ATP 运行，车辆配合人员断开对端列车完整性检测装置，模拟列车完整性丢失，测试列车触发 EB，定位丢失；列车停稳后在 RM 模式下缓解 EB，恢复列车完整性，此时后备模式不可用，以 RM 模式进站对标停车	
5	三取二冗余功能测试	列车在区间以后备模式 ATP 运行过程中，人工模拟 ATC 三取二设备不能正常工作，按照 ATC 设计原则变为二取二，不影响行车，列车继续以后备模式 ATP 运行至前方车站站台对标停车	
6	车门防护测试	列车在区间以后备模式 ATP 运行过程中，车辆模拟车门关闭锁紧信号丢失（车辆配合人员拉动车门紧急解锁手柄），DMI 显示车门关闭信号丢失，列车切除牵引。区间停车后，驾驶员按压开门按钮，列车门不动作，推牵引手柄，列车不能启动	
7	信号闯红灯防护测试	驾驶员以后备 ATP 驾驶列车闯红灯出站，触发 EB，停车后缓解 EB，后备模式 ATP 不可用	

续表

序号	调试内容	预期效果	备注
8	列车未读取预告信标测试	测试列车以后备模式ATP发车,前方信号机红灯,列车无法读取预告信标(断电),按推荐速度行车,在前方信号机前停车点速度码下降直到停车	
9	后溜防护测试	测试列车以后备模式ATP出站,在区间停车(上坡),列车停稳后,驾驶员将司控手柄放置0位,在后备模式ATP下列车发生后溜现象,当后溜大于0.5m,车载ATC触发EB防护	
10	列车定位误差测试	测试列车在区间运行,观察列车运行经过动态信标时的位置偏差不大于5m	
11	后备模式下,ATS对列车的监督、显示和追踪	测试列车在区间运行,观察ATS对后备模式ATP列车的监督、显示和追踪情况,包括正确显示列车占用位置及设备状态列车图标显示为粉色、车次号追踪列车移动	
12	驾驶室DMI显示测试	测试列车在区间以后备模式ATP运行,观察驾驶室DMI显示:列车记录列车定位;实际速度;紧急制动的实施;驾驶模式后备模式ATP、RM;列车准确停站指示;门模式的转换和表示;车门/站台门控制及门状态表示;车门选项显示等是否正确	
13	与站台门接口功能及性能测试	测试列车在区间以后备模式ATP运行,每站停车后正常开关站台门。站台门打开后,该站出站信号机显示红灯,站台门关闭后,进路开放,该站出站信号机显示绿灯,后备模式ATP可用	
14	出站动态信标正常读取测试	驾驶员驾驶列车在车站站台发车,前方出站信号机开放绿灯,后备模式ATP可用,建立后备模式ATP正常,读取动态信标后正常出站	
15	预告信标(VBY)正常读取测试	测试列车以后备模式ATP发车,前方出站信号机开放绿灯,列车正常读取预告信标,按推荐速度行车正常通过出站信号机。测试列车读取动态信标是否正常以及移动授权是否延伸至下一个动态信标,列车按推荐速度正常行驶	

续表

序号	调试内容	预期效果	备注
16	主体信标正常读取测试	测试列车在车站以后备模式 ATP 出站,出站信号机开放绿灯,列车正常读取主体信标,按推荐速度行车正常通过该动态信标,测试列车读取动态信标是否正常以及移动授权是否延伸至下一个动态信标,列车按推荐速度正常行驶	
17	后备模式 ATP 下的强制超速测试(EB 触发)	测试列车以后备模式 ATP 运行,驾驶员以最大牵引力加速,列车速度超过 EB 触发速度后,触发 EB。列车未停止前驾驶员确认 EB,EB 不能缓解。停车后,缓解 EB。缓解后列车定位不丢失,以后备模式 ATP 继续运行	
18	RM 限速下强制超速测试(EB 触发)	测试列车在区间以 RM 模式运行,驾驶员以最大牵引力加速,列车速度超过 EB 触发速度后,触发 EB。列车未停止前驾驶员确认 EB,EB 不能缓解。停车后,缓解 EB。缓解后列车定位不丢失,以 RM 模式继续运行	
19	站台紧急停车测试	当列车以后备模式 ATP 进入站台,进站前按压车站 IBP 盘下行紧停按钮,该站出发信号机关闭,列车以后备模式 ATP 进入车站,在红灯前对标停车;取消紧急停车后,进路开放,列车继续以后备模式 ATP 出站运行	
20	信标天线故障测试	测试列车以后备模式 ATP 出站,当列车通过预告信标后,低速行驶,同时断开信标天线电源,列车在行进过程中无法正常读取新标,触发 EB。列车停车后,此 EB 仅能在 RM 模式下缓解,此时后备模式 ATP 不可用	
21	出站动态信标未能正常读取测试	列车在车站出站时,断开信标天线电源,以后备模式 ATP 未能正常读取动态信标出站。驾驶员动车后触发 EB,停车后缓解该 EB,定位不丢失,但后备模式 ATP 不可用	
22	列车退出正线 ATC 监控区域,不停车转换驾驶模式测试	列车退出正线 ATC 监控区域,车场调度提前开放入段信号,列车在车辆段入段信号机前,从后备模式 ATP 不停车转换到 RM 模式入段	

后备模式 ATO 测试内容如表 27-37 所示。

表 27-37 后备模式 ATO 测试内容

序号	调试内容	预期效果	备 注
1	RM 切换到不可用模式	测试列车以 RM 模式出段过程中(后备模式 ATO 不可用),转信号模式为后备模式 ATO 不成功,列车不触发 EB,可继续以 RM 模式运行	只在高级转低级模式触发 EB
2	列车在转换轨完成定位测试	测试列车从车辆段发车后只有 RM 模式可用,在信号机前列车正确读取两个静态信标后,列车获取定位;在动态信标前停车,后备模式 ATO 可用	
3	RM 转换到后备模式 ATO 的测试	测试车驾驶员在信号机前以 RM 模式驾驶列车前行,可实现不停车切换到后备模式 ATO,列车以后备模式 ATO 运行	
4	列车完整性测试	测试列车在区间以后备模式 ATO 运行,车辆配合人员断开对端列车完整性检测装置,模拟列车完整性丢失,测试列车触发 EB;列车停稳后在 RM 模式下缓解 EB,恢复列车完整性	
5	三取二冗余功能测试	列车在区间以后备模式 ATO 运行过程中,人工模拟 ATC 设备三取二不能正常工作,按照 ATC 设计原则变为二取二,不影响行车,列车继续以后备模式 ATO 运行至前方站台对标停车	
6	车门防护测试	列车在区间以后备模式 ATO 运行过程中,车辆模拟车门关闭锁紧信号丢失(车辆配合人员拉动车门紧急解锁手柄),DMI 显示车门关闭信号丢失,列车切除牵引。区间停车后,驾驶员按压开门按钮,列车门不动作,推牵引手柄,列车不能启动	
7	信号闯红灯防护测试	设置前方出站信号机红灯,驾驶员以后备模式 ATO 尝试发车,列车无法发车	
8	列车未读取预告信标测试	测试列车以后备模式 ATO 发车,前方信号机红灯,列车无法读取预告信标(断电),按推荐速度行车,在前方信号机前停车点速度码下降直到停车	
9	列车定位误差测试	测试列车在区间以后备模式 ATO 运行,观察列车运行经过动态信标时的位置偏差不大于 5 m	

续表

序号	调试内容	预期效果	备注
10	后备模式下，ATS 对列车的监督、显示和追踪	测试列车在区间以后备模式 ATO 运行，观察 ATS 对后备模式 ATP 列车的监督、显示和追踪情况，包括正确显示列车占用位置及设备状态、列车图标显示为粉色、车次号追踪列车移动	
11	驾驶室 DMI 显示测试	测试列车在区间以后备模式 ATO 运行，观察驾驶室 DMI 显示的下列信息：列车记录列车定位；实际速度；紧急制动的实施；驾驶模式；列车准确停站指示；门模式的转换和表示；车门/屏蔽门控制及门状态表示；车门选项显示等	
12	与站台门接口功能及性能测试	测试列车在区间以后备模式 ATO 运行，每站停车后正常开关站台门。站台门打开后，该站出站信号机显示红灯，站台门关闭后，进路开放，该站出站信号机显示绿灯，后备模式 ATO 可用	
13	出站动态信标正常读取测试	驾驶员驾驶列车在车站站台发车，前方出站信号机开放绿灯，后备模式 ATO 可用，建立后备模式 ATO 正常，读取动态信标后正常出站	
14	预告信标（VBY）正常读取测试	测试列车以后备模式 ATO 发车，前方出站信号机开放绿灯，列车正常读取预告信标，按推荐速度行车正常通过出站信号机。测试列车读取动态信标是否正常以及移动授权是否延伸至下一个动态信标，列车按推荐速度正常行驶	
15	主体信标正常读取测试	测试列车在车站以后备模式 ATO 出站，出站信号机开放绿灯，列车正常读取主体信标，按推荐速度行车正常通过该动态信标，测试列车读取动态信标是否正常以及移动授权是否延伸至下一个动态信标，列车按推荐速度正常行驶	
16	后备模式 ATO 下的强制超速测试（EB 触发）	测试列车以后备模式 ATO 运行，驾驶员以最大牵引力加速，列车速度超过 EB 触发速度后，触发 EB。列车未停止前驾驶员确认 EB，EB 不能缓解。停车后，缓解 EB。缓解后列车定位不丢失，以后备模式 ATO 模式继续运行	

续表

序号	调试内容	预期效果	备 注
17	站台紧急停车测试	当列车以后备模式 ATO 进入站台，进站前按压车站 IBP 盘下行紧停按钮，车站出发信号机关闭，列车以后备模式 ATO 进入车站并触发 EB	
18	DMI 故障测试	测试列车以后备模式 ATO 出站，关闭 DMI 电源，此时触发 EB；列车停车后，此 EB 仅能在 RM 模式下缓解；EB 缓解后，在 RM 模式下恢复 DMI 电源，DMI 恢复正常，后备模式 ATO 可用	
19	主体信标未能正常读取测试	测试列车以后备模式 ATO 出站时，当列车通过预告信标后，低速行驶，同时断开信标天线电源，列车在行进过程中无法正常读取主体信标，导致触发 EB	
20	出站动态信标未能正常读取测试	列车在车站以后备模式 ATO 模式出站时，此时断开信标天线电源，系统因未能正常读取动态信标触发 EB，停车后缓解该 EB，定位不丢失，但后备模式 ATO 不可用	

27.2.5 全功能 CBTC 联调

根据上线车辆数量的不同，又分为单车、双车和多车 CBTC 功能测试。

1．单列车 CBTC 测试

单列车 CBTC 功能测试主要包括 ATP 功能动车验证、车辆与行车设备技术状态检验测试和区间运行时分及停站时分查定测试等几个部分。

1）ATP 功能动车验证

ATP 功能动车验证如表 27-38 所示。

表 27-38　ATP 功能动车验证

序号	调试内容	预期效果
1	列车在转换轨完成车头筛选	测试列车头部越过车辆段出段线计轴磁头，完成车头筛选。未完成筛选前，只有 RM 模式可用，列车正确读取信标 1 后，ATP 模式可用；列车自动升级为 ATP 模式运行
2	列车在转换轨完成车尾筛选	测试列车尾部越过车辆段出段线计轴磁头，完成车尾筛选，自动升级为 ATP 模式运行

续表

序号	调试内容	预期效果
3	车辆扣车测试	测试车以 ATP 模式运行至接近车站站台，移动授权已覆盖出站信号机。车站值班员配合按下站台扣车按钮，移动授权回缩到该进路保护区段。测试列车进站停车，CC 禁止列车发车
4	车辆防护测试	测试列车以 ATP 模式从站台发车，列车进入区间后，车辆模拟车门关闭锁紧信号丢失（车辆配合人员断开相应端子线），DMI 显示车门关闭信号丢失，列车牵引被切除，ATP 模式不可用且不能动车。恢复车门关闭锁紧信号后，列车以 ATP 模式继续运行
5	列车在信号机前停车测试	测试列车从站台以 ATP 模式发车，前方出站信号机自动开放，移动授权覆盖该信号机。列车在信号机前方准备发车，此时人工取消出站信号机信号，测试列车移动授权回缩到信号机处，观察进路解锁所需时间
6	列车完整性丢失测试	测试列车在区间以 ATP 模式运行，车辆配合人员断开相应端子，模拟列车完整性丢失，测试列车紧急制动，同时 ZC 将列车所在区段设置为完整性监测区域，禁止列车进入，在 ATS 上发出报警信息
7	反向运行防护测试	排列测试列车的反向进路。测试列车以 ATP 模式从车站发车后，移动授权最远到前方车站信号机
8	列车丢失通信紧急制动测试	测试列车以 ATP 模式从车站出发后，关闭测试车两端通信开关。测试列车通信中断，5 s 后触发紧急制动
9	ATS 对 ATP 列车的监督、显示和追踪测试	测试列车以 ATP 模式在区间运行，ATS 能正确显示列车占用位置及设备状态，通信车与非通信车图标显示正常，车次号追踪列车移动正常
10	驾驶室 DMI 显示测试	列车以 ATP 模式在区间运行，观察驾驶室 DMI 显示的下列信息：列车记录列车定位；实际速度；紧急制动的实施；驾驶模式 ATO、ATP，后备模式 ATO，后备模式 ATP、RM；列车准确停站指示；门模式的转换和表示；车门/屏蔽门控制及门状态表示；车门选项显示等
11	与屏蔽门接口功能及性能测试	列车以 ATP 模式在区间运行，每站停车后以手动模式开关屏蔽门。屏蔽门打开后，观察相应 ATS 显示，注意各站显示是否一致

续表

序号	调试内容	预期效果
12	RM 切换到 ATP-CBTC 模式	测试列车驾驶员以 RM 模式驾驶列车，在 RM 模式下驾驶列车前行，进入无线正常区域列车自动升级为 ATP-CBTC 模式
13	CBTC 切换到后备模式 ATP	测试列车停在车站出站信号机前，按压后备模式/CBTC 按钮，并按压 DMI 上的强制键，进入后备模式后按压 RM 模式按钮，进入 RM 模式。以 RM 模式出站后，列车读到下一个后备模式初始化信标后，若前方信号机为允许信号，将自动转换为后备模式 ATP 模式
14	ATP-CBTC 下的强制超速测试（EB 触发）	测试列车在区间以 ATP 模式运行，驾驶员以最大牵引力加速，列车速度超过 EB 触发速度后，触发 EB，列车未停止前驾驶员确认 EB，EB 不能缓解。停车后，缓解 EB。缓解后列车定位不丢失，以 ATP 模式继续运行
15	站台紧急停车测试	测试列车从区间运行至前方车站，前方车站站务配合按压车站 IBP 盘紧停按钮，列车出发信号机关闭，列车移动授权回缩到进站口。测试列车在进站口停车，取消紧停后，重新开放出站信号，测试列车以 ATP 模式继续前行，当车头进入站台后，车站按压车站台下行紧停按钮，列车 EB，停车后缓解 EB，ATP 模式无法动车。取消紧急停车后，列车继续运行
16	ATP 模式下的未达站台停车点调整测试	测试列车以 ATP 模式在区间运行。测试列车在距停车标 3～5 m 处停车，列车停稳后 ATP 模式可用。驾驶员按压开门按钮，车门和屏蔽门不能打开（测试停车窗防护功能）
17	与屏蔽门接口功能及性能测试	测试列车接近车站站台时，（由人员配合）人工打开一扇屏蔽门，列车移动授权回缩到进站口，列车停在进站口无法进站。屏蔽门关闭后，测试列车以 ATP 模式进站，车头进入站台时，再次人工打开一扇屏蔽门，列车 EB，缓解 EB 后，ATP 模式无法动车
18	ATP 模式下的紧停按钮测试	列车以 ATP-CBTC 模式运行至区间中途时，信号人员指导驾驶员按下紧急停车按钮，列车 EB。驾驶员缓解 EB 后以 RM 运行至站台停稳

续表

序号	调试内容	预期效果
19	CC 故障测试	列车以 ATP-CBTC 模式运行至区间中途时,信号人员指导驾驶员关闭 CC 电源,列车不能以 CBTC 模式运行,驾驶员以 NRM 模式运行至下一站停稳
20	CC 三取二功能测试	列车以 ATP-CBTC 模式运行时,列车关闭电源后,拔出任一 PPU 板卡,重新上电后,列车运行不受影响
21	计轴受扰测试	测试列车发车前,安排信号人员设置计轴告警,设置成功后测试以 ATP-CBTC 模式运行,观察计轴告警是否影响通信车
22	列车退出正线 ATC 监控区域,不停车转换驾驶模式测试	车场调度提前开放入场信号,测试在车辆段入场信号机 Xr 前,从 ATP-CBTC 不停车转换到 RM 模式入段

2)车辆与行车设备技术状态检验测试

测试列车以 ATP 模式运行,沿途各站停车,车门与屏蔽门自动打开,驾驶员手动关车门与屏蔽门;在列车的运行过程中,同时对供电、信号、车辆、屏蔽门、无线通信、线路等与行车设备相关接口进行验证,包括列车与供电、接触网之间运作测试、列车与信号终端设备测试、列车与屏蔽门操作测试、列车/车站与旅客信息测试、列车/车站无线通信测试、列车与 OCC/车站车控室的测试及车辆与线路测试等内容。

3)区间运行时分及停站时分查定测试

测试列车以 ATP 模式运行方式,测试列车在区间运行、停站、折返、运行的时间情况。

2.双列车 CBTC 联调

双列车 CBTC 测试是在单列车 CBTCE 联调的功能基础上开展的两列车 CBTC 追踪功能测试,分别测试两列车在区间运行、停站、折返、进行的全过程的数据情况。

测试可包括列车以 ATP 模式 4 min 间隔运行一圈,以 ATO 模式 90 s 间隔运行一圈,分别记录列车在区间的运行时分、折返能力指标、出入场能力指标等数据,对照合同进行指标能力评判,包括最小行车间隔折返能力和旅行速度检算等。

3.多列车 CBTC 联调

多列车 CBTC 测试是在单列车、双列车 CBTC 联调的功能基础上,开展的多列车 CBTC 功能测试,测试内容包括多列车出入段、在区间运行、停站、折返、运行全过程的数据情况。另外,由于多列车 CBTC 联调是综合行车能力的最终验证,还应包括相应的 ATS 设计接口测试和车辆客服设备的验证。

多列车 CBTC 联调应在线路和行车许可的情况下,安排尽可能多的列车上线。以便发现更多的问题,原则上多列车应不少于 5 列。

27.2.6 供电设备综合联调

供电设备联调包括供电设备三通功能验证和相应的应急功能验证两个部分。

1. 供电设备三遥功能联调

（1）牵混所 35 kV 开关柜全功能测试（包含遥控功能、保护遥信、位置遥信、遥测、定值召唤、定值切换、母联远方切换备自投、SOE 上传、保护联跳、开关闭锁）以及降压所 35 kV 开关柜遥控功能测试、遥测和遥信功能抽测。

（2）1 500 V 开关柜功能测试（包含遥控功能、保护遥信、位置遥信、遥测、定值召唤、SOE 上传、保护联跳、开关闭锁）。

（3）牵混所 400 V 开关柜功能测试（包含遥控功能、保护遥信、位置遥信、遥测、SOE 上传、保护联跳、开关闭锁）和降压所 400 V 开关柜遥控功能测试、遥测和遥信功能抽测。

（4）全线牵混所、区间隔离开关遥控和位置通信功能测试。

（5）主变电所开关柜遥控功能测试、遥测和遥信功能抽测。

（6）全线程控卡片功能测试。

具体各变电所的测试根据测试内容，按照开关柜顺序编制联调实施细则和记录表格。

2. 供电设备应急功能验证

该类科目主要为检验牵引供电系统发生故障时，不同运行方式下，供电设备负荷承载能力。供电设备应急功能验证主要包括：供电系统单边、大单边、大大单边、大双边、主变电所退出运行环网联络供电、正线支援车辆段接触网供电调整以及供电系统满负荷测试等。

供电系统单边、大单边、大大单边、大双边、主变电所退出运行环网联络供电、正线支援车辆段接触网供电调整的测试可根据具体线路供电系统设计的特点，根据相应科目设计相应的倒闸开关动作序列，并进行操作联调测试，确保相应供电系统功能的实现。

供电系统大负荷测试应根据配车数量和拟开通的行车方案，安排最大限度列车上线进行追踪运行，记录并检算供电设备的最大负荷能力。由于新线初期上线列车数量有限，也可以将上线列车分批次投入，并记录相应供电分区负荷情况，从而检算出最小行车间隔和上线列车数量，为后续增车上线提供数据支撑。

27.3 线间联动及线网互通联调

从第二条线路开始，新线综合联调就会与既有运营线路产生关联，主要体现在换乘站火灾联动、AFC 的线网互通以及列车转线作业等方面，其主要目的在于对多线路或全线网情况下的设备互联互通情况以及跨线路的运营人员的协调组织水平进行检验，其基本科目应包括 AFC 线网互联互通及走票测试、换乘站火灾联动测试、列车联络线转线作业、系统能力验证类综合联调等内容。

27.3.1 AFC 线网互联互通及走票测试

该测试对新线 AFC 设备与 ACC 以及既有线设备之间的互联互通情况进行验证，确保新线及既有线票务可以互通且清分功能正常。

在新线及既有运营线路选取部分车站开展 AFC 线网互联互通及走票测试，原则上选取范围既有运营线每条线路应不少于 3 座车站，新建线路不少于 5 座车站，同时应包括所有的换乘站以及换乘路径选择中的关键车站。测试内容应包括当地轨道交通的所有票卡种类，包括发售、充值、进站、更新、退票、出站等。

27.3.2 换乘站火灾联动测试

对换乘站火灾情况下的设备信息互通及联动情况进行测试，并对不同线路运营人员之间的协调处置能力进行检验，具体方案应根据换乘方式以及设备接入方式的不同而有所区别。

验证新线换乘站设备系统间的接口功能和性能是否达到设计要求并满足运营部门使用要求，特别是与既有线的线间消防及环控联动，是本科目联调的测试重点。

依据换乘方式不同，换乘站联动也有不同设计方式，如新线火灾自动报警设备单独设置，通过独立消防主机与既有线实现信息互通，或者换乘站公共区由既有线路一次性实施到位，新线火灾自动报警系统只需要在新线站台及区间补充相应设备接入原系统即可。为确保设备联动关系正确，在换乘站火灾联动测试前，应组织设计单位对联动关系进行梳理，并提供详细表单，据此制订针对性测试方案，以确保每条线路均满足消防要求，具体测试内容及联动关系梳理表单可参考表 27-39 和 27-40 所示。

表 27-39 换乘站综合联调测试内容表

序号	调试内容	预期效果
1	画面及测试准备	① 登录相应的工作站，显示正常；登录后系统主画面及相关信息； ② 对主画面进行选择和切换，切换过程无明显异常，数据显示和刷新正常，各接口系统连接正常； ③ 登录后能查询历史数据报警栏数据显示正常； ④ 中央和车站操作权限显示一致，经环调同意后，中央环调下放权限给车站
2	新线火警模拟	在新建线路触发火警信号
2	既有线联动情况	① 确认既有线火灾报警系统是否收到火警报警； ② 核实既有线设备联动情况，包括通风模式空调水系统 AFC 闸机释放门禁释放、广播，以及 PIS 紧急信息播放及显示警铃（设备区）、CCTV 联动、防火卷帘动作、电梯归零、非消切除等

续表

序号	调试内容	预期效果
2	新线联动情况	① 确认新线火灾报警系统是否收到火警报警； ② 核实新线设备联动情况，包括通风模式、空调水系统、AFC闸机释放、门禁释放、广播及PIS紧急信息播放，以及显示、警铃（设备区）、CCTV联动、防火卷帘动作、电梯归零、非消切除等
3	既有线火警模拟	在既有线路触发火警信号
3	既有线联动情况	① 确认既有线火灾报警系统是否收到火警报警； ② 核实既有线设备联动情况，包括通风模式、空调水系统AFC闸机释放、门禁释放、广播，以及PIS紧急信息播放及显示警铃（设备区）、CCTV联动、防火卷帘动作、电梯归零、非消切除等
3	新线联动情况	① 确认新线火灾报警系统是否收到火警报警； ② 核实新线设备联动情况，包括通风模式、空调水系统、AFC闸机释放、门禁释放、广播及PIS紧急信息播放，以及显示警铃（设备区）、CCTV联动防火卷帘动作、电梯归零、非消切除等

表 27-40　轨道交通某号线工程标准站火灾联动方案（参考）

报警情况	环控防排烟模式	智能照明及疏散导向	应急照明	非消防电源切除	声光报警器	电梯	防火卷帘	消防泵	PA/PIS/CCTV	门禁/AFC
公共区										
1个报警信号	—	—	—	—	—	—	—	—	—	—
任意一个防烟分区2个独立的报警信号（不含2个手报）	IBP自动模式：联动 IBP手动：不联动	联动：执行火灾模式	联动	联动	联动	联动	联动	—	在工作站上弹确认界面，人工确认后联动	IBP盘联动位：直接联动 IBP盘非联动位：不直接联动，在工作站上弹确认界面，人工确认后联动

续表

报警情况	环控防排烟模式	智能照明及疏散导向	应急照明	非消防电源切除	声光报警器	电梯	防火卷帘	消防泵	PA/PIS/CCTV	门禁/AFC
公共区											
任意一个防火分区2个手报	人工确认后手动联动相应模式	联动：执行火灾模式	联动	联动	联动	联动	联动	—	在工作站上弹出确认界面，人工确认后联动	IBP盘联动位：直接联动；IBP盘非联动位：不直接联动，在工作站上弹确认界面，人工确认后联动
1个消火栓按钮报警＋1个报警信号	—	—	—	—	—	—	—	联动	—	—
设备区											
1个报警信号	—	—	—	—	—	—	—	—	—	—
任意一个防烟分区2个独立的报警信号（不含2个手报）	IBP自动模式：联动 IBP手动：不联动	联动：执行火灾模式	联动	联动	联动	联动	—	—	在工作站上弹出确认界面，人工确认后联动	IBP盘联动位：直接联动；IBP盘非联动位：不直接联动，在工作站上弹出确认界面，人工确认后联动
任意一个防火分区2个手报	人工确认后手动联动相应模式	联动：执行火灾模式	联动	联动	联动	联动	—	—	在工作站上弹出确认界面，人工确认后联动	IBP盘联动位：直接联动；IBP盘非联动位：不直接联动，在工作站上弹出确认界面，人工确认后联动
1个消火栓按钮报警＋1个报警信号	—	—	—	—	—	—	—	联动	—	—
气灭预报警	不联动	—	—	—	—	—	—	—	—	—

续表

报警情况	环控防排烟模式	智能照明及疏散导向	应急照明	非消防电源切除	声光报警器	电梯	防火卷帘	消防泵	PA/PIS/CCTV	门禁/AFC
气灭确认火警	IBP自动模式：联动 IBP手动模式：不联动	联动：执行火灾模式	联动	联动	联动	联动	—	—	在工作站上弹出确认界面，人工确认后联动	IBP盘联动位：直接联动；IBP盘非联动位：不直接联动，在工作站上弹出确认界面，人工确认后联动
感温电缆报警	—	—	—	—	—	—	—	—	—	—
区间手报报警	—	—	—	—	—	—	—	—	—	—
感温光纤	—	—	—	—	—	—	—	—	—	—
区间消火栓按钮报警＋1个报警信号	—	—	—	—	—	—	—	联动	—	—
车载火灾报警	—	—	—	—	—	—	—	—	—	—

27.3.3 列车联络线转线作业

检验新线与既有线路信号系统在联络线处建立照查联锁关系是否正确，完全保证联络线上列车进路的安全；检验地面信号设备的性能是否符合设计要求。检验通信、基础网及机电设备在转线作业使用中各项功能是否符合设计要求。

列车转线作业综合联调测试内容如表 27-41 所示。

表 27-41 列车转线作业综合联调测试内容

序号	调试内容	预期效果
1	新线至既有线转线作业	① 既有线行调排列既有线同向接车进路，开放相应信号机； ② 新线行调办理新线至联络线进路，开放相应信号机； ③ 试验车凭信号机显示，按规定试验速度运行至联络线既有线区域； ④ 驾驶员使用新线手持台向既有线行调汇报，验证无线通信互通功能

续表

序号	调试内容	预期效果
2	既有线至新线转线作业	① 新线站务人员排列新线同向接车进路，开放相应信号机； ② 既有线站务人员办理联络线至既有线进路，开放相应信号机； ③ 试验车凭信号机显示，按规定试验速度运行至联络线新线区域； ④ 驾驶员使用既有线手持台向新线行调汇报，验证无线通信互通功能

27.4 系统能力验证类综合联调

系统能力验证类综合联调主要是指对列车正常及应急情况下的行车组织及系统调整，以及负荷能力、人员非正常和应急情况下的处置能力等进行检验，具体可包括：

（1）大小交路套跑。结合新线客流预测及线网运力匹配等因素，对线路开通后可能存在的交路运行方式进行行车演练，积累调度、有驾驶员等运营人员的多交路运行经验，同时对车辆、信号、供电、PIS、广播等系统及设备进行检验。

（2）跳停及车次号设置。考察在突发情况下行车秩序打乱后，行车设备相关功能以及检验行调、驾驶员、车站在突发情况下的应急处置能力。

（3）接触网供电方式调整验证。

① 检验牵引供电系统发生故障时，不同运行方式下，供电设备负荷承载能力。

② 检验各调度、供电检修人员、变电所值班人员在牵混所故障退出运行状态下的组织、协调、应急应变能力。

③ 检验供电系统倒换供电方式和行车之间配合程序的效率以及对正线运营的影响。

（4）主变所退出运行环网联络供电验证。

① 对一个主变所退出运行情况下的环网联络供电能力进行检验。

② 对电调、变电运行人员、各部门生产调度应对一个主变电所退出运行的协调配合能力进行检验。

第28章　结果评价与问题消缺

28.1　综合联调结果评价

综合联调的结果分析与评价是综合联调中的关键一环，综合联调的质量水平直接关系到开通后的运营水平，也是设备质量和运营人员水平的最直接体现。综合联调的最终目的是要满足《城市轨道交通开通试运营基本条件》（GB/T 30013—2013）的要求，但针对开展综合联调的结果，目前国内尚未建立标准、统一的综合联调评价标准，常见的有专家分析评价法、综合分析法等。应根据实际，制定相应的综合联调评价标准和指标。

1．综合联调评价指标

1）直接否决项

在综合联调过程中，发生以下情况，可判定综合联调不通过：

① 联调过程中发生安全事故造成设备烧损或人员伤亡的。

② 联调过程中发生测试意外，导致联调意外终止的。

③ 联调过程中发现单系统及接口测试存在弄虚作假行为的：如单系统和接口测试报告显示测试完成和功能正常，实际联调过程中发现设备未安装调试或明显数据造假。对此情况，已反映出单系统和接口调试存在问题，综合联调采用抽测方式已难以充分暴露问题，建议重新进行单系统和接口测试检查，确保不存在调试隐患。

对于直接否决的联调科目，应按联调管理相关制度追究相关人员责任，并在条件具备后进行重新测试。

2）车站设备联调

车站设备联调可参考以下标准：

① 地下站设备联调测试总项不低于300项，高架站测试总项不低于200项，单科总体合格率不低于95%，甩项率不高于1%。

② FAS系统测试项目应涵盖站厅、站台公共区、设备区各区域，联动功能正常，整体合格率不低于95%。

③ 气灭系统抽查率应不少于40%，如有不合格项目，则抽查率不低于80%，整体合格率不低于95%。

④ 电扶梯测试选取的扶梯数量应不少于2台，如有不合格项目，则应全部进行测试，整体合格率不低于95%。

⑤ IBP盘测试项目应不低于95%。

⑥ 环控模式测试项目合格率不低于90%。

⑦ 其余接口系统测试整体合格率应不低于90%。

以上指标达不到的，视为本联调科目不通过，应在整改排查完成后安排重新测试。

3）区间设备联调区

区间设备联调可参考以下标准：

① 区间火灾有关模式整体（含火灾和阻塞模式）合格率不低于 95%，甩项率不高于 1%。

② 区间设备联调总体合格率应不低于 90%，甩项率不高于 1%。

③ 手报按钮、感温光纤、感温电缆、起泵按钮（如有）测试应全区段覆盖，整体合格率不低于 95%。

④ 风机、水泵应逐一进行测试，整体合格率不低于 90%。

以上指标达不到的，视为本联调科目不通过。

4）通信设备联调

通信设备联调可参考以下标准：

① 单系统整体合格率不应低于 95%，总科目甩项不超过两项。

② 与行车有关的科目联调合格率应达到 98% 以上，与乘客服务有关的联调合格率应达到 95% 以上。

以上指标达不到的，视为本联调科目不通过。

5）供电设备联调

供电设备联调可参考以下标准：

① 供电设备联调单科整体合格率应不低于 98%，甩项率不高于 1%。

② 典型站应进行全点位测试，遥控功能测试合格率不低于 99%，整体合格率不低于 95%。

③ 其余车站遥控功能应进行全点位测试合格率不低于 99%，其余遥信和遥测点位抽查率不低于 70%，整体合格率不低于 98%。

④ 区间隔离开关应逐个测试，合格率不低于 99%。

⑤ 供电能力验证科目测试整体合格率应不低于 99%。

以上指标达不到的，视为本联调科目不通过。

6）AFC 走票及清分测试

AFC 设备联调可参考以下标准：

① 每条线选择站点应不少于车站总数的 1/4，体合格率应不低于 99%，无甩项。

② 与票务清分有关的数据正确率应保证 100%。

③ 人员操作失误不大于测试总交易数的 0.5%。

以上指标达不到的，视为本联调科目不通过。

7）行车设备联调

① 行车设备联调中与信号和车辆行车有关的测试内容应 100% 合格，无甩项。

② 其余测试内容，包括列车到站广播、车门及站台门联动情况等合格率不低于 98%，客服设备不合格率不超过 2%。以上指标达不到的，视为本联调科目不通过。

8）其他能力验证类联调

各项能力验证类联调，重在对相关合同指标进行测定和对人员应急处置能力进行总结和水平提升，涉及设备功能指标的以合同约定为主。

本类联调科目中涉及设备主要功能不通过的，应直接判定为不合格，涉及指标差异的，应按合同要求进行完善。

2．综合联调不合格项的处理

1）整体联调不合格的处理

联调结束后，应对联调情况进行统计并对联调通过情况进行判定，对整体联调科目不通过的，按以下原则进行处理。

联调科目整体未通过，应另行安排时间重新进行科目联调重测，同时依据相关办法对责任单位进行考核。

联调过程中，若时间许可，在确保安全的情况下，经联调现场总指挥同意，可立刻进行不合格项目的补测工作，补测通过的纳为合格项统计范围。

2）单项不合格的处理

联调结束后，联调指挥部组织对联调情况进行统计并对联调通过情况进行判定，若整体联调科目判定为通过，单项测试不通过的，按以下原则进行处理。

由建设单位组织责任承包商进行整改整改通过后，由运营使用单位人员现场进行补测确认，补测合格后进行消项处理。

剩余不合格项目纳入消缺完善内容，承包商须在空载试运行前完成相关消缺和补测工作。

28.2　综合联调问题消缺

尽管单机单系统调试和接口调试已经对设备各项功能进行了测试，但是由于设备质量、现场施工等原因，部分设备故障仍然有可能出现，因此在综合联调过程中出现一些新设备故障导致测试未通过也是正常的。对出现的设备故障进行原因分析，并制订相应的后续整改措施，实现缺陷闭环管理也是综合联调的一项重要工作。

1．综合联调缺陷的分类

在综合联调中出现的故障可能是由设备引起，也可能是人员暂时操作失误造成。对于人员操作失误引起的故障，通过原因分析、功能补测和人员强化培训可以解决。对于设备故障，应分清轻重缓急，逐项制订整改措施和时间计划。

1）综合联调的故障分类

对于综合联调过程中产生的故障，可以根据严重程度进行等级划分，如A、B、C类问题，并分别明确相应的整改要求和时限。A类问题包括危及行车和安全的故障，例如供电设备不能分合闸、车辆车门无法打开、道岔失表等；B类问题包括不会对行车安全造成影响，但会对车站日常管理和相关功能造成影响的缺陷，如风机/风阀不能正常开启、电扶梯故障等；C类问题为不影响使用，需要进一步完善的缺陷，如报警信息描述不准确、标识错误等。

2）不同故障的处理方式

对于联调过程中发生的故障，应逐一分析原因，并制订整改措施。对于原因未查明的故障，要进行类似问题跟踪和排查；对于多个车站发生的类似故障，应进行设备批量性排查，找出设备通病并彻底治理。

有条件的，应将联调和空载过程中的故障纳入 RAMS 指标统计，建立设备台账，针对故障性高的设备制订相应的维保措施。

3）不同故障的处理时限

① 对于 A 类问题，要求立即安排承包商进行整改，在整改未完成之前，相应的设备不能投入使用。

② 对于 B 类问题，应明确整改计划，原则上不超过 7 天。

③ 对于 C 类问题，可结合后续调试和完善计划统一进行整改。

所有涉及行车和安全的问题，应在开通试运行前完成整改。对不影响开通的问题，责成责任单位继续整改，并移交运营部门进行跟踪。

2. 综合联调的消缺跟踪

完成联调缺陷的等级划分后，应将相关问题纳入问题库进行闭环管理。联调问题库包括问题描述、责任单位、整改要求完成时限和各责任单位签字确认等内容。责任单位在规定时间内完成消缺后，填写消缺整改表，监理单位签字确认后提交运营部门，运营单位组织人员进行复测确认后，消缺完成，形成闭环管理。

参考文献

[1] 中华人民共和国国家标准. GB 50157—2013 地铁设计规范[S]. 北京：中国标准出版社，2013.

[2] 中华人民共和国国家标准. GB 50490—2009 城市轨道交通技术规范[S]. 北京：中国标准出版社，2009.

[3] 陈辉，章扬. 成都地铁综合监控系统大联调的实施与思考[J]. 都市快轨交通，2011，24（01）：45-48.

[4] 沈卫平. 成都地铁2号线综合联调策划与实践[J]. 都市快轨交通，2013，26（02）：34-37.

[5] 沈卫平，崔学忠，章扬. 城市轨道交通综合联调组织与实践[M]. 北京：人民出版社，2016：58-67.

[6] 曾勇明. 浅谈地铁综合监控系统现场调试组织方式与调试方案[C]. 沈阳：2015年中国城市科学研究会数字城市专业委员会轨道交通学组年会，2015.

[7] 张海尚，李剑波. 轨道交通综合监控系统中的接口管理及在综合联调中的应用实践[J]. 机电工程技术，2018，47（07）：141-143.

[8] 祁国俊. 西安地铁新线开通运营工作策划与实践[J]. 都市快轨交通，2013（1）：33-37，42.

[9] 刘懿，陈辉. 成都地铁2号线西延线车站设备综合联调常见问题分析[J]. 城市轨道交通研究，2014（12）：115-117.

[10] 尹晓宏，陈志新，李永红，等. 北京地铁9号线综合监控系统南北段贯通调试方案[J]. 都市快轨交通，2014，27（03）：108-111+119.

[11] 苏振宇. 广州地铁通风空调系统节能测试调试实践分析[J]. 城市轨道交通研究，2015，18（11）：106-109，113.

[12] 黄斌. 地铁常规设备单机单系统调试分析[J]. 工程技术研究，2020，5（20）：226-230.

[13] 滕君祥. 广州地铁5号线环境与设备监控系统的调试[J]. 现代城市轨道交通，2009（06）：67-69.

[14] 吕奔. 地铁车辆调试工作探讨[J]. 黑龙江科技信息，2014（27）：143.

[15] 糟明敏. 地铁信号系统的综合联调[J]. 城市轨道交通研究，2013（4）：117-120.

[16] 张兴宝，董其，徐向华，等. 综合大联调期间车辆专业的联调及演练[J]. 城市轨道交通研究，2013（6），26-28.

[17] 赵建虎. 地铁车站通风空调系统施工阶段全过程调试技术[J]. 门窗，2019（14）：72，74.

[18] 刘权山. 地铁车站机电设备与FAS、BAS系统联合调试方法及解决策略[J]. 建材与装饰，2019（16）：224-225.

[19] 杨鹏飞. 地铁空调水系统调试常见问题分析及解决措施[J]. 安装，2019（01）：32-34.

[20] 陈斌. 地铁综合联调中专用通信时钟系统的调试[J]. 中国高新区，2018（02）：208，235.

[21] 樊琦. 关于地铁FAS系统、BAS系统的调试方法分析[J]. 电子测试，2017（01）：110-111.

[22] 吴晓雪. 地铁防淹门系统调试技术要点[J]. 城市轨道交通研究，2016，19(08)：86-89.

[23] 周宏彦. 地铁车站消防水系统调试简介[J]. 安装，2014（02）：57-61.

[24] 王安军. 论地铁车辆的静态调试[J]. 电子世界，2014（15）：99.

[25] 柳长青. 地铁地下车站消火栓系统调试方法[J]. 山西建筑，2010，36(34)：186-187.

[26] 安俊峰. 地铁BAS调试中的技术管理思路浅析[J]. 电子产品世界，2019，26（03）：39-42.

[27] 何伟斌. 广州地铁公园前站环控大系统风口风量调试[J]. 安装，2000（03）：36-37.